Ursula Maymann
Die religiöse Welt psychisch Kranker

Ursula Maymann

DIE RELIGIÖSE WELT PSYCHISCH KRANKER

Ein Beitrag zur Krankenseelsorge

HERDER
FREIBURG · BASEL · WIEN

Alle Rechte vorbehalten – Printed in Germany
© Verlag Herder Freiburg im Breisgau 1984
Herstellung: Weihert-Druck, Darmstadt 1984
ISBN 3-451-20230-1

Geh in dich,
in deine Tiefen
und lerne dich erst kennen,
dann wirst du verstehen,
warum du krank werden mußt,
und vielleicht vermeiden
krank zu werden.

Sigmund Freud
in: Eine Schwierigkeit der
Psychoanalyse, 1917, GW XII, 11

Inhalt

1. Einleitung — 1
   1.1. Anlaß und Ziel — 1
   1.2. Methode und Aufbau — 3

I Das Problemfeld — 5

2. Zur religiösen Symptomatik psychisch Kranker — 6
   2.1. Fallbeispiele — 8
      2.1.1. Fallbeispiel A — 9
      2.1.2. Fallbeispiel B — 16
      2.1.3. Fallbeispiel C — 22
   2.2. Zum Verhältnis Symptom-Ursache-Krankheitsbild — 32
   2.3. Religiosität und Symptomatik — 35
      2.3.1. Religiöses Erleben als Symptom — 35
      2.3.2. Bedeutung für den Seelsorger — 36
      2.3.3. Konsequenzen für die Fragestellung — 36

3. Institutioneller Kontext — 37
   3.1. Psychiatrie heute — 37
      3.1.1. Geschichtliche Entwicklung in Deutschland — 37
      3.1.2. Hintergründe der Reform — 40
      3.1.3. Aufbruch und Resignation — 45
      3.1.4. Selbstverständnis des Seelsorgers in diesem Kontext — 48
   3.2. Krankenseelsorge heute — 48
      3.2.1. Der Ausgangspunkt: eine neue Seelsorgsbewegung — 49
      3.2.2. Psychiatrie-Seelsorge — 52
      3.2.3. Konsequenz für die Untersuchung — 55

II Hauptteil: Humanwissenschaftliche Ansätze zur   57
    Behandlung psychischer Krankheit und ihre Bedeutung
    für den Zugang zum religiös gefärbten Erleben

4. Der medizinisch-psychiatrische Ansatz   59
   4.1. Die psychiatrische Krankheitsbetrachtung   59
        4.1.1. Grundformen psychischer Störungen   59
        4.1.2. Schizophrene Erkrankungen   62
        4.1.3. Manisch-depressive Erkrankungen   97
        4.1.4. Weitere endogene Erkrankungen   117
        4.1.5. Übergänge zwischen Psychose und Neurose   121
        4.1.6. Schwangerschafts- und Wochenbettpsychosen   123
   4.2. Das religiöse Erleben psychisch Kranker in in psychiatrischer Sicht   126
        4.2.1. Psychopathologie und Theorie der Religion   126
        4.2.2. Charakterisierung des religiösen Erlebens   129
        4.2.3. Psychopathologie des religiösen Erlebens in der Schizophrenie   136
        4.2.4. Psychopathologie Des religiösen Erlebens bei manisch-depressiven Erkrankungen   148
   4.3. Konsequenzen für den Seelsorger   158

5. Der psychoanalytische Ansatz   162
   5.1. Psychoanalytische Krankheitsbetrachtung   162
        5.1.1. Neuere psychoanalytische Ich-Psychologie   162
        5.1.2. Die Wurzeln: Freuds Konzepte der Psychoanalyse   165
        5.1.3. Die Psychoanalyse als allgemeine Entwicklungstheorie nach Heinz Hartmann   173
        5.1.4. Beiträge aus der Kindheitsbeobachtung von René A. Spitz   178
        5.1.5. Margaret S. Mahlers Perspektive in der Erforschung der Identitätsbildung   182

	5.1.6.	Edith Jacobsons Erforschung der Ich-Entwicklung in den ersten Lebensmonaten	186
	5.1.7.	Bedeutung für die Entstehung psychotischer Erkrankungen	191
5.2.		Zur psychoanalytischen Einschätzung der religiösen Symptomatik	196
5.3.		Konsequenzen für den Seelsorger	201

6. Der systemisch-kommunikationstheoretische Ansatz 203

- 6.1. Krankheit als Ausdruck gestörter Kommunikation 203
  - 6.1.1. Wirklichkeitsverständnis 205
  - 6.1.2. Menschliche Kommunikation 210
  - 6.1.3. Möglichkeiten der Veränderung: Theorie und Praxis menschlichen Wandels 213
  - 6.1.4. Systemische Betrachtung psychischer Krankheit 226
- 6.2. Die Religiosität psychisch Kranker in systemisch-kommunikationstheoretischer Perspektive am Fall Klingenberg 227
  - 6.2.1. Tabellarische Schilderung der Entwicklung bis zum Tod der Studentin unter der Perspektive möglicher Anhaltspunkte für eine Störung 228
  - 6.2.2. Der Fall Klingenberg im Spiegel der Literatur 230
  - 6.2.3. Protokoll der Tonbandmitschnitte aus exorzistischen Sitzungen 233
  - 6.2.4. Analyse des Protokolls 241
  - 6.2.5. Zusammenfassung: die religiös gefärbte Symptomatik unter systemischer Perspektive 264
- 6.3. Konsequenzen für den Seelsorger 266

III Konsequenzen für die Seelsorge in der Psychiatrie 269

7. Impulse für eine verbesserte seelsorgliche Begleitung psychisch Kranker 270

- 7.1. Integration der humanwissenschaftlichen Perspektiven im Dienst der Seelsorge 270

7.1.1.	Fallbeispiel A	270
7.1.2.	Fallbeispiel B	281
7.1.3.	Fallbeispiel C	287
7.2.	'Sieben Gaben des Geistes' für den Seelsorger	293
7.3.	Gesprächsgottesdienst als Chance der Seelsorge in der Psychiatrie	304
7.3.1.	Zum Setting	304
7.3.2.	Verlauf des Gesprächs über Mk 2,1-12	306
7.4.	Analyse des Protokolls	314
7.5.	Schlußbemerkung	318
Literaturverzeichnis		319

1. Einleitung

1.1. Anlaß und Ziel

Es ist erst gut ein Dutzend Jahre her, seit sich in der BRD eine breitere Öffentlichkeit für die Situation der psychisch Kranken zu interessieren begann.

Ausläufer der Studentenbewegung, antipsychiatrisches Gedankengut aus England und Italien, die Sensibilität und das Problembewußtsein einzelner Bundestagsabgeordneter führten zum Auftrag des Deutschen Bundestags, einen Bericht über die Lage der Psychiatrie in der BRD zu erstellen. An die Veröffentlichung der katastrophalen Lage in der Versorgung psychisch Kranker, die hinter der Entwicklung im übrigen West-Europa gut 30 Jahre herhinkt, knüpften sich viele Hoffnungen besonders derer, die in psychiatrischen Einrichtungen arbeiteten. Die deutsche Psychiatrie war nach der Psychiatrie-Enquête in Aufbruchsstimmung, eine Welle von Reformen breitete sich aus (1975).

Die Auseinandersetzung mit dem psychisch Kranken, seiner Lage und den gesellschaftlichen Hintergründen psychischer Krankheit stellt auch für die Kirche eine umfassende Herausforderung dar: was hat die Botschaft von Erlösung und Hoffnung den psychisch Kranken und denen, die mit ihnen umgehen, zu sagen? Sind die Gemeinden ein Milieu des Aufeinander-Zugehens und Anteilnehmens, wie es Menschen, die nicht in ehrenamtlicher Tätigkeit einsetzbar und ex definitione nicht leistungsfähig sind, notwendig zum Leben brauchen? Die Theologie ist angefragt, auch den kranken Menschen in ihre Theoriebildung einzubeziehen. Und schließlich ist die Kirche als gesellschaftliche Institution gefordert, die Anliegen dieser Randgruppe in der Öffentlichkeit zu vertreten und sich nicht selbst der gleichen Vernachlässigung und Verdrängung schuldig zu machen wie die Gesellschaft. Dazu gehört auch die institutionelle Verankerung der Seelsorge in der Psychiatrie und die Bereitstellung von hinreichend vielen und hinreichend qualifizierten Seelsorgern für die psychiatrischen Kliniken. Auf diesem Hintergrund versteht sich die vorliegende Arbeit als ein

Beitrag zur Seelsorge in der Psychiatrie. Seelsorge wird dabei in Entsprechung zur Auffassung in der neueren Klinikseelsorge als Begleitung verstanden, Begleitung in der Einbruchssituation der Erkrankung. Psychische Krankheit, seelisches Kranksein trifft den Menschen nicht lokal begrenzt, peripher wie ein Beinbruch, sondern betrifft ihn in der 'Seele', dem 'Geist', im 'Zentrum' des Fühlens, Wollens und Denkens. Sein gesamtes Selbst- und Welterleben gerät 'aus den Fugen', wird 'ver-rückt'.

Damit ist die psychische Erkrankung als solche theologisch und seelsorglich relevant. Weil sie den Kranken in seiner Steuerungsfähigkeit, seinem Selbstbewußtsein, seiner Ehre und seiner Würde bedroht, ist sie eine Herausforderung auch seiner Religiosität bzw. seines Glaubens. Davon zeugt die Erfahrung psychisch Kranker und aller, die mit ihnen umgehen.

Umso befremdlicher ist das Desinteresse, das die theologische Anthropologie und selbst die moderne Krankenseelsorge bis zur Stunde den psychisch Kranken entgegenbringt. Die Mauer des Schweigens, die ihn umgibt, ist auch aus theologischen Quadern errichtet, und diese Mauer zu durchbrechen ist das vordringliche Ziel dieser Studie.

Darum kann es noch längst nicht ihr Ziel sein, eine Seelsorgelehre für das besondere Umfeld Psychiatrie zu erstellen. Es geht auch nicht um den Aufweis der Glaubensformen psychisch Kranker oder um die Beschreibung ihres religiösen Lebens insgesamt. Im Blickfeld steht vielmehr das Eigenleben des psychisch Kranken, sofern es sich auch in seinen religiösen Erfahrungen und Glaubensvorstellungen manifestiert, in der religiös gefärbten Symptomatik, mit der daraus erwachsenden Anfrage an seelsorgliche Betreuung. Auf dieser Ebene der Phänomenerhellung ist die Differenzierung in Glaube und Religiosität irrelevant. Die Identitätskrise des psychisch Erkrankten ist so fundamental, daß Religiosität und Glaube davon tangiert werden. Es geht um das psychische Substrat der Fähigkeit zum Vollzug von Religiosität und Glaube, um die Grundstörung und ihre Auswirkungen im Bereich von Religiosität und Glaube und um die Möglichkeiten der Seelsorge angesichts dieser gesamtmenschlichen Notsituation der psychisch Kranken.

Damit wird zugleich die praktische Zielsetzung dieser Arbeit
sichtbar. Wenn Seelsorge sich als Begleitung des Subjekts von
Heute nach Morgen versteht, lebt sie von der Fähigkeit des
Seelsorgers zu menschlicher Begegnung. Menschliche Begegnung
aber basiert auf Kommunikation, geglücktem Austausch. Die Be-
gegnungsfähigkeit des Seelsorgers hängt also wesentlich davon
ab, inwieweit es ihm gelingt, sich mit dem psychisch Kranken zu
verständigen, eine gemeinsame Sprache zu entwickeln, die Logik
seiner Sprache verstehen zu lernen. Dazu will die vorliegende
Arbeit einen Beitrag leisten, indem sie die Bedeutung seiner
religiös-gläubigen Äußerungen erörtert.

1.2. Methode und Aufbau

Um die Wahrnehmungsfähigkeit des Seelsorgers in dieser Richtung
zu schärfen, ist die Erfassung der Besonderheiten des Selbst- und
Welterlebens des psychisch Kranken erforderlich.

Dies ist nach dem Stand der heutigen Diskussion auch innerhalb
der Psychiatrie nur noch interdisziplinär zu leisten. Dabei erweist sich die phänomenologisch-deskriptive Methode, von Jaspers[1]

---

1   Zur phänomenologisch-deskriptiven Methode:
    Versucht die philosophische Phänomenologie nach Husserl
    mittels der Daseinsanalyse das Wesen von Objekten und die
    Wesenszusammenhänge zu erfassen, so bemüht sich die phäno-
    menologische Methode, wie sie Jaspers auf die Psychopathologie
    angewandt hat,   das seelische Erleben der Kranken anschau-
    lich zu vergegenwärtigen. Psychische Phänomene sind aufzu-
    decken und zu beschreiben, wobei auf eine genetische Erklä-
    rung oft zunächst verzichtet wird. Das Ziel der phänomenolo-
    gischen Analyse ist es, 'sich die seelischen Phänomene durch
    deutliche Begrenzung bewußt zu machen'; ihr Ideal ist es, 'ei-
    ne übersehbar geordnete Unendlichkeit unreduzierbarer seeli-
    scher Qualitäten' zu schaffen (Peters 1971, 328)
    Dabei wird die Erhebung des Ausdrucks- und Verhaltensbefundes
    auf das Erleben ausgedehnt. Das Erleben des andern ist aber
    nur verstehend zu erfassen. 'Verstehen will Seelisches aus
    Seelischem ableiten, die Verknüpfung durch Motivationen er-
    kennen, während Erklären nach den Ursachen fragt. 'Die Natur
    erklären wir, das Seelenleben verstehen wir', sagt Dilthey.'
    (Schulte/Tölle 1977, 6) Vgl. auch W.Schmitt 1979.

in die Psychopathologie eingebracht, als der beste Weg die verschiedenen Verstehensansätze zu integrieren, mit denen man heute - aus jeweils anderer Perspektive - die psychische Erkrankung zu erfassen versucht. Diese Methode scheint für die Einordnung der religiös gefärbten Symptomatik psychisch Kranker umso angemessener, als die religiöse Sprache, die er wählt, seiner Erfahrung nicht nur Ausdruck verleihen, sondern diese Erfahrung zugleich bündeln, integrieren und bewältigen helfen will.

Entsprechend bildet die differenzierte Beschreibung der drei bedeutsamsten herrschenden Interpretationshorizonte zur Erhellung der religiösen Symptomatik der psychisch Kranken dem Kernbereich der Untersuchung (Teil II). Auf dieses Mittelstück führen die beiden Kapitel zu, die der Ausarbeitung der Fragestellung dienen (Teil I).

Schließlich sollen die Konsequenzen, die sich aus der Analyse ergeben haben, als Handlungsimpulse für eine verbesserte Seelsorge zusammengefaßt und an einem Praxismodell aus dem Bereich der kirchlichen Arbeit mit psychisch Kranken exemplifiziert werden (Teil III).

I
Das Problemfeld

Ausgangspunkt ist in der zu erörternden Problematik der Seelsorger. Er tritt als der Begleiter des psychisch Kranken im Verlauf der Erkrankung in Erscheinung. Die Maxime der Seelsorge als Begleitung impliziert als ihr Medium die menschliche Kommunikation. Sie vermittelt die Solidarität dessen, der mitgeht durch die Krise und sie mit aushält.

Diese Vermittlung ist in dem Maß gefährdet, unter Umständen zum Scheitern verurteilt, als Kommunikationsstörungen gravierenderen Ausmaßes auftreten. Solche Störungen sind bei Menschen, die in ihrem Selbst- und Welterleben zentral getroffen sind, sogar zu erwarten. Für den Seelsorger stellen sie eine fundamentale Herausforderung dar, auf die er verschieden reagieren kann:

Er kann sich auf die Ausübung seiner Seelsorgepflichten zurückziehen (wie Gottesdienst, Sakramentenspendung auf Anfrage, im Landeskrankenhaus gelegentlich auch eine Beerdigung) und vor der besonderen Notlage der Patienten der psychiatrischen Klinik oder des Landeskrankenhauses die Augen schließen.

Oder er kann die Kommunikationsstörung ignorieren, Besuche machen, Gespräche führen, 'als ob nichts wäre'. Stationen, bei denen ihm die Aufrechterhaltung seiner illusionären Einstellung besonders schwer fällt, wird er vermutlich immer seltener aufsuchen, weil die Patienten 'zu unruhig sind für ein Gespräch', 'sich nicht konzentrieren können', 'doch nur schlafen'. Auf den anderen Stationen 'tut er seine Arbeit', ohne die Fassadenhaftigkeit seiner Pseudokommunikation zu entdecken. Die Konsequenzen sind Frustration, wachsende Desensibilisierung und schließlich Erwartungslosigkeit beim Seelsorger und beim Patienten ("Das bringt nichts".)

Die dritte (oder einzige) Möglichkeit des Seelsorgers, mit der Kommunikationsstörung 'umzugehen', heißt Kompetenzerwerb. Kompetenz erwirbt der Seelsorger in dem Maß, als er fähig wird in die Logik verzerrter Kommunikation einzusteigen, die einzige, die dem Kranken nur möglich ist. Das beinhaltet einmal, induktiv die Krankheitssymptome als Symptome begreifen zu lernen. Zu diesem Wahrnehmungsprozeß leitet Kap. 2 hin. Zum andern ist es wichtig, den eigenen Verstehenshorizont zu reflektieren, die eigenen kognitiven und emotionalen Prämissen abzuklären, die Ausschnitthaftigkeit des eigenen Standorts und den eigenen 'blinden Fleck' bezüglich der Gesellschaft und der eigenen Persönlichkeit kennenzulernen. Hierzu liefert Kap. 3 Reflexionshilfen.

2. Zur religiösen Symptomatik psychisch Kranker

In der Theologie ebenso ungewohnt wie für Medizin und Psychologie selbstverständlich ist der induktive Zugang zur Wirklichkeit, der von der sorgfältigen Beobachtung des Einzelfalles her auf allgemeine Gesetzmäßigkeiten schließt. Erscheinungsweisen krankhaften Seelenlebens werden beobachtet, zueinander in Beziehung gesetzt, nach übergeordneten Gesichtspunkten systematisiert. Wegen der Vielzahl der unbekannten Variablen und der Komplexität der möglichen Zusammenhänge ist man auf weite Strecken hin gezwungen, an der Oberfläche der Symptome auszuhalten und auf vorschnelle Erklärungsmuster zu verzichten.

Dieser Prozeß des Verharrens in der Ungewißheit über Art und weitere Entwicklung der aufgetretenen Störung ist trotz aller neurophysiologisch und biochemisch inzwischen möglichen diagnostischen Abklärung noch so bedeutsam für die psychiatrische Praxis, daß er geradezu als ein Charakteristikum verantwortlichen Umgangs mit dem psychisch Kranken gelten kann.

Der induktive Erkenntnisweg ist auch für die theologische Auseinandersetzung sehr hilfreich, und zwar gerade im Umgang mit dem Menschen in außerordentlichen Situationen, wie sie der Einbruch einer psychiatrischen Erkrankung darstellt, weil er den Einzelfall in seiner Komplexität erfaßt und das Detail nach allen Seiten hin sorgsam abklärt, bevor in einem nächsten Schritt nach Verknüpfungen und nach der inneren "Logik" des Prozesses gefragt und schließlich eine Hilfe angeboten werden kann, die nicht nur gut gemeint ist, sondern tatsächlich hilft. In diesem Sinn hat Boisen, der Begründer der modernen Seelsorgsbewegung in den Vereinigten Staaten, von Seelsorgern gefordert, sich nicht nur auf die Lektüre der historischen Dokumente des Glaubens zu verstehen, sondern auf das Studium der "living human documents", welche die Menschen darstellen (Stollberg 1969, 48,53,90,186), auf das Entziffern des Textes, den ihr Leben, ihr Verhalten, ihr Elend darstellt, und in dem sich immer zugleich Lebens- und Glaubenserfahrung in gelungener und mißglückter Artikulation darbieten.

In dieser gut psychiatrisch-phänomenologischen Tradition werden jetzt zunächst drei Fallbeispiele nebeneinander gestellt, die verdeutlichen, wie die Beziehung zwischen Religiosität und Symptomatik sich darstellen kann, und derart die Dringlichkeit der gewählten Aufgabenstellung bewußt machen.

2.1. Fallbeispiele

Am Anfang dieser Auseinandersetzung mit der religiös gefärbten Symptomatik bei psychisch kranken Menschen stehen exemplarisch Fallbeispiele, zusammengesetzt aus Äußerungen der Betroffenen und klinischem Material, in das mir die Universitätsnervenklinik in Würzburg im Rahmen meiner Berufstätigkeit dort Einblick gewährte.

Dieses Material stellt im Nebeneinander von Erleben und Beobachtung, Einfühlbarem und Nicht-mehr-Nachvollziehbarem, Gesundem und Krankem die Komplexität der Lage der psychisch Kranken dar, mit der der Klinikseelsorger in der Psychiatrie konfrontiert ist. Wie in einer psychiatrischen Klinik viele Kranke nebeneinander den Seelsorger beeindrucken und ihn zwingen, sich jeweils umzustellen, ohne Einführung von irgendeiner Seite in die persönliche Problematik des Einzelnen oder eine Zeit der Eingewöhnung, so stehen hier die Fallbeispiele kommentarlos hintereinander und werden erst im weiteren Verlauf in die Erörterung einbezogen bzw. mit Hilfe der theoretisch gewonnenen Erkenntnisse auf ihre Hintergründe hin durchleuchtet.

Die Auswahl dieser drei Patientenschicksale wurde vorgenommen nach den Kriterien durchgängig vorhandener religiös gefärbter Symptome, größtmöglicher Ausführlichkeit des vorhandenen Materials (ausführliche mündliche und/oder schriftliche Äußerungen des Patienten; ausführliche klinische Unterlagen zur inhaltlichen Seite der Symptome, die zur Zeit seltener zu finden sind) und der Möglichkeit der Veranschaulichung wichtiger Elemente der religiös gefärbten Symptomatik. Da es um eine phänomenologische Beschreibung geht, kann die Häufigkeit des Vorkommens solcher Symptome als Kriterium vernachlässigt werden; abgesehen davon sind Häufigkeitsuntersuchungen über das Auftreten der verschiedenen religiös gefärbten Symptome nicht bekannt, wären wohl auch mit dem heutigen Instrumentarium der Statistik kaum zu erstellen, da hier große individuelle Unterschiede im Verständnis begrifflich gleich benannter Phänomene überwunden werden müßten. Im Folgenden geht es also um einen Zugang zum Phänomen, der aus der Perspektive der Seelsorge nie losgelöst vom betroffenen Menschen gewonnen werden kann.

2.1.1. Fallbeispiel A

1. Zentraler Text
Gebet einer jungen Frau (Hildegard)[1]

1 Lieber Gott, Du hast mich mit Deinen Augen sehen lassen und
die Menschen beurteilen, aber ich war es nicht wert. Vergib
mir, bitte, wenn Du willst, ich geb Dich frei. Aber, guter Gott,
vielleicht ist die Aufgabe für einen Menschen, außer Christus,
5 zu schwer. Ich habe sie nicht erfüllen können. Es tut mir leid,
Gott.- Aber nun kann ich wieder zu meinem Friedel und meinem
Ännchen und kann noch mehr Kinder gebären. Dafür dank ich Dir
von ganzem Herzen. Bitte, lieber Vater, laß mich doch auch von
jetzt in menschlicher Beziehung zu Dir stehen, o mein Gott!

10 O Gott, ist's denn wirklich so, daß Vater und Friedel eine Maske
aufhaben? Lieber Gott, bitte, vergib ihnen und laß sie zu echten
Christen werden so wie Mutti. Und Maria kann noch einmal geheilt
werden, wenn wir sie noch einmal hierher bringen und ihr dann
sagen: Du bist die Maria, und Du hast die Angst überwunden. O
15 Gott, da muß ich ja in menschlichen Augen selbst schizophren
gewesen sein oder ich bin's noch; nein, Du selbst hast gesagt:
ich habe nur an 2 Stellen der Wirbelsäule Fehler, und wenn ich
das glaube, so bin ich schlagartig gesund, aber ich hab es nicht
geglaubt. Mein Gott, wenn Du willst, dann mach mich dennoch
20 schlagartig gesund. Aber ich weiß nun, wie man Schizophrene behandeln muß:

Bei mir immer bei Angst sagen: Du bist die _Hildegard_, mit Friedel und Ännchen und Du hast schon die _Angst überwunden_. Es hilft
einem nichts, wenn man gesagt bekommt: Du brauchst doch vor

---

1 (5 Blätter 21x13cm, Vorder- u. Rückseite mit Bleistift beschrieben. Schrift anfangs sehr gleichmäßig u. ordentlich,
zum Ende hin ungleichmäßiger, nicht mehr waagrechte Schreib-
linien, sondern nach rechts unten abfallend; größer werdende
Zeilenabstände; wirkt zum Ende hin fahriger, wohl zusammenhängend geschrieben). Unterstreichung wie im Original.

Namen und Ortsbezeichnungen sowie genaue Ortsbeschreibungen
wurden verändert.

nichts Angst zu haben. oder: Du bist doch bei uns in Sicherheit. Bitte, lieber Vater, laß mir für immer die Angst überwunden haben, wenn Du willst - ich geb Dich frei. O Gott, dann hätte es tatsächlich einen Weg gegeben über die <u>Träume</u>. Aber so ist's ja Quatsch, wenn ich sage: ich bin Maria, und Friedel sei Alfons - es gibt nun eben nur noch einen Weg im wirklichen Leben. - und somit bin ich geheilt und kann wieder zu meinem Friedel - o Gott, wie gütig bist Du! Aber ich hab tatsächlich alles <u>vorgeträumt</u>, was ich aber jetzt vergessen habe. O Gott, Du hast mich ja dennoch schlagartig gesund gemacht, dafür sag ich Dir Lob und Dank. D.h. vielleicht hab ich wieder mal Angst, aber dann wird's mir genügen, wenn jemand zu mir sagt wie o. gesagt. Und so hast Du, Gott, doch über die Wissenschaft einen Sieg errungen.

Ja, aber mir kommt's gerade, ich bin noch nicht gesund; ich muß jetzt eben den langsamen Weg über die Wissenschaft gehen, bis ich zu dem Ziel komme: Gesundheit. Und das direkte Sprechen mit Dir hat nun wahrscheinlich ein Ende, als Strafe für meine Sünde des Unglaubens. Und dabei sind nun nicht die Ärzte usw. schuld, sd. <u>ich ganz allein</u>. Freilich hab ich nicht geahnt, daß Du es <u>so</u> meinst, aber das sind ja Deine Wege, daß sie so seltsam gehen. O bitte, lieber Vater, laß mich doch nun <u>selbst</u> bei jeder Angst denken: ich bin die Hildegard, und <u>die Angst hat der lebendige Christus weggenommen</u> für immer. O Gott, dann hättest Du mir <u>diese</u> Gesundheit dennoch geschenkt, wenigstens für sehr schnell erreichbar, und ich könnte <u>doch</u> heimgehen, wenn meine Wirbel ausgeheilt sind.

Und so bitte ich Dich noch mal zum Schluß: bitte, lieber Vater, vergib mir meine Schuld.

Und so werde ich noch einmal um einen <u>Schock</u> bitten. Und der Arzt soll, bitte, zu mir sagen: "Du bist die <u>Hildegard</u>, und Du bist von Angst frei."

Denn, o Gott, nun hast Du Deine Stimme weggenommen und die Teufelsstimme tönt weiter. Bitte, lieber Gott, erbarm Dich meiner und bring sie durch einen Schock zum endgültigen Verstummen, wenn Du willst. Ja, bitte, lieber Vater, mach es um Friedel und Ännchens willen, nicht meinetwegen.

Und wenn ich dann einen Schock ohne Angst hinter mich gebracht habe, dann bin ich ja gesund, o Gott.

Habe Du dennoch Dank, lieber Vater, für Deine große Güte! Und laß es doch die Ärzte erkennen, daß Du es bist, der wirklich und lebendig hinter allem steht. Amen.

O Gott, solltest Du mich dennoch erwählt haben zur Gesundheit. Ja, mein Gott, laß es mich bitte Glauben. Amen, Amen, das ist, es werde gewißlich wahr. O, dann brauch ich keinen Schock mehr. Amen!

Lieber Gott, bist Du gütig, Amen.

Wir alle insgesamt danken Dir, ja, amen, amen!

Vergib uns, bitte, allen um Jesu Christi, Deines Sohnes willen. Amen.

Und um Jesu Christi willen ist die Angst weg, denn er hat sie bis in die letzten Tiefen ausgelotet und überwunden.

Und ich sehe wieder ganz scharf und richtig! O Gott, ich danke Dir.

2. Klinischer Befund

Den Erlebnishintergrund für dieses Gebet schildet die Krankengeschichte[2] verobjektiviert durch die Perspektive des Mediziners folgendermaßen:

- 1. Tag   Schnittentbindung
- 9. Tag   Wahnvorstellungen.
    Pat. spricht von einem Schock, den sie durch die Narkose bekommen habe, habe Angst gehabt; nachts nicht geschlafen; nichts mehr gegessen.
- 10. Tag heute morgen habe sie ständig gebetet; in letzter halber Stunde der Sankafahrt sehr unruhig;

---

[2] Die Falldarstellung erfolgt hier wie bei den folgenden Fallbeispielen im Anschluß an die Krankengeschichte. Auf die Beschreibung rein medizinischer Vorgänge wird verzichtet.

In der Krankheit habe sich Pat. mit ihrer Schwester
identifiziert, habe gemeint, sie heiße Maria und sagte,
die Pat. sei wie ein böser Dämon in ihr, sie werde auch
schizophren.
Aufnahme.

12. Tag Pat. hält den Arzt für den Satan selbst, spuckt nach ihm.

13. Tag Glaubt, sie werde vom Arzt hypnotisiert; meint, es sei
ein Tonbandgerät im Nebenzimmer aufgestellt.

14. Tag Klagt, man habe ihr Vim[3] in den Mund gestreut. Hält sich
für ihre Schwester Maria; glaubt nicht, daß sie ein Kind
habe; verweigert die Nahrung, schluckt einen Tupfer.

15. Tag Pat. hält Arzt für Luzifer; kurzzeitig einsichtig, klagt
dann wieder, daß man sie quäle.

17. Tag Pat. schreit morgens, sie wolle raus, um ihre Schwester
zu erlösen. In der letzten Nacht glaubte sie, daß ihr
Mann gar nicht ihr Mann sei, sondern eine Holzpuppe.
Sie berichtet, daß sie massive Stimmen gehört habe, es
habe geklungen wie eine Totenglocke, und es sei einer
begraben worden. Die Stimmen seien aus der Wand gekommen.

20. Tag Pat. wird heute ihr Kind gebracht. Sie erkennt es zunächst nicht an. Am Abend sagt sie, sie habe das Gefühl,
daß sie ein Doppelt sei. Sie sei hier zugleich im Zimmer und draußen auf dem Flur, sie habe das Gefühl, alles
sei fremd. Sie meine, es gehe alles wieder los. Sie sei
verrückt. Sie träume meistens vom jüngsten Tag und vom
Herrgott, er sei auf der Erde u.s.f. Pat. ist dabei örtlich voll orientiert, zeitlich nicht sicher orientiert.

21. Tag Pat. ist heute morgen recht getrieben, aber etwas besser
als gestern; nicht klar krankheitseinsichtig. Verlangt
auf einmal abends den Arzt, da sie echt sterben müsse.
Gott habe es ihr eben gesagt, daß ihr der Tod bevorstehe.

---

[3] Name eines Scheuerpulvers

sie habe es nicht richtig gehört, aber sie wisse es mit Sicherheit. Nach 2 Tagen werde sie aber wieder auferstehen wie Christus, sie sei doch selbst Christus, das sei kein Traum, sie werde dann mit ihren Kindern weiterleben. Sie werde nur scheintot sein.

22. Tag Heute erste EK-Behandlung, Zustand im wesentlichen noch unverändert. Pat. steht heute früh angezogen vor der Tür. Sie wolle sofort weggehen, sie sei ja gesund. Hier wolle man sie nur ausplündern, das habe ihr Gott gesagt.

24. Tag Nach 3. EK noch paranoid, identifiziert sich noch mit Christus, hält Arzt für Satan.

26. Tag Zustand wechselt sehr stark seit den letzten Tagen. Pat. schmeckt plötzlich etwas Merkwürdiges auf der Zunge, spuckt aus, meint, sie liege mit der Klingelleitung verbunden auf dem Bett, sie habe Erleuchtungserlebnisse vor Gott, hält sich für gesund, hält auch ihren Ehemann zwischendurch für den Satan. Nach kurzer Zeit klingen diese psychotischen Erlebnisse wieder ab, sie berichtigt sich dann und ist einsichtig.

28. Tag Pat. ist geordnet und ruhig. Berichtet über die Strahlentherapie, die bei ihr durchgeführt werde und durch die ihr bestimmte Gedanken aufgezwungen würden. Sie höre auch wieder die Stimme vom Chefarzt und vom behandelnden Arzt, sie bekomme den inneren Befehl, Arien zu singen. Gestern 4. EK.

30. Tag Gestern über Rückenschmerzen geklagt. Heute schüttete die Pat. die Suppe zum Fenster hinaus, weil sie meinte, sie sei vergiftet. Später aß die Pat. dann doch die dargebotenen Speisen, und zwar mit gutem Appetit. Am Abend ganz geordnet.

31. Tag Pat. glaubt, der Teufel reite durch das Haus, alles sei hier unheimlich, es würden komische Leute kommen, ihre Gedanken würden gelenkt, der Schlaf würde gemacht.

32. Tag Pat. ist heute nacht aufgestanden und wollte fort. Heute morgen ist sie ängstlich, der Satan gehe durch das Haus, die Luft sei vergiftet.

34. Tag Sie spüre Apparate an ihren Füßen. Heute habe Ref.[4] durch Apparate zu ihr gesprochen über Pat. und deren Schwester. Pat. sitzt geheimnisvoll lächelnd da, wirkt in sich versponnen. Behandlung wird fortgesetzt.

39. Tag Pat. ist ruhiger, nimmt nun etwas an der Arbeitstherapie teil, hat nun keine solchen Wahnideen mehr, Verhalten ist jetzt einigermaßen unauffällig.

43. Tag Pat. hat bis jetzt 10 EKs bekommen. Ist jetzt ganz einsichtig; berichtet auf Befragen, sie habe gemeint, daß sie sich als Christus erlebt habe, das sei aber etwas lächerliches. Sie sei wie in einer Traumwelt gewesen. Sie habe schon von jeher ihre Träume immer ganz ernst genommen. Pat. gibt dann weiterhin zu, daß sie ihre Schwester erlösen wollte. Sie habe immer schon vor ihrer Erkrankung den Wunsch gehabt, ihre Schwester durch ein eigenes Leiden zu erlösen. Sie habe seinerzeit, als ihre Schwester akut krank war, versucht, deren Gedanken mitzudenken. Pat. erzählt dann Träume, die sie daheim gehabt habe, sie habe vom jüngsten Tag geträumt und habe gedacht, und sie denke es fast jetzt noch, daß der jüngste Tag schon begonnen hätte, wenn die Menschen nur mitmachten.
Der 2. Traum, den sie hatte, war folgender: Sie habe eine merkwürdige Bewegung gemacht wie einen Purzelbaum nach rückwärts, dann sei aus einem Fleischklumpen der erste Mensch entstanden, und zwar ein Mann, dieser Mann sei ihr Mann gewesen, den sie dann später geheiratet habe.

46. Tag Pat. hat heute den 11. EK bekommen, die Behandlung wird damit abgeschlossen. Die Pat. ist ruhig, ziemlich gedämpft, beteiligt sich an der Arbeitstherapie, geht auch

---

[4] Ref. = Referent = Verfasser der Krankengeschichte

etwas spazieren. Sie spricht spontan wenig über ihre früheren psychotischen Erlebnisse. Wenn man sie näher darauf anspricht, ist nicht viel mehr zu erfahren als bisher schon bekannt ist, sie meint, sie habe in einer Traumwelt gelebt oder gar, sie habe gesponnen. Die Affekte sind sehr matt, Pat. wirkt etwas aspontan, was aber auch mit der hohen Medikamentendosierung zusammenhängen kann.

53. Tag Zustand ist weiterhin ganz befriedigend. Pat. drängt nun etwas nach Hause, sie habe so große Sehnsucht nach ihrem Kind.

58. Tag Pat. wird heute wunschgemäß über's Wochenende nach Hause entlassen.

60. Tag Pat. kommt, ordnungsgemäß, strahlend zurück. Medikamente reduziert.

65. Tag Entlassung. Pat. soll sich in 8 Tagen nochmals vorstellen.

3. Fragen an den Seelsorger

Wie kann man als Seelsorger vermeiden, etwas falsch zu machen, ohne das Notwendige, Sinnvolle, Mögliche zu unterlassen?

Entspringt ihr Gebet ihrem kranken Erleben, oder ist es ein Ausdruck des gesund gebliebenen Anteils ihrer Persönlichkeit? Was geschieht, wenn sich der Seelsorger auf ihre Äußerungen einläßt? Vergrößert bzw. intensiviert sich dann der Bereich des krankhaften Erlebens? Oder wird er geringer? Welche Möglichkeiten hat der Seelsorger, ihr zu helfen?

Sollte man eine solche Frau nicht besser auf die kirchliche Gebetstradition verweisen, weil sie ihr vielleicht mehr geben kann als das ständige Kreisen um die eigenen Probleme? Oder sollte man sie besser von allem religiösen Kontext fernhalten, weil zu fürchten ist, daß jeder Kontakt mit diesem Erlebensfeld sie noch mehr durcheinander bringt? Ob sie überhaupt einen klaren Gedanken fassen kann?

Wie ernst kann man jemanden nehmen, der von sich selbst behauptet, er sei Christus? Ist es nicht besser für ihn, man registriert ihn erst, wenn er wieder 'normal' ist? Wird so jemand überhaupt jemals wieder ganz 'normal'? Kann man so jemanden überhaupt seelsorglich erreichen? Wenn das 'Sakrament des Wortes' unwirksam bleibt, sollte man dann auf die anderen Sakramente zurückgreifen? Oder besser doch nicht? Wie ist Kommunikation möglich? (Wenn überhaupt...)

Sollte der Seelsorger, falls er auf die Patientin aufmerksam wird mit dem Arzt zusammenarbeiten, oder verbietet Seelsorge so etwas in ihrem Selbstverständnis, weil es ja um Grenzerfahrungen des Menschseins geht? Wer ist in einem solchen Fall überhaupt zuständig? Erlebt die 'Patientin' nun eine psychische Erkrankung oder eine Glaubenskrise?

Wie weit darf/ muß sich der Seelsorger auf die Institution Psychiatrie einlassen, um den Patienten nicht die Therapie zu erschweren und sie andererseits nicht im Stich zu lassen?

2.1.2. Fallbeispiel B

1. Zentraler Text: Aufnahmebefund

Die folgenden Schilderungen erfolgen in Anlehnung an die Krankengeschichte (Aufnahmebefund der 5. Aufnahme in der Klinik):

Der Patient wird nach vorheriger Anmeldung in Begleitung seiner Schwester auf die Station gebracht. Sie berichtet, daß der Patient seit etwa einem halben Jahr nicht mehr essen könne, kaum noch schlafe. Der Patient verweigere seit 3 Wochen völlig die Nahrung, nur ein einziges Mal während dieser Fastenzeit habe er das Nichtessen unterbrochen und sehr viel in sich hineingegessen. Er fühle sich immer schuldig, er würde sich bestrafen. Nachts gehe er manchmal 5mal in die Kirche, kehre dann aber wieder um, weil er sich nicht würdig fühle, in die Kirche zu gehen. Am Tag der Aufnahme sei er noch einmal in die Kirche gegangen, um sich die Krankensalbung abzuholen.

Die Schwester wohne sei 5 Jahren mit dem Patienten zusammen. Inzwischen sei sie selber so mit den Nerven fertig, daß sie nicht mehr wisse, wie es weitergehen soll. Der Patient selber habe nicht in die Klinik gewollt.

Der Patient berichtet, er sei schlecht, unwürdig, 'was mich quält, sind die unwürdigen Gedanken. Vor Gott und den Menschen möchte ich aufrecht bleiben.' Daß er hier im Zimmer stehe, verdanke er dem himmlischen Vater.

Als er beim letzten Mal in dieser Klinik gewesen sei, habe er nicht viel Gutes erlebt. Er habe sich kaum bewegen können unter der medikamentösen Behandlung und habe E-Schocks bekommen. Nach der Entlassung aus der Klinik habe er sich sehr befreit gefühlt und habe sich im normalen Leben wieder aufrichten können. Er habe die Fachhochschule besucht. Durch Gottes Gnade habe er sehr viel Gutes leisten können, viel Freude und Ehre erlebt. 'Ich war irgendwie ein geschätzter Mensch'. Er habe alles versucht, ein gottgefälliges Leben zu führen. Das Böse, daß er in seinem vorherigen Leben erlebt habe, sei nun aber zurückgekommen. Diese Zwangsgedanken würden ihn daran hindern, schöpferisch tätig zu sein.

Er habe daher das Studium immer wieder unterbrechen müssen, wegen der Krankheit. Insgesamt seien große Schwankungen aufgetreten, er habe unter Muskelkrämpfen und geistigen Krämpfen gelitten... In den letzten Wochen lebe er nur noch zu Hause im Kampf mit den Zwangsgedanken.

Nach dem Inhalt der Zwangsgedanken befragt, ziert sich der Patient, will nicht mit der Sprache heraus. Nach längerem Bohren gibt er an, daß, wenn er Tee trinke, plötzlich der Gedanke komme, daß es sich um Urin handle. 'Der Gedanke steigert sich so, daß es von bösen Mächten ist'. Immer wenn er an Essen denke, käme dieser Gedanke, daß es etwas ist, was man nicht essen könne. Es handle sich um unreine Gedanken. Er wisse zwar, daß das Essen gut sei, das er von seiner Schwester bekomme. Jedoch schäme er sich bei den unreinen Gedanken so, daß er nicht essen möchte. Nach langem Bohren gibt er zu, daß er bei festen Speisen an Kot denken müsse. Befragt nach weiteren Gedanken:

'Es ist leider, ich glaube, ich hab mich zu spät gemeldet.' Er
glaube nicht, daß es weiterhelfe, wenn er von den Gedanken spre-
che. 'Ich weiß, daß das unreal ist, unwirklich, und trotzdem
überfallen sie mich.' Es handle sich um teuflische Gedanken,
um unreine. Es sei auch schon vorgekommen, daß er sich wie eine
andere Person gefühlt habe. Ob es sich da um Jesus oder einen
anderen Heiligen handele? 'Leider nicht!' Um den Teufel? 'Ja, so
etwas ähnliches.' Die bösen Gedanken würden auch damit zusammenhängen, daß er aus dem Ostblock komme.

Dabei wirkt der Patient völlig verschüchtert und ängstlich. Er
bittet, sich noch einmal entfernen zu dürfen, um sich die letzte
Ölung noch zu holen. Er wirkt völlig ermattet und ermüdet. Er
redet mit sehr monotoner, langsamer und leiser Stimme. Er ist
bewußtseinsklar, ansprechbar und in allen Qualitäten voll orientiert. Ein geordnetes Gespräch ist jedoch nur sehr schwer möglich, da er immer wieder ausweicht, mit Ratlosigkeit reagiert
und sehr ideenflüchtig ist. Mitten im Gespräch steht er auf,
läuft herum, beim Ertönen der Stationsglocke kniet er sich nieder und betet. Er müsse das tun, weil er in dem Moment an das
Brot denken müsse, das die Patienten jetzt bekämen und er dabei
die Assoziation zu unwürdigen Gedanken verspüre.

Stimmungsgemäß wirkt er sehr bedrückt, affektiv eingeengt, zur
Zuwendung kaum fähig. Er vermeidet Blickkontakt...Krankheitsein-
sicht besteht nicht; nach Meinung des Patienten handele es sich
lediglich darum, seinen Geist in Einklang zu bringen."

2. Klinischer Befund

Schilderungen des Patienten im Verlauf der Behandlung werden
in Anlehnung an die Krankengeschichte zusammengefaßt:
Der Patient wurde als 2. Kind eines Lehrers und seiner künstle-
risch begabten Frau nach einer 5 Jahre älteren Schwester geboren.
Die Kindheit beschreibt er als harmonisch und schön; vor allem
die Mutter habe viel mit den Kindern unternommen, musiziert,
selbst viel gemalt; die Erinnerungen seien sehr positiv, obwohl
die Familie in einem Ostblockland sehr beengt gewohnt habe und

wenig Geld gehabt habe, so daß Ernährung und Kleidung sehr bescheiden gewesen seien.

Mit Beginn der Schulzeit sei der Vater sehr streng geworden in der Erziehung und habe sehr viel Leistung von seinen Kindern verlangt. Er habe den Sohn auch geschlagen und sei sehr hart gewesen. Erst jetzt sehe der Sohn, daß dahinter Liebe verborgen gewesen sei.

Die Eltern seien religiös gewesen und hätten die Kinder religiös erzogen. Er sei mit viel Freude Meßdiener gewesen, sei gerne zur Kirche gegangen und habe die Vorliebe seiner Mutter für Orgelmusik geteilt.

Mit der Pubertät sei alles anders geworden; er habe sich von den Eltern abgewandt, sei in, wie er heute wisse, gefährliche Kreise geraten, habe Rauschgift genommen, Interesse an Mädchen gehabt, aber nicht in einer tieferen menschlichen Art und Weise, sondern um sich dieser Mädchen zu bedienen. Zu dieser Zeit habe er sich auch von Gott abgewandt und sich stark mit atheistischer Philosophie beschäftigt. Das alles habe zu einem tiefen Zerwürfnis mit der Familie geführt. Die Kluft zwischen ihm und seinem Vater sei unüberbrückbar geworden. Die Mutter habe das alles nicht gebilligt, sei ihm aber menschlich nah geblieben. Der Vater sei dann dreiundsechzigjährig an einem Herzinfarkt gestorben, als er 16 gewesen sei. Er habe weiter bei der Mutter gelebt. Die Schwester sei in die BRD gegangen und habe geheiratet. Er sei mit 18 Jahren ebenfalls geflohen, um dem Wehrdienst zu entgehen. Er sei mit 2 Freunden von Jugoslawien aus in 2 Stunden nach Italien geschwommen; an der günstigsten Stelle seien es nur ein paar Kilometer, allerdings sei dieses Gebiet haifischverseucht.

In der BRD habe er am Goethe-Institut deutsch gelernt; dann habe er einen Studienplatz bekommen und im Studentenwohnheim gewohnt. Zuerst sei es gut gegangen. Dann habe er bei Freunden aus seinem Heimatland wieder Kontakt zu Drogen bekommen und eines Tages ganz plötzlich solche Angst bekommen, daß er geglaubt habe, er könne sich nur retten, wenn er aus dem Fenster springe. Das habe er getan, so schrecklich sei seine Angst gewesen; glücklicherweise sei sein Zimmer im 1. Stock des Studentenwohnheims gewesen, so daß er sich außer einem Armbruch keine ernsteren Verletzungen zugezogen habe. Er habe in dieser Zeit mit den Vögeln gesprochen, unter dem Bett seines Freundes Gott gesucht und ängstlich bekannt, er beeinflusse seine Freunde negativ. Demnach hat er wohl in dieser Zeit die erste psychotische Episode durchlebt.

Im Jahr darauf kam es zur ersten Klinikeinweisung. Im Winter wurde der Student bei großer Kälte nur leicht bekleidet von der Polizei aufgegriffen und zur Klinik gebracht. Man diagnostizierte eine schizoaffektive paranoide Psychose. Ein Jahr später erfolgte eine weitere Klinikeinweisung in einer anderen Stadt. Ein weiteres halbes Jahr später erfolgte eine erneute Aufnahme in der Klinik, als Problem gab er 'Visionen an Gott und die Heimat' an. Im Verhalten fiel auf, daß er viel von Gott und Christus redete und alle vom richtigen Leben überzeugen wollte. In halbjährigen Abständen erfolgten zwei weitere Aufnahmen, bei denen jeweils zunächst eine gesteigerte Religiosität beobachtet wurde, die im Lauf der Behandlung schwand. Die Diagnose lautete weiterhin auf schizoaffektive Psychose.

Nach der Entlassung war der Patient ca. 3 Jahre lang stabil, dann brach er sein Studium ab, 'weil er die bösen Gedanken nicht mit dem Schöpferischen in Einklang bringen konnte'. Nach Zeiten des Scheiterns von Arbeitsversuchen und Handwerkslehren, denen er sich jeweils nicht gewachsen fühlte, sei es im letzten halben Jahr vor der Aufnahme immer weiter bergab gegangen. Schließlich habe er nicht mehr essen können.

Im Verlauf der einige Monate andauernden Behandlung fiel immer wieder in Phasen der Verschlechterung ein Anwachsen der religiösen Betätigung auf (stundenlanges Bibellesen im Gehen, stundenlange Gespräche mit den Mitpatienten über Gott in missionarischem Eifer, Aufsuchen der Klinikkapelle, möglichst in Begleitung vorher angesprochener Anderer, Aufforderung:'ich weiß, Sie sind ein gläubiger Mensch - beten Sie für mich!') im Zusammenhang mit einem Anwachsen der Zwangssymptome und der inneren Unruhe. Mehrfach fühlte er sich außerstande, aus der Stadt zur Klinik zurückzukehren und suchte etwa bei der 'Bahnhofsmission' Hilfe. Gegen Medikamente sträubte er sich sehr, weil sie so schreckliche Nebenwirkungen hätten, die sein Ich auflösen würden. Was er erfahre, sei nicht eine Krankheit, sondern eine Prüfung. Diese Prüfung müsse er bestehen. - Nach der Medikementengabe besserte sich sein Befinden jeweils rasch; er wurde sehr kontaktfreudig, ging auf andere zu und bemühte sich um sie. Nur mit 'Unharmonischem', 'Bösem' wie Aggressivität und Gewalt war er nicht bereit, sich auch nur allgemein auseinanderzusetzen, viel weniger persönlich. Spannungen und Streit waren ihm unerträglich, bei Konflikten zwischen den Einzelnen hatte er stark die Tendenz zu harmonisieren. Dabei war für ihn völlig klar, was böse oder gut ist. Gut ist alles Harmonische, Schöne. Gut ist es auch, demütig zu sein und Unangenehmes zu erdulden, wenn kein Ausweichen möglich ist. Er wollte das "Böse" möglichst verleugnen, sich davon abwenden, statt es zu konfrontieren. Alle an ihn herangetragenen Bemühungen um weitergehende rehabilitative Maßnahmen pflegte er interessant zu finden und im Sande verlaufen zu lassen. Gelegentlich äußerte er schizophren anmutende Erlebnisse (etwa er fühle, daß er von einer übermenschlichen Macht bestrahlt werde), so daß möglicherweise eine Verschärfung der Symptomatik bis zum schizophren psychotischen Verlauf zu erwarten steht. Auch in Phasen relativer Stabilität ist der Patient religiös sehr gebunden und hat sich einer religiösen Jugendsekte angeschlossen, zu der er immer wieder auch Mitpatienten motiviert. Immer wieder kommt es zu Phasen der Labilisierung.

3. Fragen an den Seelsorger

Was kann der Seelsorger tun, um diesem Menschen zur Gesundung zu verhelfen? Oder bleibt ihm nur der Trost während der Erkrankung?

Was verstärkt der Seelsorger im Patienten, wenn er der Aufforderung, 'bitte beten Sie mit mir' Folge leistet? Kann das Gebet der Gesundung hilfreich sein? Oder ist das wieder eine Konfliktvermeidung, wie der Kranke sie ohnehin genügend häufig arrangiert?

Ist es verantwortbar, diesem Patienten mit seiner Neigung zu
Skrupeln und dazu, sich unwürdig zu fühlen, seine ausgeprägten
Wünsche nach Gebet, Beichten und "heiliger Ölung" zu erfüllen?
Ist es verantwortbar, sie nicht zu erfüllen? Wo verhindern diese
religiösen Bedürfnisse die Auseinandersetzung mit Anteilen seiner Persönlichkeit / seiner Biographie, die im Hinblick auf eine
stabilere Lebensführung unabdingbar wäre? Oder vollzieht sich
hier in der Krankheit ein Prozeß in völliger Eigendynamik? Wie
kann ein Seelsorger damit sinnvoll umgehen?

Wie sind die Missionierungstendenzen gegenüber den Mitpatienten
einzuschätzen? Sollte man sie unterbinden? Oder sich darüber
freuen, daß hier jemand engagiert ist? Und wie sich verhalten
angesichts der augenscheinlichen Anziehungskraft der Jugendsek-
ten? Welches Ausmaß an Toleranz wirkt befreiend, und welches gefährlich?

Was haben Erkrankung und Religiosität miteinander zu tun? Ist
die hier präsentierte Religiosität Ausdruck der Krankheit? Oder
besteht gerade in diesem Bereich die Möglichkeit des Brücken-
schlags zwischen Krankheit und Gesundheit? Ist der Bereich der
Religiosität unangetastet von der Erkrankung? Welches Seelsorgs-
verhalten ist also letztendlich gefragt?

2.1.3. Fallbeispiel C

1. Zentraler Text: Aufzeichnungen

Aufzeichnungen aus den ersten Tagen des stationären Klinikaufenthalt einer 21-jährigen Patientin.[5]

Do^6

Die Glocken läuten

Ich will ganz und gar einsehen, daß ich von Markus, von meiner
Vergangenheit loskommen will.

---

5   3 Din A5-Blätter eines Pharma-Werbe-Schreibblocks beidseitig
    mit Kuli beschrieben an verschiedenen Tagen, mit Datum kennt-
    lich gemacht. Handschrift gleichbleibend.

6   Tag der Einlieferung

Die
Ich bin ein bißchen lahm
Gedanken an Hochzeit will ich ganz abgeben.
Im Raum sind 6 Stühle und 6 Betten
Am Fenster hängt ein Mobile
Eine Frau schmeißt ihr verschimmeltes Brot weg und
Ich muß noch sehr viel lernen
Angst ist immer noch da
Gedanken an meine Oma
Wenn ich aus dem Fenster schaue, wehe
Ich sehne mich nach vielen lieben Menschen
Ich kann mich selber immer noch nicht annehmen ganz, weil ich noch zuviel Angst

n.Seite

daß ich diesem dummen Bild aus der Vergangenheit erliege.
Ich will vorwärts blicken, immer vorwärts blicken und (tun), mit aller Kraft, die in mir steckt, nach vorne gehen.
Noch ist die Macht der Vergangenheit da, die mich bedroht
So gern möchte ich (allen) den Menschen vertrauen können
und möchte so gerne wieder ganz bewußt und aktiv mit richtiger Überzeugung am Normalleben, an das, das was mir liegt, teilnehmen.
Mein Kopf ist schwer, ich bin unsagbar müde.

n.Seite
                                                   FR
Es ist nachmittag. Der Himmel ist viel Heller als heute morgen, weil die Sonne ein bißchen durchkommt. Jetzt kommt gerade der Pfleger mit einem neuen älteren Patienten.
Draußen hört man den Krankenwagen bzw. deren Sirene.
Der Boden ist graugrün und direkt unterhalb von dem Zimmer, in dem ich mich gerade aufhalte, muß ein Bahnhof oder etwas ähnliches sein.
Gestern war der Rosenstock auf dem Tisch gestanden, heute steht er auf dem Nachtkästchen. Die Blumen sind sehr schön.
Die Frau neben mir räumt gerade ihre Sachen ein.
Jetzt werde ich ein bißchen schreiben oder lernen.
Juhu, ich bin in einem Zimmer für leichtere Fälle!
Ich muß warten können und Geduld haben für die Genesung, es geht nur Schritt für Schritt.
Und ich will wieder Vertrauen gewinnen zu anderen Menschen.
Doch noch immer drückt mir etwas den Brustkorb zusammen.

n.Seite   Fr.abend

Das Thermometer zeigt 36,5
Ich glaube, daß mein Anfall ein verhinderter Selbstmordversuch war
und zwar ein ganz verkorkster. Ich glaube, daß ich mich in einem
Zimmer für Suchtkranke befinde und verschiedene Methoden zur Ent-
wöhnung angewandt werden.
Doch noch bin ich ein bißchen erschöpft. Das Vertrauen zu den Menschen wächst. Und ich bin bereit, das Leben hier anzunehmen, mich
durchzukämpfen und mich daran zu erfreuen! Trotzdem ich noch ein
bißchen wacklig bin!

                                            Maria S.....
Und auch meiner Angst will ich Herr werden.
Die Nachtschwester ist schon längst wieder gegangen.
Und ich könnte nur noch lachen, weil alle so verrückte Sachen reden
ein einziger 'Bier'-Witz.
Ich hoffe, und will den letzten Schritt in die Realität zurückfin-
den! Immer noch habe ich einen Nikotingeruch in der Nase und immer
noch krampft sich ein bißchen der Brustkorb zusammen, vor allem auf
der linken Seite.
Aber es wird schon noch werden!!!

n.Seite   SAmorgen

Draußen ist eine herrliche Frühlingsstimmung. Ein bißchen dasig,
aber die Sonne steht drüber.
Frau H. kämmt Frau T. die Haare. Susanne liegt noch im Bett und
schläft.
ich muß lernen. den Menschen zu vertrauen.
mir geben zu lassen, mich selber, so wie ich bin, anzunehmen und
andere, so wie sie sind, annehmen und die REALITÄT zu sehen!
Ich will gesund werden und will auch die Schattenseiten des Lebens
annehmen.

n.Seite
Es tut so weh, daß es einfach Haß, Neid, Lieblosigkeit, Krankheit
und Tod GIBT und daß ich auch selber oft hart, lieblos und kühl bin
aber ich WILL mich damit abfinden und damit leben.
Und es ist so wohltuend, daß es nicht nur mir so geht, sondern daß
<u>viele Menschen</u> darunter leiden. Deshalb bin ich bereit, damit zu
<u>leben</u>.

Der Sündenfall ist REALITÄT und gilt auch für mich.
Wir sind alle auf GOTTES große Gnade und Barmherzigkeit angewiesen.

Ich möchte eine Uhr, um mich wieder an die Zeit zu gewöhnen.

2. Klinischer Befund

In Anlehnung an die Krankengeschichte:
Die Pat. ist die Tochter der Patientin des Fallbeispiels A, die zweitälteste von 5 Töchtern.

Die Geburt der Patientin verlief offensichtlich sehr schwierig und protrahiert. Die frühkindliche Entwicklung hingegen war nach Angaben des Vaters soweit normal verlaufen...Die Eltern berichteten, daß es in der Schule stets Probleme gegeben habe, insbesondere wegen einer Schwäche in mathematischen Fächern. Als die Patientin von der Volksschule auf das Gymnasium gekommen sei, habe sie mit heftigen Angstzuständen reagiert. Mit Mühe habe sie dann die mittlere Reife auf der Realschule geschafft. Seit 2 Jahren absolviert die Patientin eine Ausbildung als Kindergärtnerin. Im kommenden Monat beginnen dort die Abschlußprüfungen.

Im letzten Herbst trat bei der Patientin eine 'neurotische Depression' auf, die mit autogenem Training behandelt wurde. Im Frühjahr d.J. trat wiederum eine 'neurotische Depression' mit einer Neuralgie[7] auf der linken Körperseite auf.

Den Eltern fiel eine in den letzten Wochen stärker werdende 'Entfernung ihrer Tochter von der Wirklichkeit' auf. Die Patientin zeigte eine auffällige Konzentrationsschwäche, religiöse Schwärmereien, sprach in 'wirren Bildern' und äußerte in zunehmendem Maße Schuldgefühle.

Diese bezogen sich auf die Beziehung zu einem jungen Mann, von dem sie sich schon seit 2 Jahren zu trennen versucht. Der junge

---
7 Unter "Neuralgie" versteht man einen in Anfällen auftretenden Schmerz im Ausbreitungsgebiet bestimmter Nerven ohne nachweisbare entzündliche Veränderungen oder Störung der Sensibilität.

Mann ist drogenabhängig und wirft ihr seinen Zustand vor. Sie fühlte sich von ihm 'seelisch erpreßt' und 'wie besessen'. Er hat ihr auch schon gedroht sich umzubringen, wenn sie ihm nicht helfe. Dies führte bei der Patientin zu dem Glauben, sie sei schuld, daß der junge Mann nicht von den Drogen loskomme. Sie glaubte, ihn durch Gebete und Predigten erlösen zu können.

Am Tag vor ihrer Aufnahme unternahm die Patientin mit Klassenkameradinnen einen Ausflug auf eine Burg. Dort hat sie sich dann nicht mehr wohlgefühlt, wollte in der Bibel lesen, bekam ein Gefühl 'wie zu schweben' sah 'Judas an einem Baum hängen' und fiel zur Seite.

Danach soll sie lauthals und verwirrt gepredigt haben. Sie wurde daraufhin von ihren Eltern nach Hause geholt und soll die ganze Nacht über rastlos und unruhig herumgelaufen sein. Am nächsten Tag kam sie mit den Eltern zur Behandlung.

In der Familie der Mutter ist eine Belastung hinsichtlich Nerven- und Gemütskrankheiten bekannt. Die Mutter selbst wurde nach der Geburt der ersten Tochter mehrere Wochen wegen einer Wochenbettpsychose in der Nervenklinik behandelt, eine Schwester der Mutter befindet sich in ambulanter nervenärztlicher Betreuung, eine weitere Schwester lebt in einem Pflegeheim und leidet an einer Psychose aus dem schizophrenen Formenkreis.

Bei der Vorstellung in der Klinik wirkte die Patientin sehr ratlos, niedergeschlagen und bedrückt. Sie klagte über ein Zerren und Reißen in ihrem Körper und konnte keine zeitliche Einordnung mehr vornehmen. Sie schien nicht in der Lage, jetzt allein in ihrer Lebenssituation zurechtzukommen. So entschlossen wir uns zur stationären Aufnahme.

Hier war die Patientin örtlich, zeitlich und zur Person orientiert, konnte aber kaum exakte biographische Angaben machen. Ein Anhalt für formale Denkstörungen ergab sich nicht. Viele Äußerungen waren nachvollziehbar, in vielen Dingen wirkte sie aber dann auch sehr befangen, die Schuldgefühle und die Vision scheinen Psychosewertigkeit zu besitzen.

In den ersten Tagen stand die Patientin noch sichtbar unter
der Wirkung der vorangegangenen Erlebnisse und zeigte Müdigkeit,
Konzentrationsstörungen und körperliche Mißempfindungen.

Ihr Befinden besserte sich von Tag zu Tag, und sie zeigte immer
mehr ihr freundliches, aufgeschlossenes Wesen. An den Veranstaltungen auf der Station nahm sie lebhaft teil.

Wir führten mit ihr mehrere Gespräche. Hier äußerte sie ihre
Befürchtung, sie könne einmal werden wie ihre Tante, die in einem Pflegeheim untergebracht ist. Sie sprach von ihren Schwierigkeiten, zwischen Traumwelt und Wirklichkeit zu unterscheiden
und zur Realität zu finden. Die Beziehung zu dem jungen Mann
will sie endgültig beenden, worin wir sie bestärkten.

Diagnose: Reifungskrise mit psychosewertiger Dekompensation,
Verdacht auf frühkindlichen Hirnschaden (MCD).

Die Patientin konnte in gutem Zustand entlassen werden, die
Abschlußprüfungen konnten verschoben werden, da eine längere
Erholungsphase angeraten schien.

Selbstschilderung der Patientin[8]:

Mit 17 habe sie Markus kennengelernt. Er sei damals 16 gewesen.
Er habe von Anfang an eine feste Beziehung gewollt, mit Zusammenbleiben für immer. Sie habe das von Anfang an abgelehnt, habe
ihn erst kennenlernen wollen.

Er habe Drogen genommen und getrunken. Sie habe oft nicht verstehen können, was andere über seine Ansichten sagten, weil er sich
ihr gegenüber immer ganz anders geäußert habe. Sie habe öfter mit
ihm Schluß machen wollen, er habe sie aber immer dazu gebracht,
es doch nicht zu tun.

Andere hätten ihr oft gesagt, der nutze sie nur aus und erpresse
sie. Das habe sie nie verstehen können. Der Markus habe ihr öfter gesagt, sie sei daran schuld, daß er jetzt so sei, und auf
ihr Nachfragen habe er nichts mehr gesagt. Einmal sei er zu ihr
gekommen und habe gesagt, sie solle ihm helfen. Er habe sich die

---

8   Aus Gesprächen mit Verf.

Handgelenke aufgeschnitten gehabt und die Arme seien blutüberströmt gewesen. Sie sei dann mit ihm zum Vikar gegangen, der habe mit ihm geredet. Sie sei dazu gekommen, habe ihn aber nicht verstanden.

Vor eineinhalb Jahren habe sie endgültig Schluß gemacht. Seiner Bitte um weiteren kameradschaftlichen Kontakt habe sie entsprochen. Auch in dieser Zeit habe er ihr immer wieder gesagt, er wolle weg von den Drogen und sei dann doch wieder in die einschlägigen Kneipen gegangen. - Andererseits habe sie, nachdem sie Schluß gemacht habe, gemerkt, wie lieb sie ihn habe.

Im letzten Herbst habe sie die Beziehung endgültig klären wollen. Sie sei zu seiner Schwester gefahren, die ein Zentrum einer religiösen Bewegung leite, um für sich selbst wieder eine Orientierung zu gewinnen, um Klarheit in die Beziehung zu bekommen und weil sie ein religiöses Interesse verspürt habe. - Sie sei dort sehr gut aufgenommen worden in einer warmen Atmosphäre, die ihr gut getan habe. Seine Schwester habe ihr auch geraten, die Beziehung zu Markus völlig zu beenden und den Kontakt zu ihm aufzugeben.

Im Anschluß habe sie häufiger in der Bibel gelesen, eigentlich zum ersten Mal in ihrem Leben. Gleichzeitig habe sie ihren Haß auf Markus gespürt und nicht mit christlichem Leben vereinbaren können. Sie habe immer stärkere Schuldgefühle bekommen, die so sehr angewachsen seien, daß sie sich vor 8 Wochen entschlossen habe, Markus um Verzeihung zu bitten. Er habe sie ihr nicht gewährt. Sie habe sich immer mehr in ihre Gedanken verstrickt, sich in der Schule nicht mehr konzentrieren können, sonder nur noch dagesessen und nicht mehr verstanden, was gesagt wurde.

Sie habe sich von Markus besessen gefühlt, so als könne sie nicht mehr von ihm loskommen und als habe er Gewalt über sie. Sie habe viel in der Bibel gelesen und viel gebetet. Dabei sei sie immer mehr vom Irdischen weggerückt. Anders als sonst hätten die Menschen in ihrer Umgebung und ihre Möbel in ihrem Zimmer keinerlei Bedeutung mehr für sie gehabt. Sie habe sich mehr und mehr zurückgezogen und sei manchmal auch aus der Schule daheim geblieben.

Eines Tages habe sie sich von 1000 Teufeln zerrissen gefühlt. Lauter schwarze Teufel hätten an ihren Gliedern gezerrt und sie zerreißen wollen. Sie habe nur noch geschrien und nach Inge geläutet, die oben im Haus wohne. Die sei mit der Vermieterin gekommen, und auf ein Beruhigungsmittel hin habe sie schlafen können. Am nächsten Tag sei sie nicht zur Schule gegangen, erst tags darauf wieder. Als sie Inge das mit Markus erzählt habe, habe sie gemeint, sie brauche Abwechslung. Abends habe Inge sie zu einem Spaziergang mitgenommen, das sei sehr schön gewesen, aber sie sei inzwischen so in ihren Gedanken verhaftet gewesen, daß sie nicht wirklich habe abschalten können.

Am nächsten Tag sei Inge wieder mit ihr und einigen andern aus der Klasse zu einem Picknick auf einer Wiese gewesen. Nach dem Picknick habe sie sich abseits auf einen kleinen Abhang gesetzt, um in der Bibel zu lesen. Sie habe keinen klaren Gedanken mehr fassen können. Sie habe alles rosarot gesehen, den Himmel, die Bäume. Sie habe sich verloren gefühlt. Als sie den Kopf zur Seite gedreht habe, habe sie den Judas im Baum hängen sehen. Irgendwie habe sie den Halt verloren und sei den Abhang runter gestürzt.

Sie habe die andern gebeten, sie heimzubringen, dort sei es ihr erst mit einem Beruhigungsmittel wieder besser gegangen. Inge habe die Eltern informiert, die sie heimgeholt hätten.

Daheim in ihrem Zimmer habe sie wieder das Gefühl gehabt, sie werde von tausend Teufeln zerrissen. Sie habe die Eltern gebeten, mit ihr zu beten. Aber auch dabei sei sie noch unruhig gewesen. Schließlich habe sich die Mutter zu ihr ans Bett gesetzt und mit ihr gesprochen. Das habe ihr gut getan, und sie habe schlafen können.

Am nächsten Morgen hätten die Eltern ihr sachkundige Hilfe angeraten, und sie habe auch gespürt, daß sie Hilfe brauche. Bei der Fahrt zur Klinik habe sie sich gefühlt wie das Lamm, das zur Schlachtbank geführt wird. Auch in den ersten Tagen in der Klinik

sei sie sicher gewesen, sie müsse sterben. Erst langsam habe
sie sich verändert, und zwar durch die menschliche Zuwendung,
die sie hier erfahren habe.

Zur Atmosphäre im Elternhaus schildert die Patientin:
Sie erlebte ein unbeschwerte erste Kindheit, bis die Patientin
10 Jahre alt war. Seitdem waren beide Eltern wieder berufstätig,
und die Großmutter übernahm das Regiment im Haus. Die Großmutter
erinnert sie als sehr streng, sehr fromm, vieles verbietend. Auch
bei Lapalien sagte sie 'Das ist Sünde'.

Die Atmosphäre wurde bestimmt von Nüchternheit, Kühle, Intellektualität. Ein Leitmotiv war: 'Man verdient nur, was man sich erarbeitet hat.' Die Kinder wurden zu Wahrhaftigkeit und Nächstenliebe erzogen. Sehr positiv bewertet wurde es, anderen zu helfen.

Die Eltern verbrachten wenig Zeit gemeinsam mit den Kindern, manchmal unternahm man sonntags gemeinsam etwas. Die Eltern wollten
ihre Kinder früh zur Selbständigkeit erziehen. Die Patientin hatte Probleme mit der Selbständigkeit. Sie war als einzige nicht
auf dem Gymnasium. Sie ist 'umgelernter Linkshänder', schreibt
nur rechts.

Zur religiösen Erziehung im Elternhaus, schildert die Patientin:
Vor und nach dem Essen sprach man ein gemeinsames Tischgebet. Diese Gewohnheit hat die Familie bis heute beibehalten. Als die Kinder kleiner waren, haben die Eltern mit ihnen abends am Bett gebetet und gesungen. Die Patientin hat das als schön erlebt, da es
zu der wenigen Zeit gehörte, die die Eltern mit den Kindern zusammen verbrachten.

Die Eltern redeten kaum mit den Kindern über religiöse Inhalte,
weil die Mutter nach Geburt der ersten Tochter und einer schweren Eklampsie[9] sich in nervenärztliche Behandlung begeben mußte

---

9   Unter Eklampsie versteht man plötzliche lebensbedrohliche
    Krämpfe während Schwangerschaft, Geburt oder Wochenbett.

mit religiösen Inhalten. Die Schwester der Mutter war in einer Situation der Belastung mit dem Berufsbeginn und Schwierigkeiten mit ihrem Freund schizophren dekompensiert, ebenfalls mit religiösen Inhalten. Sie ist inzwischen dauieruntergebracht.

Die Konfirmation ist nach ihren Angaben relativ spurlos an der Patientin vorübergegangen, weil sie alles gar nicht so recht in Beziehung zu sich setzen konnte. Erst seit letztem Herbst weiß sie, daß Religion etwas mit ihr zu tun hat.

3. Fragen an den Seelsorger

Welche Rolle spielt im Leben dieser Patientin die Religiosität? Kann sie erst nach dem Erleben eigenen Versagens entfaltet werden? Ist dieses Versagen/ diese Schuld der Situation angemessen oder krankhaft übersteigert? Bewirkt die neuerwachte Religiosität erst die starke erlebnismäßige Erfahrung von Schuld?

Ist es ratsam, auf die 'Realität des Sündenfalls' und auf 'Gottes große Barmherzigkeit' mit der Patientin zu sprechen zu kommen? Oder weckt das nur neue Ängste? Wenn ihr das gemeinsame Beten schon einmal geholfen hat, vielleicht könnte man ihr das anbieten? Oder wie verhält sich der Seelsorger am besten, wenn die Patientin ihn um ein gemeinsames Gebet bittet? Und wie, wenn sie über Judas und sein Ende reden möchte? Oder über die Versuchungen Jesu? oder Bekehrungserlebnisse?

Was heißt 'Seelsorge' bei dieser Patientin? Wer ist der bessere Seelsorger: der sich fern hält, um weitere 'Erregungszustände' mit religiöser Thematik zu verhindern? der auf die Patientin zugeht und sie auf ihre religiösen Erlebnisse anspricht, um ihr bei der Verarbeitung behilflich sein zu können? der sich abwartend verhält und ihr, der Kranken, die Initiative überläßt?

Was fängt der Seelsorger selbst mit dem Judas-Erlebnis und mit dem Teufel an? Ist das für den weiteren Verlauf des seelsorglichen Kontakts relevant?

Welche Aufgabe erwächst dem Seelsorger aus der Deutung der Erlebnisse als 'verkorkster Selbstmordversuch'? Muß/ darf er Position beziehen? Wenn ja, welche? Muß er den Arzt informieren? Wo beginnt seine Seelsorger-Schweige-Pflicht, und wo hört sie auf?

Wo hört Seelsorge auf und beginnt Therapie? Wie ist dieser Konflikt zwischen Loyalität und Freiheit gegenüber den Institutionen seiner Tätigkeit, Psychiatrie und Kirche, zu lösen? Wo ist die Position des Kranken? Ist der lebengeschichtliche Hintergrund der Patientin für den seelsorglichen Kontakt von Belang? Was ist mit den Beziehungen, in denen sie lebt?

2.2. Zum Verhältnis Symptom-Ursache-Krankheitsbild

Auf dem Hintergrund der Fallbeispiele erhebt sich die grundsätzliche Frage nach dem Verhältnis von Symptom und Ursache bei psychischen Erkrankungen.

Aus dem eigenen Erleben ist es hinlänglich bekannt: e i n e Krankheitsursache kann sich in vielen verschiedenen Krankheitsbildern äußern. Einige treten immer im Zusammenhang mit dieser Erkrankung auf, andere Begleiterscheinungen werden bei dem einen sichtbar, beim andern nicht, dafür leidet er dann wieder unter anderen. Das gilt in ausgeprägtem Maß in der Psychiatrie. Auch hier kann man die psychopathologischen Erscheinungen nicht in scharf getrennte Krankheitsbilder auflösen. Eine Krankheitsursache kann viele Erscheinungsbilder nach sich ziehen, und dasselbe Erscheinungsbild kann auf verschiedenen Krankheitsursachen basieren. Auch Persönlichkeit und Lebensgeschichte des Betroffenen haben ihren Einfluß. Und schließlich wird psychopathologisch nie eine direkte Wirkung der Krankheitsursache sichtbar, sondern stets eine durch die Erkrankung veränderte Persönlichkeit in ihrer Ganzheit und Einmaligkeit.

Sinnestäuschungen, z.B. Halluzinationen, können, ohne daß eine adäquate Reizung erfolgt wäre, in Hypnose, bei Massensuggestionen, im Halbschlaf, im psychotischen Prozeß, im delirium tremens infolge

Alkoholmißbrauchs oder bei bestimmten Hirnverletzungen vorkommen. Das Auftreten dieses Symptoms ist noch kein verläßlicher Anzeiger eines bestimmten Krankheitstypus.

Die Inhalte dieser Sinnestäuschungen oder Halluzinationen sind von Patient zu Patient verschieden. Ob man wie die Patientin von Fallbeispiel 1 den Teufel durch das Haus reiten sieht und Glocken läuten hört, oder ob man Judas im Baum hängen sieht wie die Patientin von Fallbeispiel 3, wird von der Persönlichkeit und der Lebensgeschichte der Betroffenen mit beeinflußt. Auch die zugrundeliegenden Diagnosen sind verschieden: Schwangerschaftspsychose in einem, Reifungskrise mit psychosewertiger Dekompensation im zweiten Fall. In dieser Weise äußert sich die Unfähigkeit der Patienten der Fallbeispiele 2 und 3, den gewohnten Lebensrhythmus aufrecht zu erhalten in ganz verschiedenen Bereichen: der Patient kann nicht mehr essen, zieht sich mehr und mehr aus der Umgebung zurück; die Patientin kann dem Unterricht nicht mehr folgen, und was ihr früher wichtig war, verliert seine Bedeutung.

Wenn diese Erlebnisse so wenig präzise einer bestimmten Ursache zugeordnet werden können, erhebt sich die Frage, mit welcher Genauigkeit sie dann als krankhaft diagnostiziert werden können. Auch der Wüstenvater Antonius sah bekanntlich den Teufel im Verlauf seiner 20-jährigen Askese, und doch hielt man ihn nicht für krank, sondern verehrte ihn. Ist die Bestimmung dessen, was Krankheit ist, also zeit- und situationsabhängig und damit Definitionssache?

Dazu sind die Auffassungen verschieden. Schneiders Krankheitsbegriff etwa, der bis heute die Psychiatrie beeinflußt, ist ein 'streng medizinischer'. Krankheit selbst gibt es nur im Leiblichen, und 'krankhaft' heißen wir seelisch Abnormes dann, wenn es auf krankhafte Organprozesse zurückzuführen ist.' (Peters 1971, 254-255)

Jaspers nennt drei Typen psychischer Krankheit: den körperlichen Krankheitsprozeß; das schwere, neu in ein bisher gesundes Leben hereinbrechende seelenverändernde Geschehen; die Variation des

Menschseins in weitem Abstand vom Durchschnitt, unerwünscht vom Betroffenen oder seiner Umgebung und damit behandlungsbedürftig.

Die dritte Variante, also den Abstand vom Durchschnitt, präzisiert Pongratz mit seinem Störungsbegriff aus klinisch-psychologischer Perspektive (1975,47-48): 'Um von Störung sprechen zu können, ist eine N o r m (...) als Maß vorausgesetzt. Durch eine übermäßige Belastung kommt es zu einer Normabweichung größeren oder geringeren Grades. Bei welchem Grad der Abweichung eine Störung diagnostiziert wird, ist interpersonell, interkulturell variant. In der Regel gibt es einen normativen T o l e r a n z b e r e i c h. Wird die Grenze dieses Bereichs überschritten, dann erst wäre die Abweichung abnorm. Damit sie klinisch-psychologisch relevant wird, muß noch das Moment einer r e l a t i v e n D a u e r hinzukommen.'

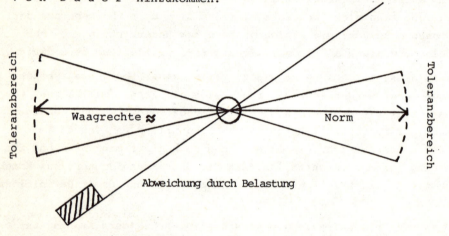

Schema vgl. Pongratz 1975, 48; die Belastung ist entweder veranlagungsbedingt oder umweltbedingt)

Die anthropologische Psychiatrie berücksichtigt zu gleichen Teilen das subjektive Krankheitserleben und die wertende Einstellung des Artzes. 'Das Wesen des Krankseins ist eine Not und äußert sich als eine Bitte um Hilfe; ich nenne den krank, in dem ich als Arzt die Not erkenne.' (V. von Weizsäcker, zit. nach Peters 1971, 255)

Die Bestandteile dieser verschiedenen Begriffe psychischer Krankheit enthalten sämtlich das Element der objektiven Veränderung, (die bei Schneider auf krankhafte Organprozesse eingegrenzt ist). Bei allen übrigen ist auch der subjektive Leidensdruck relevant. Damit haben also sicher die Symptome Krankheitswert, die eindeutig auf krankhafte Organprozesse rückführend sind; (noch?) nicht eindeutig rückführbare Symptome sind krankheitswertig bei subjektiv erlebter Beeinträchtigung und/oder objektiver Einschätzung durch den Fachmann.

2.3. Religiosität und Symptomatik

2.3.1. Religiöses Erleben als Symptom

Was für alles Erleben des psychisch Kranken gilt, gilt auch für den Ausschnitt des religiösen Erlebens. Auch in diesem Bereich kann die Persönlichkeit von der Krankheit beeinflußt werden. Auch hier können sich Erscheinungsbilder der Erkrankung äußern, können gesunde und kranke Anteile koexistieren.

Also muß man für jede Äußerung religiösen Erlebens grundsätzlich damit rechnen, daß sie der Symptomebene angehört. Negativ formuliert, ist die Äußerung religiöser Erfahrung in der Erkrankung kein verläßliches Indiz dafür, daß dieser Äußerung eine religiöse Haltung zugrundeliegt, die so stabil ist, daß sie über die Zeit der akuten Erkrankung hinaus durchtragen wird. Positiv gewendet heißt das aber auch, daß von den Symptomen der Erkrankung her die menschliche Grundhaltung des Betroffenen nicht beurteilbar ist, da nie die Persönlichkeit in ihrem ganzen Umfang von der Erkrankung in Mitleidenschaft gezogen wird, sondern immer auch Bereiche nicht erfaßt werden und gesund bleiben.

Analogien dieses Sachverhalts bei Gesunden sind durchaus beobachtbar, sofern menschliches Handeln in seiner Motivationsbasis immer vielschichtig und menschliche Äußerungen entsprechend vieldeutig sind: gesunder und kranker Ehrgeiz, gesunde und kranke Frömmigkeit, Glaube und Zweifel, Mut und Angst koexistieren in

einem Ausmaß, das selten registriert wird. Der psychisch Kranke
ist jemand, der die Widersprüchlichkeit des Menschenmöglichen
in extremer Weise erlebt und erleidet und die, die mit ihm umgehen, ständig mit der Spannung zwischen Innen und Außen, Erkennbarem und Erkenntnisgrenzen konfrontiert.

2.3.2. Bedeutung für den Seelsorger

Wenn die geschilderte religiöse Erfahrung des Patienten Ausdruck
der Symptomatik sein kann, dann bedeutet das für die Zuwendung
des Seelsorgers eine Verfremdung. Er muß damit rechnen, daß
etwa eine geschilderte Berufung oder Totsünde die Kategorien
seines Vorstellungsvermögens vom Erleben der Wirklichkeit sprengen und sich hier eine andere Art menschlicher Erfahrung artikulieren kann, zu der er zunächst keinen Zugang hat und vielleicht auch nie gewinnen wird.

Das relativiert zunächst die seelsorglichen Ambitionen, weil man
trotz größter Sorgfalt und intensiver Bemühung unter Umständen
den Kranken nicht erreichen kann. In religiösen Termini ausgedrückt, läuft diese Relativierung aber auf die Erkenntnis hinaus:
Dieser Mensch ist in Gottes Hand und nicht in meiner Hand. Aber
Gott hat ihn mir anvertraut. Denn er befindet sich in seelischer
Not und ist damit unfrei und ausgeliefert. Daher hat er den Anspruch auf größtmögliche Aufmerksamkeit und Solidarität.

2.3.3. Konsequenzen für die Fragestellung

In Beziehung treten ist zugleich das Menschlichste, Theologischste und Christlichste an der Seelsorge mit dem psychisch Kranken.
Will der Seelsorger sich auf den psychisch Kranken einlassen, so
muß er dessen Sprache erlernen.

Darum wird im weiteren Verlauf der Untersuchung die Religiosität
des psychisch Kranken gerade in dem Bereich im Mittelpunkt stehen,
in dem seine Hermeneutik sich von der 'Alltagshermeneutik' entfernt. Das bedeutet, nicht die gesund gebliebenen Anteile seiner

Religiosität interessieren am meisten, sondern seine Religiosität als Ausdruck der Symptomatik seiner Erkrankung und der Zusammenhang dieser religiös gefärbten Symptomatik mit der zugrundeliegenden Gesamtstörung. Denn genau an dieser Stelle ist die größte Irritation des Seelsorgers zu erwarten, wobei es sich hier um eine Ebene der Äußerung menschlicher Not handelt, die unterhalb der legitimen Differenz von Glaube und Religiosität liegt.

3. Institutioneller Kontext

Die bisherigen erkenntnistheoretischen Bemerkungen waren wichtig, aber möglicherweise noch beherrscht vom unreflektierten gesellschaftlichen Bewußtsein und von uneingestandenen institutionellen Prämissen, über die noch Rechenschaft abzulegen ist. Es geht um die Frage: wo/ bei wem erwacht das Interesse am religiösen Erleben psychisch Kranker? Welche Interessen erwachen? Wessen Interessen sind das?

Bekanntlich manifestieren sich in den gesellschaftlichen Institutionen Interessen gesellschaftlicher Gruppen, die eine ganz bestimmte Definition von Wirklichkeit vertreten und beanspruchen (Habermas 1968, 332-345). Sie gilt es bewußt zu machen, damit sie einschätzbar und veränderbar werden.

Im Horizont der Frage nach dem religiösen Erleben psychisch Kranker sind die angefragten Institutionen die Psychiatrie einerseits und Krankenseelsorge andererseits.

3.1. Psychiatrie heute

3.1.1. Geschichtliche Entwicklung in Deutschland

Um die Gegenwart angemessen beurteilen zu können, ist der Blick in die Vergangenheit angebracht. Der Begriff 'Psychiatrie' entsteht im 19. Jahrhundert,[1] und in dieser Zeit werden auch die

---

1 Geprägt von Johann Ch. Reil, dessen psychiatrisches Hauptwerk 'Rhapsodien über die Anwendung der psychischen Curmethode auf Geisteszerrüttungen' von 1803 allgemein als Beginn der deutschen Psychiatrie gilt. Vgl. Thebrath 1978,18.

Anfänge der deutschen Psychiatrie datiert. Vorher galten psychisch Kranke im mittelalterlichen Abendland als von Gott Gerichtete, ausgeschlossen von der göttlichen Barmherzigkeit und damit auch auf Erden schon zu mitleidloser und unbarmherziger Behandlung freigegeben (Vogt 1969). Das Irrenwesen war im Mittelalter parochial organisiert, was zu unterschiedlichen Behandlungsweisen auf Gemeindeebene führte, unter anderem zu drastischen Sicherheitsmaßnahmen,[2] Spott (Narrenkäfigen), und Verfolgungen (Hexenverfolgungen). Neben der kommunalen Wurzel der Irrenfürsorge existierte eine monasteriale, Klöster und Orden kümmerten sich um die Irren und übertrugen ihre eigenen mönchischen Tugenden als Verhaltensmaximen auf das Zusammenleben der psychisch Kranken, was den Organisationsstil der staatlichen psychiatrischen Landeskrankenhäuser zum Teil bis heute, etwa in der strikten Geschlechtertrennung, beeinflußt (Blasius 1980).

Bevölkerungszuwachs und finanzielle Überlastung der Gemeinden führte im Absolutismus zur Unterbringung der psychisch Kranken in Tollhäusern, die als Zucht- und Arbeitshäuser zugleich einen wichtigen Produktionsfaktor darstellten, verbunden mit massiven Repressionen für die psychisch Kranken. 'Das ordnungs- und sicherheitspolitische Kalkül der absolutistischen Staatsbürokratie erfaßte den Irren und definierte ihn sowohl als sozial Schwachen wie als Störer der sozialen Ordnung.' (Blasius 1980, 21)

Eine erste Reformbewegung in der ersten Hälfte des 19. Jahrhunderts wurde bestimmt vom Optimismus der Aufklärung, man könne den Menschen aus seiner Unmündigkeit herausführen, und führte zur Errichtung von Modellanstalten, in denen der Kranke möglichst wenig in seiner Freiheit beschnitten werden sollte und

---

2 'Irre wurden z.T. in ausbruchssicheren Türmen jenseits der Stadmauer verwahrt, oft auch nach dem Abklingen von Epidemien in Seuchenhäuser gesteckt; vereinzelt 'hielt' man sie auch in besonderen Irrenzellen, die sich meist in der Nachbarschaft städtischer Hospitäler befanden.' (Blasius 1980, 24)

die geprägt waren vom 'Mythos der Heilbarkeit' von Geisteskrankheit (Blasius 1980, 22). Mit der Gestaltgewinnung der 'bürgerlichen Gesellschaft' wurde der psychisch Kranke nicht mehr länger als Widersacher der Sicherheit gesehen, sondern als Kranker, an dem sich die Legitimität gesellschaftlicher Normen erweisen mußte.

Gleichzeitig machte die medizinische Entwicklung Fortschritte. Griesinger (1845) verschaffte mit der These, daß alle Geisteskrankheiten Krankheiten des Gehirns seien, der Ansicht Geltung, psychische Krankheit müsse in der Optik körperlicher Krankheit gesehen werden, und führte die Psychiatrie an die allgemeine Medizin als eine empirisch-klinische Wissenschaft heran. Gegen sein Außenseiter-Konzept einer in gemeindenahen Einrichtungen praktizierten patientenorientierten Psychiatrie, mit dem er vom Ansatz her das System der Verwahrungspsychiatrie aufbrechen wollte, setzten sich auf weite Strecken hin die Psychiater durch, die das Konzept der 'Isolierung' von psychisch Kranken in großen Anstalten an schwer erreichbaren Orten in ländlicher Abgeschiedenheit als heilsam verfochten. Das verdeutlichen die in der zweiten Hälfte des 19. Jahrhunderts allenthalben errichteten Landeskrankenhäuser, von denen die meisten heute noch in Betrieb sind.

Etwa seit 1880 vollzog sich die Trennung von Anstalts- und Universitätspsychiatrie mit nachteiligen Folgen für die Langzeitversorgung psychisch Kranker[3]. 'Die Hochschulpsychiatrie schloß sich vielfach von den praktischen Bedürfnissen ab, versorgte in ihren relativ kleinen Einrichtungen fast ausschließlich Akutkranke und verlor mit dem breiten Spektrum chronisch Kranker einen wesentlichen Forschungsgegenstand aus ihrem Gesichtsfeld. Die Anstaltspsychiatrie, von der zunächst der große Aufschwung in die Psychiatrie getragen worden war, verarmte an Forschungsimpulsen und wurde ... nicht mehr so stark

---

[3] Einen Markstein bildete das Jahr 1899, 'in dem Kraepelin den später von Bleuler 'Schizophrenie' genannten Formenkreis der 'Dementia Praecox' von manisch-depressiven Formenkreis abgrenzte'. (Thebrath 1978, 23)

gefördert.' (Deutscher Bundestag, Drucks. 7/4200, 61) Der Kranke wurde vorwiegend zum Objekt der naturwissenschaftlichen Betrachtungsweise, und Anstaltsartefakte, Opium, Bäder, Bettbehandlung, aber auch die Einführung der Arbeitstherapie in den Pflegeanstalten kennzeichnen die Entwicklung von etwa 1900 bis zum Nationalsozialismus.

Weltweit begann um das Jahr 1920 die 'Ära der Schocktherapie' (Thebrath 1978, 27), und gegen Ende der dreißiger Jahre erregte die Psychochirurgie Aufsehen.

In Deutschland endete 1935 mit der Ablösung des 'Verbandes für psychische Hygiene' durch die neu gegründete 'Gesellschaft Deutscher Neurologen und Psychiater' zunächst die selbständige Arbeit der Hilfsvereine zur Unterstützung entlassener Geisteskranker', die seit 1829 immer zahlreicher psychich Kranke und ihre Familien finanziell und ideell unterstützt und vor Verarmung und Verelendung bewahrt hatten. In der Zeit des Nationalsozialismus wurden in Deutschland von 1940-1945 etwa 85000 psychisch Kranke und Behinderte, Epilepsie-Kranke und hirngeschädigte Kinder vergast, vergiftet oder durch allmählichen Nahrungsentzug umgebracht.[4] Bis heute steht die 'Auseinandersetzung der Psychiatrie mit ihrer eigenen totalitären Vergangenheit aus, vermißt man eine Untersuchung, warum sich einige ihrer Vertreter zu jenen schaurigen Praktiken, die sich in perfider Weise des Euthanasiebegriffs bedienten, bereitfanden...'. (Glatzel 1975, 3)

3.1.2. Hintergründe der Reform

Nach 1945 verblieb die Psychiatrie, statt sich mit den auch in ihrem Namen begangenen Verbrechen auseinanderzusetzen, 'zunächst in eigentümlicher Praxisferne, psychopathologisch engagiert,

---

[4] Die Würzburger Psychiatrie erwarb sich unter ihrem Klinikchef Heyde hier eine traurige Vorrangstellung. Vgl. Schrappe (1982).

daseinsanalytisch und phänomenologisch philosophierend. In der
Tat wurden die ersten kritisch reformatorischen Stimmen erst
etwa 15 Jahre nach Kriegsende, zur Zeit, als die sogenannte
Sozialpsychiatrie auch hier modern zu werden begann, hörbar.'
(Kulenkampff 1971, 3-4)

Stichwortartig kann man die Entwicklung bis heute charakterisieren mit den Begriffen Psychopharmaka-Therapie, in der Konsequenz Drehtürpsychiatrie mit häufigerem kürzeren Klinikaufenthalten, Sozialpsychiatrie, Gründung der Deutschen Gesellschaft für Soziale Psychiatrie (DGSP) und der Aktion psychisch Kranke (APK), Erstellung der Enquête und rasch wachsende Zahl freiwilliger Helfer und psychosozialer Hilfsvereinigungen. Die psychiatrische Landschaft ist nach Veröffentlichung des 'nationalen Notstands' (Häfner 1965, 188)[5] endlich in Bewegung geraten.

5 Die Enquête-Kommission stellt in ihrem Zwischenbericht fest, daß eine sehr große Anzahl psychisch Kranker und Behinderter in den stationären Einrichtungen unter elenden, z.T. als menschenunwürdig zu bezeichnenden Umständen leben muß. Am Stichtag (30.5.1973) waren fast die Hälfte aller Patienten länger als 5 Jahre, ein Drittel sogar länger als 10 Jahre in den Fachkrankenhäusern; durch Hospitalisierungsschäden Lebensuntüchtigkeit. Entfernung zum Wohnort der Kranken: durchschnittlich 88 km.
Versorgung: 1 Arzt für 60 Patienten (je kleiner das Krankenhaus, desto besser die ärztliche Versorgung; in 38 Häusern 1 Arzt für 81 bis über 100 Patienten); 1 Psychologe für 506 Patienten; 1 Sozialarbeiter für 560 Patienten; 1 ausgebildeter Beschäftigungstherapeut für 696 Patienten; 1 Schwester/ Pfleger für 3 Patienten ohne Berücksichtigung des Drei-Schichten-Dienstes, davon weitaus weniger als die Hälfte mit staatlich anerkannter Ausbildung, und davon nur 6% psychiatriebezogene Zusatzausbildung. (Deutscher Bundestag, Drucksache 7/4200, 1975.)
Demgegenüber der Bedarf: Arztbesuche beim Arzt für Allgemein-Medizin: ca. 70% der Bevölkerung; davon psychische Krisen, Krankheiten, vorwiegend psychisch bedingte körperliche Beschwerden: 10-20%, entspricht 4-8 Mill. Menschen. Dringend psychiatrisch oder psychotherapeutisch behandlungsbedürftig pro Jahr: 1,5-2% der Bevölkerung, also ca. 1 Million Menschen. Konsultation des niedergelassenen Nervenarztes oder Psychotherapeuten: ca. 600.000 Personen; Aufnahme in psychiatrischen Krankenhäusern pro Jahr: ca. 200.000 Menschen. (Bundeszentrale für gesundheitliche Aufklärung 1978, 59.)

Antipsychiatrisches Gedankengut

Inhaltlich wurde diese Welle der Aufmerksamkeit für psychisch Kranke nachhaltig beeinflußt von der Bewegung der 'Antipsychiatrie'[6] in England und Italien, zu deren Kennzeichnung die Positionen je eines der bedeutendsten Vertreter in groben Zügen umrissen werden:

Laing als bedeutender Vertreter englischer 'Antipsychiatrie' hat den theoretischen Anspruch, von der Mikrostruktur über die Vermittlungsinstanzen zu Makrostrukturen zu gelangen, d.h. als Psychiater nicht nur das Individuum zu untersuchen, sondern auch das soziale System, also die Situation und den sozialen Kontext der Bedingungen zur Herstellung von Situationen, um so den Wahnsinn und den Prozeß des Wahnsinnig-Werdens verständlich zu machen. Seine Theorie des Wahnsinns enthält folgende Elemente: Sie muß als Wissenschaft von Personen individuell-lebensgeschichtlich die Verarbeitung kontextueller Bedingungen verstehbar machen. Wenn Wahnsinn eine bestimmte Form der Wirklichkeitserfahrung und Wirklichkeitskonstitution darstellt, ist die Familie als unmittelbarster Kontext des Individuums der Ort, an dem Wirklichkeit erfahren und zu konstituieren gelernt wird, und deshalb müssen die Interaktionsstrukturen der Familie untersucht werden. Auch in den Institutionen psychosozialer Versorgung sind die Interaktionsstrukturen zwischen Helfer und Patient sowie die Lebensbedingungen in psychiatrischen Anstalten allgemein zu untersuchen. Zur Integration dieser Kontexte in das Ganze ist eine Theorie des Sozialsystems zu erstellen. Laing sieht also den Wahnsinn des Individuums als Ergebnis eines Sozialisationsprozesses. Die 'Verrücktheit' der gesellschaftlichen Stigmatisierung beginnt in der Familie mit der Etikettierung eines Mitglieds als 'verrückt' (zum Erhalt der Gruppenhomöostase) und wird durch

---

6 Nur ein englischer Psychiater, David Cooper, hat sein Modell als 'Antipsychiatrie' bezeichnet; Ronald Laing hat diese Bezeichnung sogar ausdrücklich für sich abgelehnt, da so dem traditionellen Psychiater eine Monopolstellung zufallen würde.

die institutionalisierte Psychiatrie festgeschrieben, um einzelne zur Anpassung an gesellschaftliche Verhaltensnormen zu zwingen. 'Geisteskrankheit, verstanden als Abweichung von gesellschaftlich definierten Normen, stellt hier keine im Handeln des Betroffenen auffindbare Qualität dar, ist vielmehr Folge eines Zuschreibungsprozesses, der auf verschiedenen Ebenen stattfindet.' (Braun/ Hergrüter 1980, 68) Zu untersuchen sind die Bedingungen, unter denen die Zuschreibung von Bedeutungen intersubjektiv gültig wird, weiterhin die Macht, die den Definitionen Geltung verschafft. Damit ist es möglich, die Beurteilungsgrundlage für 'Verrücktheit, den common sense, zu problematisieren. Die Abweichung selbst wird erkennbar als intersubjektiv konstituierte Beziehung. Das bedeutet aber Auflösung der spezifischen Erlebnis- und Handlungsqualität der abweichenden Individuums; sie existiert nur noch als Zuschreibung, das heißt, es gibt keine Schizophrenie mehr. Der positive Entwurf der individuellen Entdeckung des 'wahren Selbst' basiert auf der erkenntnistheoretischen Ausrichtung des Freiheitsentwurfs von J.P.Sartre.

Franco Basaglia, Begründer der italienischen Bewegung Demokratische Psychiatrie, sieht 'Krankheit' als soziales Problem und ist der Auffassung, daß es eine Quote menschlichen Leidens gibt, die nicht abgeschafft werden kann, weil die gesellschaftliche Organisation es nicht zuläßt. Die, wie auch immer gearteten, Appelle des Leidenden werden mit Repression beantwortet statt mit tatsächlicher Hilfe. Die Rechtfertigung der Repression schafft die traditionelle Psychiatrie durch die durch die Psychopathologie, d.h. die Krankheit ist die Kodierung menschlichen Leidens. Basaglia ist der Auffassung, nicht die Krankheit gebe es, nur das Leiden, und für das Leiden gelte es neue Antworten zu finden. Hilfe sieht er durch das Angehen der Probleme des Leidens, nicht der Krankheit, gemeinsam mit dem Patienten. Für Basaglia sind die wirklichen Probleme nicht nur seine eigenen persönlichen Probleme, sondern auch die seiner Umwelt und aller Menschen. - Basaglias Reformbewegung führte bis zu einem im Juni 1978 von italienischen Parlament verabschiedeten Psychiatrie-

Gesetz, das die Schließung psychiatrischer Anstalten nach einer Übergangszeit vorsieht, Zwangseinweisung abschafft und Bezeichnungen wie 'geistesgestört' und 'geisteskrank' verbietet.[7] Die seitherige Praxis scheint für die in der traditionellen institutionalisierten Psychiatrie so bezeichneten 'Akut'- und 'Notaufnahmen' keine befriedigenden Verfahrensmodi gefunden zu haben. Das geplante dichte Netz von Auffangstellen, etwa 15 Betten pro Allgemeinkrankenhaus und in Städten und Gemeinden 'Centri di igiene mentale', blieben weitgehend aus.

'Von unverhüllter Sabotage spricht Psychiatrie-Koordinator Crepet, der das Scheitern von Reformbemühungen in Rom beobachtet hat. Ärzte und Pfleger vereitelten dort die geplanten Neuerungen gelegentlich durch Massenkündigungen. Nicht selten entließen Psychiater, laut Crepet, selbst solche Patienten in ihre Familien, 'die dringend stationärer Behandlung bedurften' - 'klar, daß da eine Menge Unheil passieren konnte.' (Der Spiegel, Nr. 44/1983, 274) In der Bevölkerung haben die Gegner der Reform inzwischen Rückenwind.

Zweifellos gingen von der antipsychiatrischen Bewegung wichtige Impulse aus. Allerdings ist die zu einseitige Betonung psychischer Krankheit als abweichendes Verhalten gleichfalls eine Engführung, die die Aspekte der Krankheit zu sehr vernachlässigt und damit der ganzen Realität auch nicht gerecht wird.

Wachsende Sensibilität

Mit diesem Einfluß seitens der Antipsychiatrie koexistierte eine wachsende Sensibilität innerhalb der Gesellschaft für Randgruppen. Solche sensiblen Gruppen - und dazu gehörten auch immer kirchliche Gruppen - trugen die Aufbruchsbewegung 'von unten' mit. Für das Klima der Reform war die persönliche Auseinandersetzun

---

[7] Zur Problematik vgl.: Laing 1964, Laing 1967, Braun/Hergrüter 1980, Bopp 1980, S.Schmid ^{2}1977, Basaglia 1971, Goffman 1973, Goffman 1975, Keupp/Zaumseil 1978, Finzen 1973, Keupp 1979, Scheff 1973, Szasz 1972, Szasz 1975, Szasz 1979.

mit dem psychisch Kranken und seiner Diskriminierung in der
Öffentlichkeit entscheidend wichtig. Sozialwissenschaftliche
Konfrontation mit den Theorien abweichenden Verhaltens und gesellschaftlicher Stigmatisierung[8] wurden bestimmend für die
Entdeckung der Entstehung und Funktion der eigenen Vorurteile.
In diesem Kontext wurde erstmals auch die eigene Angst gegenüber den psychisch Kranken thematisiert, als Projektion eigener
Persönlichkeitsanteile in Strukturen entlarvt, die ab einem gewissen Grad krank machen und konnten jetzt für den sinnvollen Umgang mit den psychisch Kranken fruchtbar gemacht werden.[9]

3.1.3 Aufbruch und Resignation

Inzwischen sind eine ganze Anzahl von Reformen in psychiatrischen Kliniken durchgeführt, und die Kette der außerklinischen
Einrichtungen für psychisch Kranke wurde und wird zum Teil noch
immer bedeutend erweitert. In der folgenden Übersicht wird das
verdeutlicht.

Außerklinische psychiatrische Einrichtungen

Sozialstationen: Sie sind Orte gemeindenaher Psychiatrie, die
in Öffentlichkeitsarbeit die Aufnahmebereitschaft der Bevölkerung für psychisch Kranke fördern wollen. Ihre Aufgaben sind
vorbeugende und therapeutische Maßnahmen. Mitarbeiter: eine
leitende Gemeindeschwester und Sozialarbeiter.

Übergangsheime: Rehabilitationseinrichtungen für arbeitsfähige
und teilarbeitsfähige psychisch Gesundende. Dort sollen sie gesundheitlich stabilisiert werden, sollen ihre soziale Leistungsfähigkeit gestärkt und soziale Bindungen wiederhergestellt werden. Letzte Stufe: eigenen Lebensbereich außerhalb des Hauses
aufbauen. Mitarbeiter: Sozialarbeiter -pädagogen, Arbeits-

---

8 Vgl. etwa Goffman 1975; Goffman 1973; Jaeckel/Wieser 1970;
 Seywald 1977; Raiser 1971; Keckeisen 1974

9 Auf diesem Hintergrund entstand etwa Dörner/Plog,"Irren
 ist menschlich. Oder Lehrbuch der Psychiatrie/ Psychotherapie", 1978.

therapeuten, Beschäftigungstherapeuten, Krankenschwestern, Hauswirtschaftshilfen, Psychiater und Psychologen.

<u>Wohngemeinschaften und Wohnheime</u>: Werden bevorzugt für psychisch Langzeitkranke, psychisch veränderte alte Menschen und chronisch Suchtkranke. Sie dienen der Aktivierung noch nicht zerstörter Teile der Persönlichkeit und der Hebung des Selbstwertgefühls. In ihnen erfahren Kranke Geborgenheit, Verständnis und sichere Führung. Mitarbeiter: Sozialpädagogen, Krankenpflegepersonal und in Rehabilitation ausgebildete engagierte Laien. (vgl. Beschützende Wohnheime ermöglichen einen Test in der Gesellschaft bei gleichzeitiger Kontrolle.

<u>Tagesstätten</u>: In ihnen können alte Menschen tagsüber beschäftigt werden. Sie leisten den Familien Hilfestellung. Entwicklung der Psychiatrie überhaupt in diese Richtung angestrebt. Mitarbeiter: Ärzte, Fach- und Laienmitarbeiter.

<u>Patientenclubs</u>: Für die Zeit nach der Entlassung, um Kontakt zu knüpfen, für Freizeitbeschäftigung und Ferienaufenthalte, für Geselligkeit und um Gleichgesinnte zu finden, zur Einübung von Umgangs- und Verhaltensweisen. Notwendig ist es, Kontakt zu Klinikpatienten schon vorher aufzunehmen. Treffen: einmal in der Woche. Mitarbeiter: Laienhelfer als Partner und nicht als Betreuer.

<u>Werkstätten</u>: Durch eigenständige Tätigkeit gelangen die Kranken zu Selbstbestimmung und Stabilisierung. Zeitgemäße Arbeitstherapie muß patientenzentriert, nicht krankenhauszentriert sein, sonst besteht die Gefahr der Ausbeutung.

<u>Kuren und Erholungsaufenthalte</u>: Gezielte Therapie unter fachmännischer Leitung. Mitarbeiter: Psychotherapeuten, Gesprächsgruppenleiter, Beschäftigungs-, Musik-, und Bewegungstherapeuten.

<u>Frei praktizierende Psychiater und Psychotherapeuten</u>: In ihrer Behandlung wird das ganze soziale Umfeld des Patienten in die Betreuung einbezogen. Der Arzt setzt sich selbst als diagnostisches Instrument ein. Durch die Menge der Patienten häufig nur psychische Notfallversorgung.

Ambulanzen: Meist Nachversorgung derer, die nach stationärer Behandlung keinen Arzt aufsuchen; Behandlung derer, die nicht unbedingt stationär aufgenommen werden müssen; für solche, die spezieller Therapie bedürfen; für Regionen, in denen es einen Nervenarzt gibt.

Tageskliniken: Sind Kliniken angegliedert, praktizieren teilstationäre Behandlung als Rehabilitationsmaßnahme nach Klinikaufenthalt, als Übergangsbetreuung bzw. Vorbereitung einer längerfristigen Rehabiliationsmaßnahme, als Krisenintervention. Pat. wohnen daheim, tagsüber Behandlung mit arbeits-, sozio- und psychotherapeutischen Elementen.

Nach dem großen Aufbruch scheint sich inzwischen eine zweite Welle der Resignation auszubreiten, zum Teil bedingt durch das Steckenbleiben von angefangenen Reformen, das Sistieren von Modellprojekten in der wirtschaftlichen Rezession und der Zeit der politischen 'großen Wende'. Die Drosselung der Finanzen bewirkt etwa die groteske Erscheinung, daß nachdem endlich freie Träger zur Gründung kleiner Langzeiteinrichtungen im Sinne der Gemeindenähe zur Entlastung der Großkrankenhäuser bereit sind, nun seitens der Landeskrankenhäuser versucht wird, die gemeindenahe Psychiatrie zu blockieren, weil dadurch ein Abbau der Bettenzahlen in ihren eigenen Einrichtungen zu befürchten wäre.

Aber auch, was die Heilungschancen angeht, die im Hinblick auf die neuen therapeutischen Modelle möglicherweise partiell allzu enthusiastisch eingeschätzt worden waren, blieben Enttäuschungen nicht aus, Wiederaufnahme von Patienten, Suicide, Chronifizierungen wirken desillusionierend und müssen verarbeitet werden.

3.1.4. Selbstverständnis des Seelsorgers in diesem Kontext

Wer als Seelsorger mit dieser reformbewegten Psychiatrie in Kontakt kommt und hier sein Arbeitsfeld findet, kann nicht umhin, von vornherein auch unter reformerischen Vorzeichen anzutreten. Er muß mit pluralen Konzepten rechnen, die vielleicht auch in einer einzigen Einrichtung nebeneinander existieren. Für ihn selbst bedeutet das den Abschied von einem fest umrissenen eigenen Konzept für die Seelsorge, um den Blick frei zu haben für das, was im eigenen konkreten Umfeld des Psychiatrischen Landeskrankenhauses, der Universitäts-Nervenklinik oder der psychiatrischen Abteilung des Allgemein-Krankenhauses gerade geschieht. In der interdisziplinären Auseinandersetzung mit den Vertretern der anderen engagierten Berufsgruppen ergibt sich die Suche nach einer geeigneten Form der Zusammenarbeit und hoffentlich auch deren Entdeckung. Unter dem Vorzeichen der Reform finden sich aber auch Chancen en masse, Neues auszuprobieren und in beweglich gewordenen Strukturen wirklich den eigenen Platz für die persönlich angemessenste Form der Psychiatrie-Seelsorge zu entdecken und unter Einbeziehung der Verhältnisse selbst ein Konzept auf das eigene Arbeitsfeld hin zu entwickeln.

3.2. Krankenseelsorge heute

Wie die etablierte Psychiatrie, so ist die etablierte Krankenseelsorge der Kirchen eine weitere insitutionelle Vorgabe und Rahmenbedingung, unter der der Seelsorger konkret dem psychisch kranken Menschen begegnet. Auch dieser Rahmen muß wenigstens kurz beleuchtet und auf unausgesprochene Prämissen und Interessenskonflikte hin abgefragt werden. Das ist auch nicht schwer, ist doch das Selbstverständnis, die Methode, das Ausbildungsniveau der Krankenhausseelsorge in den letzten 30 Jahren im Rahmen der neuen Seelsorgsbewegung ausgiebig thematisiert worden.

3.2.1. Der Ausgangspunkt: eine neue Seelsorgsbewegung

Auch die Krankenseelsorge ist nicht verstehbar ohne den Blick in zumindest die jüngere Geschichte. Zu Beginn des 20. Jahrhunderts erwachte in den USA ein starkes Interesse an der emotionalen Not des Menschen. Dabei wurden die in der Praxis stehenden Seelsorger sich ihrer gesellschaftlich induzierten Unterlassungssünden gegenüber der individuellen psychischen Verfassung des Menschen ebenso bewußt wie der eigenen Unzulänglichkeit, verändernd einzugreifen. Auf dem Hintergrund schon länger andauernder Bemühungen um die Humanisierung der psychiatrischen Versorgung schlug in dieser gesellschaftlichen Stimmungslage das autobiographische Protokoll der dreijährigen Leidenszeit von Clifford Beers in psychiatrischen Einrichtungen 1908 mit Vehemenz ein.[10] Die im gleichen Jahr von Clifford Beers gegründete Mental-Health-Bewegung gewann rasch nationalen politischen Einfluß (und hat sich inzwischen weltweit ausgedehnt).

Damit war der Boden bereitet für Anton T. Boisen (1876-1965), selbst Seelsorger und selbst an Schizophrenie erkrankt, der in der Auseinandersetzung mit der eigenen Erkrankung zu einem neuen theologischen Ansatz fand. Beeinflußt vom amerikanischen Pragmatismus, forderte er eine Theologie auf empirischer Basis, um der Offenbarung dort zu begegnen, wo sie heute geschieht, in den 'living human documents': eine Theologie, die sich mit jenen Glaubensinhalten beschäftigt, die die menschlichen Verhaltensweisen tatsächlich motivieren, diese Glaubensinhalte in ihrem Sinnbezug prüft und ordnet und die Beziehung zwischen ihren diversen Erscheinungsformen erforscht. Dabei war die Psychiatrie in gewisser Weise hermeneutisches Prinzip für ihn: 'Boisen wollte die Psychotiker als prophetische Charismatiker und Offenbarungsempfänger verstehen. Eine sinnvolle Theologie sollte aus

---

10 Dorothea L. Dix war seit 1841 40 Jahre lang eine energische Vorkämpferin humaner Psychiatrie. Vgl. Thebrath 1978, 30.

Clifford W. Beers, A Mind That Found Itself, New York, London, Bombay, Calcutta 1908; Pongratz 1975, 29.

der Kenntnis der in den Psychosen zutage tretenden psychischen Strukturen hervorgehen.' (Stollberg 1969, 45)

Boisen gründete 1930 zusammen mit Cabot, der schon seit längerer Zeit das Krankenhaus als Ausbildungsort für Seelsorger für sehr geeignet hielt, das 'Council for Clinical Training'. Als Cabot später mit Boisens psychogenetischer Auffassung von Gemütskrankheiten nicht mehr übereinstimmte, gründete er das 'Institute of Pastoral Care' (1944) mit dem Ziel der praktischen Ausrüstung für das Amt des kirchlichen Seelsorgers. Im Zentrum der Seelsorgeschulung stand hier im Allgemein-Krankenhaus die Besprechung des einzelnen Krankheitsfalls im Mitarbeiterstab der Klinik, dem ein Seelsorger angehört.[11]

Von diesen beiden Wurzeln nahm die moderne Seelsorgsbewegung ihren Ausgang über die USA, Holland und zeitverschoben bis nach Deutschland. Die Entstehung und Verwurzelung im Krankenhaus hat sie durchgehend charakterisiert: durch ein neues Theorie-Praxis-Verhältnis, durch einen induktiven Stil in der Formulierung von Fragen und durch die Stimulation des theologischen Denkens von der Praxis her. Amerikanische Themenschwerpunkte wie die Entwicklung einer empirischen Theologie auf religionspsychologischer Grundlage (Boisen 1936), das pragmatische Verständnis der Seelsorge als Lebensberatung (Hiltner 1943, 1977) und Versuche einer theologischen Integration (Oates 1970, ^{2}1964) veranschaulichen das.

Bemerkenswert ist darüber hinaus, daß diese neue Seelsorgsbewegung ein hohes Maß an Selbstorganisation und neue außerakademische Ausbildungswege für eine praktische pastorale Ausbildung geschaffen hat. Das ist an der deutschen Situation exemplifizierbar:

Die 'Deutsche Gesellschaft für Pastoralpsychologie e.V.' (DGfP) wurde im April 1972 als ökumenische Einrichtung gegründet. Sie

---

11 Inzwischen wird der gemeinsame Akzent des empirical approach stärker betont. 1967 erfolgt die organisatorische Einigung.

stellt einen Zusammenschluß von Theologen mit sehr unterschiedlichen psychologischen Interessen und Zusatzqualifikationen in den vier Sektionen Tiefenpsychologie, Klinische Seelsorgeausbildung, Gruppendynamik/ Sozialpsychologie, Kommunikations- und Verhaltenspsychologie dar. Die Aufgabenstellung liegt in der Koordination der unterschiedlichen inzwischen entwickelten pastoralpsychologischen Interessen und Aktivitäten, der theologischen Reflexion ihrer anthropologischen Implikation und psychologischen Persönlichkeitsmodelle, dem Entwickeln von Arbeitsformen in Bezug auf die Institution Kirche und das Arbeitsfeld Gemeinde, der Qualifizierung durch Weiterbildung.[12] Die hier geschaffene Selbstorganisation ist außeruniversitär. Zur universitären Ausbildung ins Verhältnis gesetzt, stellt sie eher ein Element der Studienreform von außen dar. Aufnahmekriterien und Ausbildungsstufen (Besier 1980, 23) sind im Stil der Psychotherapeutischen Gesellschaften gehalten. Organ der Gesellschaft und wissenschaftliches Diskussionsforum ist die monatlich erscheinende Zeitschrift 'Wege zum Menschen'.

Eine weitere Frucht der Seelsorgsbewegung stellten die inzwischen auch in der BRD etablierten Ausbildungszentren für Clinical Pastoral Training (CPT) bzw. Klinische Seelsorgeausbildung (KSA) dar, die qualifizierte Ausbildungs- und Supervisionsangebote für Krankenhausseelsorger beider Konfessionen bereitstellen.[13]

Der wissenschaftstheoretische Ort der neuen Krankenhausseelsorge befindet sich im praktisch-theologischen Grenzbereich zwischen Theologie und Sozialwissenschaften, vor allem der Psychologie.[14] Hinsichtlich des theologischen Selbstverständnisses hat sich das Konzept 'Seelsorge als Begleitung', orientiert an der Solidarität des 'Gott mit uns' der biblischen Erfahrung, durchgesetzt.[15]

---

12 Becher 1976, 221-238
13 Becher 1976; Zijlstra 1971
14 Scharfenberg ^{3}1971; Riess 1973,1974; Spiegel 1974; Mette/ Steinkamp 1983; Hollweg ^{2}1972
15 Mayer-Scheu 1977; Wintzer 1978,1982; Neidhardt 1970 ; Riess 1976; Tschirch 1976; Harsch 1966; Herms 1977; Clinebell 1971; Scharfenberg 1982.

Darum kann es hier vorausgesetzt werden, so daß sich die Fragestellung vor diesem theologischen Kontext dahin zuspitzt, wie der Seelsorger seinem Auftrag der Begleitung des psychisch Kranken gerecht werden kann, m.a.W. was er wissen und können muß, um ihm wirklich 'zur Seite' treten zu können.

3.2.2. Psychiatrie-Seelsorge

Auf den ersten Blick stellt die Psychiatrieseelsorge nur ein Spezialgebiet der Klinikseelsorge dar, einen Bereich, der angesichts der Belegdichte und der Bedrohlichkeit der Erkrankungen, die auf anderen Stationen die Präsenz des Seelsorgers einfordern, rasch zum Randgebiet seiner Aufmerksamkeit wird. Aber wie bereits ein Blick auf die Geschichte zeigen kann, hat die manifeste Vernachlässigung der psychisch Kranken tiefere Wurzeln.

1. Eine historische Hypothek

In vorchristlichen Kulturen bereits entstand die Gewohnheit, daß Priester und Mönche die Pflege der Heilkunst übernahmen, etwa in den ägyptischen und indischen Kulturen, aber auch im Mittelmeerraum. Wohl unter dem Einfluß des philosophischen Denkens 'begann im Mittelmeerraum eine personelle und sachliche Trennung dieser engen Verbindung von Priestertum und Arzttum, die in Griechenland durch Hippokrates (460-377) eingeleitet wurde.' (Pompey 1968,15)

Mit dem Eintritt des Christentums in die Geschichte ergab sich für die Ärzte in der Orientierung am 'Christus medicus' ein neues Berufsverständnis und in der Konsequenz ein neues Arzt-Patient-Verhältnis. Im Gefolge der Missionierung, die besonders von den Orden getragen war, ergab sich wieder gehäuft eine Personalunion von Arzt und Seelsorger, sobald die Mission sich in ländliche Gebiete verlagerte, die ärztlich unterversorgt waren, wobei aber die sachliche Trennung von priesterlichen und ärztlichen Aufgaben erhalten blieb. Im 12. Jahrhundert erfolgt ein päpstliches Verbot der erwerbsmäßigen ärztlichen Tätigkeit der Kleriker, wohl aus Disziplinierungsmotiven heraus (Pompey 1968, 17-23).

Die faktische Ablösung der Mönche durch Laien leitete in der Folge die endgültige Trennung von Medizin und Theologie ein. Die 'medicina clericalis' entartete auf dem geistigen Hintergrund der Naturphilosophie und ihrer alten Wurzel, der Heilpflanzentherapie, pseudoreligiös zur 'medicina ruralis', wobei magisch-mystische Praktiken der theosophischen Bewegungen durch abergläubische, quasireligiöse Handlungen nachgeahmt wurden. 'Sakramentalien, Exorzismus, Gebete und Andachtsgegenstände verwandte man heilkräftig bei leiblichen Beschwerden. Sie bildeten die spezifischen Mittel der pseudoreligiösen 'Pastoren-Medizin'. (Pompey 1968, 61) Gegen Ende des 18. Jahrhunderts wurde diese Fehlform vom Erscheinen volkshygienischer, arzneikundlicher und Erste-Hilfe-Schriften überholt.

Vor allem in der Psychiatrie führten die klerikalen Ansprüche der Erstzuständigkeit für seelische Fragen zu besonderen Belastungen, die noch in der Mitte des 19. Jahrhunderts 'zum Schutze der Irren' ärztliche Stellungnahmen wie die nachstehende erforderlich machten:

'Nur das seitherige Verfahren des Clerus hat die jetzt häufige gegenseitige Mißstimmung hervorgerufen, wir wiederholen dies, und haben dafür unsere triftigsten Gründe, indem wir Fälle in Erfahrung brachten, wo Geisteskranke jahrelang lediglich auf Abreden des Seelsorgers der Familie hin nicht in Irrenanstalten untergebracht wurden, bis sie später unheilbar waren. Sollte freilich diesen Mißständen auf dem Wege gegenseitiger Verständigung und Belehrung ein Ende nicht gemacht werden können, nun, so kann die Psychiatrie Waffen genug der schwersten Art sich sammeln, um mit offenem Visier gegen keine Religion, wohl aber gegen ihre a l l e n f a l l s i g e n ungebildeten, fort und fort in fremde unverstandene Dinge sich mischende Apostel erfolgreich anzukämpfen.' (Schmidt 1856, 85-87)

Und noch 1976 äußerte sich das Allein-Zuständigkeits-Gefühl der Kleriker tragisch im tödlichen Ausgang der Exorzismus-Prozedur von Klingenberg, in deren Verlauf auf ärztliche Konsultation verzichtet worden war.[16]

2. Die gegenwärtige Situation im Spiegel der Literatur

Gemessen an der Literatur, zeichnet sich in der Psychiatrie-Seelsorge in der BRD ein dürftiger Bewußtseinsstand ab, gerade was die zentralen psychiatrischen Zielgruppen angeht. Zwar gibt es einige ältere psychopathologische Summarien für Seelsorger.[17] Aber in der Flut neuerer Literatur zur Krankenseelsorge werden gerade die am schwersten in ihrer Entfaltungsmöglichkeit eingeschränkten psychotisch Erkrankten nahezu völlig ausgeklammert, während im Bereich der Suchtbekämpfung[18] und Selbstmordverhütung[19] die Auseinandersetzung auch auf praktisch-theologischer Ebene in Gang gekommen ist und die Neurose-Kranken im Rahmen der Auseinandersetzung mit der Psychoanalyse verhältnismäßig früh ins Blickfeld gerieten.[20] Vier Typen von neueren Veröffentlichungen zur Psychiatrieseelsorge lassen sich unterscheiden: Übersetzungen aus der amerikanischen Literatur, die vor allem die gelungene praktische Integration von institutionalisierter medizinischer und seelsorglicher Betreuung in den USA verdeutlichen, ohne speziell auf psychotisch erkrankte Patienten einzugehen[21]; praktische Handreichung mit knapper Skizzierung der Erkrankungen und 'Tips' für den Umgang mit den Kranken

---

16 Umgekehrt kommt es auch heute noch in psychiatrisch-therapeutischen Einrichtungen zum 'Berufsverbot' für Seelsorger seitens der ärztlichen Leitung. Die abendländische Hypothek der gegenseitigen Voreingenommenheiten ist noch nicht abgetragen.

17 Vogel ^{2}1967,1971; Walter 1967; Doppelstein (1952); und aktuell: Vogt 1983

18 Harsch 1976; Josuttis/Leuner 1972; Hunt/Hill 1982

19 Ringel 1974 ; Reiner ^{2}1982

20 Scharfenberg (1972,1974); Wrage/Petersen 1971

21 Oates 1973,1980; Aldrich/Nighswonger 1973; Pruyser 1973

und ihren Angehörigen[22]; Darstellungen eigener Erfahrungen[23]; schließlich einige Aufsätze, die sich um eine pastoral-theologische Standortbestimmung bemühen[24] bzw. fragmentarische Einzelerfahrungen[25].

Daraus muß man schließen, daß weniger die vergleichsweise geringe Patientenzahl der psychiatrischen Abteilungen als vielmehr die Fremdheit des psychisch Kranken die entscheidende Ursache dafür ist, daß die Seelsorge sich von dem anfänglichen Anspruch alleiniger Zuständigkeit für die psychisch Kranken heute auf die extreme Gegenposition völliger Nichtzuständigkeit zurückgezogen hat. Den Seelsorgern fehlt der Schlüssel zur Welt der psychisch Kranken.

3.2.3. Konsequenz für die Untersuchung

Aus den bisherigen Überlegungen wird deutlich: Ziel der Untersuchung kann nicht ein seelsorgliches Gesamtkonzept von Psychiatrie-Seelsorge sein. Zunächst muß ein erlebnismäßig nachvollziehbarer Zugang zum Kranken und seine wissenschaftliche Untermauerung durch Vermittlung der theoretischen Voraussetzungen geleistet werden. Danach erst ist die Auswertung praktischer Erfahrung mit der theologischen Reflexion der Situation der Kranken und des Seelsorgers zu verbinden und so ein seelsorgliches Gesamtkonzept anvisierbar.

---

22 Diakonisches Werk 1976; Studienbriefe zur Seelsorge 5,1973 (Lit.Verz. unter Eisele); Berliner Hefte für Evangelische Krankenseelsorge 38, 1975 (Lit.Verz. unter Kleucker); Calwer Hefte Nr. 103, 2/1973 (Lit.Verz. unter Nohl)

23 Weber-Gast 1978 schildert den Weg einer depressiv erkrankten Seelsorgerin aus der Erkrankung; Schwarz 1982 schildert Erlebnisse einer Seelsorgerin im Landeskrankenhaus mit Patienten und Institution; Uphoff 1982 beschäftigt sich mit der Kinder- und Jugendpsychiatrie.

24 Pöhler 1979; Zerfaß 1982; Lücht-Steinberg 1983

25 Kner 1979,1980; Poensgen 1983; Hagenmeier 1983; Kurz 1983; sowie die Kongreßberichte der Arbeitsgemeinschaft katholischer Seelsorger in psychiatrischen Anstalten, die eher das Dilemma der Hilflosigkeit verdeutlichen.

Wegen des vertretenen Standpunktes, daß die Defizite der Psychiatrieseelsorge auf eine Kommunikationsstörung zurückzuführen sind - an 'religiöser Aufgeschlossenheit' fehlt es den psychisch Kranken sicherlich nicht - konzentriert sich die Aufmerksamkeit dieser Untersuchung auf den angemessenen Umgang mit gerade den störenden, irritierenden Phänomenen der religiösen Symptomatik innerhalb des Krankheitsbildes. Dabei wird, wie bereits angedeutet, unterstellt, daß kranke und gesunde Anteile im Patienten koexistieren und der Seelsorger an den gesunden Anteilen des Kranken anknüpfen kann. Wie aber das Erkrankte in einen solchen Umgang integriert werden kann, ist für viele Krankenhausseelsorger eine ungelöste Frage. Sie soll hier durch sorgfältige Erörterungen der einschlägigen medizinischen und psychotherapeutischen Konzepte einer Lösung zugeführt werden. In diesem Sinn ist die Untersuchung ein Beitrag zum Dialog zwischen Theologie und Humanwissenschaften unter dem erkenntnisleitenden Interesse der Seelsorge, Bedrängten besser beistehen zu können.

II
Hauptteil: Humanwissenschaftliche Ansätze zur Behandlung
psychischer Krankheit und ihre Bedeutung für den Zugang
zum religiös gefärbten Erleben

Der Blick auf die derzeit bedeutsamen Behandlungsansätze und die daraus erwachsenden Therapiemethoden für die schwersten Formen psychischer Erkrankung ist erforderlich, um das Terrain abzustecken, in dem hier Seelsorge geschieht, und um zu verdeutlichen, wie komplex psychische Krankheit sich darstellt. Gleichzeitig sollen die Notwendigkeit sorgfältiger Behandlung und sorgfältigen Umgangs mit psychisch Kranken anschaulich gemacht und das Bewußtsein des Seelsorgers gegenüber der herrschenden Praxis in der Behandlung der psychisch Kranken geschärft werden.

Aus der Vielzahl der existierenden therapeutischen Verfahrensweisen wurden die medizinisch-psychiatrische, die psychoanalytische und die systemisch-kommunikationstheoretische Perspektive aus zwei Gründen ausgewählt: Einmal, weil sie aktuell praktiziert werden, d.h., die Wahrscheinlichkeit, daß der Seelsorger in gleich welcher Einrichtung zur Behandlung psychisch schwerer gestörter Menschen auf einen der hier vorgestellten Behandlungsansätze trifft, ist ungleich höher als bei allen sonstigen Verfahren. Das gilt ganz besonders für den medizinisch-psychiatrischen und den psychoanalytischen Ansatz. Aber der systemisch-kommunikationstheoretische Ansatz ist 'auf dem Vormarsch'; in der Beratungsarbeit ist er schon weit verbreitet, und zumindest sein Denkmodell wird künftig noch stärker auch bei schwerer erkrankten Menschen Beachtung finden.

Der andere Grund: alle drei Perspektiven beleuchten jeweils andere Teilbereiche der Gesamtheit des psychisch erkrankten Menschen und ergänzen einander daher, ohne sich allzu sehr zu überschneiden. Die medizinische Perspektive erhellt die biologisch-physiologische Basis der Erkrankung. Hier werden Krankheitsbilder auf der Ebene der Phänomene beschrieben, wie sie der Kranke erfährt und sie den Kontext seines religiösen Erlebens bilden.

Außerdem ist die Behandlungspraxis heute weitestgehend medizinisch-psychiatrisch ausgerichtet und bildet damit den Erfahrungshintergrund und Blickwinkel für Ärzte und Patienten, denen der Seelsorger in psychiatrischen Einrichtungen begegnet.

Die psychoanalytische Perspektive bietet demgegenüber eine individuozentrische Ergänzung, weil hier die individuelle Entwicklungsperspektive in den Blick genommen wird. Was die psychoanalytische Theorie zum Verständnis psychischer Erkrankung und ihrer Entstehung zu sagen hat, wird hier unter dem Schwerpunkt der Ich-Entwicklung zusammengefaßt, weil dieser Bereich neuerer psychoanalytischer Theoriebildung für die Entstehung der Erkrankungen zentral ist. Ein weiterer Gesichtspunkt der Wahl ist die zentrale Bedeutung der Ich-Entwicklung für die Entwicklungsmöglichkeit religiösen Bewußtseins.

Die systemisch-kommunikationstheoretische Perspektive schließlich stellt eine Ergänzung dar, indem sie das Umfeld des Erkrankten mit in den Blick nimmt. Sie stellt ein weiteres Modell für die Entstehung der Erkrankung dar und sensibilisiert für mögliche Funktionen auch des religiösen Kontextes für die Entwicklung der Erkrankung. Sie relativiert die Standpunkte aller im System Agierenden, auch des Seelsorgers. Und schließlich stellt sie Behandlungsmethoden vor, die seelsorgsrelevant sind.

Diese unterschiedlichen Behandlungsansätze und Behandlungsstile zu einer geschlossenen Ganzheit zu vereinen, ist die wissenschaftliche Forschung zur Stunde noch nicht in der Lage. Sehr viel weniger kann es das Ziel hier sein. Dennoch soll das Leistungsvermögen dieser Ansätze anschließend in Anwendung auf die drei schon bekannten Fallbeispiele exemplifiziert werden. Wenn in der Darlegung und anschließenden Anwendung der Theorieansätze das Bild des psychisch Kranken in mehr Facetten aufleuchtet, mehr Hintergrundverständnis und weniger Zufriedenheit mit vorletzten Erklärungen die Folge sind, ist schon eine weite Strecke des Weges auf den psychisch Kranken zu bewältigt; der Part, den der Seelsorger übernehmen kann, steht dann zur Erörterung an.

4. Der medizinisch-psychiatrische Ansatz

4.1. Die psychiatrische Krankheitsbetrachtung

Die folgenden Ausführungen orientieren sich am Ziel breiteren Zugang zur religiösen Welt des psychisch schwer erkrankten Menschen zu gewinnen. Dieses Ziel bedingt die Auswahl der dargestellten Krankheitsbilder. Die Reflexion eigener klinischer Erfahrung erfordert die getroffene Auswahl der dargestellten Randgebiete. Es geht also nicht um einen vollständigen Überblick über die häufigsten Erkrankungen. Ebenso wenig ist eine umfassende Darstellung der Erkrankungen intendiert, sondern das Hauptaugenmerk ist auf die für die Interaktion zwischen Seelsorger und Patient wichtigen Erlebenshintergründe gerichtet.

Inzwischen hat sich erwiesen, daß die Gesamtheit der krankhaften seelischen Erscheinungen nicht in scharf voneinander getrennte "Krankheitseinheiten" (Bleuler 1979, 111) auflösbar sind: eine Schädigung kann in ihren psychischen Auswirkungen zu verschiedenen Krankheitsbildern führen, und ein Krankheitsbild kann verschiedene Ursachen haben. Dennoch lassen sich Grundformen seelischer Störungen zusammenfassen aus der charakteristischen Art, in der die Schädigungen sich auf das psychische Leben des betroffenen Menschen auswirken und die für jede der Grundformen in ihrer Art verschieden sind.

Erkenntnisse aus physiologischen und biochemischen Untersuchungsergebnissen werden mit psychodynamischen Erkenntnissen der Selbstschilderung des Patienten und der Verhaltensbeobachtung zu Krankheitsbildern geordnet. Für Prognose und Therapie sind nicht nur Krankheitsursache und Krankheitserscheinungen bedeutsam, sondern in gleichem Ausmaß das Wesen der betroffenen Persönlichkeit.

4.1.1. Grundformen psychischer Störungen[1]

Diffuse Schädigungen am Hirn, besonders der Hirnrinde, die durch Entzündungen, Abbauprozesse, Gefäßprozesse, Quetschungen, chroni-

---

[1] Die folgenden Ausführungen basieren, wo nicht anders gekennzeichnet, vor allem auf den Lehrbüchern von Bleuler und Schulte Tölle. Eugen Bleuler, der Erstherausgeber des 'Bleuler', eines Klassikers unter den psychiatrischen Lehrbüchern (inzwischen neu herausgegeben vom Sohn Manfred Bleuler) hat die bisherigen Krankheitsbeschreibungen Emil Kraepelins (in der Psychiatrie bedeutsam wegen der Klassifikation der Geisteskrankheiten; in

schen Hirndruck, Gifte oder anderes mehr verursacht sind, führen
zu chronischen psychischen Störungen, die unter wechselnden Bezeichnungen wie o r g a n i s c h e s P s y c h o s y n d r o m[2]
zusammengefaßt werden. Kennzeichnend sind Störungen des Gedächtnisses, der Auffassung, der Orientierung, des Denkens und Affektivität.

Das h i r n l o k a l e P s y c h o s y n d r o m wird verursacht von lokalisierten Krankheitsherden im Hirn (wie Verletzung, Entzündung, Tumor, Durchblutungsstörung usw.). Kennzeichnend sind Störungen der Antriebshaftigkeit, der Stimmungen und Einzeltriebe bei völligem bzw. weitgehendem Erhaltenbleiben der intellektuellen Funktionen. Hier treten keine Gedächtnisstörungen auf.

Störungen bei endokrinen oder Drüsenerkrankungen führen zum
e n d o k r i n e n P s y c h o s y n d r o m , das sich in
Veränderungen der Antriebshaftigkeit und der Stimmungen äußert,
und wirken als persönliche Wesensänderung wirkt.

Schwere körperliche Allgemeinkrankheiten wirken sich natürlich
durch Kreislauf und Stoffwechsel auch auf das Hirn aus; sie wie
auch akute Hirnerkrankungen führen zu einer anderen Grundform
psychischen Krankseins, dem a k u t e n e x o g e n e n
R e a k t i o n s t y p u s . Für ausgeprägte Stadien ist ein
vermindertes psychisches Leben kennzeichnend (verarmt in allen
psychischen Funktionen), für den schwersten Fall ein Koma oder
ein in Unordnung geratenes psychisches Leben mit Delirien, Dämmerzuständen, Verwirrungen o.ä. oder auch ein vereinfachtes psychisches Leben.

Neben diesen körperlich bedingten psychischen Störungen gibt es
als zweite große Gruppe die p s y c h o r e a k t i v e n S t ö r u n g e n oder krankhaften psychischen Reaktionen und Entwicklungen. Diese Störungen sind in der Eigengesetzlichkeit des Seelischen begründet und auf nichts anderes als Seelisches rückführ-

---

    der Psychologie relevant, weil er die Prinzipien der experimentellen Psychologie auf psychiatrische Probleme anwandte; Begründer der Pharmakopsychologie; vgl. Pongratz 1975, 20-21) mittels eigener Beobachtungen und der psychoanalytischen Erkenntnisse Freuds überarbeitet.

[2] 'Psychosyndrom' ist eine Sammelbezeichnung für psychische Störungen, die von organischen Hirnverletzungen herrühren. Weitere Bezeichnungen dafür sind etwa amnestisches Psychosyndrom oder Korsakow-Syndrom, psychoorganisches Syndrom, hirndiffuses Psychosyndrom.

bar, hängen aber gewöhnlich mit aktuellen oder früheren Erlebnissen zusammen. Sie umfassen Konfliktreaktionen, Neurosen und Persönlichkeitsstörungen. Dabei können angeborene Persönlichkeitsvarianten im Widerspruch zu den Lebensanforderungen stehen und dadurch zu psychischen Störungen mit Krankheitswert werden (Psychopathien). Oder die Einflüsse des psychischen Erlebens der Umwelt können krankmachend wirken bei ungünstigen Umweltbedingungen und traumatisierenden Erlebnissen.

'Psychopathische (anlagebedingte) und psychoreaktive (im Umweltleben verwurzelte) Störungen kombinieren sich allerdings oft; sie lassen sich auch deshalb nicht voneinander trennen, weil Anlagewirkung und Umwelt voneinander abhängen...' (Bleuler 1979,119).

Schließlich bleiben die klassischen Formen des 'Verrückt-Seins', die schweren Geisteskrankheiten, deren Genese noch umstritten ist, weswegen die Bezeichnung e n d o g e n e   P s y c h o -
s e n[3] weiterhin geläufig ist, vor allem die S c h i z o -
p h r e n i e und das m a n i s c h - d e p r e s s i v e
K r a n k s e i n.

Hier handelt es sich um die Krankheitsbilder, die man gemeinhin zu den Stichworten 'Psychiatrie', 'Nervenklinik' und 'Landes-

---

[3] Psychose ist die allgemeinste psychiatrische Bezeichnung für viele Formen psychischer Krankheit, die teils durch erkennbare Organ- oder Gehirnkrankheiten hervorgerufen werden (Erkrankungen des akuten exogenen Reaktionstypus bezeichnet man auch als exogene Psychosen), teils auf hypothetischen organischen Ursachen beruhen (endogene Psychosen). Psychose ist entweder eine vorübergehende psychische Erkrankung oder ein sich ständig zum Schlechteren hin verändernder Prozeß (Verstandes- u. Charakteranlagen abnormer Ausprägung werden nicht in den Begriff eingeschlossen). Wichtige Kriterien für das Vorliegen einer Psychose sind der Realitätsverlust im Erleben des Kranken und die Desintegration der Persönlichkeit und ihrer Fähigkeiten (Degkwitz u.a. 1982, 225). "Obwohl zwischen den Psychiatern der verschiedensten Schulen Einigkeit über die allgemeine Begriffsbestimmung besteht, bereitet die Abgrenzung im einzelnen Fall Schwierigkeiten, da sehr verschiedenartige- psychologische und somatische- Kriterien herangezogen werden: Schweregrad der psychischen Veränderungen, Fehlen von Krankheitseinsicht, Störungen der Kommunikation, fehlende Verstehbarkeit (...) der Erscheinungen, mangelhafte soziale Anpassung. (Peters 1971, 362, vgl. auch 363-367). In der deutschen Psychiatrie ist die Orientierung stark auf Ursache und Art der Störung ausgerichtet, wohingegen der Psychosebegriff der angelsächsischen Literatur vor allem das Ausmaß der Störung und soziale Gesichtspunkt berücksichtigt.

krankenhaus' assoziiert. Menschen in akuten Phasen dieser Erkrankungen fallen beim Betreten einer psychiatrischen Einrichtung mit Akutversorgung schnell ins Auge. Oft beeinflussen sie die Atmosphäre in der Einrichtung entscheidend mit. Außerdem sind Kranke mit diesen Diagnosen in großer Zahl in psychiatrischen Kliniken und Langzeiteinrichtungen anzutreffen.[4] Häufigkeit und Fremdartigkeit im Verhalten wären allein Grund genug, diese Krankheitsbilder näher anzusehen. Dazu kommt als seelsorgsrelevantes Kriterium aber vor allem die große menschliche Not der Betroffenen.

4.1.2. Schizophrene Erkrankungen

Von Kraepelin noch als D e m e n t i a   p r a e c o x   beschrieben (wohl im Hinblick auf die auftretenden Denkstörungen, das häufig frühe Auftreten nach der Pubertät und den von ihm als obligatorisch angesehenen Endzustand)[5] hat Eugen Bleuler diese Erkrankung 1911 als Schizophrenie (Spaltungsirresein) bezeichnet. Denn ihm schienen die elementarsten Symptome auf einer mangelhaften Einheit der Person, der Zersplitterung und Aufspaltung des Denkens, Fühlens und Wollens und des subjektiven Gefühls der Persönlichkeit zu beruhen. Die Integration der Person ist zerstört im Erleben der eigenen Identität, des eigenen Körpers und der eigenen Grenzen zur Welt hin. Dabei ging er nie von einem einzigen Typus aus, sondern sprach von der G r u p p e   v o n   S c h i z o p h r e n i e n , was heute bis in den Diagnosenschlüssel der Weltgesundheitsorganisation WHO hinein weltweit anerkannt ist.[6] Die Schizophrenien sind Psychosen oder Geisteskrankheiten entsprechend dem Kriterium des intellektuellen Nicht-Verstehens und der affektiven Uneinfühlbarkeit des Verhaltens des Kranken.[7]

---

4   Die Schizophrenie tritt transkulturell und unabhängig von besonderen Belastungssituationen wie etwa Kriegszeiten bei ca. 1% der Bevölkerung auf.

5   Diese Bezeichnung wurde auch zur Abgrenzung von dem Endzustand der senilen Demenz als 'praecox' bezeichnet.

6   Vgl. dazu Schulte/ Tölle 1977, 12-18

7   'Ein Zeichen einer Geisteskrankheit ist es namentlich, wenn wir mit einem Menschen in der gleichen Sprache reden, ihn aber nicht mehr verstehen, wenn uns sein Gerede völlig verwirrt erscheint oder wenn er Überzeugungen äußert, die nach unserem Denken in offensichtlichem Widerspruch zur Wirklichkeit stehen, z.B. er sei kein Mensch mehr, sondern ein Tier mit Hörnern oder er sei schon tausendmal ermordet worden.' (Bleuler 1979, 117).

Das psychopathologische Erscheinungsbild

Wichtig bei den folgenden Ausführungen in Erinnerung zu behalten ist eine Besonderheit dieser Erkrankung gegenüber den körperlich bedingten Erkrankungen: Das Gesunde bleibt dem Schizophrenen erhalten. Es wird nicht aufgelöst, sondern von der Symptomatik verdeckt. Krankes und Gesundes können auch nebeneinander existieren, symptomatische Störungen und ungestörtes Funktionieren der gleichen psychischen Funktion finden sich nebeneinander.

Bleuler unterscheidet zwischen den G r u n d s y m p t o m e n der Schizophrenien, die in fortgeschritteneren Verläufen der Erkrankung immer feststellbar sind: typische Veränderungen des Gedankenganges, der Affektivität und des subjektiven Erlebens der eigenen Persönlichkeit (die Auswirkungen auf Willen und Handeln haben), Ambivalenz und Autismus,[8] und den a k z e s s o r i s c h e n S y m p t o m e n, die zusätzlich zu den Grundsymptomen dauernd oder nur vorübergehend die Grunderscheinungen begleiten können: Sinnestäuschungen, Wahnideen, Gedächtnisstörungen usw. Alle genannten und im Folgenden zu beschreibenden Äußerungen der Erkrankung haben einen engen inneren Zusammenhang als Äußerungsweisen einer umfassenden Persönlichkeitsstörung.

Die Grundsymptome:

1. Störungen des Gedankengangs

'Das Denken des Kranken erscheint oft unklar, manchmal bis zur Unkenntlichkeit zerfahren. Es widerspiegelt seine Verfangenheit in eine imaginäre Welt von Vorstellungen, die seinem schwierigen Wesen besser entspricht als die wirkliche Welt. Neben krankhaftem Denken geht, oft versteckt, gesundes Denken und Urteilen weiter.'
(Bleuler 1979, 393).

---

[8] Von Bleuler in ihrer Bedeutung erarbeitet und auf den Begriff gebracht.

Äußerungen Schizophrener wirken in leichten Fällen oft sonderbar, unklar, verschroben, bis hin zu totaler Unverständlichkeit in schweren Fällen. Den gedanklichen Vorstellungen fehlt der Z u s a m m e n h a n g   u n t e r e i n a n d e r   und m i t   d e r   S i t u a t i o n. Noch kennzeichnender ist eine ungewohnte   V e r b i n d u n g   von Gedanken, die dem Gesunden nicht nachvollziehbar ist. Begriffe verlieren ihre exakte Bedeutung und scharfe Abgrenzung gegenüber anderen Begriffen, es kommt zu B e g r i f f s v e r d i c h t u n g e n und B e g r i f f s v e r s c h i e b u n g e n, wie sie in den Träumen Gesunder zu beobachten sind.[9] Die Äußerungen der Kranken erschei-

---

9 Während das   e r f a h r u n g s g e b u n d e n e   D e n k e n   dem Verstehen der Umwelt und der Anpassung an die Umgebung dient, indem es aus der Erfahrung von Natur, Gesellschaft, Menschsein 'logische' Schlüsse zieht, gibt es auch eine andere Art zu denken, das sogenannte autistisch-undisziplinierte oder dereierende Denken, das von der Vernunft abweicht und wobei der Denker ganz auf sich zurückgezogen ist. Es umfaßt auch das Wunschdenken und Tagträumen. Ihm mangelt die Tendenz, sich an die Wirklichkeit anzupassen, im Gegenteil versucht es sich in der Vorstellung eine neue Welt zu schaffen, die den eigenen Wünschen, Bedürfnissen, dem eigenen Wesen besser entspricht als die wirkliche.
'Für dieses autistische Denken, die 'Logik des Fühlens' (...), dieses Wunschdenken, ist charakteristisch, daß es Widersprüche mit der Wirklichkeit nicht vermeidet.' (Bleuler 1979, 40).
Inhalte und Ziele des autistischen Denkens bewegen das Innere sehr tief: sie intendieren Wunscherfüllung, Auseinandersetzung mit eigenen inneren Konflikten und Hilfe zu innerer Reifung und Harmonisierung und Hilfe dazu, die Umwelt mit Affektbeteiligung zu erleben und darin motiviert zu handeln.
'Dem autistischen und undisziplinierten Denken Gesunder sind Schranken gesetzt. Im besonnenen Zustand überwiegt das realistische, disziplinierte Denken und befähigt den Gesunden, sich für seine materielle und soziale Stellung einzusetzen. Schon im Traumgedanken und im mythologischen Denken des Gesunden hat das autistische Denken seine Schranken überflutet. Viele Formen psychotischen Denkens (besonders schizophrenes Denken) sind dem autistischen Denken des Gesunden wesensgleich.
Das Denken vieler Psychotischer (besonders Schizophrener) ist nicht seiner Art nach krankhaft; es ist krankhaft, weil es in Bereiche eindringt, die beim Gesunden dem realistischen Denken reserviert sind'. (Bleuler, 1979, 41).

nen z i e l l o s , man weiß eigentlich nicht, was sie damit
ausdrücken wollen. Der Gedankengang wird anfällig für N e -
b e n a s s o z i a t i o n e n.

'Durch alle diese Störungen wird das Denken unlogisch, unklar
und, wenn viele solcher Fehler sich aneinanderreihen, z e r -
f a h r e n. Die Zerfahrenheit wird noch vergrößert durch eine
eigentümliche Art der A b l e n k b a r k e i t : Im Gespräch
scheinen die Kranken manchmal sehr schwer oder gar nicht ablenkbar, denn sie gehen wenig auf das ein, was man ihnen sagt, fahren
allen Zwischenfragen zum Trotz in ihrem Gedankengang fort, dafür
werden sie durch irgendwelche Zufälligkeiten, die gerade ihre
Sinne treffen, das Tintenfaß, ein Geräusch, auf ein gar nicht
zur Sache gehörendes Thema gebracht. Die normalen Direktiven
durch Fragen von außen und Zielvorstellungen von innen vermögen
beide nicht, den Gedankengang in den richtigen Bahnen zu halten.'
(Bleuler 1979, 395) Das Plötzliche Abreißen von Gedanken mitten
im Gespräch, Satz, auch Wort (S p e r r u n g) erlebt der Schizophrene häufig als Gedankenentzug, auf den er keinen Einfluß nehmen kann, der von Mächten außerhalb seiner selbst bewirkt wird.

Bleuler, der viele seiner Patienten jahrzehntelang durch die
Erkrankung hindurch begleitete, wies als erster darauf hin, daß
die D e n k i n h a l t e des Schizophrenen durchaus einen Sinn
haben im Hinblick auf seine Lebensgeschichte, seine Ängste und
Hoffnungen.

'Schizophrene Äußerungen sind nämlich oft eine Sprache in
S y m b o l e n. Das Symbol braucht der Kranke aber nicht in
seiner gewöhnlichen Verwendung, sondern in der Art, daß es an
die Stelle des ursprünglichen Begriffs tritt, ohne daß der Patient es merkt: er sieht Feuer oder wird gebrannt, indem er etwas, das dem Normalen Symbol für Liebesgefühle und Liebesgedanken
ist, als Wirklichkeit halluziniert.' (Bleuler 1979, 395) Die
Symbolbildung geht nach dem gleichen Mechanismus vor sich wie
die Begriffsverschiebung, nämlich derart, daß der Schizophrene
sich damit besser auseinandersetzen kann als mit dem ursprünglichen
Begriff. Diese Auseinandersetzung ist aber gleichfalls symbolisch

und geht meist an der Realität vorbei, da sie nicht von der Symbolebene auf die Wirklichkeit umgesetzt wird. Immerhin wird es dem Schizophrenen möglich, sein entsetzliches und unausdrückbares inneres Erleben in der Symbolsprache auszudrücken, anderen mitteilbar und dadurch auch für sich selbst erträglicher zu gestalten.[10]

Das zerfahrene Denken ist nicht konstant beobachtbar, es wechselt mit geordnetem Denken ab, oft in rascher Folge. Ist der Kontakt zum Schizophrenen gut, dann wird im längeren Gespräch sein Denken oft zunehmend geordneter.

Darüberhinaus fällt im Kontakt zu den Familien Schizophrener auf, daß zwischen Art und Ausmaß der Denkstörungen und dem kommunikativen Verhalten der übrigen Familienangehörigen ein Zusammenhang besteht: die 'Gespräche' der Angehörigen weisen so wenig sinnvollen Bezug zwischen den einzelnen Äußerungen auf, daß von 'Gespräch miteinander' keine Rede sein kann und die Abfolge von Äußerungen sich oft anhört wie der zerfahrene Gedankengang des Schizophrenen.[11]

2. Störungen der Affektivität

'Im alltäglichen Umgang wirken die Kranken inadäquat zur Realität, oft gefühlskalt oder sinnlos gereizt und reizbar, steif und unnatürlich in ihren gefühlsmäßigen Äußerungen. Verborgen kommt ihnen ein reiches Gefühlsleben zu, das aber eher als mit der Realität mit ihrer imaginären Vorstellungswelt Bezug hat. Oft sind ihre Gefühle für den Gesunden schon deshalb nicht einfühlbar, weil sich widersprechende Gefühle in ihrer Äußerung gegenseitig hemmen.' (Bleuler, 1979, 397)

Zu den affektiven Grundsymptomen gehört nach Schulte /Tölle (1977, 164-165) die i n a d ä q u a t e   A f f e k t i v i t ä t, bei der Stimmungslage und gegenwärtige Situation nicht zusammenpassen, der Kranke etwa eine traurige Begebenheit lachend erzählt.

---
10 Vgl. H.Müller-Suur, 1980, 61.
11 Vgl. Schulte/Tölle 1977, 162; S.Minuchin, 1977

Die Zusammengehörigkeit von innerem Empfinden und Verhaltensausdruck ist aufgehoben (P a r a t h y m i e).

Besonders auffällig im Umgang mit den Kranken ist das Fehlen der a f f e k t i v e n M o d u l a t i o n s f ä h i g k e i t, wobei sich im Gespräch über die verschiedensten Themenbereiche der Affekt nicht verändert. Und wenn einmal eine Veränderung eintritt, geschieht das übergangslos, unerwartet, unvermittelt.

Daneben haben die Affektäußerungen Schizophrener etwas Unnatürliches, Übertriebenes oder Schauspielerisches an sich, das eine unmittelbare emotionale Reaktion des Gegenübers unmöglich macht. Die Freude reißt nicht mit, der Schmerz betrifft nicht. Bleuler spricht von einem 'D e f e k t d e s g e m ü t l i c h e n R a p p o r t e s, der ein wichtiges Zeichen der Schizphrenie ist.' (1979, 398)

Die vorherrschende Stimmungslage ist häufig die von Ratlosigkeit, Hilflosigkeit und Anlehnungsbedürfnis, besonders im Zusammenhang mit dem Erleben der eigenen Denkstörungen. Die Stimmung ist stark von der Umwelt beeinflußbar. Sie schwankt oft stark mit schnell aufeinanderfolgenden Gegensätzlichkeiten im Erleben.[12]

Angst spielt eine wichtige Rolle im Erleben Schizophrener. In den Anfangsstadien ist es die Angst vor dem Unheimlichen, das in der Persönlichkeitsveränderung erlebt wird. Später tritt die Angst oft im Zusammenhang des Wahnerlebens auf. Auch die Annäherung von andern erzeugt Angst, so daß Kommunikation sehr schwierig wird. Angst ist auch der Motor von Erregung und Aggressivität und fehlt praktisch in akuten Phasen der Erkrankung nie.

In chronischen Verläufen herrscht oft Gleichgültigkeit gegenüber vitalen Interessen wie der eigenen Zukunft und den Angehörigen, wobei sich aber auch bei gutem Kontakt dahinter eine empfindliche

---

12 Das kann den Umgang mit den Erkrankten sehr erschweren. 'Bei wechselhafter Depressivität können Suicidimpulse unvermittelt auftreten. Suicidversuche sind daher oft kaum vorauszusehen.' (Schulte/Tölle 1977, 164)

Affektivität zeigt, deren Äußerung gesperrt ist.[13] Auch die autistischen Ideen von Kranken, die scheinbar nur vor sich hin vegetieren, enthalten die Erfüllung von lebhaften Wünschen oder auch Befürchtungen. Und die Analyse der Wahnideen und logischen Fehler zeigt ein Denken, das sogar stärker von Affekten beherrscht ist als bei Gesunden.

3. Störungen der Person

Der Schizophrene verarbeitet in der Erkrankung das, was er erlebt, auf eine andere intellektuelle und emotionale Art als bisher. Dadurch kommt ihm die Umwelt fremd vor, aber auch er sich selbst. Er hat das Gefühl, er verliere seine Meinhaftigkeit[14] bezogen auf Körperempfindungen und psychische Prozesse; der Arm ist etwa von ihm losgelöst, das Herz nicht sein eigenes, die Gedanken sind ihm eingegeben. Diese Störung des Ich-Erlebens geht vielfach einher mit Gefühlen der Fremdbeeinflussung. Diese Erscheinungen bezeichnet der Begriff D e p e r s o n a l i s a t i o n.

Darüber hinaus geht die Einheit des Erlebens verloren, und diese D e s i n t e g r a t i o n schließt auch die Einheit der Person nicht aus. Die Begrenzung des Ich gegenüber anderen Personen verwischt sich. Die Erinnerungen werden in zwei oder mehr Teile gespalten, wobei ein Teil der Erlebnisse der alten 'wirklichen' Person des Kranken und ein Teil einer anderen, von ihm geschaffenen oder realen Person zugeschrieben wird.[15]

---

13 'Psychodynamisch gesehen kann es so sein, daß der Schizophrene seine Überempfindlichkeit hinter einer Maske von Gleichgültigkeit verbirgt, um sich vor emotionalen Belastungen, insbesondere im menschlichen Umgang, zu schützen.' (Schulte Tölle 1977, 165)

14 'Meinhaftigkeit' bedeutet, etwas gehört zu mir, ist Teil von mir.

15 'Beispiel eines Depersonalisationserlebnisses: Die 18-jährige Patientin Hilda behauptet, sie sei Anna und nicht mehr Hilda.- Begründung: Die Patientin hängt an ihrem Bruder. Er hat ein Verhältnis mit Anna angeknüpft. Die Patientin hört die

Verwischt sich die Grenze zwischen Ich und Umwelt, dann kann der Kranke nicht mehr erkennen, wo die eigenen physischen und psychischen Begrenzungen verlaufen und wo das Nicht-Ich, das Gegenüber, die Außenwelt beginnt.[16]

4. Ambivalenz

Schon der Gesunde fühlt in vielen Lebenslagen, 'zwei Seelen wohnen ach, in meiner Brust'. Entscheidungen sind oft deswegen so schwer zu treffen, weil die beabsichtigten Veränderungen einerseits sehr erwünscht, dann aber auch wieder gefürchtet sind. Personen gegenüber wird die Gegensätzlichkeit oft noch spürbarer zwischen Bewunderung und Liebe auf der einen Seite und Furcht auf der andern, und noch deutlicher, wenn die Sexualität ins Spiel kommt mit Wünschen und Tabuierungen.

Während der Gesunde aber diese gegensätzlichen Empfindungen integrieren kann zu einer Grundtönung, etwa einen Menschen liebt trotz begleitender schlechter Eigenschaften (vielleicht etwas weniger), stehen beim Schizophrenen diese nicht zu vereinbarenden Erlebnisqualitäten beziehungslos nebeneinander, ohne daß sie bewußt erlebt werden und ausgetragen werden können. Sie treten sogar gleichzeitig und gleichwertig in Erscheinung, der Kranke liebt und haßt, lacht und weint zugleich. Ambivalenz bedeutet in der Erkrankung also das Nebeneinander-Existieren unvereinbarer Erlebnisqualitäten, wie es im normalen Leben nicht möglich ist.

Liebenden im Korridor zusammen flüstern. 'Da ist die Stimme von Anna in mich hineingegangen. Und nun bin ich Anna.' Ein unterschwelliger Wunsch ist ihr in der Depersonalisation in Erfüllung gegangen'. (Bleuler 1979 165). Auch hier nimmt Bleuler eine Dynmaik an, die sich in wahnhaften Inhalten äußert.

16 Eine Annäherung an dieses Gefühl beschreibt Georges Moustaki in einem seiner Chansons über das Lebensgefühl zweier Liebender, wo es heißt, 'je ne sais pas où tu commences, je ne sais pas où je finis...'
Beispiele Bleulers von seinen Patienten: 'Eine Kranke hat Löcher in den Händen und glaubt, die Pflegerin habe Löcher in den Händen. Ein Patient schlägt sich 20 Male in der Meinung, seine Feinde zu schlagen.' (Bleuler 1979, 403)

Auch hier offenbaren sich Gestaltzerfall und Desintegration des schizophrenen Erlebens.[17]

5. Autismus

Unter diesem Begriff sind Ich-Versunkenheit und Verlust der Realitätsbeziehungen zu verstehen. Der Schizophrene ist in seinem Erleben eigentümlich von der Umwelt abgekapselt, er verliert den Kontakt mit der Wirklichkeit in dem Sinne, daß er sie völlig mißversteht, obwohl es viele Berührungspunkte gibt. Der Autismus äußert sich konkret etwa folgendermaßen:

'Die Kranken stellen uns schriftlich und mündlich unzählige Begehren, auf die sie überhaupt keine Antwort erwarten, obgleich es sich um die nächstliegenden Bedürfnisse handelt wie die Entlassung. Sie verlangen hinaus, drücken Hunderte von Malen die Türklinke, und wenn man ihnen die Tür aufmacht, fällt es ihnen nicht ein, hinauszugehen. Sie verlangen dringend einen bestimmten

---

[17] Die gegensätzlichen Tendenzen und Entscheidungsschwierigkeiten reichen auch in Alltäglichkeiten und können den Umgang mit den Kranken zermürbend machen: ein Patient, der studierte, konnte während der teilstationären Behandlung nach einem zuvor gemeinsam festgelegten Plan einige wichtige Vorlesungen besuchen. Er mußte sich nur jeweils beim Verlassen der Einrichtung abmelden. Das klang etwa so 'Also ich geh dann jetzt!' - 'Ist in Ordnung, Wiedersehn'. - 'Wiedersehn... äh, wieso Wiedersehn? Ich weiß ja noch gar nicht, ob ich in die Vorlesung gehen soll. Was meinen Sie, soll ich da hin gehen?' - 'Ja, das wurde doch so besprochen. Ich meine, Sie sollen da hin gehen.' - 'So, Sie meinen das also... also gut, geh ich dahin.' Geht 3 Schritte, kommt zurück. 'Aber das bringt doch gar nichts. Die Vorlesung bringt mir doch nichts, wieso soll ich da hin?' - 'Sie haben die Vorlesung mal für wichtig gehalten, deswegen wurde Sie ausgewählt. Wie wär's, wenn Sie jetzt hingehen und schauen, was sie Ihnen bringt, und nachher können wir noch mal drüber reden. Aber jetzt gehen Sie noch mal hin'. - 'So, Sie meinen ich soll dahin. Geh ich also ... (gereizt) Klar, also, ich geh jetzt in die Vorlesung, also Wiedersehn.' - 'Wiedersehn'. Geht und kommt möglicherweise zurück und war nicht in der Vorlesung, sondern mit Studienkollegen Kaffee trinken.

Besuch; wenn er da ist, kümmern sie sich nicht um ihn.'
(Bleuler 1979, 399)

Die den Kranken umgebende Realität ist nur die e i n e Welt des Schizophrenen, d a n e b e n existiert für ihn eine eingebildete, wahnhafte Welt mit Wunscherfüllungen und Ängsten. Beide Welten sind als Wirklichkeit manchmal voneinander unterscheidbar, wobei dann die autistische Welt die wirklichere, die Realität hingegen eine Scheinwelt ist.

Die akzessorischen Symptome:

6. Willen und Handeln

Viele der Kranken leiden an Willensschwäche, die sich als Teilnahmslosigkeit zeigt oder auch in der Unfähigkeit, an einer Willensentscheidung über längere Zeit festzuhalten. Allerdings ist auch das Gegenteil möglich, nämlich daß ein Kranker bestimmte Ziele mit enormer Energie festhält. - Die Ambivalenz verdeutlicht sich im Bereich von Wille und Handeln: auch der Wille ist gespalten, die Kranken wollen ein Ziel und sein Gegenteil, und während der Ausführung einer Handlung kommt der Gegenimpuls. Die Kranken fühlen sich dabei subjektiv nicht willensfrei, sondern unter dem Einfluß fremder Menschen, die ihnen Befehle geben, sie hypnotisieren o.ä...

Auch das Handeln wird von den affektiven Veränderungen und den Denkstörungen her bestimmt, was bewirkt, daß viele einzelne Handlungen und die ganze Einstellung zum Leben nicht hinreichend motiviert sind. Ansonsten reicht die Palette der Besonderheiten von einem möglichst unauffälligen Leben 'wie die anderen Leute' über Abnormitäten im Verhalten, Initiativelosigkeit, Außerachtlassen vieler Faktoren der Wirklichkeit, Ziellosigkeit, Zerfahrenheit, plötzlichen Einfällen bis hin zu völliger Mißachtung der Wirklichkeit in völligen Autismus der schweren Fälle.

7. Wahrnehmung

Entgegen der bisherigen Überzeugung, die Wahrnehmung des Schizophrenen sei, abgesehen vom Auftreten von Halluzinationen[18] ungestört, haben neuere Untersuchungen herausgefunden, daß in der Wahrnehmung Schizophrener 'die Wesens- oder Ausdruckseigenschaften am wahrgenommenen Gegenstand ein Übergewicht erhalten, während die Eigenschaften der Struktur, des Gefüges und der Beschaffenheit zurücktreten. Der natürliche Wahrnehmungszusammenhang ist damit gelockert...' (Schulte/Tölle 1977, 163). Auflösung und Gliederung eines Wahrnehmungszusammenhangs fallen demnach Schizophrenen schwerer.

8. Sinnestäuschungen

In der Schizophrenie sind Sinnestäuschungen so bedeutsam wie bei kaum einer anderen Erkrankung. Zu unterscheiden sind I l l u s i o n e n , bei denen wirkliche Wahrnehmungen krankhaft gefälscht werden (etwa in der angebotenen Hand eine 'kalte Totenhand' gespürt, im Schlagen der Uhr Beschimpfung oder Verheißung gehört wird) von H a l l u z i n a t i o n e n , bei denen es sich um Wahrnehmungen ohne Außenreiz handelt.

Halluzinationen erreichen verschiedene Intensität, in akuten Zuständen of parallel zum Krankheitszustand.[19] Die Halluzinationen

---

18 Vgl. unten unter 8. Sinnestäuschungen.
19 Arten von Halluzinationen:
    - Gesichtshalluzinationen (Visionen); oft durch Tastsinn korrigierbar;
    - Gehörshalluzinationen: drücken sprachlich alles aus, was den Menschen bewegt (Stimmen reden, elektrisieren ihn, vergiften ihn, machen ihm Gedanken usw.)
    - Geruchs- und Geschmackshalluzinationen
    - Hautsinn (Spüren kleiner Tiere, Käfer, gespannte Schnüre, Schleimspuren usw.)
    - Propriozeptivität: Halluzinationen des "Allgemeinsinns" und der Körperorgane (Leber umgedreht, Därme herausgerissen, Gehirn zersägt usw.; sexuelle Halluzinationen)
    - kinaesthetische Halluzinationen (Schweben, Fallen, Sitz schwankt)
    - Schmerzen

sind für die Patienten meist unangreifbare Wirklichkeit, die
auch durch den Beweis des Gegenteils in der Realität nichts von
ihrer Bedeutung verliert.[20] Dabei kann es vorkommen, daß Halluzinationen, die dem Kranken als absolut real erscheinen, ihn
verhältnismäßig wenig berühren, wohingegen andere, die er gar
nicht so sicher als von außen kommend empfindet, etwa eine 'innere Stimme', ihn in Affekt bringen und beherrschen können. Das
hängt wohl mit den inneren Strebungen zusammen, aus denen Halluzinationen oft entstehen.

Bezüglich W e s e n u n d G e n e s e der Halluzinationen gab
es viele Erklärungsversuche, etwa sie als Wirkung inadäquater Reize auf Sinnesorgane oder zentripetale Teile des Nervensystems
oder als für Wahrnehmungen gehaltene Vorstellungen zu deuten.
Nach Bleuler führt folgende Auffassung eher zu besserem Verständnis der Entstehung von Halluzinationen, daß nämlich die Ordnungen
im psychischen Geschehen zerfallen, so daß die Unterscheidungsfähigkeit zwischen Empfindungen einerseits und Vorstellungen
und Erinnerungsbildern auf der anderen Seite zusammenbricht. 'Die
Halluzination ist demnach kein unabhängiges Symptom mit eigener

---

    Halluzinationen der verschiedenen Sinne kombinieren sich
    häufig.
    Halluzinationen stufen sich ab nach
- Deutlichkeit der Wahrnehmung (äußerst aufdringlich bis zu
  zerfließenden nebelhaften Gestalten)
- Intensität der Wahrnehmung (lautester Kanonenschuß bis
  fast unhörbares Flüstern, grellste Lichterscheinung bis
  leisester Schatten; oft mit Intensität des Krankheitszustands steigend und fallend)
- Projektion nach außen: Lokalisation an einem bestimmten
  Ort und Unterscheidung von eigenen Gedanken
- Realitätseindruck: meist unangreifbare Wirklichkeit; wenn
  Halluzinationen und Realität sich widersprechen, erscheint
  dem Patienten oft das, was uns Realität ist, als das Unwirkliche.

    Diese Qualitäten variieren ganz unabhängig voneinander.
    Vgl. Bleuler 1979, 34-39.

20 Wenn etwa ein Patient aus dem Nebenzimmer Stimmen hört und
   ihm bewiesen wird, daß niemand im Zimmer ist, erklärt er sich
   das mit dem Hinausgehen der Redenden oder mit in der Wand
   eingebauten Apparaten.

Ätiologie, vielmehr entspringt sie dem Zusammenbruch innerer Ordnungen. In Delirien und Dämmerzuständen ist dieser Zusammenbruch offensichtlich. Im Laufe chronischer Psychosen bedeutet der Verlust der Einheit des Ichs, die Depersonalisation, die wesentliche Entstehungsbedingung von Halluzinationen. Werden einem kranke Teile des eigenen Ichs fremd, müssen sich auch die Grenzen zwischen Wahrnehmungen von außen und Feststellungen über innere psychische Vorgänge in den entfremdeten Teilen der Persönlichkeit verwischen.' (Bleuler 1979, 38)[21]

9. Wahnideen

Unter einem Wahn ist eine irrtümliche Überzeugung des Kranken zu verstehen, ein Irrtum, ein offensichtlicher Gegensatz zur Realität, aber für den Kranken unkorrigierbar. Kriterien für das Vorliegen eines Wahnes sind: die subjektive Gewißheit, mit der ein Wahn erlebt wird und die die Gewißheit an deren Überzeugungen übertrifft; Unbeeinflußbarkeit durch Erfahrung und absoluter Unkorrigierbarkeit des Wahns; er entsteht aus einer krankhaften Ursache heraus. 'D e r   W a h n   b e t r i f f t   d i e   e i g e n e   S t e l l u n g   u n t e r   d e n   M e n s c h e n . Im Wahn wird sie grotesk verzerrt, und die Beziehungen zu anderen werden gründlich vergiftet. Im Wahn schließt sich der Kranke weitgehend aus der Gemeinschaft mit anderen aus. Der Wahnkranke stellt sich völlig unbekümmert um Ansichten, Interessen und Recht anderer in den Mittelpunkt seiner Überzeugung. Der Wahnkranke hat kein Bedürfnis, seine Überzeugung an der Wirklich-

---

[21] 'Bestimmte Halluzinationen ergeben sich nicht aus der Auflösung höherer Ordnungen, sondern von Ordnungen der Wahrnehmungsfunktionen, sei es auf der Ebene der Sinnesorgane, der zentripetalen Nerven und Bahnen, des Thalamus, der corticalen Körperfühlsphären oder des retikulären Systems (soweit es die Aufmerksamkeit, das Wachsein, Sinnesempfindungen gegenüber steuert). Dabei sind nicht einzelne Reizungen wesentlich, sondern die Desorganisation des ganzen Wahrnehmungssystems, die sich als Folge krankhafter Reizungen, Ausfälle und gestörter Verbindungen ergibt. Interessant ist, daß Ausfall von Empfindungen ebenso gut Halluzinationen zur Folge haben kann wie Reizungen im Zentripetalen Nervensystem. (...) Das Phänomen des Wahrnehmens besteht eben nicht bloß aus einer Summe von Empfindungen, sondern aus einem beständigen Zusammenspiel von Reizungen von außen, und Vermerken eines Fehlens gewohnter Reize, mit Erinnerungsbildern und Vorstellungen.' (Bleuler 1979, 38)

keit zu überprüfen und sie sich selbst und anderen zu begründen.'
(Bleuler 1979,50). Der Wahn ist resistent gegen eigene Erfahrung
und Belehrung; nur zu Beginn und beim Abklingen einer Wahnkrankheit zweifelt der Kranke an der Wahngewißheit.

Im Gegensatz zu der Überzeugung, der Wahn überfalle die Psyche
in Verbindung mit einem rätselhaften 'Etwas' vom Körperlichen
her, hielt schon Eugen Bleuler vieles am Wahn für psychologisch
einfühlbar, verstehbar, erklärbar. Ein Wahn kann sich über die
Selbstüberschätzung in einem krankhaften Verstimmungszustand entwickeln, der sich zum Größenwahn hin entwickelt; oft entsteht
er aber auch beim immer umfassenderen Rückzug eines Erkrankenden
auf sich selbst und seine autistischen Vorstellungen und der
gleichzeitigen Vernachlässigung seiner Beziehungen zu den Menschen und der Welt. In diesem Fall wird es für ihn immer schmerzhafter, seine autistischen Vorstellungen und die Wirklichkeit einander gegenüber zu stellen. Überschreitet die innere Spannung
ein gewisses Maß, dann kann der Kranke inneren Halt und Selbstwertgefühl nur noch aufrechterhalten, indem er die Realität unberücksichtigt läßt und sich auf seine Vorstellungswelt zurückzieht. - Während also der Gesunde sich anhand der Realität aus
selbstbezogenen Vorstellungen befreit, schließt der Kranke bei
der Konfrontation der eigenen Vorstellungswelt mit der Realität
eher die Realität aus. Ein Grund für diese Option liegt sicher im
Unvermögen des Kranken, sich in der Wirklichkeit in Gemeinschaft
mit anderen wohlzufühlen. Statt einer Atmosphäre von Wärme und Vertrautheit fühlt er sich unverstanden und in seinem besonderen Wesen
nicht angenommen, so daß der Wahn erscheint 'wie ein forcierter
Versuch, sich aus der unheimlichen Einsamkeit zu befreien, sie zu
rationalisieren und zu konkretisieren' (Bleuler 1979,52), um sich
damit auseinanderzusetzen. In der völligen Beziehungslosigkeit
bietet der Wahn immerhin die Möglichkeit, im Sinne der Wahnvorstellungen Beziehung zu den anderen aufzunehmen und sei es, um
sie zu bekämpfen oder zu fliehen.

In der W a h n s t i m m u n g erscheinen die Ereignisse und
Gegenstände der Umgebung in eine andere bedeutungsvolle Atmosphäre

eingebettet. - Wahnideen können plötzlich auftreten oder nach jahrelangen auffälligen Beobachtungen wie eine 'Erleuchtung' dem allem eine Bedeutung geben. Nach einer Zeit der Empfindung, w i e w e n n er beobachtet werde, kann dem Kranken plötzlich die Gewißheit kommen. Meist knüpft der Wahn an ein äußeres Ereignis an, 'daß die Patienten etwas, z.B. eine Predigt, zunächst ganz einsichtig auffassen, dann aber in einer Inkubationszeit von Stunden bis Jahren die gehörten Worte / (bewußt oder unbewußt) im Sinne des Wahns auf sich umdeuten und auf sich bzw. ihre Komplexe beziehen.' (Bleuler 1979, 52/53) Vielfach haben Wahnideen symbolische Bedeutung.

Unterschiedliche Wahnideen können ohne ersichtlichen Zusammenhang nebeneinander gestellt werden, auch wenn sie sich teilweise widersprechen. Die Patienten reagieren zum Teil adäquat auf diese Wahnideen, indem der Größenwahnsinnige etwa seine Ansprüche durchsetzen will oder der Verfolgte sich wehrt oder beklagt. Häufiger noch setzen sich die Patienten aber nicht für das Erreichen ihres Ziels ein.

Meist verschwinden die in akuten Zuständen der Erkrankung gebildeten Wahnideen wieder mit den anderen akuten Erscheinungen, ganz oder bis zur nächsten akuten Phase. Sie können auch als 'Residualwahn' die ruhigen Phasen zwischen den akuten Schüben begleiten.

10. Sprache und Schrift

In Sprache und Schrift der Schizophrenen spiegeln sich das schizophrene Denken und die veränderte Beziehung zu den Mitmenschen wieder. Oft sind die Störungen nicht besonders auffällig: Einige Kranke sprechen viel und sagen dabei nichts aus; andere sprechen gar nicht (M u t i s m u s), weil ihnen Wahnideen das Sprechen verbieten, weil Sperrungen auftreten, weil sie den Kontakt mit der Außenwelt verloren und ihr nichts zu sagen haben. Der Tonfall hat wenig Modulationsbreite, kann zu laut sein, zu leise, zu schnell, zu langsam, überstürzt, abgehackt. Die Ausdrucksweise ist oft gespreizt und umständlich.

Die Bildung von N e o l o g i s m e n (sprachlichen Neubildungen) für bestehende Begriffe ist ebenso häufig wie das Ersetzen von Begriffen durch andere schon existierende Worte) und K o n t a m i n a t i o n e n , wobei zwei Begriffe zu einem einzigen zusammengezogen werden. Auch die Grammatik kann zerstört sein in der Erkrankung. Mitunter werden bloße Worte ohne nachvollziehbare Bedeutung gesagt (Wortsalat), oder der Kranke entwickelt eine K u n s t s p r a c h e.

'Die schriftlichen Äußerungen entsprechen den mündlichen. Stilabnormitäten aller Art sind häufig. Die Schrift wird manchmal stark verschnörkelt oder ganz maniriert, wechselt bei einigen häufig stark, wie wenn sie von verschiedenen Personen stammte, enthält Wiederholungen von Buchstaben, Worten, irgendwelchen Zeichen (schriftliche Verbigeration[22]), Auslassungen oder übertriebene Anwendung von Satzzeichen, sonderbare Orthographie' (Bleuler 1979, 412/413).

11. Katatone Symptome

Unter diesem Namen wird eine Anzahl von Symptomen zusammengefaßt, die wohl einzeln vorkommen können, möglicherweise aber doch einen inneren Zusammenhang haben. Näherhin handelt es sich zuerst um die K a t a l e p s i e oder wächserne Biegsamkeit. Bringt man die bewegungsarmen Kranken (wohl gegen einen spürbaren, zähen Widerstand) in beliebige, auch unbequeme Stellungen, so verharren sie dort, länger als Gesunde und ohne daß man ihnen eine Anstrengung ansieht. Meist sinkt das Glied langsam und ohne Zittern zurück. - Früher nahmen kataleptische Patienten die gleiche Haltung oft über Monate und Jahre ein. Mittels der modernen Behandlung werden solche Dauerzustände meist vermieden.

Im S t u p o r bewegen sich und sprechen die Kranken meist sehr wenig und schränken den Verkehr mit der Umwelt weitgehend ein. Dieser Zustand tritt in akuten Phasen häufig auf, ist aber auch

---

[22] Ständige Wiederholung eines Wortes, Satzes, Zeichens, siehe unten 11. Katatone Symptome.

in chronischen Stadien oft vorherrschend. In schweren Fällen halluziniert der Kranke meist heftig unter Verkennung der Umwelt und befindet sich vorherrschend in seiner eigenen Traumwelt.

Die **Hyperkinese** ist eine ständige Steigerung der motorischen Aktivität, die nicht zweckgerichtet wirkt, meist mit dem Charakter einer **Bewegungsstereotypie**. Daneben gibt es Stereotypien der Haltung, des Ortes, der Sprache (**Verbigeration**).

Unter dem Symptom der **Maniriertheit** sind Posen oder Handlungen zu verstehen, mit denen Schizophrene über einen größeren Zeitraum hinweg eine Persönlichkeit zu imitieren suchen oder sich den Anschein des Besonderen geben.

Weitere motorische Störungen sind: die **Sperrung**, die sich auch im Handlungsbereich im Innehalten mitten in einer Bewegung äußert; der **Negativismus**, bei dem der Kranke immer nur das Gegenteil von dem tut, was man von ihm erwartet; das Gegenteil dieses Verhaltens, die **Befehlsautomatie**, wobei der Kranke kritiklos ausführt, was ihm aufgetragen wird, Bewegungen und Handlungen automatisch nachahmt (**Echopraxie**) und Worte und Satzenden automatisch nachspricht (**Echolalie**).

Zusammenfassend kann man in der pathogenetischen Deutung der Schizophrenie stark vereinfachend von einer Persönlichkeitsstörung ausgehen, bei der die Gesamtpersönlichkeit aufgelockt und gespalten erscheint und ihre natürliche Harmonie verliert. Diese Persönlichkeitsstörung bewirkt Störungen im Bereich des Denkens, Fühlens und Ich-Erlebens bei den Betroffenen. Die akzessorischen Symptome bilden sich auf diesem Hintergrund aus. Weiterhin ist für diese Erkenkung das Phänomen der 'doppelten Buchführung' charakteristisch, womit zum Ausdruck kommt, daß krankhafte und gesunde Prozesse nebeneinander ablaufen, nicht das Gesunde vom Kranken dauerhaft abgelöst wird.

Mit Hilfe dieser beschreibenden Psychopathologie wurde verdeutlicht, wie sich die Erkrankung im Einzelnen äußern kann. Die für den Seelsorger relevantere Frage, auf welchem Hintergrund und wie der Kranke selbst die Erkrankung und die Krankheitssymptome empfindet, welche Nöte er selbst dabei verspürt, was ihm helfen kann, ist damit noch nicht geklärt. Diese Frage steht in der klassischen Psychiatrie auch nicht im Vordergrund. Erst in der letzten Zeit wird sie psychiatrischerseits auch verstärkt gestellt, vor allem von Psychiatern mit sehr langem und intensivem Umgang mit den Kranken.[23] Forschungsarbeiten an der Psychiatrischen Universitätsklinik Zürich versuchen orientiert am Erleben der Kranken Dimensionen des Ich-Bewußtseins als Ordnungsgesichtspunkte für die vielfältigen geschilderten Erscheinungsweisen der Erkrankung herauszuarbeiten und eine Ich-Psychopathologie zu erstellen und empirisch zu überprüfen, die auch Hilfen für die Therapie zu konzipieren beabsichtigt. In diesen Anfängen der Ich-Psychopathologie wird das Erleben des Kranken so nacherlebbar, daß die ergänzende Darstellung unbedingt lohnend erscheint.

Ich-Psychopathologie

Der bisher dargestellten deskriptiven Psychopathologie[24] stellt Scharfetter[25] die verstehende Psychopathologie gegenüber. Ordnungsgesichtspunkte erhält er mittels der verstehenden Psychopathologie. Ihre Vorgehensweise ist phänomenologisch:[26] sie befragt die betroffene Person nach ihrem Erleben und ihrem Verständnis des Zusammenhangs von Erleben und Verhalten und ist bereit, 'selbst im Ver-/rücktesten, auf's erste Unverständlichsten, einen persönlich gültigen Sinn zu finden.' (Scharfetter

---

23 Vgl. Ciompi (1981); Shepherd (1980); Scharfetter (1983); Benedetti, Kind, Wenger (1967)

24 Orientiert an Grund- und Hauptsymptomen der Erkrankung. S.62 bis 79

25 Leiter der Forschungsabteilung der Psychiatrischen Universitätsnervenklinik Zürich.

26 Vgl. Anm. 1 S. 3

1893, 29)[27] Dieser aufgedeckte Sinn kann zum Indikator der
therapeutischen Behandlung werden. Symptome werden verstanden
als Hinweise auf die Ebene der Betroffenheit des Patienten.
'Unser Ziel ist eine therapierelevante Psychopathologie!'
(Scharfetter 1983, 29)

Dabei erfaßt Scharfetter die Ich-Erfahrung als Grundstörung und
stellt seinem neuesten Werk zur Ich-Psychopathologie des 'schizophrenen Menschen' die Aussage eines Patienten als Motto voran:
'D a s   i s t   d i e   K e r n f r a g e :   o b   i c h   ü b e r -
h a u p t   b i n!'

In seiner Ich-Psychopathologie geht Scharfetter vom 'Ich' als
phänomenologischem Konstrukt von fünf basalen Dimensionen der Ich-
Erfahrung aus, die sich zu fünf Grunddimensionen des Ich-Bewußtseins zusammenfassen lassen (vgl. 1983, 27-32).

GEWISSHEIT DER SELBSTERFAHRUNG	GRUNDDIMENSIONEN D. ICH-BEWUßTSEINS
ICH BIN - lebendig	ICH-VITALITÄT: Gewißheit der eigenen Lebendigkeit
- eigenständig u. selbstbestimmt im Vernehmen u. Handeln	ICH-AKTIVITÄT: Gewißheit der Eigenbestimmung des Erlebens, Denkens u. Handelns
- einheitlich und zusammenhängend in der Beschaffenheit	ICH-KONSISTENZ: Gewißheit eines kohärenten Lebensverbandes
- abgegrenzt und unterschieden von anderen Wesen/Dingen	ICH-DEMARKATION: Abgrenzung des Eigenbereiches
- selbig im Verlauf des Lebens und in verschiedenen Lebenslagen	ICH-IDENTITÄT: Gewißheit der eigenen personellen, physiognomischen, sexuellen, biographischen Identität

In diesen fünf Grunddimensionen des Ich-Bewußtseins äußert sich
die Ich-Psychopathologie. Die Symptomebene wird dabei aus dem
verbalisierten Erleben des Kranken, seinem beobachtbaren Verhalten

---

[27] Die Deutung erfolgt auf der Basis der Selbstinterpretation
des Patienten, die Fremdinterpretation basiert auf der Theorie der Ich-Bewußtseins-Störungen, der Abwehr- und Selbstrettungsversuche und der interaktionellen Wirkung, ist also
hermeneutisch mehreren theoretischen Ansätzen verpflichtet.

und der Interpretation von Verhalten und Selbstexplikation gewonnen. Für die einzelnen Dimensionen des Ich-Bewußtseins lassen sich die folgenden Störungen erkennen:

1. Störungen der Ich-Vitalität

Im Bereich der Ich-Vitalität erlebt der Betroffene statt der Gewißheit seiner Lebendigkeit Angst vor dem eigenen Absterben oder erlebt gar Tod, Untergang, Nicht-mehr-Sein. Bricht diese Vitalitätsbedrohung akut und schwer ein, dann kann der Betroffene erstarren in der Sprach- und Regungslosigkeit des katatonen Stupors. In der von der Untergangsbedrohung erzeugten Panik kann es zur Erregung kommen im Versuch, den Schwund der Vitalität zu überwinden. Das Anrennen gegen Gegenstände, Raufen mit Menschen kann man als Versuch des Kranken verstehen, sich selbst zu spüren und damit zu vergewissern: Ich lebe noch. Selbstverletzungen dienen dem gleichen Zweck, nämlich das eigene Blut zu sehen und im Schmerz sich selbst zu spüren.

Gegenüber dem Erleben, daß die eigene Lebendigkeit weniger wird, kann der Kranke einiges an Bewältigungsversuchen unternehmen: er interpretiert die Erfahrung, wenn er sie sehr leibnah spürt, als tödliche, ihn langsam aufzehrende Körperkrankheit (hypochondrischer Wahn); oder er hat die Überzeugung, sterben zu müssen, vernichtet zu werden. 'Mit dem Menschen geht auch seine Welt unter: Weltuntergangswahn, Katastrophenbestimmung herannahenden Unglücks, das die Welt vernichtet (heute oft durch Atomexplosion).

Der eigenen Ohnmacht in dem Lebensverlust entspricht die Übermacht anderer Mächte, die dem Schwachen feindlich, bedrohlich, vernichtend erscheinen: Von bestimmten Kräften, von Menschen oder von anonymen Mächten vernichtet, gequält, gefoltert, vergiftet, ermordet, geschädigt zu werden: Verfolgungswahn.' (Scharfetter 1983, 35)

Ein Rettungsversuch liegt in der Überkompensation des Untergangserlebens durch einen Heilswahn, wobei die Überzeugung von der eigenen magischen diagnostischen und therapeutischen Fähigkeit nicht nur vor dem eigenen Untergang bewahrt, sondern psychotische Isolation und Entfremdung überwindet und die Menschheit rettet. Heilswahn, Weltverbesserung, Welterneuerung liegen auf einer Ebene, im religiösen Kontext kommt es zu der Wahnvorstellung, als Gott, Heiland, Messias, Prophet das Chaos zu überwinden.

Ist die Vitalbedrohung chronisch und nicht so elementar, und daher leichter abzuwehren, dann kann die Abwehrhaltung zu einer nicht psychopathologisch auffälligen Lebensführung voller Absonderlichkeiten führen.[28]

2. Störungen der Ich-Aktivität

Das Erleben, nicht mehr Herr seiner selbst zu sein, kann sich äußern als Erleben von Fremdsteuerung oder Fremdbeeinflussung oder Kontrolliert- Werden im Handeln, Erleben, Fühlen, Denken. Oder der Betroffene fühlt sich lahmgelegt oder besessen.

Ist die Ich-Aktivität quantitativ herabgesetzt, dann sind in leichteren Fällen, Denken, Sprechen und Motorik gehemmt, wirken wie abgebremst, gehen nur zäh vonstatten. Auch alltägliche Handlungen geraten sehr mühsam und erst nach langer Zeit oder kommen gar nicht an ein Ende. Manchmal werden sie (wie auch Bewegungen) nach dem Gelingen wiederholt, wie zur eigenen Versicherung, daß sie geglückt sind. 'Mimik und Gestik sowie alle gezielten Bewegungen erscheinen verlangsamt, disharmonisch, eckig, stockend. In schweren Graden geht den Kranken die selbstverständliche Gewißheit verloren, daß sie selbst überhaupt noch aktiv Erlebende

---

28 In Aussagen der Kranken zu ihrem Erleben klingt das etwa so:
'Lebe ich noch?'
'Meine Uhr ist kaputt, steht still.'
'Ich muß atmen, damit ich sicher werde, daß ich lebe.'
'Ich muß mein Blut sehen, mir Schmerzen zufügen, den Leib aufschneiden, damit ich mich als lebendig erfahre.'
'Ich verwese.'
'Ich bin schon ganz eingetrocknet. Morgen ist alles tot.'
(Reibt sich mit dem eigenen Speichel ein.)
(Scharfetter 1983, 36)

sind, daß sie selbst etwas erfahren, wahrnehmen, fühlen, denken, tun, ja schließlich sich bewegen können.' (Scharfetter 1983, 37) Die Folgen dieses Erlebens gehen von Ratlosigkeit und Staunen bis zu allgemeiner Verlangsamung und noch weiter bis zu Stupor und Mutismus. Die selbstverständliche Beziehung zum eigenen Körper geht verloren, der Kranke muß sich vermehrt kontrollieren und überwachen und kommt sich selbst fremd vor. Das Fehlen der motorischen Aktivität kann zur Nachahmung der Bewegungen anderer führen oder zum starren Beibehalten bestimmter Bewegungen. Im Denken und Sprechen kommt es zu den in der Psychopathologie bereits beschriebenen Störungen. In der Wahrnehmung geht die Fähigkeit zum Filtrieren in wichtige und unwichtige, harmlose oder gefährliche Information verloren. Störung der Ich-Aktivität heißt hier Störung der Selektion. Die Folge ist eine Reizüberflutung, der der Kranke mitunter im autistischen Rückzug zu entkommen sucht. Oder er erstarrt im Stupor.

Den Verlust der eigenen Ich-Aktivität erlebt der Kranke als Überwältigung und Steuerung von Fremdem, das übermächtig erlebt wird. Den Fremdbeeinflussungswahn erlebt er oft als Verfolgungswahn, da diese Beeinflussung unfrei macht und als unheimlich und nötigend erfahren wird.

'Abgespaltenes Eigenes wird als Fremdes, unter Umständen besessen Haltendes erfahren: psychotische Besessenheit. Meist ist es das als übermächtig und nur negativ erlebte Sexuelle und die Agression - die Besessenheit vom Teufel. Das Gute und Trostvolle erscheint dann nur mehr als gelegentlicher Zuspruch Gottes oder seiner Engel oder ist entschwunden.' (Scharfetter 1983, 39)[29]

---

29 Betroffene drücken das folgendermaßen aus:
'Ich muß ständig die Faust schließen und öffnen, damit ich weiß, daß ich mich noch bewegen kann.'
'Ich kann mein Denken und Handeln nicht mehr selbst bestimmen.'
'Was andere tun, überträgt sich auf mich: wenn ich jemanden hinken sehe, muß ich auch hinken.' (Echopraxie)
'Ich bin gesteuert durch Hypnose, Magie.'
'Der Teufel hält mich besessen, macht die Bewegungen.'
'Nicht ich schreie, das sind die Einwirkungen auf meinen Stimmnerv.'
(Scharfetter 1983, 40)

3. Störungen der Ich-Konsistenz

Der Kranke erlebt, daß die Beschaffenheit seines Leibes sich verändert. Der Zusammenhang seines Leibes oder seiner Teile ist aufgehoben. Die Verbindung zwischen Gedanken und Gefühlen existiert nicht mehr. Seele, Welt, Universum werden zerrissen und zersplittert erlebt. Vor dieser Bedrohung der eigenen Konsistenz und Kohärenz erstarrt der Kranke in Angst (katatoner Stupor), oder er rennt in Erregung davon, oder er möchte im Anrennen gegen Gegenstände und im Ringen mit Menschen die Angst vor dem Zerfallen besiegen.

Ist die Konsistenz gelockert, dann stimmen Affekt, Gefühl, Stimmung und Gedanken nicht mehr überein; der Gefühlsausdruck ist gegensätzlich zum zugrundeliegenden Affekt; im Körperlichen stimmen Körperproportionen, Körperschema und Organgefühl nicht mehr zusammen; die Kranken fühlen sich in der eigenen Haut nicht mehr wohl, und dann natürlich auch nicht mehr in der Welt. Mancher erlebt sein Skelett verbogen, den Sexualbereich verstümmelt, Körper oder Gliedmaßen erscheinen entstellt, die Organe tot, von Krebs zerfressen, erweicht, vereitert, das Gehirn läuft aus.

Das Erleben der Auflösung, religiös thematisiert, führt zu dem Wahn, von bösen und guten Mächten entzweigerissen zu werden. Beim chronischen Erleben der Aufsplitterung können die Teile relativ selbständig werden, zum Teil werden sie zu neuen Teil-Identitäten ausgestaltet. Möglicherweise entsteht aus dem Sich-In-die-Welt-Zerstreuen manch eines der Wahnsysteme, in denen der Kranke ohne Zeugung überströmend aus sich heraus gebiert.

'Die Verteidigung, Abwehr, Überwindung solcher Ich-Zersplitterung beginnt mit der Thematisierung als Wahn (dann ist etwas da, mit dem man sich auseinandersetzen kann - immerhin besser als die totale amorphe Überwältigung) und geht bis zum Gelingen kompensatorischer Neuschöpfung: der Mensch kann unter dem Druck psychotischer Bedrohung den Weltuntergang transzendieren, sich über den eigenen Untergang und den der anderen in einem Heilswahn oder religiös in einem Heilandswahn triumphal hinwegsetzen - die autistisch-dereale Omnipotenz an die Stelle der konkreten Ohnmacht setzend.' (Scharfetter 1983, 42)

Halluzinationen werden verstehbar als Gedanken, die nicht mehr als eigene erscheinen und wegen ihrer akustischen Erlebnisqualität gehört werden als Stimmen im eigenen Kopf. Das Nicht-Zugehörigkeitsgefühl findet sich auch bei körperlichen Empfindungen und läßt sie als nicht zugehörig erscheinen.[30]

4. Störungen der Ich-Demarkation

Wenn die Abgrenzung des Eigenbereichs vom Nicht-Ich nicht mehr gewährleistet ist, ist das Ich jedem Einfluß ausgeliefert. Störungen der Interaktion mit anderen sind zwangsläufig, zum Teil vom Kranken initiiert als Abschirmung gegen die Nähe anderer, die bedrängend wirkt. Die Störungen äußern sich in räumlichem Rückzug oder unnahbarem Wesen, Verschlossenheit, zum Teil aggressivem Verhalten oder manieriertem Gehabe. Auch Denk- und Sprachstörungen können zur Abwehr gehören. Innen (Vorstellungen, Wünsche) und Außen (Sinneserfahrungen) sind nicht mehr unterscheidbar; die Filterstörung verringert die Unterscheidungsmöglichkeit von wichtig und unwichtig, bedeutungsvoll und bedeutungslos und führt zu erhöhter Aufmerksamkeit gegenüber Alltäglichem. Eigenes und Fremdes kann nicht mehr auseinandergehalten werden: andere Menschen kennen die eigenen Gedanken; Beobachtungen anderer werden als eigene Erfahrung erlebt.

'Ich-Grenzstörung bedeutet Schutzlosigkeit, Gefährdung durch alles und jedes. Solche Menschen sind in und bei sich selbst nicht mehr zu Hause, sind Unbehauste auch in der Welt. Sie leben in

---

30 Kranke schildern ihre Erfahrungen folgendermaßen:
'Ich erlebte mich als amorphe zähflüssige Masse, die über das Sofa rennt.'
'Ich bin zerfallen.'
'Der Rumpf ist halbiert. Ich bin vier Menschen.'
'Ich kann Gedanken und Gefühle nicht mehr zusammenleben.'
'Mein Gehirn ist durchlöchert.'
'Man hat mir die Seele weggenommen und verteilt.'
(Scharfetter 1983, 43)

ängstlicher Angriffserwartung (Verfolgungswahn) oder errichten eine starre autistische Barriere um sich, lassen niemanden an sich heran.

Ich-Grenzstörung bedeutet für manche Menschen aber auch eine Bereicherung der Möglichkeiten des (afferenten) Vernehmens (Sensibilität), feines 'Gespür' für die Atmosphäre, Gedanken-Lesen, telepathisch-hellseherische, intuitive Begabung, prophetische Zukunftsschau und der (efferenten)[31] Wirkungsentfaltung: parapsychologische, magische Einwirkungen auf Menschen, Tiere, Dinge, selbst den Lauf der Gestirne. Die magische All-Kommunikation ist oft beglückend und unheimlich zugleich, weil gespürt, geahnt wird, wie der tragende Boden verloren geht, oder auf welcher durchlöcherten Existenzgrundlage solche inflationäre Steigerung und Erweiterung des Ichs geschieht.' (Scharfetter 1983, 45)

Überwindbar ist diese Verlassenheit im religiösen Wahn göttlicher Führung und prophetischer Aufträge, wobei die Selbstentwertung solcher Menschen im Wahn überkompensiert und dazu eine unpersönliche Gemeinschaft mit den Menschen geschaffen wird.[32]

5. Störungen der Ich-Identität

Statt der Gewißheit der eigenen personellen, physiognomischen, sexuellen, biographischen Identität erlebt der Kranke Unsicherheit über seine Identität und Angst vor dem Verlust der Identität.

---

31 Afferent: Nervenbahnen, die von einem Sinnesorgan zum Zentralnervensystem hinführen; in diesem Zusammenhang wird die Verarbeitung von Reizen aus der Umwelt betont.
efferent: meint den umgekehrten Weg, vom Zentralnervensystem oder einem Organ herausführend; Inneres entfaltet seine Wirkung nach außen.

32 Kranke erfahren das so:
'Ich kann mich nicht abschirmen.'
'Ich kann innen und außen nicht unterscheiden.'
'Ich bin ungeschützt. Alles dringt in mich ein.'
'Was andere denken, überträgt sich auf mich.'
'Was ich erleide, müssen alle erleiden.'
'Ich weiß nicht, wo meine Grenze ist.'
(Scharfetter 1983, 46)

Diese Unsicherheit kann dazu führen, daß der Betroffene das eigene Gesicht immer wieder im Spiegel betrachtet, mit den Händen befühlt, kontrolliert, ob nicht eine Veränderung darin vor sich geht. Oder der Leib ist entstellt, verbogen, starr, steif, das Fleisch ist kaum Menschenfleisch, das Blut ist Jauche, die Genitalien schwinden, schrumpfen, verwandeln sich in die des anderen Geschlechts, werden von anderen manipuliert oder zerstört.

Aus diesem Druck der Identitätsunsicherheit und des Identitätsverlustes ist das Entstehen des Wahns psychodynamisch erklärbar: die verlorene bisherige Identität muß ersetzt werden; oder sie ist so elend und minderwertig, daß sie ersetzt werden muß.

'Eine funktionelle Transformation ereignet sich, wenn der Kranke neue Rollen übernimmt: Gottes Sohn zu sein, der Messias, ein Prophet Gottes, ein Heiler oder Heiland. Neue Rollen, Sozialbezüge und neues Selbstwertgefühl bringt auch der Mutter- oder Vaterschaftswahn.

Selten ist die Verwandlung in ein Tier - ganz oder teilweise: einen Tierkopf zu tragen: eine Thematisierung der eigenen Selbstentwertung, die so radikal sein kann, daß der Kranke aus der Menschenwelt austritt. Überwältigendes Schulderleben kann zu einer so negativen Selbstbewertung führen, daß der Kranke sich für den bösen Geist, den Teufel selbst hält. Ist dieses Negative vom Ich-Bewußtsein ausgegliedert (desegoifiziert), so erlebt sich der Kranke als vom Teufel besessen.' (Scharfetter 1983, 47/48)

Reaktionen auf dieses schreckliche Erleben können wieder das Erstarren in Angst und Ratlosigkeit bis hin zum katatonen Stupor oder die katatone Erregung oder katatone Bewegungsstereotypien (etwa Grimassieren, um das eigene Gesicht zu spüren) sein.[33]

---

33 Kranke äußern sich zu diesem Erleben so:
'Mein Fleisch ist nicht wie das Fleisch von Menschen.'
'Laßt mir meine Gestalt, die ich habe, ich will keinen anderen Körper.'
'Ich bin Mann und Frau zugleich.'
'Rechts bin ich mein Vater, links meine Mutter, und auf der Nase habe ich eine Kuhhaut.'
'Ich muß mein Gesicht im Spiegel kontrollieren, ob es sich nicht ändert.'
'Blut habe ich nur das halbe von mir.'
(Scharfetter 1983, 48)

Diese Grundstörung des Ich-Bewußtseins hat zur Folge, daß das Alltägliche seine Selbstverständlichkeit verliert. Der Betroffene hat nicht mehr eine fraglos als real vorausgesetzte Welt mit den Menschen gemeinsam, damit fehlt ihm die Voraussetzung zu allgemein verbindlicher Verständigung. Die eigenen privaten Selbstverständlichkeiten sind unvermittelbar, selbst der Informationsaustausch auf der Sprachebene ist nicht mehr eindeutig. 'Die Einsamkeit des sich selbst als wertlos erlebenden oder in verzweifelter narzißtischer Aufblähung erhebenden Menschen ist kalt und öde:"'Was uns fehlt, ist Wärme, Herzenswärme."' (Scharfetter 1983, 60)

Besonders im Bereich personaler Beziehung wirkt diese archaische Ich-Störung sich aus. Die generelle Identitätsunsicherheit erlebt der Betroffene als Unsicherheit der Geschlechtsidentität. Die Störungen der leiblichen Selbstwahrnehmung bestimmen das sexuelle Verhalten mit.[34]

Untergruppen der Schizophrenie

In Anlehnung an Bleuler (1979, 422-429) werden vier Hauptgruppen schizophrener Erkankungen unterschieden, ausgehend vom Vorliegen oder Fehlen bestimmter Symptomgruppen. Allerdings können die Symptomgruppen von Patient zu Patient und auch in der Krankheitsgeschichte desselben Patienten ineinander übergehen bzw. wiederholt wechseln (Schulte Tölle 1977, 171). In der diagnostischen Unterteilung wird heute vor allem die jeweils dominierende Symptomatik ausgedrückt.
Klare Abgrenzungen zwischen den einzelnen Formen und präzise Zuordnungen der Verlaufsformen sind in der neueren Forschung nicht mehr möglich. Bedeutsam bleibt, daß die Erkrankung sich sehr verschieden äußern kann; in den einzelnen Formen werden die charakteristischsten Symptome benannt.

---

34 Fehlendes Sich-Spüren, Auflösungserlebnisse, Abgrenzungsschwierigkeiten bewirken Abwehr von und Suche nach Fusion. Angst vor Homosexualität, Beziehungsideen sexuellen Inhalts, wahnhafte sexuelle Verfolgung, Befehle zu sexuellen Handlungen durch halluzinierte Stimmen bis hin zu sexuellen Leibhalluzinationen werden beobachtet. Viele schwerkranke Schizophrene finden keinen Kontakt zu einem Partner und leben ohne regelmäßige sexuelle Aktivität, wobei auch die libidodämpfende Wirkung der Medikamente (Neuroleptika) berücksichtigt werden muß. (Vgl. Scharfetter 1983, 62-67)

1. Paranoide Form:

Wahnideen und Halluzinationen stehen im Vordergrund, das Paranoid setzt entweder sofort als solches ein (dann ist der Verlauf meist chronisch) oder nach einem akuten Initialauftritt oder entsteht allmählich aus Beziehungsideen, die sicherer und schließlich zu einer komplizierten Ansammlung von Wahnideen werden. Die 'Alters'- oder 'Spätschizophrenien', die erst im 5. und 6. Lebensjahrzehnt entstehen, stellen einen Großteil dieser Gruppe dar.

2. Katatone Form:

Hier stehen katatone Symptome dauernd im Vordergrund, meist begleitet von Wahn und Halluzinationen. Die Erkrankung beginnt meist akut (günstige Prognose), kann aber auch chronisch mit katatonen Eigentümlichkeiten beginnen und chronisch bleiben. Die episodische Katatonie ist eine Sonderform, bei der die Symptomatik akut in starker Ausprägung auftritt, die gut behandelbar ist. Die Erkrankung hat die Tendenz zum Wiederauftreten, aber ohne Entwicklung hin zum Residualzustand.

3. Hebephrene Form:

Diese Bezeichnung charakterisiert Schizophrenien, die im Jugendalter auftreten (meist mit ungünstiger Prognose), und die die Symptome einer maniformen, die Bedrohung überspielenden Gestimmtheit, affektiver Verflachung und Enthemmung aufweisen. Alle übrigen Symptome können im weiteren Verlauf dazu auftreten.

4. Schizophrenia simplex:

Die Erkrankung setzt schleichend, fast unmerklich ein, mit langsam über Jahre hin zunehmendem sozialem Versagen hin zu den Grundsymptomen der Schizophrenie. Kommen die Erkrankten zum Arzt, oft, nachdem sie durch Initiativ- und Schwunglosigkeit aufgefallen sind, dann liegt der Beginn der Erkrankung meist Jahre zurück. Vitalität und Dynamik sind verringert; die Berufsleistungen haben nachgelassen; der Bezug zu den Angehörigen, anderen Menschen, der Realität ist verkümmert. Die Kranken sind 'versandet', autistisch geworden haben weltfremde Ideen. Die Sprache ist verschroben, das

Denken zerfahren. Offensichtliche Wahnideen kommen kaum vor. Hier ist die Prognose hinsichtlich bleibender Persönlichkeitsstörungen (Residualzustand) meist ungünstig.

Verlauf und Prognose

Meist ereignen sich vor Ausbruch der Psychose im gewohnten Wesen der Betroffenen Veränderungen: sie werden empfindsamer und zurückgezogener, geben persönliche Bindungen und Interessen auf, beschäftigen sich mehr mit abstrakten Ideen und versagen mehr und mehr in den Belangen des Alltags. Die manifeste Psychose beginnt meist akut (im Verlauf von Tagen oder Wochen), nur bei einem Drittel der Erkrankungen entwickeln die Symptome sich im Verlauf von Jahren.

Für den weiteren Verlauf der Erkrankung gibt es fast so viele Möglichkeiten wie erkrankte Patienten: eine einzige Episode von mehreren Monaten kann zu dauerhafter Heilung oder lebenslangem Siechtum führen; Verläufe in Wellen sind prognostisch günstiger als gradlinige Verläufe.[35] Zwischen völliger Gesundung, Wieder-

---

35 Bleuler kommt aufgrund einer Langzeituntersuchung zu folgenden Ergebnissen (vgl. Bleuler 1979, 430):

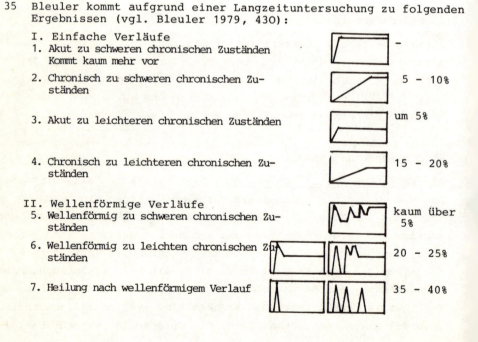

herstellung der uneingeschränkten oder (öfter) eingeschränkten Arbeitsfähigkeit, subjektivem Wohlfühlen und leichten oder schweren bleibenden Persönlichkeitsveränderungen (Residualzustand) ist jede Zwischenform denkbar.

Den Residualzustand als Endzustand des schizophrenen Prozesses kennzeichnen die schizophrenen Grundsymptome: Verschrobenheit im Verhalten, Denkstörungen, Erlahmen des Antriebs, affektive Verarmung und vor allem der Autismus, das 'Einspinnen in die eigene Gedankenwelt' (Bleuler nach Schulte Tölle 1977, 177) mit dem Verlust aller Umweltkontakte. Dabei ist die emotionale Erlebnisfähigkeit weniger gestört als die Möglichkeit der Affektäußerung; der Antrieb ist nicht erloschen, sondern verschüttet oder blockiert, so daß auch hier Möglichkeiten der Reversibilität bestehen. Psychodynamisch kann man den Residualzustand als 'Schutzwall gegen erneute Aktualisierung der akuten Symptomatik und der unbewältigten Konflikte' verstehen. 'Auf Kosten eines lebendigen Kontaktes mit der Realität ist also eine gewisse Entlastung eingetreten.' (Schulte Tölle 1977, 178)

Verbreitung in der Bevölkerung

Die absolute Häufigkeit der Erkankung liegt bei 2-4 Personen unter 1000 Einwohnern, also 0,2-0,4%.[36] Bei den Neuerkrankungen beträgt die Anzahl 15-35 pro 100000 erwachsene Einwohner im Jahr. Die Wahrscheinlichkeit, im Verlauf des Lebens an Schizophrenie zu erkranken, liegt bei etwa 1%. Frauen und Männer erkranken gleich häufig, der häufigste Altersbereich liegt für Frauen bei 25-37 Jahren (im Durchschnitt bei 36 Jahren), damit erheblich später als für Männer, die zwischen 15 und 35 Jahren, im Durchschnitt mit 30 Jahren erkranken. Das hat zur Folge, daß sich

---

III. Andere Verläufe um 5%
Ab. 108. Schema der verschiedenen Verlaufsformen der Schizophrenie. (Nach einer Statistik an langjährig beobachteten, unausgelesenen Kranken, die 1967 abgeschlossen wurde.) Grenzbereiche von Zahlen (statt eindeutiger Zahlen) wurden in Berücksichtigung des einfachen mittleren Fehlers der erhobenen Befunde angegeben.

36 Erhoben durch Zensusbestimmung; vgl. dazu und zu den folgenden Angaben Scharfetter 1983, 71-77.

unter den Frauen mehr verheiratete finden, wohingegen die Männer häufig ledig und kinderlos sind.[37] - Die Stellung in der Geschwisterreihe erscheint zufällig.

Je geringer Ausbildung und Sozialprestige des Berufs sind und je niedriger die soziale Stellung eines Menschen ist, desto größer ist die Wahrscheinlichkeit, an Schizophrenie zu erkranken. Fast die Hälfte aller Schizophrenen, nämlich 45%, gehören der untersten sozialen Schicht an. Außerdem nimmt man an, daß vor bzw. während der Erkrankung die Betroffenen einen beruflichen oder sozialen Abstieg erleben bzw. wegen ihrer geringeren Bindungsfähigkeit zu größerer Instabilität des Lebenswandels und der Berufswahl neigen.[38]

Vermutungen zur Entstehung der Erkrankung

Das Problem der Entstehung der Schizophrenie kann hier nur angerissen werden. Immer weiter werden Forschungsergebnisse mit unterschiedlichsten Tendenzen entwickelt, und inzwischen neigen viele Autoren zu der Annahme, daß biologisch-somatische Faktoren[39] und psychosoziale Faktoren (Verletzung, Verkümmerung, Schwächung) in der Entwicklung und/oder in aktueller Lebenserfah-

---

37 Daher haben Schizophrene häufiger eine schizophrene Mutter als einen schizophrenen Vater.

38 Väter von schizophrenen Söhnen haben den sozialen Stand der Durchschnittsbevölkerung, die Söhne liegen darunter.

39 Dabei handelt es sich näherhin um folgende Faktoren:
    hereditäre, also erbliche;
    morphologische, also die äußere Gestalt betreffende;
    physiologische, also die Lebensvorgänge im und Funktionen des Organismus betreffende;
    metabolische, also im Stoffwechselprozeß entstandene;
    toxische, also auf einer Vergiftung beruhende.

rung eine Disposition zur Erkrankung schaffen. Dabei wird angenommen, daß jeder Mensch ganz persönlich-individuell und gemäß seiner eigenen Lebensgeschichte auf solche Ereignisse reagiert. 'Im Versuch der Zusammenschau verschiedener Faktoren kann man eine Konvergenz dieser Einwirkungen und eine letzte gemeinsame Endstrecke physiologisch-biochemischer Art annehmen - als Grundlage oder als somatisches Korrelat der schizophren genannten Psychosen (...).

Streß, die Belastungsreaktion des Organismus, ist in diesem Konzept der Schlüsselbegriff, der sowohl durch physische wie auch durch psychische Stressoren in Gang kommt. Streß bedeutet physiologisch-biochemische Veränderungen im Znetralnervensystem, deren Art und Ausmaß abhängig sind einmal von der genetisch-hereditär determinierten Enzymfunktion[40] und weiter von der durch die frühere Lebensgeschichte mitbestimmten prämorbiden[41] Enzymaktivität. Zum Beispiel kann dauernd belastende, ängstigende Lebenserfahrung zu einer Überbeanspruchung von zerebralen funktionell-enzymatischen Aktivitäten führen.' (Scharfetter 1983, 20)

Diesen Erkenntnissen zufolge hat Scharfetter den Prozeß hin zum Endresultat Schizophrenie schematisch wie folgt aufgezeigt:

---

[40] Enzyme sind in der lebenden Zelle gebildete organische Verbindungen, die Stoffwechselvorgänge im Organismus katalysatorisch steuern.

[41] 'Prämorbid' meint 'vor der Erkrankung', näherhin bevor der Erkrankungsprozeß in Gang kam und nicht erst bei der ersten Manifestation der Psychose. Wenn kein 'Knick in der Lebenslinie' (Scharfetter 1983, 55) vorliegt, von dem an die weitere Entwicklung sichtbar in eine andere Richtung verläuft, ist der prämorbide Zustand nur sehr schwer rückwirkend eruierbar.

Schema 4. Das schizophrene "Bild" - noxenunspezifisches Endresultat (in Anlehnung an Davison und Bagley 1969).

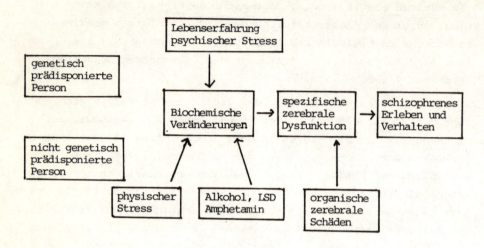

aus: Scharfetter 1983, 21

Ciompi setzt den Schwerpunkt etwas anders und betont für den Verlauf nach der psychotischen Dekompensation die Bedeutung psychosozialer Faktoren: 'Einerseits genetisch-organisch-biochemische und andererseits psycho- und soziogene Faktorenbündel führen in wechselnder Kombination zu verletzlichen, praemorbiden Persönlichkeiten, welche dazu neigen, auf Belastungen unterschiedlich stark mit Spannung, Angst, Verwirrung, Denkstörungen, Derealisations- und Depersonalisationserlebnissen bis zu Wahn und Halluzinationen zu reagieren. Nach (einer oder mehreren) akut-psychotischen Phasen ist die weitere Entwicklung in Wechselwirkung mit der Ausgangspersönlichkeit wahrscheinlich vorwiegend durch psycho-soziale Faktoren bestimmt, woraus die enorme Vielfalt der Verläufe zwischen völliger Heilung, Residualzuständen verschiedenen Ausmaßes und schwerster Chronifizierung besteht.' (Ciompi 1981, 508)

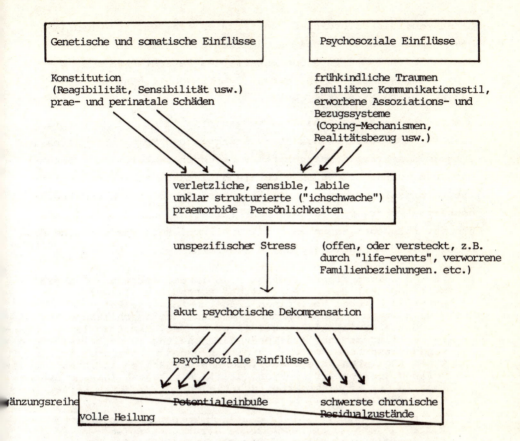

Abb.1. Zusammenfassende Hypothese zur Ätiologie der Schizophrenie

L.Ciompi. Wie können wir die Schizophrenen besser behandeln? 1981, 509

Zur Behandlung

Akute Erkrankung, Erregungszustände und Suicidgefahr erfordern in der Regel eine Klinikeinweisung. Ansonsten kann der Patient ambulant behandelt werden. Die Behandlung soll nach Scharfetter (1983, 159) den Selbstheilungsprozeß fördern durch Hilfe zur Aktivierung der Überwindungs-, Verteidigungs- und Kompensationskräfte des Kranken. Als oberste Maximen gelten alle denkbaren

Maßnahmen, die dazu dienen, den Kranken 'in tätiger menschlicher Gemeinschaft' zu halten oder neu einzugliedern und für die Entfaltung der gesunden Anteile des Patienten Raum zu geben.[42] Es geht also nicht nur um Symptombeseitigung und Rückführen zur Funktionsfähigkeit.

Die Bausteine eines Behandlungsplans sind im einzelnen Werktätigkeit, bildnerisches Schaffen, Bewegung und Spiel, das alles in sorgsam dosierter Gemeinschaft[43]; psychopharmakologische Beruhigung und (unter Umständen Dauer-)Abschirmung; analytisch orientierte Einzel-, Gruppen-, Familientherapie und verhaltenstherapeutische Programme; soziale Rehabilitation; aus diesen Bausteinen ist für jeden Menschen individuell auf seine persönliche Lage bezogen der Behandlungsplan zu schaffen.[44]

---

42 Für chronisch Kranke erweist sich in den letzten 10 Jahren mehr und mehr die tagesklinische Behandlung als erfolgversprechend, wobei über einen längeren Zeitraum Patienten tagsüber 8 Stunden lang behandelt werden, die anschließend ihr gewohntes Familienleben wieder aufnehmen. Damit sollen Nachteile der längeren vollstationären Behandlung (Hospitalisierungsschäden und hohe Kosten) vermieden und die Patienten früher mit ihrem täglichen Anteil an Pflichten und Rollen in ihrem Lebensvollzug konfrontiert werden, die in die tagesklinische Behandlung in der Problembearbeitung eingehen. Vgl. etwa Kayser ^{2}1980, Samland 1982, Maymann 1982, Brickwedde 1982.

43 Diese Gemeinschaft sollte deutlich werden als solche, klare, leicht zu durchschauende Strukturen aufweisen, Möglichkeiten zu Nähe und Begegnung bieten, sie aber nicht aufzwingen und dem Einzelnen so viele Rückzugsmöglichkeiten lassen, wie er nötig hat, aber auch seine kommunikativen Möglichkeiten nutzen; im Schlagwort: fördern, ohne zu überfordern.

44 Wie sehr das eine (überaus berechtigte) Sollensforderung ist, deren Realisierung nur schwer zu verwirklichen ist, zeigen die beklemmenden Ergebnisse der Psychiatrie-Enquête im Auftrag der deutschen Bundesregierung zur Situation der psychisch Kranken von 1975 und das Steckenbleiben der inzwischen daraufhin initiierten Reformen.

'Therapie heißt Pflegen, Stützen, Warten, Klären, Ordnen, heißt weiter Synthese und Rekonstruktion, Neu- und Wiederlernen, Festigen von verlorengegangenen, zerstörten oder verborgenen zwischenmenschlichen Möglichkeiten. Therapie heißt manchmal auch Lehren, mit der bestehenden Behinderung, Verletzlichkeit, Anfälligkeit besser umgehen zu lernen, z.B. gefährdende Sozialsituationen zu vermeiden, früh genug auf die inneren Warnungen vor einer neuen Krise zu achten, diese Vorboten zu respektieren, danach sich einzurichten. All dies geschieht in einer dafür gedeihlichen Atmosphäre von Toleranz und Güte, von Treue des Beistehens und Begleitens.' (Scharfetter 1983, 160) Scharfetter betont darüber hinaus, daß der schizophrene Mensch in seiner ganzen lebendigen Existenz krank ist, es von daher wichtig ist, auch den Leib mit einzubeziehen. - Der Auseinandersetzung mit der Symbolwelt des Schizophrenen mißt Bleuler eine so hohe Bedeutung bei, daß er von einer 'weiteren Überraschungs- und Erschütterungstherapie' spricht, die der im Umgang mit Schizophrenen sehr erfahrene Arzt hat und die gelegentlich plötzliche Erfolge bewirken kann (1979, 443), nämlich das Eingehen auf die Symbolsprache als Antworten in der Symbolsprache des Patienten oder als Deutung der Symbole.

Für den Therapeuten, der sich auf schizophrene Menschen einläßt, bedeutet das die Begegnung mit Sonderwelten von nur privater Gültigkeit, die den Betroffenen die zwischenmenschliche Gemeinsamkeit kosten. Der Therapeut muß sich mit der Einsamkeit des außerhalb der Norm Stehenden, des Entfremdeten und Isolierten auseinandersetzen. Nach Scharfetter (1983, 159) wird die Therapie 'dann zur Rekonstruktionshilfe, wenn der Therapeut sich als Begleiter zur Verfügung stellt, und wenn er seinen Beistand auf der Ebene der Betroffenheit anbietet, die der Patient durch seine Symptome indiziert.'

4.1.3. Manisch-depressive Erkrankungen

Für diese Gruppe von Erkrankungen ist ein phasischer Verlauf kennzeichnend, in dem 'der gesamte alles Erleben und Tun begleitende und "färbende" affektive Bereich' (Degkwitz u.a. 1982,106) von einer schweren Veränderung betroffen ist. Antrieb und Befindlichkeit sind in verschiedenen Schweregraden in entgegengesetzter Richtung verändert. In der Manie sind die Betroffenen eher "heraufgestimmt", das affektiv-vegetativ-triebhafte Schwungrad läuft auf zu hohen Touren ohne Berücksichtigung der Realität. Im Gegensatz dazu reagiert dieses Schwungrad in der Depression weder auf den Versuch, von innen Einfluß zu nehmen durch die eigene Willenskraft, den Entschluß des Kranken, sich aufzuraffen, noch auf äußere Einflüsse. Das "Herabgestimmtsein" der Kranken äußert sich als Gefühl der Gefühllosigkeit, in dem die Kranken weder Trauer noch Freude erfahren können.[45]

Diese Erkrankungen kommen vor als
- manisch-depressive Erkrankungen im engeren Sinn: manische und depressive Phasen kommen vor;
- manische Phasen treten allein auf (selten);
- phasische Depressionen: es kommt nur zu depressiven Phasen;
- Spätdepressionen: sie stellen mit oft einer einzigen depressiven Phase wohl eine besondere Verlaufsform der manisch-depressiven Erkrankung dar.

Im Schweregrad reicht die Erkrankung von einer leichteren Störung bis hin zur Psychose.[46]

Psychopathologie des manischen Zustands

Der Maniker ist 'übertrieben frohgemut', sein Selbstgefühl ist gehoben, er fühlt sich glücklich, 'überlustig' (Bleuler 1979, 450), verjüngt: er spürt ungeahnte Kräfte in sich. Sein lustbetontes Alltagserleben geht Hand in Hand mit geringer Empfindsamkeit für Trauriges. Das Gefühl der eigenen Größe bringt die Achtung vor anderen zum Schwinden. Legt man dem Kranken Hindernisse in den Weg, kann die Euphorie rasch umschlagen in Wut. Auch stunden- oder tagelange Traurigkeit ist möglich, allerdings aus für den Außenstehenden unerfindlichen Gründen.

---

45 Herauf- und Herabgestimmtsein sind also nicht nur quantitativ zu verstehen.
46 Vgl. oben S. 61, Anm. 3

Manisches D e n k e n ist ideenflüchtig, kommt 'vom Hundertsten ins Tausendste', ist sehr leicht durch Außenreize (Nebengeräusche, Vorbeigehen eines Patienten usw.) ablenkbar. Der Kranke springt von einem Denkinhalt zum andern, ohne ein Thema festhalten zu können. Dabei bleibt aber erkennbar, wie die einzelnen Gedanken miteinander verbunden sind. 'Das Denken ist im Prinzip zusammenhängend (die Ideenflucht ist nicht Inkohärenz), und der einzelne Gedanke und die einzelne Gedankenverbindung sind klar; doch wird flüchtig am Wesentlichen vorbeigedacht oder das Wesentliche nicht fertig gedacht.' (Bleuler 1979, 451). - Auch in fortgeschrittenen Stadien der manischen Phase ist ein Gespräch mit dem Kranken möglich, der die Schwächen des Diskussionsgegners oft schnell erfaßt und eine rasche und witzige oder haarspalterische Logik an den Tag legt. Nur in den schwersten Stadien ist die 'wilde Gedankenjagd Manischer' (Bleuler 1979, 451) nicht mehr nachvollziehbar.

Die I n h a l t e des Denkens werden von Antriebssteigerung und Selbstüberschätzung des Patienten beeinflußt: er betreibt revolutionäre Erfindungen, weltanschauliche Erneuerung, plant umfangreiche finanzielle Geschäfte und Firmengründungen. Die zum Krankheitsbild gehörende Störung der Urteils- und Kritikfähigkeit begründet die Neigung des Patienten, seine Ideen in die Tat umzusetzen, Schulden zu machen bei unsinnigen Einkäufen, die die eigenen Möglichkeiten weit übersteigen.

A u f f a s s u n g s f e h l e r sind im Umgang mit dem Kranken nicht feststellbar und erst in der experimentellen Prüfung zu entdecken und wohl auf seine Flüchtigkeit in der Wahrnehmung (im Unterschied zu Wahrnehmungsstörungen) rückführbar. - Die O r i e nt i e r u n g ist meist ungestört, außer das sich die Kranken selbst für äußerst gesund halten und von der Umwelt gesetzte Beschränkungen ihres Aktionsspielraums daher nicht verstehen. - Die A u f m e r k s a m k e i t ist von äußeren und inneren Impulsen sehr ablenkbar.

'Die Ideen setzen sich leicht und mit Notwendigkeit (aber ohne das subjektive Gefühl des Zwanges) in Entschlüsse und Handlungen u.' (Bleuler 1979,451) Wichtiges und Unwichtiges werden gleichermaßen interessiert wahrgenommen. Zwischen einer Idee und ihrer Ausführung liegen kein Überlegen und Entschließen; der Kranke leidet gewissermaßen an 'T a t e n d r a n g' (Bleuler 1979, 452). Pläne setzt er sofort um, erfindet, dichtet, reist, vergrößert sein Geschäft. Querulatorisches und Gutmütiges treten besonders lebhaft hervor. Innere Hemmungen gegen (sexuelle, alkoholische usw.) Exzesse schwinden. Und immer weiß der Erkrankte sein Verhalten zu rechtfertigen.

'Wird bei etwas stärkerem Grade Spitalbehandlung nötig, so hält der Kranke die Abteilung, die Ärzte, die Pfleger beständig in Atem. Er macht Witze, will helfen, findet eine Menge Einrichtungen sehr schön, will aber doch verbessern und protestiert namentlich gegen die 'Vergewaltigung', letzteres bis zu schweren Zornausbrüchen mit Zerstörung alles Erreichbaren; aber auffallend selten sind Gewalttätigkeiten gegenüber Personen außer etwa beiläufigen Ohrfeigen und dgl. In der Nacht wird gesungen, aus dem Bett eine Puppe in Lebensgröße gemacht. Weibliche Kranke fallen noch mehr und regelmäßiger als männliche durch starke Erotik bis zu den schamlosesten Handlungen auf. Trotz allem hat man einen guten Rapport mit den Patienten wie mit verzogenen Kindern, die man gerne hat.' (Bleuler 1979, 454)

Die gehobene Stimmung vieler Kranker ist mitreißend; ebenso viele sind allerdings auch reizbar. In beiden Ausprägungsrichtungen besteht ein A f f e k t ü b e r s c h u ß.

Die A n t r i e b s s t e i g e r u n g ist für die Umgebung eine schwer erträgliche Belastung: der Kranke ist übermäßig aktiv, hat einen andauernden Bewegungsdrang und ist ständig irgendwie tätig, ohne irgendeine Handlung abzuschließen. Eine Idee löst die andere ab (I d e e n f l u c h t), wobei diese Äußerungen der Kranken nicht eigentlich sinnlos werden. Meist äußert sich die Ideenflucht in großer R e d s e l i g k e i t bis hin zu ungehemmtem Rededrang, wobei das Aufhören wegen der verlorenen Selbstkontrolle über das Gesprochene unmöglich wird.[47] In der

---

47 Neue Einfälle sind mit dem Vorhergehenden oft nur durch lockere Wort- oder Klangassoziationen verknüpft. Der Maniker greift ständig auf, was sich gerade ereignet, springt von einem Thema auf das nächste, verliert sich in Details und kann längere Gedankengänge nicht geordnet zu Ende führen.

S c h r i f t werden die gleichen Störungen deutlich, Flüchtigkeit, Ablenkbarkeit usw. Außerdem zeigt sich hier sehr deutlich die manische A n r e g b a r k e i t : viele dieser Schriftstücke sind anfangs ganz geordnet und werden dann immer chaotischer, weil die eigene gedankliche Produktivität im Prozeß des Briefschreibens immer weiter anregt. Allgemein gilt: Je weniger Reizen der Maniker ausgesetzt ist und je weniger Gelegenheit er hat, dem eigenen Betätigungsdrang nachzugehen, desto ruhiger ist er.

Die Überaktivität ist (oft zum Leidwesen der näheren Umgebung) verbunden mit Nicht-Ermüdbarkeit des Erkrankten. Maniker entbehren den Schlaf nicht, klagen nicht über Schlaflosigkeit. Sie magern ab und fühlen sich dabei meist ausgesprochen gesund und leistungsfähig. Auch nach dem Ende einer manischen Phase bleiben viele bei der positiven Einschätzung dieser Zeit; diese Daseinsform sei der normalen Verfassung überlegen. Anderen ist dieser Zustand im Nachhinein peinlich. 'Auch schon während der manischen Phase hört man von einzelnen Patienten, ihr Zustand sei qualvoll, weil unecht, persönlichkeitsfremd und voller Getriebenheit und Hetze'. (Schulte/ Tölle 1977, 221)

Akzessorisch sind I l l u s i o n e n zu beobachten, auch optische H a l l u z i n a t i o n e n und Stimmenhören. Daneben kommen Ü b e r s c h ä t z u n g der eigenen Möglichkeiten und Kräfte und G r ö ß e n w a h n vor (mit zumindest im Bereich des Denkbaren bleibenden Inhalten).

Die flüchtig-festliche manische Lebensform

Binswanger (1955) sieht aus daseinsanalytischer Perspektive in der Ideenflucht das Prinzip der gesamten manischen Lebensform und beschreibt die betroffenen Kranken, wie folgt:

'Er verstaut zwar eine Unmenge Gegenstände in Haus und Zimmer, sucht beständig Gesellschaft, konsumiert eine Menge Menschen, wirft das Geld sozusagen zum Fenster hinaus, muß aber immer wieder etwas Neues haben, entdecken, anzetteln, unternehmen. Seine

auffallende 'Neugier' ist nur ein Spezialfall seiner a l l -
g e m e i n e n rastlosen G i e r nach Neuem. Im Gegensatz
zu dem wirklich beschäftigten Menschen, der immer Zeit 'hat',
verzettelt der Manische seine Zeit und beschäftigt sich daher
auch nicht wirklich. Sein sogenannter Beschäftigungsdrang, im
Beginn der Erkrankung oft noch ein Stimulans zu hochwertigen
Leistungen, Unternehmungen, wissenschaftlichen oder künstleri-
schen Werken aller Art, wird nach und nach zu einer ziel- und
sinnlosen, leeren Geschäftigkeit. Was wir den Ernst des Lebens
nennen, verwandelt sich in Spiel. Der Kranke 'nimmt alles leicht',
sieht nirgends Widerstände und Schwierigkeiten oder nur solche,
die er eben 'spielend' überwinden zu können überzeugt ist; er
'verhebt' sich an der Schwere der Dinge, die sich für ihn nicht
mehr 'hart im Raume stoßen', sondern leicht, weich, nachgiebig,
beweglich, mit einem Wort flüchtig oder volatil werden. Desglei-
chen kann man aber auch sagen, daß er sich an den Dingen 'versieht': schon die ganze Atmosphäre, in der die Dinge 'schweben',
ist rosig; was uns grau, düster, welk, ja leblos erscheint, erscheint ihm farbig, hell, blühend und lebenssprühend, worauf ich
noch einmal zurückkommen werde. Überall ist aufsteigendes Leben,
Licht, Sonne, Gedeihen; der ganze Lebensraum ist erfüllt von
Tönen und Musik, er sieht 'den Himmel', wie sich der Volksmund
ausdrückt, 'voller Baßgeigen'. Was von der Umwelt, den Dingen
gilt, gilt auch von der Mitwelt, den Mitmenschen. Niemand ist ihm
gewachsen, mit jedem glaubt er leicht fertig zu werden, jeder
steht ihm nahe, in jedem sieht er seinen Freund und Gefolgsmann.
Auch mit sich selbst hat er keinerlei Schwierigkeiten, alles geht
ihm leicht von der Hand, er kann alles; Probleme gibt es nicht;
was kaum gedacht, ist auch schon gesagt und getan. Nirgends ge-
wahren Sie Distanz, nirgends Aufschub oder Verweilen. Alles ist
dem Kranken zur Hand, wird sogleich an die Hand genommen und
'spielend erledigt'. So ist er 'dauernd in Bewegung'. Er sitzt
nicht, sondern steht, er geht nicht, sondern hüpft, tanzt oder
springt.' (Binswanger 1955, 254)

Wo es keinen Aufschub gibt, ist dem Patienten alles nahe bei der
Hand, gibt es nur noch das Hier und Jetzt. Das heißt aber, die

Dimension Zukunft geht verloren. Der Kranke lebt nicht mehr in
die Zukunft hinein, sondern nur noch in der Gegenwart (und aus
der Vergangenheit heraus, was die Orientierung betrifft). Alles
ist nahe, gegenwärtig, es gibt keine Distanz, zu deren Überwindung Zukunft belangvoll sein könnte. Der Kranke, der nur in der
Gegenwart lebt und nicht mehr in die Zukunft sich entwickelt,
steht auch nicht mehr in einem fortschreitenden Reifungsprozeß.
Kommunikation auf existentieller Ebene wird unmöglich. Man kann
den Kranken nicht mehr beim Wort nehmen, da Festlegung auf Zukunft hin nicht mehr möglich ist.

Im Denken wiederholt sich die Flüchtigkeit der manischen Lebensform, die vielen Einfälle, die ihm in den Sinn kommen, zu Ende
zu denken, fehlen ihm Zeit und Ernst. 'Auch die logischen Bedeu-
tungseinheiten, die Gedanken also, sind volatil oder flüchtig;
konturlos oder unscharf fließen sie ineinander über oder schweben sie in bloßen Bruchstücken lose im Gedankenraum. Dementsprechend ist das Denken nicht kontinuierlich, sondern sprunghaft...'
(Binswanger 1955, 256). Wo die Konturen und Grenzen verwischt
werden, werden schwere und ernste Probleme auch mit der spieleri-
schen manischen Lebensfreude gedanklich behandelt und verarbeitet. 'Vom manischen Kranken selbst aus gesehen, ist das Dasein
kein leichtfertiges Spiel, sondern ein beständiges F e s t, weswegen er ja auch so gereizt wird, wenn der Untersucher oder Arzt,
der ja keineswegs in der Rolle des Festteilnehmers aufzutreten
und festlich mit ihm zu kommunizieren vermag, das Fest stört.
F e s t aber bedeutet unproblematische, sich über die Problematik des Lebens hinwegsetzende unreflektierte oder reine D a -
s e i n s f r e u d e, die sich bis zum Daseinstaumel steigern
kann.' (Binswanger 1955, 258)

Flüchtige festliche Daseinsfreude in der manischen Lebensform
liefert den Zusammenhang mit der depressiven Lebensform; ihr wohnt
schon im menschlichen Alltag (etwa dem Maskentreiben zur Fastnachts-
zeit und seine Beziehung zum Totenkult) ein 'dämonischer' Zug
inne. 'Wo das Leben seine Feste feiert, ist immer der Tod in der
Nähe. Je höher, rascher und wilder das Leben aufsteigt, desto

näher ist es dem Tode. Was wir als das manisch-depressive Irre-Sein bezeichnen, ist nur eine krankhafte Steigerung und Ausgestaltung dieses allgemeinen Lebens- und Todesprinzips, der allgemeinen Verschlungenheit des Todes in das Leben und des Lebens in den Tod.' (Binswanger 1955, 259) In den Träumen manischer Patienten findet Binswanger bereits das Nebeneinenader von Phänomenen aufsteigenden und abfallenden Lebens. Beim manisch-depressiv kranken Menschen fallen also Daseinsfreude in ständiger Gegenwart und Daseinsproblematik in bloßer Orientierung auf unwiderbringliche Vergangenheit und schreckliche Zukunft unter Ausschluß der Gegenwart in so extremer Weise auseinander, daß einerseits Wahnsinn, andererseits Traurigkeit bis zum Suicid daraus resultieren.

Psychopathologie des depressiven Zustands[48]

Bleibt die Erkrankung auf depressive Phasen beschränkt, spricht man von phasischer Depression, endogener Depression, cyclothymer Depression oder Melancholie. Aus Gründen der besseren Unterscheid-

---

48 Hier wird ausschließlich der depressive Zustand bei manisch-depressiven Erkrankungen beschrieben, auch als endogene oder cyclothyme Depression bezeichnet. Er ist zu unterscheiden von der depressiven Reaktion, der depressiven Neurose und der depressiven Persönlichkeit (die untereinander wesentliche Gemeinsamkeiten aufweisen, vor allem die einer äußerlich faßbaren Ursache) und der körperlich begründeten Depression.
Die d e p r e s s i v e R e a k t i o n äußert sich als Trauer aufgrund eines schmerzlichen Erlebnisses. Im Vergleich zu normaler Trauer ist sie intensiver, dauert länger und entsteht durch einen zugrunde liegenden unbewältigten Konflikt. Entscheidend für diesen Konflikt ist, daß der Betroffene eine einschneidende Veränderung der Lebensverhältnisse im Sinne eines Geborgenheitsverlustes erlebt.
Die d e p r e s s i v e N e u r o s e entsteht nicht aus einer akuten Konfliktsituation, sondern aus einer anhaltenden Konfliktkonstellation. Das Thema Geborgenheit spielt schon im kindlichen Erleben späterer depressiver Neurotiker eine entscheidende Rolle. Ungenügende oder zu große Fürsorglichkeit der Bezugspersonen (aus Ängstlichkeit; um das Kind an sich zu binden; als Ausdruck verdrängter Aggressionsneigungen gegen das Kind) bewirken Anhänglichkeitsbedürfnis und mangelnde Verselbständigung beim Kind, oft für das ganze weitere Leben. Der Grundkonflikt ist der zwischen Liebe und (nicht bewältigter) Aggression einer wichtigen Bezugsperson gegenüber, meist der Mutter.
Die Übergänge von depressiver Reaktion zu depressiver Neurose sind fließend.
Vgl. Schulte/ Tölle 1977, 30-68.

barkeit von anderen Depressionszuständen wird künftig der Begriff Melancholie verwendet.

Die melancholische Phase hat mit der Traurigkeit Gesunder keine Ähnlichkeit. Betroffene beschreiben ihre Gefühlslage als versteinert, gleichgültig, leer, unlebendig, tot, ausgebrannt. 'Alles ist abgeschnürt und tot in mir.' (Schulte/ Tölle 1977,213). Auch seelischen Schmerz (etwa bei Unglücksfällen in der Familie) können die Patienten nicht empfinden und leiden unter dieser Empfindungslosigkeit, die sich auf die gesamte Bandbreite menschlicher Affektivität erstreckt.

'Innere Versteinerung und Leere wirken sich auch auf das **äußere Erscheinungsbild** aus: das Aussehen der Betroffenen ist starr und unberührbar, dabei schmerzlich, ängstlich, verzweifelt. In schweren Fällen versagt beim Weinen der Tränenfluß.

Affektivität und **Antrieb** sind gelähmt und gehemmt. Die Bewegungen werden langsam, mühsam und kraftlos und sind mit sehr großer Anstrengung verbunden. Dementsprechend wird jede Tätigkeit zur Qual, noch verschärft durch Entschluß- und Initiativlosigkeit. Diese Entwicklung kann bis zum depressiven Stupor führen, wobei sich der betroffene Kranke teilnahmslos und fast völlig regungslos verhält und kaum noch spricht; vom katatonen Stupor des Schizophrenen unterscheiden ihn nur das Fehlen der Katalepsie und der inneren Gespanntheit.

Mit der psychomotorischen Hemmung ist oft eine erhebliche innere Unruhe verbunden, die die Patienten oft nur mühsam unter Kontrolle halten (ohne daß sie nach außen sichtbar werden muß).

Häufig ist die Melancholie von **Vitalsymptomen** und vegetativen Störungen begleitet; deswegen wird sie auch als die leibnächste Psychose bezeichnet. Die Kranken leiden unter Druck-

und Schmerzgefühlen in der Herz- oder in der Magengegend. Sie fühlen sich ständig abgeschlagen und müde und finden keine Erholung im Schlaf, fühlen sich zugeschnürt, fühlen Schwere in Kopf und Gliedern oder Druck um den ganzen Körper. Bei Frauen sistiert die Periode, bei Männern ist die Potenz herabgesetzt oder aufgehoben. Etwa die Hälfte der Patienten hat in ihrem Befinden eine T a g e s s c h w a n k u n g zu verzeichnen, wobei der Zustand nach dem morgendlichen Aufwachen und am Vormittag sehr schlecht ist, die Symptomatik in ihrer stärksten Ausprägung erscheint, das Befinden sich zum Nachmittag und Abend hin jedoch aufhellt.

Das D e n k e n der Kranken ist gehemmt, verlangsamt und schwerfällig und kreist ständig um das eigene schlechte Befinden. Die Aufmerksamkeit ist schwer vom eigenen Zustand ablenkbar. Alle anderen intellektuellen Funktionen sind ungestört.

Als a k z e s s o r i s c h e S y m p t o m e kommen optische und akustische H a l l u z i n a t i o n e n wie auch das W a h n e r l e b e n häufiger vor als bei der Manie.

Die W a h n i d e e n umfassen vor allem drei Tehmenbereiche, die die Kranken den ökonomischen, körperlichen und seelischen Ruin als schon hereinbrechend oder unmittelbar bevorstehend befürchten lassen: Im K r a n k h e i t s w a h n, der auch hypochondrischer Wahn genannt wird, sind die Kranken von ihrer eigenen unheilbaren Erkrankung und ihrem Tod-geweiht-Sein überzeugt, wogegen nichts helfen kann. - Der V e r a r m u n g s w a h n gibt den Kranken die feste Überzeugung, sie könnten nie mehr Geld verdienen und so ihren Lebensunterhalt finanzieren. Oder alles Geld werde in kürzester Zeit verbraucht sein oder sei schon verbraucht, und Patient und Angehörige würden zu Bettlern oder müßten verhungern. Faktische Beweise für das Nicht-Zutreffen der Befürchtungen, etwa Vermögens- und Versicherungsbescheide, Rentenansprüche etc. zeigen keinerlei beruhigende Wirkung. - Im V e r s ü n d i g u n g s w a h n haben die Kranken 'sich auf schreckliche Weise vergangen; auch die Gnade Christi kann sie nicht mehr retten; sie haben namentlich die Sünde wider den Heiligen Geist

begangen, die niemals verziehen wird. 'Wenn ich nur ein wenig
kaltes Wasser trinke, so ist es schon gestohlen, und ich habe
so viel gegessen und getrunken.' Sie durchsuchen unwillkürlich
ihr ganzes Leben nach solchen 'Verbrechen', verwandeln kleine
Fehler oder auch ganz unschuldige Handlungen in die größten
Sünden. (...) In Form von depressivem B e z i e h u n g s -
w a h n knüpfen sie manchmal neue Ideen an das an, was um sie
vorgeht. Sie sind schuld, daß die andern Patienten krank sind,
daß einer gestorben ist; ihretwegen ist der Krieg ausgebrochen;
ihrer Sünden wegen müssen die Menschen sie verachten; man redet
überall über sie; sie müssen in dieser und jener Welt bestraft
werden, meist auf die schrecklichste Art.' (Bleuler 1979, 457)
Der Unterschied zwischen melancholischem und Verfolgungswahn
liegt im Erleben des Patienten darin, daß der Patient im melancholischen Wahn zutiefst davon überzeugt ist, er habe seine Qualen
verdient, sie dem Patienten mit Verfolgungswahn aber ungerecht erscheinen. Der Zeiger der Schuld zeigt auf den Patienten.

Diese drei Themenbereiche des melancholischen Wahns berühren die
Urängste des Menschen um Seelenheil, Gesundheit und Besitz.' Das
melancholische Wahnerleben schafft nichts Neues, sondern es deckt
nur - im Zustand der Werdenshemmung[49] - die Urängste des Menschen
auf. Insofern unterscheidet sich der melancholische Wahn vom
Wahn bei Schizophrenie und paranoider Entwicklung. Zu der Bezeichnung Wahn berechtigen aber auch hier die unerschütterliche Fehl-
einschätzung der Realität und die Unfähigkeit, aus diesem Erleben
herauszukommen.' (Schulte Tölle 1977, 216)

Melancholische Angst bezieht sich nicht auf Ende, Tod, Vernichtung, sondern auf die Fortdauer solchen Lebens, ist der existentiellen Angst (die sich in den genannten Urängsten äußert) näher
als der Angst des Gesunden. Suicidale Tendenzen kommen häufig vor.

Das Erleben der Melancholie beschreiben Kranke häufig als einen
Zustand, den man nicht in Worte fassen kann, der in der Qualität

---

49 Vgl. dazu die folgenden Ausführungen über die Werdenshemmung
als Grundstörung des an Melancholie erkrankten Menschen.

des Erlebens so verschieden ist von aller Traurigkeit und Niedergeschlagenheit im gesunden Zustand, daß auch der Betroffene selbst nach der Erkrankung sich nicht mehr in sein Fühlen hineinversetzen kann, nicht mehr nachvollziehen kann, wie er in einen solchen Zustand geraten konnte. Demnach sind für das Stadium der Melancholie Befindenbeschreibungen wie Traurigkeit, innere Leere, Gefühllosigkeit eher paradigmatisch zu verstehen.

Die Werdenshemmung als Grundstörung des melancholischen Menschen

Aus daseinsanalytischer Perspektive, die eine Sichtweise der Erkrankung präsentiert, betrachtet von Gebsattel die monopolar verlaufende Melancholie. Ausgehend vom Erleben des Kranken sieht er in der Werdenshemmung die Grundstörung des Melancholikers. Der Kranke erlebt die vor ihm liegende Zeit als endlos gedehnt, als ohne Verlauf. Oder er erlebt die Zeit als objektiv in Einheiten aufgelöst vergehend, meist mit subjektivem Registrierzwang: 'Wenn ich einen Vogel piepsen höre, muß ich denken; das hat eine S e k u n d e gedauert.' Wassertropfen sind unerträglich und machen mich rasen, weil ich immer denken muß: Jetzt ist wieder eine Sekunde vergangen, jetzt wieder eine S e k u n d e. Ebenso, wenn ich die Uhr ticken höre.' (v.Gebsattel 1937,276) Dazu ist wichtig zu beachten, daß Zeit normalerweise als bevorstehende und nicht als vergehende erlebt wird. Dazu wird die Zeit als Medium für Wachstum der Persönlichkeit erlebt, für Entfaltung. Diese primäre Zukunftsbezogenheit und das Hineinwachsen in die Zukunft und Erfahren eines Zuwachses an Fülle und Selbststeigerung pflegen das Element des Vergehens erlebnismäßig zu verdecken. 'Erst wenn dieser Werdegang und Werdelauf der Persönlichkeit aus irgendwelchen Gründen zum Stistand kommt, sei es, weil eine Problematik des Daseinsgefühls den zukunftsbe-ogenen Tätigkeitstrieb anhält und in Besinnung umwandel sei es, weil die vitale Hemmung der Melancholie ihn lähmt und fesselt, erst dann kann die so veränderte Zeitbestimmung des Erlebens nun auch zum Bewußtsein kommen, ja evtl. Dauerzustand werden.' (von Gebsattel 1937,278)

Von Gebsattel faßt jedes Symptom der Melancholie, auch den Wahn, als Ausdruckstatsache auf. Insofern besitzt jedes Symptom eine 'symbolische Wahrheit', 'relativ auf einen symbolschaffenden inneren Zustand des Kranken.' (1937, 279) Wenn die Erlebenveränderung das Vergehen der Zeit betrifft, die normale Zeitstruktur des Erlebens durch die endogene Gehemmtheit verändert wird, dann ist der 'Selbstverwirklichungsdrang der Persönlichkeit' angehalten. 'Die Zukunft ist ihr versperrt, weil die Zukunftsrichtung ihrer gesamten Triebe, Energien, Strebungen durch die Hemmung ausgelöscht ist.' (280) Ausgelöscht ist hier nicht im Sinne von 'vernichtet' zu verstehen, sondern der Kranke möchte 'leben, wirken, handeln, lieben, sich entwickeln, fortschreiten, und darum wird ihm sein Nichtkönnen, die eigene Gehemmtheit, so deutlich fühlbar.' (280)

Für von Gebsattel sind die Denk-, Willens- und Gefühlshemmung, Zwang und Wahn nur Symptome einer tieferen, zentraleren Störung, 'der Hemmung nämlich des persönlich geformten Werdedranges (des Selbstverwirklichungsdranges). Durch diese Hemmung, welche das Leben der Persönlichkeit selbst betrifft, steht der Fluß ihres Werdens still. Eben damit aber steht still die 'erlebenisimmanente' Zeit, die wesentlich Werdezeit ist. Nicht gleicherweise still steht hingegen die objektive, / die 'transeunte' Zeit (Hönigswald). Diese 'Weltzeit' (Straus) geht weiter, das 'Rad der Zeit' dreht sich, der Strom der Zeit 'fließt und fließt weiter.' (280/281) Mitten in der Veränderung fließt die 'erlebnisimmanente' Zeit des Kranken nicht mit, er stellt gewissermaßen eine 'Insel der Unveränderlichkeit' dar, der jede Veränderung zum Symbol werden läßt 'ihres inneren Stillstandes oder genauer der zeitlichen Bedeutung, die diesem Stillstand der Werdezeit eignet, und von dem wir bereits oben erwähnten, er sei ein Vergehen.' (281)

Wenn das Leben nicht mehr Entfaltung bedeutet, sondern nur noch Vergehen, stellt sich der Suicid als Konsequenz dar. Melancholie und Lebensüberdruß gehen daher häufig Hand in Hand. Daß Suicidversuch und Suicid nicht häufiger vorkommen, liegt wieder an der Hemmung der Kranken, die Planung und Ausführung in konsequenter Zielrichtung verhindert.

Auf dem Hintergrund dieser Werdenshemmung ist auch das oft
uferlose Klagen des Melancholikers über sein Nicht-Können zu verstehen, das keinen Lebensvollzug ausschließt und sich über die
elementarsten Lebensvorgänge, Sinneswahrnehmungen und Handlungen
wie sich nicht anziehen und ausziehen können, nicht zu Bett gehen können, nicht aufstehen können, sich nicht entschließen können erstreckt. 'Von der banalen Alltäglichkeit dieses Symptoms
dürfen wir uns nicht seine tiefe Fragwürdigkeit verdecken lassen', meint von Gebsattel (1954, 139) und erarbeitet das Erlebnis des Nicht-Könnens unter Berücksichtigung seiner zeitlichen
Struktur als Ausdruck eines Stockens. Das innere Zeiterleben
stockt hier, das allgemeine Leben- und Wirkenkönnen, das dem Gesunden das Spektrum seiner Möglichkeiten und damit seine Zukunft
erschließt. 'Kurz, das depressiv generalisierte Erlebnis des
Nicht-Könnens ist nur die Form, in welcher der Mensch sein tatsächliches Nichtwerdenkönnen und eben damit sein Nichtweiterkönnen in der sonst wachsenden inneren Zeit inne wird.' (1954, 139)
Das Maß der Störung scheint beim melancholischen Stupor zu einem
Maximum zu kommen, da hier der innere Stillstand 'bis zur Aufhebung jedes Ansatzes zu einem zeitlichen Geschehen geht' (1954,
139).

Da die Zeit für den Melancholiker Medium seines Weniger-Werdens und
Abnehmens ist, da er Werden als Entwerden erfährt, steht ihm die
Zukunft drohend mit unabwendbaren Katastrophen gegenüber. 'Je
mehr der Weg in die Zukunft versperrt ist, desto mehr gerät der
Depressive unter die Herrschaft der Vergangenheit. Nicht in der
Zukunft, in der Möglichkeit, diese durch sein Handeln zu verändern, sucht er das Heil, sondern in vergeblicher Bemühung, die
Vergangenheit zu verändern, die gerade diesen Bemühungen gegenüber ihre unerbittliche Autonomie erweist.' (1954, 141) Daher
die stereotype Klage mancher Melancholiker, wenn sie das oder das
nicht getan hätten, dann wären sie nicht erkrankt.

Auch die Rolle der Schuldgefühle in der Melancholie steht in engem
Zusammenhang mit dem Zeiterleben. Schuld drückt mehr oder minder
auf jedes Leben, wird allerdings beim Gesunden oft kaum gespürt,

beim Melancholiker aber zwingend erlebt. 'Normalerweise reinigt sich eben der Mensch von seinen Fehlhandlungen oder Unterlassungen nicht so sehr, indem er an den Ort seiner jeweiligen Unterlassung oder seiner Fehlhandlung zurückkehrt, sondern indem er die besondere Einzelschuld hinter sich läßt, um in die Zukunft hinein weiterschreitend, in gesteigerter Tat-, Werk- und Liebesgestaltung die allgemeine Schuld des Daseins abzutragen. Ist dieses Hineinschreiten in die Zukunft durch die depressive Störung des Werdens unmöglich gemacht, so verändert sich die determinierende Bedeutung der vergangenen Schuld. Sie nimmt den Charakter des Unwiderruflichen, des Unkorrigierbaren und Endgültigen an und wird zum beherrschenden Faktor des depressiven Selbstgefühls.' (1954, 142)

<u>Gemeinsame Symptome der manischen und der depressiven Phase</u>
Bei Patienten mit bipolarem Krankheitsverlauf bilden die Kardinalsymptome der Depression Gegensatzpaare mit den Kardinalsymptomen der Manie: gehobene vs. depressive Stimmung, Ideenflucht vs. Denkhemmung, Betätigungsdrang vs. Willenshemmung stehen sich gegenüber. Nur gelegentlich kommt es zu M i s c h z u s t ä n d e n der Erkrankung, mit anderer Kombination der Kardinalsymptome.[50]
Beiden Phasen gemeinsam ist, daß gröbere A u f f a s s u n g s - und O r i e n t i e r u n g s s t ö r u n g e n fehlen. Das G e d ä c h t n i s an sich ist wenig angegriffen. Allerdings werden die Erinnerungen nach der Erkrankung oft umgebildet. Ein Maniker, der sich nicht mehr vorstellen kann, daß er so streitbar war, stellt seine Handlungen als Reaktionen gegenüber unberechtigten Eingriffen dar. Je stärker in der Erkrankung die Ideenflucht

---

50 Dazu gehören etwa die 'ängstliche Manie' (gekennzeichnet durch negativen Affekt, positiven Gedankengang, positive Zentrifugalität) und die 'gedankenarme Manie' (mit positivem Affekt, positiver Zentrifugalität und negativem Gedankengang). Diese Mischzustände finden sich gelegentlich als Übergangszustände zwischen den einzelnen Phasen, können aber auch als selbständige ganze Phasen auftreten, die dann allerdings eher prognostisch ungünstig verlaufen. Vgl. Bleuler 1979, 460-461; Leonhard 1980, 56-62; 75-76.

war, desto häufiger sind Lücken in der Erinnerung, da so viele produzierte Ideen nicht alle so schnell wahrgenommen und gespeichert werden können. Melancholiker, die ein besseres Erinnerungsvermögen haben, können vieles von dem, was sie sich während der Erkrankung fest vorgenommen haben, leicht verdrängen.

K r a n k h e i t s e i n s i c h t fehlt meist völlig, aber bei häufigerer Wiederholung der Phasen suchen die Betroffenen zum Teil selbst die Klinik auf, wenn es nötig wird. Der S c h l a f ist in beiden Phasen oft sehr schlecht, die Einstellung der Erkrankten allerdings entgegengesetzt: der depressiv erkrankte Patient leidet sehr darunter, der Maniker vermißt den fehlenden Schlaf gar nicht.

<u>Verlauf und Prognose</u>

Die cyclothymen Psychosen treten als rein melancholische oder rein manische Erkrankungen einmalig oder wiederholt auf, es treten aber auch Erkrankungen mit melancholischen und manischen Phasen (bipolare Cyclothymien) auf. Insgesamt verteilen sich die Erkrankungen etwa auf zwei Drittel Depressionen und ein Drittel Manien. Zwischen früher Jugend und hohem Alter kann die erste depressive oder manische Phase jederzeit auftreten; der größte Teil der Erkrankungen beginnt im dritten oder vierten Lebensjahrzehnt. Der Beginn einer Phase ist oft kaum wahrnehmbar, da eine Verstimmung aufgrund begreiflicher Sorgen anzunehmen ist. Vor der Manie kann es manchmal zu einer leichten depressiven Anwandlung kommen. Die Dauer einer Phase liegt unbehandelt am häufigsten zwischen einem halben und einem ganzen Jahr unter heutiger Behandlung wird die Erkrankungsdauer teils abgekürzt, teils wird die Symptomatik gemildert (Schulte/ Tölle 1977,223). - Abweichungen nach oben bis zu mehreren Jahren und ganz kurze Phasen von 1 bis 2 Wochen kommen vor.

Das Intervall zwischen zwei Phasen ist ebenfalls variabel: gleich nach Ablauf einer Phase kann die nächste beginnen; dazwischen können aber auch Jahrzehnte vergehen, oder es bleibt bei einer einzigen Phase.

Zwischen den Phasen sind die Betroffenen wieder hergestellt, allerdings treten bei ca. einem Drittel von ihnen leichtere psychische Veränderungen wie emotionale Labilität auf. Nach längeren Verläufen kann es auch zu deutlichen Persönlichkeitsveränderungen im Sinne einer Nivellierung und Entdifferenzierung kommen. Solche Residualzustände finden sich häufig bei mehrphasigen Manien und bipolaren Cyclothymien, wobei unklar ist, welcher Anteil als direkte Krankheitsfolge, welcher als Folge der Störung in der Persönlichkeitsentwicklung und welcher als Folge der sozialen Schwierigkeiten angesehen werden muß.[51]

Im Lauf des Alterns werden melancholische Phasen häufiger, manische seltener und gesunde Intervalle dazwischen kürzer.

Schwere akute Phasen sind lebensgefährlich: das Ende vieler Depressionen ist der Selbstmord, den die Kranken als Befreiung von diesen unerträglichen Qualen suchen. Bei Schwerkranken kann es auch über Ernährungsschwierigkeiten, Verletzungen, Schwierigkeiten im Stoffwechselprozeß zu unter Umständen bedrohlichen Komplikationen kommen.

Verbreitung in der Bevölkerung

Die Erkrankungshäufigkeit liegt für die manisch-depressive Erkrankung etwa bei 0,5%, d.h. von 1000 Einwohnern sind etwa 5 Personen betroffen. Die Erkrankung scheint weniger abhängig von

---

[51] Zur Verteilung bezüglich Häufigkeit und Verlauf vgl. Bleuler 1979, 464:

	Manisch-depressive Erkrankungen	Phasische Depressionen
Häufigste Erstmanifestation	mit 20-50	mit 30-70 Jahren
Gipfel der Morbidität	mit 20-30	mit 40-50 Jahren
Zahl der Phasen	höher	niedriger
Dauer der Phasen (ohne Behandlung)	Monate	Monate
Dauer der Intervalle	relativ kurz	relativ lang
Prognose	ungünstiger	günstiger

sozialen Faktoren als die Schizophrenie, sie ist über alle sozialen Schichten etwa gleich verteilt. Frauen erkranken häufiger als Männer.[52]

<u>Vermutungen zur Entstehung der Erkrankung</u>.

Ursachen und Entstehung sind trotz einiger wichtiger Ergebnisse hinsichtlich der biologischen Verankerung der Erkrankung ätiopathogenetisch noch immer nicht ausreichend klärbar.

In den letzten Jahren wurden die Stoffwechselvorgänge im Gehirn in verstärktem Ausmaß untersucht, mit zur Zeit noch widersprüchlichen Befunden. Ob die Stoffwechselveränderungen Ursache oder Folge des Krankheitsgeschehens sind, bleibt ungewiß.[53]

Hin und wieder folgen manische oder melancholische Episoden auf körperliche Erkrankungen.

Psychische Erschütterungen können häufig d e p r e s s i v e Phasen mitverursachen oder auslösen. Nach Bleuler (1979, 468) trifft das bei weit über 10 Prozent der Fälle zu; spezifisch bedeutsame psychotraumatische Lebenserfahrungen sind nicht bekannt.[54]

---

52 Schulte/Tölle 1977,229 nennen ein zahlenmäßiges Verhältnis von 7:3.

53 Am ehesten kann man nach Bleuler (1979,469) Befunde über den Katecholamin-Stoffwechsel im Gehirn in einer Arbeitshypothese zusammenfassen, der 'Katecholamin-Theorie der affektiven Psychosen', die vermutet: bei einzelnen oder vielen Depressionen könnte ein Zusammenhang bestehen zu einem Mangel an aktiven Katecholaminen, besonders Noradrenalin (zu den Neurotransmittern gehörend) in den Receptoren der Synapsen bestimmter funktioneller Systeme im Gehirn. Umgekehrt könnten manische Zustände mit einem Exzeß dieser Verbindung im Zusammenhang stehen.

54 Schulte Tölle wenden ein, daß erhöhte Ansprechbarkeit auf seelische Einflüsse das erste Symptom einer aus anderen Gründen in Gang gekommenen Phase ist, nennen aber auch als typische Auslösesituation chronische und spannungsreiche Konflikte, Insuffizienzerfahrungen, Entwurzelungs- und plötzliche Entlastungssituationen (1977,228).

Der Einfluß psychischer Erschütterungen auf m a n i s c h e
Phasen fiel weniger häufig auf, wurde allerdings auch weniger
häufig untersucht. Bleuler bemerkt immerhin enge Zusammenhänge
zwischen manischen Phasen und der Einstellung zu neuen Lebenslagen (1979, 468).

Als gesellschaftliche Bedingungen für die Erkrankung nennt die
Welt-Gesundheits-Organisation (WHO) akute oder längere Stresser-
fahrung, familiäre Desintegration, Vereinsamung und Isolierung
in der Masse.

Zur Behandlung

Die Behandlung[55] manisch-depressiver Patienten folgt zwei Maximen, nämlich den Kranken vor möglichen verheerenden Folgen der
Erkrankung zu schützen und die Intensität und Dauer der Phase
medikamentös abzumildern. Psychotherapeutische Begleitung vor
allem der Melancholie ist indiziert.

I n d e r M a n i e sind die möglichen Folgen vor allem so-
zialer Art: Ehre und Ansehen, Vertrauen der Familienangehörigen,
berufliche Stellung und Vermögen des Erkrankten stehen auf dem
Spiel.

Oft ist zum Schutz des Kranken die Klinikeinweisung unumgänglich.
In leichteren Fällen kann auch ein vorübergehendes Unterbrechen
der Berufstätigkeit ausreichen, um Gereiztheit und Entgleisungen
am Arbeitsplatz vorzubeugen. Dabei sollte der Kranke möglichst
nicht untätig sein, allerdings ist jede Art von Anregung zu vermeiden; günstig ist gleichmäßige einfache Arbeit, allein ausgeführt.
Ruhe, Bestimmtheit, Wohlwollen im Umgang mit dem Kranken auch
nach aggressiven Ausfällen wirken sich positiv aus. - Die medikamentöse Behandlung wirkt antipsychtisch und wird über das Abklingen der Phase hinaus bis zu einigen Monaten über die Symptom-
freiheit hinaus fortgesetzt, um Rückfälle zu vermeiden.

---

55 (nach sorgfältiger Diagnose und Ausschluß organischer Hirnerkrankungen, die ja zum Teil in der Symptomatik gleich verlaufen können)

In der Melancholie ist der Kranke vor dem Selbstmord zu schützen, besonders auch wenn mit der allmählichen Besserung die Suicidideen zwar nicht mehr ständig da sind, die Überwachung also nachläßt, die Patienten aber auch über mehr Energie verfügen zur Durchführung ihrer Ideen. - Körperliche Mitursachen stehen bei leichterer Melancholie häufiger zur Mitbehandlung an.[56] Die medikamentöse Behandlung mildert und kürzt depressive Phasen oft ab. Erst seit 15 Jahren ist die phasen-prophylaktische Wirkung von Lithiumsalzen bekannt. Zahlreiche systematische Untersuchungen haben bei 70% der Kranken das Ausbleiben weiterer melancholischer bzw. manischer Phasen oder deutlich selteneres Auftreten bzw. deutlich kürzeren und leichteren Verlauf nachgewiesen.[57]

---

[56] Es handelt sich etwa um Herz-Kreislauf-Insuffizienz, chronische Verdauungsschwierigkeiten, Leberkrankheiten, Schilddrüsenerkrankungen, Diabetes.

[57] Die Elektroschock-Behandlung galt etwa 15 Jahre lang als wirksamste Behandlung endogener Depressionen, wurde aber von der medikamentösen Behandlung an den Rand gedrängt, nachdem deutliche Besserungen auf Elektroschock-Behandlung oft nicht anhalten, die Rezidiv-Behandlung wenig erfolgreich ist, Vorbeugung nicht möglich ist und die Gefahr des amnestischen Psychosyndroms (Desorientiertheit in Raum und Zeit bei Orientiertheit über die eigene Person und schweren Merkfähigkeitsstörungen) besteht. 'Gerade intellektuelle Kranke, wie sie unter den Manisch-Depressiven häufig sind, empfinden eine durch die Behandlung gesetzte Störung des Gedächtnisses, der Merkfähigkeit und der Flüssigkeit des Gedankenganges, mithin der ganzen intellektuellen Leistungsfähigkeit, als etwas Schwerwiegendes. Allerdings gehen diese Störungen meistens rasch wieder zurück; Trotzdem besteht eine gewisse Gefahr von leichten intellektuellen Dauerschädigungen, und auch die vorübergehenden intellektuellen Schädigungen sind quälend.' (Bleuler 1979, 473)

Psychotherapeutische Zuwendung ist wichtig in allen Etappen der Erkrankung. 'Der Kranke muß spüren, daß man ihn ernst nimmt und daß man ihm zur Seite bleibt, obschon er - wie ihm selbst dunkel bewußt wird - ohne vernünftigen Grund jammert, immer dasselbe sagt und undankbar wirkt, weil er auf keine Trostworte hören kann.' (Bleuler 1979, 472) Entlastung von Entscheidungen und höchstens die Zuweisung einfacher Arbeiten sind hilfreich. Vor allem aber geht es darum, die Erkrankung mit dem Patienten durchzustehen. Psychotherapie im engeren Sinne, verbunden mit der notwendigen wachsenden Introspektionsfähigkeit des Patienten ist erst bei allmählich wachsender Genesung möglich.

4.1.4. Weitere endogene Erkrankungen

Zwischen den beiden großen Formenkreisen der endogenen Psychosen, den cyclothymen und den schizophrenen Psychosen, gibt es Überschneidungen der verschiedensten Qualitäten. Für ihren zahlenmäßig nicht sehr großen Anteil sind verschiedene Bezeichnungen gebräuchlich, die meist synonym verwendet werden: schizoaffektive Psychosen, Mischpsychosen, Emotionspsychosen, atypische endogene Psychosen, cycloide Psychosen.

Diese Erkrankungen zeigen Symptome des cyclothymen und des schizophrenen Formenkreises nebeneinander. Sie verlaufen meist in zahlreichen, aber kurzen psychotischen Episoden, die in der Regel vollständig ausheilen. Die Prognose ist insgesamt günstiger.

Unter den von Leonhard (1980) herausgearbeiteten Unterformen der cycloiden Psychosen finden sich bei einer speziellen Form ganz besonders häufig Erlebnisse religiösen Inhalts: bei den Angst-Glücks-Psychosen. Deswegen folgt eine kurze Darstellung dieses speziellen Erkrankungstypus.

Angst-Glücks-Psychosen

Das besondere diagnostische Kennzeichen der Angst-Glücks-Psychosen[58], die häufig als Schizophrenien betrachtet werden, ist ihre

---

[58] Sie sind Teil der cycloiden Psychosen, die erstmals beschrieben sind bei Wernicke (1900) und Kleist (1928), von denen sich Leonhard in einiger Hinsicht unterscheidet.

Heilbarkeit. Sie heilen in jeder Phase völlig aus. Mitunter verlieren die Betroffenen nach wiederholten Phasen und Hospitalisierungen einen Teil ihrer inneren Spannkraft (was man aber auch reaktiv erklären kann).

Angstpsychosen sind wesentlich häufiger als Glückspsychosen[59], aber auch beim Fehlen der eigentlichen ekstatischen Phasen wird die Angst doch von einem Zustand der Beglückung mit Berufungs- und Erlöserideen unterbrochen, der vielleicht nur kurze Zeit, gelegentlich weniger als eine Stunde anhält. Die Angst bezieht sich etwa auf die Vorstellung, gequält und getötet zu werden oder Angehörige zu verlieren. Die Angst kommt von innen heraus, ist mit Mißtrauen und Beziehungsideen gegen die Menschen der Umgebung verbunden und wird immer neu in den Vorgängen der Umgebung begründet. Beziehungsideen (bei denen das Verhalten anderer Menschen in Beziehung gebracht wird zur eigenen Person) und Umdeutungen (bei denen die Vorgänge in der Umgebung irgendwie bedrohlich erscheinen, ohne daß klar wäre, warum) kommen vor, auch Übergänge zu illusionären und halluzinatorischen Erlebenissen.[60] Auch körperliche Mißempfindungen und Beeinflussungserlebnisse werden geschildet. Diagnostisch bedeutsam ist die lebhafte, oft sehr heftige zugrundliegende Angst, die häufig mit dem Rückgang der Begleitsymptome klarer hervortritt.

Der andere Pol der Erkankung, die Glückspsychose, wird gekennzeichnet durch ein Glücksgefühl mit häufig ekstatischem Charakter. Die Kranken fühlen sich selbst erhöht, oft bis zur Göttlichkeit, wollen aber vor allem auch andere glücklich machen. Berufungs-,

---

59 Hier liegt eine Parallele zur manisch-depressiven Erkrankung vor, die auch häufiger in Gestalt einer Depression auftritt.

60 'Wenn die Kranken etwa behaupten, aus den Gesten sprechender Menschen hätten sie entnommen, daß man ihre bevorstehende Hinrichtung bespreche, dann handelt es sich um Beziehungsideen; wenn sie aber angeben, auch diesbezüglich Worte verstanden zu haben, dann scheinen I l l u s i o n e n vorzuliegen; wenn sie schließlich vor ihrer Hinrichtung sprechen hören, obwohl überhaupt nicht gesprochen wurde, dann müssen H a l l u z i n a t i o n e n angenommen werden.' (Leonhard 1980, 78)

Beglückungs-, Erlöserideen werden häufig auf göttliche Eingebungen zurückgeführt.[61] Im Vordergrund des Denkens stehen das eigene Beglücktsein und die Beglückung anderer. Frauen wollen gelegentlich durch ihr Kind wie Maria durch Jesus wirken, oder durch einen (meist bedeutenden) Mann, dessen Heiratsantrag sie erwarten. Auch nicht-religiöse Menschen äußern in der Erkrankung religiöse Ideen, oder sie fühlen sich sozial oder politisch berufen, wollen ewigen Frieden und allgemeine Gerechtigkeit bringen. In pseudohalluzinatorischen Begegnungen, meist mit Gott oder einem Heiligen, erfolgt die Berufung zu der hohen Aufgabe, oft wieder mittels der Umdeutung tatsächlicher Beobachtungen, so daß aus einer harmlosen Bemerkung durch ekstatische Beziehungsideen eine Berufung wird.

In Angst und in Ekstase schwankt der Affekt, d.h. er kann plötzlich ansteigen und wieder absinken. 'In einer Stunde können die Kranken in höchster Angst durch den Saal rennen, in der nächsten können sie ruhig Auskunft geben und vielleicht sogar durch ein Lächeln bemüht sein, ihre Beruhigung zu beweisen. In höchster Ekstase andererseits können sie jetzt mit pathetischer Haltung verharren oder predigend zu den Mitkranken sprechen, um sich gleich darauf ohne Zeichen innerer Ergriffenheit in den Stationsbetrieb einzufügen. (Leonhard 1980, 81) Äußere Auslösung des Ansteigens der Affekte kommt vor, vor allen Dingen durch Anregungen aufgrund von Veränderungen im Stationsbetrieb, weniger durch Ideen. Im Grunde aber ist die Affektivität von innen heraus labil. Diese innere Labilität drückt sich auch nach außen hin darin aus, daß die Betroffenen schwerste Angstvorstellungen und ekstatische Ideen ohne innere Betroffenheit äußern. Mit Lächeln bei der Äußerung der Angstideen und mißmutiger Schilderung der ekstatischen Ideen können sie den (behandelnden) Gesprächspartner natürlich auch über die Wichtigkeit der Äußerungen für sie selbst (etwa im

---

61 Bei weniger heftigen Affekten machen sich die Kranken zu Helfern anderer, etwa von Mitpatienten im Kampf gegen deren Erkrankung (was im Einzelfall auf Tendenzen zur Stabilisierung beider Erkrankungen sorgsam zu prüfen ist).

Hinblick auf drohende höhere Medikamentendosen) hinwegtäuschen. Aber auch diese Dissimulationshaltung veranschaulicht, daß der Affekt inzwischen nicht mehr ganz hinter den Ideen steht.[62]

Dieses Schwanken kann sich nicht nur von einem Pol zum Mittelmaß bewegen, sondern auch zwischen den Extremen höchster Angst und Ekstase hin und her gehen. 'So können Kranke, die eben noch schwerste Befürchtungen geäußert haben, unvermittelt ekstatische Haltungen annehmen und erklären, jetzt hätten sie es überwunden, jetzt komme für sie und alle Menschen die Erlösung. Einen solchen Affektwechsel beeinflußt wieder in besonderer Weise die Ideenbildung. Überzeugungen, die sich unter pathologischen Affekten bilden, lösen sich, wie wir ja eben sahen, nur allmählich wieder, wenn der Affekt nicht mehr hinter ihnen steht. Da sich andererseits Angstideen mit einem ekstatischen Affekt und ekstatische Ideen mit einem Angstaffekt nicht vereinbaren lassen, kommt es ganz typischerweise zu einer Formulierung der Ideen, die ihnen ein doppeltes Gesicht geben. Die Kranken glauben dann, einem großen Schicksal entgegen zu gehen, das in schwerem Leiden, aber auch hohem Lohn bestehen wird. Je nach augenblicklicher Stimmung tritt mehr das eine oder mehr das andere in den Vordergrund. Für diese Art von Ideen bietet die Religion mit ihrer Lehre von Strafe und Erlösung einen geeigneten Inhalt. Besonders deutlich zeigt sich die ängstliche und ekstatische Richtung, wenn Kranke glauben, sie müßten einen 'Opfertod' für andere sterben. Die r e l i g i ö s e   F ä r b u n g findet man bei Angstpsychosen häufig auch da, wo äußerlich kein Affektwechsel zum Ekstatischen hin erkennbar ist. Vermutlich deutet er sich auch hier an und führt die religiöse Richtung der Angstideen herbei. Weder bei der manisch-depressiven Krankheit noch bei der reinen Melancholie oder einer anderen reinen Form bekommen die Angst- und Minderwertigkeits

---

62 'Die Erklärung für die auffällige Erscheinung ergibt sich daraus, daß die Kranken in ihren extremen Affekten zu ihren Ideen kommen, zu den ängstlichen wie ektstatischen, nach dem meist raschen Rückgang des Affekts aber noch nicht korrigieren können, sondern nur etwas unsicher werden.' (Leonhard 1980, 81)

ideen annähernd so häufig wie bei der Angspsychose den Charakter der Sünde und Bestrafung vor Gott.' (Leonhard 1980, 81/82)

4.1.5. Übergänge zwischen Psychose und Neurose

Auch zwischen Psychose und Neurose kommt es zu Überschneidungen, nämlich den sogenannten Borderline-Erkrankungen mit früheren Störungen als denen, die zur Neurose führen. Diese Erkrankungen werden in letzter Zeit häufiger diagnostiziert (Rohde-Dachser 1979, 11/12)[63] ihre Unklarheit äußert sich auch in der Bezeichnung: Grenzpsychose, pseudoneurotische oder psychopathische Schizophrenie bzw. latente Schizophrenie. Kennzeichnend für diese Störung ist entweder 'eine dauernde Charakter- oder Persönlichkeitsart (borderline personality, unscharf abgegrenzt gegen narcissistic personality) oder eine episodische 'leichte' schizophrene Symptomatik' (Scharfetter 1-83,172). Viele Patienten bewegen sich jahrelang an der Grenze zwischen Psychose und Neurose mit neurotischen Symptomen wie Angst, Phobien, Zwangssymptomen, Hysterie und psychosomatischen Störungen bei oft unvollendet bleibender psychosexueller Reifung; episodisch können auch schizophrene Symptome auftauchen:'merkwürdige, sogar verschrobene hypochondrische Ideen, Beziehungsideen, Depersonalisation, Derealisation, manchmal kurzdauernde akustische und visuelle Halluzinationen, Pseudohalluzinationen und Visionen' (Scharfetter 1983, 172). Vielfach haben die Betroffenen eine unsichere Selbstidentität. Die sozialen Kontakte sind instabil und dürftig. Die emotionalen Bindungen sind defizitär, der Lebensstil ist eher sonderlingshaft.

Wenn ein Mensch nicht über eine so weit ausgebildete Persönlichkeitsstruktur verfügt, daß er eine klar strukturierte Neurose aus-

---

[63] Vgl. dazu den Literaturüberblick von Rohde-Dachser (1979) zum Borderlinesyndrom S. 12-24; zum Zusammenhang zwischen dem Anwachsen der Vorderline-Erkrankungen und gesellschaftlichen Entwicklungen vgl. Riesman (1956) mit seiner Theorie des sozialen Wandels, nach der der Einzelne in der modernen Massengesellschaft immer mehr die Fähigkeit zur Innenleitung der autonomen Steuerung auf der Grundlage einer sicheren eigenen Identität verliert. An die Stelle der Innensteuerung tritt die Außensteuerung, oft begleitet von Sinnverlust und Leere.Siehe dazu auch Zerfaß (1983).

bilden kann, andererseits über so viel Struktur verfügt, daß
er nicht psychotisch überflutet werden kann, dann hängt die
schwächste Stelle der Ich-Grenze sicher mit dem Bereich der
aggressiven Konflikte zusammen.[64] Daher wundert es nicht, daß
sich unter den Borderline-Patienten aggressive und distanzlose
Menschen finden. Andere sind arm an innerem Halt und haben nur
eine geringe Selbstkontrolle; oder es handelt sich um angepaßte
bis überangepaßte Persönlichkeiten ohne eine gesicherte autonome
eigene Identität, um hinsichtlich Affekt und Beziehungsverhalten
instabile Persönlichkeiten, um überangepaßt Depressive oder Einsamkeitsdepressive mit dem Gefühl der Identitätsleere, um ängstlich-mißtrauisch-argwöhnische Menschen (in der Nähe des Paranoids)
oder Menschen, die zur Identitätsdiffusion neigen und Schwierigkeiten haben mit Nähe und Distanz (Scharfetter 1983, 173). Unbeständigkeit, schnell wechselnde Verhaltensweisen und plötzlich
umschlagende Stimmungen erschweren den Umgang mit anderen.

In Anlehnung an Kernberg beschreibt Rohde-Dachser(1979) beim Borderline-Syndrom eine spezifische Ich-Störung, die die anderen
psychischen Strukturen mit beeinträchtigt. Diese Ich-Störung ist
eng verbunden mit 'einem Einsatz archaischer Spaltungsmechanismen
und anderer, sich um die Spaltung gruppierender Abwehrmechanismen'
(Rohde-Dachser 1979, 9), die es unmöglich machen, positive und negative emotionale Erfahrungen zu integrieren und eine Identität
zu bilden, in der sich die Widersprüche vereinigen lassen. Statt
dessen entsteht eine Persönlichkeitsstruktur aus mehreren Einzelbereichen, die das widersprüchliche und instabile Verhalten der
Borderline-Persönlichkeit bewirkt. Die Folge ist auch eine spezifische Lösungsstrategie für Konflikte im Bereich der Ich-Entwicklung; da das Gefühl für die Beständigkeit und Einheit der eigenen
Identität und die der anderen Menschen nicht entwickelt werden
kann[65], werden die unterschiedlichen Aspekte eines Menschen als

---

64 Rohde-Dachser 1979, 52. Die hier präsentierte psychoanalytische Sicht bedarf des folgenden Kapitels zur vollen Verständlichkeit.

65 Zu den Entwicklungsbedingungen, die über Zustandekommen und Nicht-Zustandekommen einer dauerhaften und einheitlichen Ich-Identität 'entscheiden', vgl. die Darstellung der psychoanalytischen Entwicklungspsychologie im folgenden Kapitel.

getrennte Einheiten wahrgenommen. Solche Unterscheidung zwischen Gut und Böse bei den Andern führt dazu, daß der Mensch mit Borderline-Struktur den eigenen aggressiven Impulsen freien Lauf lassen darf: sie treffen nur die 'schlechten' Anderen.

4.1.6. Schwangerschafts- und Wochenbettpsychosen

Während Kraepelin noch etwa 14% der Geistesstörungen bei Frauen auf die 'verschiedenen Vorgänge des Fortpflanzungsgeschäftes, der Schwangerschaft, dem Wochenbett und der Säugezeit' (Schrappe 1968, 57) zurückführt, kommen neuere Untersuchungen zu völlig anderen Ergebnissen: auf die Monate der Schwangerschaft und die ersten 6 Monate nach der Geburt eines lebenden Kindes bezogen, kamen bei Frauen zwischen 15 und 44 Jahren, also im gebärfähigen Alter, auf 10.000 Geburten lebender Kinder 4,9 psychotische Erkrankungen. Umgerechnet auf Personenjahre wurden 35,1 psychotische Erkrankungen pro 10.000 Personenjahre bei nicht Schwangeren und 7,1 psychotische Erkrankungen bei Schwangeren festgestellt (Schrappe 1968, 59), was die Schwangerschaft als Schutz vor psychotischer Erkrankung erscheinen läßt.[66] Dabei scheint es sich um cyclothyme und schizophrene Psychosen zu handeln. Nach Glatzel (1979,232) entpuppen sich viele der sogenannten Wochenbettpsychosen als Schizophrenien, so daß das Auftreten einer wahnbildenden Psychose in Wochenbett- und Stillzeit mit großer Vorsicht zu beurteilen ist.

Im Gegensatz zu früher sind nach Mentzos (1968, 111) die eindeutig organischen, symptomatischen Psychosen mit dem Fortschritt der Asepsis und der Geburtshilfe allgemein in den Hintergrund getreten. Die Bilder der schweren Wochenbettpsychosen mit Personenverkennung, Identitätsstörungen und Desorientiertheit werden auch bei anderen endogenen Psychosen beobachtet und bilden sich sehr oft aus typischen manischen oder depressiven Zuständen heraus oder münden in solche ein. Mentzos schildert bei einer Gruppe von

---

66 'Man sollte aber angesichts solcher Zahlen nicht vergessen, daß möglicherweise die Fertilität von Frauen, die bereits im fortpflanzungsfähigen Alter psychotisch erkrankt waren, also beispielsweise an manisch-depressiven Krankheitsphasen litten, geringer ist als die Fertilität von Frauen, bei denen sich die gleiche Krankheit erst im Klimakterium oder nach der Menopause manifestierte (...)'(Schrappe 1968, 59).

56 Patientinnen mit Wochenbettpsychose bei 30% der Fälle eine familiäre Belastung und bei 21% frühere psychotische Episoden. Außerdem wies die Verteilung in Entsprechung zum Verlauf der endogenen phasischen Psychosen eine jahreszeitliche Zweigipfligkeit auf. (Mentzos 1968, 112). Das alles spricht für Endogenität.

Dennoch findet sich ein überzufälliger zeitlicher Zusammenhang mit der Geburt, 'die Psychose wird tatsächlich durch die Entbindung und die damit verbundene psychobiologische Situation 'ausgelöst' (Mentzos 1968, 110). Es liegt nahe, in der hormonalen Umstellung nach der Geburt die Ursache zu suchen, aber Vergleichsuntersuchungen zwischen Patientinnen mit und ohne Wochenbettpsychose haben keinen Unterschied des Hormonstatus ergeben. 'Wollte man den Faktor 'hormonelle Umstellung' weiterhin gelten lassen, so vermutlich nur in dem Sinne, daß schon der physiologische Wechsel, also die normal geforderte neue Anpassung, bei vorhandener Disposition psychoseauslösend wirkt.' (Mentzos 1968, 116)

Im Streit, ob die Wochenbettpsychosen vorwiegend erlebnismäßig (Reifungskrise durch erforderliche Neuanpassung der Frau) oder biologisch bedingt sind, spiegelt sich die Auseinandersetzung um Endogenität oder Nicht-Endogenität der Psychosen allgemein, die bis heute nicht gesichert entschieden werden kann. Sicherlich ist die Schwangerschaft in jedem Fall eine Situation erheblicher psychophysischer Veränderung für die Frau, die nun noch kurz gestreift werden soll anstelle der nicht beendbaren Auseinandersetzung.

Prill spricht von einem hormonalen Grundeinfluß, 'auf dem im seelischen Bereich die verschiedensten Auswirkungen in negativer und positiver Hinsicht möglich sind. Es wird ein Stimulus gesetzt, dessen Determinierung weitgehend von seelischen oder zumindest nichtorganischen Faktoren bestimmt wird.' (1968, 3)

In der psychischen Entwicklung der Schwangeren beobachtet Prill drei unterschiedliche Gruppen von Frauen: zunächst solche, die die physischen Veränderungen zwar registrieren, sie aber wenig oder gar nicht reflektieren, unter Umständen auch keine Krise erleben, in der die gewohnten Lösungsstrategien für die Lebensbewältigung bei den meisten Schwangeren ersetzt werden; die nächste

Gruppe von Frauen beobachtet und verarbeitet die physischen
Veränderungen adäquat, wie noch darzustellen ist; eine dritte
Gruppe schließlich wird in ihrer ganzheitlichen Integrität
durch die Schwangerschaft gestört. Testpsychologische Untersuc-ungen ergaben eine signifikante Herabsetzung der Ich-Stärke
in der Schwangerschaft und das Zurücktreten aggressiver Tendenzen. 'Es sind nicht die Gegensätze, die eine polartige psychophysische Stabilität erhalten, sondern Regression und Introversion sind der Nährboden zu einem mütterlichen Reifungsimpuls.'
(Prill 1968, 5)

Die Abnahme der Ich-Stärke bewirkt eine Auflockerung der Ichstruktur, womit neue Inhalte in der Person Bedeutung erhalten können. Besonders die Beziehung der Schwangeren zur Mutter kann sich
verändern. Überbleibsel kindlicher Konflikte werden oft beseitigt.
Und oft sind solche Auseinandersetzungen von latenter oder manifester Angst begleitet, Ausdruck der Ambivalenz und gleichzeitig
dynamische Kraft zur Ambivalenzlösung.

Schließlich ist die Polarität von Ich der Schwangeren und Kind
zu erwähnen, zunächst spürbar in den Kindsbewegungen, die wieder
ambivalent erlebt werden als Störung des eigenen individuellen
Daseins, aber auch als Versprechen auf Zukunft hin erlebt werden.

Zusammenfassend stellt Prill einen vermehrten Leistungsanspruch
an Körper und Psyche der Frau fest. 'Diese Belastung führt im Körperlichen zu mancherlei Kompensationserscheinungen, die die Schwangerschaftsvorgänge gleichsam im Physiologischen halten. Psychisch
wird die Belastung entweder mangels introspektiver Möglichkeiten
gar nicht oder kaum verarbeitet oder sie führt, man möchte hier in
Analogie zu obigem sagen, physiologischerweise zu einer Abnahme der
Ich-Stärke, zu einer Introversion und Regression, die aber die
Reifung der Persönlichkeit und hier insbesondere zur Mutterschaft
erheblich fördern kann.' (Prill 1968, 10)

Daß bei vorhandener Ich-Schwäche bzw. Störungen in der Persönlichkeitsentwicklung diese Belastungen und Erfordernisse die Betroffene in der Schwangerschaft überfordern können, ist einleuchtend.
Inwieweit diese Überforderung psychoseinduzierend wirken kann oder

im Zusammenkommen mit dispositionellen und/oder erblichen Faktoren eine solche Wirkung entfalten kann, ist bislang nicht endgültig entscheidbar.

4.2. Das religiöse Erleben psychisch Kranker in psychiatrischer Sicht

Im folgenden geht es darum im inzwischen abgesteckten Terrain psychischer Erkrankung religiöse Phänomene aufzuspüren. Neurotische Erkrankungen, die gleichfalls eine religiös gefärbte Symptomatik aufweisen können, werden nicht dargestellt, da eine ausführliche Bearbeitung dieses Gebietes inzwischen vorliegt (Hark 1984). Die Fragestellung die nun zur Erörterung ansteht, bewegt sich in zwei Richtungen, die untereinander zusammenhängen. Zunächst geht es darum, die Äußerungen der Religiosität beim psychisch erkrankten Menschen phänomenologisch aufzuspüren, dann aber auch darum, die Relevanz religiöser Termini zu beurteilen, deren sich der Kranke bedient. Die schwierige Frage, die sich auftut, lautet: wenn in der Erkrankung religiöse Phänomene auftauchen, gibt es dann Kriterien, nach denen 'echtes' religiöses Erleben unterscheidbar ist von durch die Erkrankung hervorgerufenen Phänomenen, die bei fortschreitender Gesundung wieder verschwinden? Was bedeutet in solchen Fällen das religiös gefärbte Symbol?

4.2.1. Psychopathologie und Theorie der Religion

Interessant wird die Fragestellung nach dem Verhältnis von Theologie und Psychopathologie, wenn man sich den geschichtlichen Hintergrund des religiösen Phänomens in der Psychiatrie vergegenwärtigt. War unter soziologischer Perspektive der psychisch Kranke in der theozentrischen Gesellschaft des Mittelalters noch Symbolfigur für Heil und Unheil und Gegenstand klösterlicher Fürsorge, so wurde er im Absolutismus in die Nähe des Verbrechers gerückt und im Tollhaus, das zugleich Zucht- und Arbeitshaus war, aus dem Bewußtsein der Öffentlichkeit verbannt. Initiativen des aufgeklärten Bürgertums haben ihn dort unter den gesellschaftlich Abgeschriebenen neu entdeckt und unter der optimistischen Prämisse der Epoche, den Menschen aus seiner Unmündigkeit herausführen zu können, mit möglichst vielen Freiheiten ausgestattet (Blasius 1980, 20-26).

Auf wissenschaftlich-psychiatrischem Gebiet findet sich korrespondierend in der ersten Hälfte des 19. Jahrhunderts noch 'eine religiös-metaphysische Krankheitslehre des Irreseins. So lehrte H e i n r o t h (1773-1843), daß Geisteskrankheiten Auswirkungen eines bösen Prinzips seien.' (Vliegen 1980, 75)[67] Ideler (1847) und Heinroth (1818) suchten nach einem gemeinsamen Nenner zwischen psychotischem und religiösem Erleben.

Mit fortschreitender naturwissenschaftlicher Fundierung der Psychiatrie in der zweiten Hälfte des 19. Jahrhunderts wuchs die Ablehnung aller moralistischen nichtärztlichen Erklärungsversuche psychischer Erkrankungen.[68] In einer materialistisch-positivistischen Sicht waren (und sind) Glaubensüberzeugungen irrelevant für die Erforschung psychischer Erkrankungen. Die Hirnforschung brachte den Erweis, daß Bewußtseinstätigkeit nur auf der Basis von Hirntätigkeit funktioniert; die alte christliche Überzeugung von dem Vorhandensein einer autonomen Seele im Gegenüber zum Leib war naturwissenschaftlich unhaltbar geworden.

Erst die phänomenologische Methode gewann, vor allem unter Einwirkung von Jaspers, die Einsicht, daß wissenschaftliche Erkenntnis aufgrund der Begrenzung der Methode in ihrem Geltungsbereich eingeschränkt ist, und bewirkte damit die Möglichkeit einer Wiederannäherung zwischen Theologie und Psychiatrie: religiöse Erlebnisse unterstehen als 'Erleben', also als psychischer Akt, den physischen und psychischen Bedingungen des Menschseins und sind damit mit psychopathologischem Instrumentarium untersuchbar, meßbar. Dem religiösen Inhalt allerdings kann diese Methode nicht

---

67 Diese "Sündentheorie", nach der die Seelenstörungen sämtlich auf die sittliche Persönlichkeit des Menschen zurückgehen, Sittenverfall also die Entstehung von Geisteskrankheiten verursacht, ist nach neuen Erkenntnissen Pauleikhoffs (1983, 84-108) nur ein nebensächlicher Teil seiner Lehre,"in der vielmehr die Unfreiheit der Person bei den Irren im Mittelpunkt steht." (85)

68 'Griesinger (1817-1869) formulierte prägnant: 'Alle nichtärztlichen, nämlich alle poetischen und moralistischen Auffassungen des Irreseins sind für dessen Erkenntnis nur von allergeringstem Wert.' (Vliegen 1980, 75)

gerecht werden. - Damit ist die Grenze zwischen Religion und
Psychopathologie gezogen gegen theologische Übergriffe auf die
Psychopathologie, aber auch umgekehrt gegen rationalistische
Deutungen religiöser Phänomene seitens der Psychopathologie.
Durch die Trennung des psychischen Erlebens vom Erlebnisinhalt
gerieten dann religiöses Erleben und religiöser Inhalt immer
weiter auseinander.

Phänomenorientiert gehen Schneider (1928) und Weitbrecht (1948)
vor, wobei Weitbrecht religionspsychopathologisch bedeutsame
Erscheinungen unter der Perspektive der Persönlichkeitswandlung
als Kriterium zur Unterscheidung zwischen 'echtem' und 'patholo-
gischem' religiösem Erleben untersucht. Bis heute ist seine Arbeit in der Religionspsychopathologie fundamental.

Mit dem Glauben bei Depressiven setzt sich in einer empirischen
Untersuchung Weitbrechts Schüler Hole (1971, 1977) auseinander,
nachdem Schulte (1951) dieses Thema in einem Artikel bereits
phänomenologisch angerissen hatte. Janzarik (1957) setzt sich
im Rahmen seiner Erforschung der Zusammenhänge zwischen zyklo-
thymer Schuldthematik und individuellem Wertgefüge unter anderem
auch mit der Religiosität auseinander, ebenfalls im Rahmen einer
empirischen Untersuchung. Besonders Holes Arbeit veranschaulicht
die Schwierigkeit einer aussagekräftigen empirischen Erhebung
bei psychisch Kranken. Tellenbach (1966) und Lenz (1973) beschäftigen sich mit dem Verhältnis von religiösen Grundakten des Glaubens
und Wahn.

Damit ist psychiatrischerseits die wichtigste Literatur in ihren
Schwerpunkten kurz dargestellt. Fachfremd, aber psychiatrisch
relevant und daher erwähnenswert ist die Position Boisens (1936,
1960), der selbst Seelsorger und schizophren erkrankt war; er
sieht, beeinflußt von der Auffassung von James (1902), daß psychische Krankheit religiös bedeutsam sein kann, religiöse und
psychotische Erfahrung als Durchbruchserfahrungen auf dem Weg
der persönlichen Entwicklung aus einer Situation des Ungenügens
an bisher gelebtem Leben. Gelingt der Umbruch zu einem erfüllten
Leben, spricht er von religiöser Erfahrung, gelingt er nicht,

und die Persönlichkeit bleibt in zerbrochenem Zustand ohne befriedigende Reorganisierung, spricht er vom Irresein.[69]

4.2.2. Charakterisierung des religiösen Erlebens

Fundament im Bewußtsein

In der neueren Psychopathologie setzt sich erst Scharfetter (1983, 3; vgl. Tab. 5) wieder mit dem Akt religiösen Erlebens auseinander. Nicht so sehr um seinen Ort im psychischen Erleben zu finden als vielmehr in der Begriffsbestimmung des Zuständigkeitsbereichs der Psychopathologie differenziert er das Bewußtsein in drei Teilbereiche, das mittlere Tages-Wachbewußtsein, das Unterbewußtsein und das Überbewußtsein. Der Psychopathologie weist er klar ihren Zuständigkeitsbereich im mittleren Tages-Wach-Bewußtsein oder Alltagsbewußtsein zu, dessen Grenzen die beiden anderen Bewußtseinsarten bilden. Die Qualitäten des Tages-Wach-Bewußtseins sind: Wachheit, Bewußtseinsklarheit; Wahrnehmungs-, kognitive intellektuelle, Gedächtnisleistungen; Realitäts- und Erfahrungsbewußtsein; Körpergefühl; Ich-Bewußtsein; Ich-Stärke, Selbstbild; Besonnenheit; Reife; Freiheit; Selbstverfügbarkeit; Autonomie. Es sind also die Alltagserfahrungen und Alltagsverhaltensformen, die dem Gesunden normalerweise verfügbar sind. Die Ausprägungsmöglichkeit dieser Bewußtseinsqualitäten ist allerdings verschieden nach Entwicklungsstand, Grad an Reife, Individuation und Autonomie, nach Gesundheitszustand, Wachheit und Aktivität.

Das Unterbewußtsein wird bestimmt vom hypnoischen Bewußtsein, dem hypnoiden Erleben und dem Traum. Versinkt ein Mensch in den Bereich des Unterbewußten, dann ändern sich viele der Erlebnisqualitäten des Tages-Wach-Bewußtseins: Ich- und Leiberleben

---

[69] Ganz nahe an Boisens Auffassung ist Laing (1972) mit seinem Konzept der Schizophrenie als 'Reise nach innen'.

Und schon Ideler 'hebt die schöpferische Kraft der Seele im Wahnsinn hervor' (Pauleikhoff 1983, 112), auch wenn sie sich nur unter Hemmung und Verkümmerung zu erkennen gibt, die an der 'Erschaffung einer neuen Welt im Bewußtsein' (Ideler 1847, 8) arbeitet.

verändern sich; Körperproportionen, Schweregefühl, Orientierung in Raum und Zeit können sich wandeln; Wahrnehmungen aus verschiedenen Sinnesgebieten können ineinanderfließen (Bilder, Töne, Gedanken, Phantasien, Erinnerungen).

Meditatives Bewußtsein, mystische Erfahrung, Versenkung und Erleuchtung ereignen sich jenseits der anderen Grenze des Tages-Wach-Bewußtseins, im Überbewußtsein. Den Grenzbereich bilden religiöses, kreatives und kontemplatives Bewußtsein. Dabei finden sich ähnliche Erfahrungen wie im Übergang zum Unterbewußtsein auch bei der Weiterentwicklung des Tages-Wach-Bewußtseins in den Bereich des Überbewußtseins; diese Weiterentwicklung kann durch eine spirituell-meditative Lebensführung vorbereitet werden.[70]

Beim Heraustreten aus dem Bereich des mitteleren Tages-Wach-Bewußtseins, ob in Richtung Über- oder Unterbewußtsein, können Erscheinungen auftreten, die psychopathologischen Symptomen ähnlich sind.[71]

---

[70] 'In vielen Kulturen wurden auch Drogen in einem bestimmten kulturell-weltanschaulichen Rahmen eingesetzt (...). Halluzinogene Drogen erleichtern im entsprechenden Rahmen und bei gekonnter Führung das Loslassen vom Alltagsbewußtsein. Von der Persönlichkeit und ihrem kulturellen Hintergrund wird bestimmt, ob der Austritt in andere und in welche Bewußtseinsbereiche gelingt und wie die Rückkehr und der integrative Einbau in das Alltagsbewußtsein geleistet werden kann.' (Scharfetter 1983, 7).

[71] "Psychopathologische Symptome in diesem Sinne des aus dem Gewöhnlich-Alltäglichen Herausragenden sind nie schlechthin Krankheitszeichen (...). Als Krankheitszeichen können sie erst im lebensgeschichtlichen Zusammenhang erkannt werden." (Scharfetter 1983, 5)

Diese Positionen hat Scharfetter (1983, 9) folgendermaßen schematisch dargestellt:

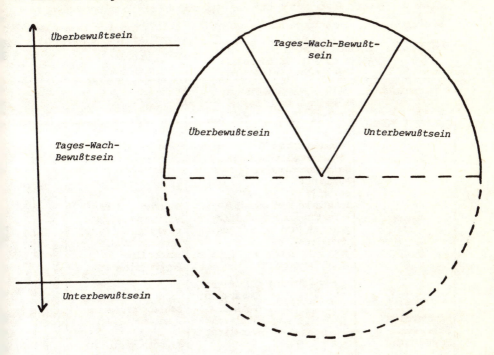

Das Verhältnis von Über- und Unterbewußtsein ist unklar. Grenzen sind nicht feststellbar. Anscheinend können in beiden Bereichen ähnliche Erfahrungen vorkommen, die auch auf das Tages-Wach-Bewußtsein ähnlich positive erweiternde Auswirkungen haben können. Der Ansicht, daß bestimmte Abweichungen vom Tages-Wach-Bewußtsein in den Bereich der Psychopathologie gehören[72], steht gleichbe-

---

[72] Schema 1. Bewußtseinsbereiche und die Topographie der Psychopathologie.

Bewußtsein	Funktionen bim Gesunden	Pathologie i.S.konventioneller psychiatrischer Nosologie	
Überbewußtsein	meditatives Bewußtsein mystische Erfahrung, Versenkung, Erleuchtung		
Grenzbereich:	religiöses Bewußtsein, kreatives Bewußtsein, kontemplatives Bewußtsein		
mittleres Tages-Wach-Bewußtsein oder Alltags-Bewußtsein	Reife Besonnenheit Intentionalität, Wille Selbstverfügbarkeit Autonomie Selbstbild Ichstärke mit kognitiv-affektiv-konativer Integration (und Beziehungsverhalten)	Neurose und Persönlichkeitsstörung narzißtische Persönlichkeit Borderline-Persönlichkeit	Umweltabhängigkeit
	Ich-Bewußtsein: -Identität -Demarktion -Konsistenz -Aktivität -Vitalität	schizophrenes Syndrom	Bereich der Psychopathologie zunehmende
		depressives Devitalisierungs- und manisches Syndrom	
	Erfahrungsbewußtsein Realitätsbewußtsein intellektuelle Funktionen mnestische Funktion Orientierungs-Funktion kognitive Funktion perzeptive Funktion	akutes und chronisches "brain syndrom" Oligophrenie psychoorganisches Syndrom (Demenz)	Organizität
	Bewußtseinsklarheit Wachheit	akuter exogener Reaktionstyp Somnolenz, Sopor Koma	
Grenzbereich	Dösigkeit, Versonnenheit		
Unterbewußtsein	Hyponoisches Bewußtsein Hyponoides Erleben Traum		

rechtigt die Auffassung gegenüber, daß das mittlere Tages-Wach-Bewußtsein nur einen Ausschnitt aus den dem Menschen möglichen Bewußtseinsformen darstellt (vgl. Abb. 2.2).

Um aus dem Tages-Wach-Bewußtsein ohne Gefahr in den Bereich des Überbewußtseins einzutreten, d.h. es ohne zu große Angst vor dem Untergang oder dem Verloren-Gehen im Chaos aushalten und sich damit weiter entwickeln zu können, braucht man eine 'feste Grundlage im Ich-Bewußtsein' (Scharfetter 1983, 7).

Für ich-schwache Menschen ist das Tages-Wach-Bewußtsein hart und belastend, da es viele Anforderungen an Leistung, Standhalten, Anpassung, Verantwortung, Relativierung der eigenen Person und der eigenen Wünsche enthält. Der Austritt daraus als Fluchtmöglichkeit vor Pflichten und Enge des Lebens scheint verführerisch, ist möglicherweise bei solcher Motivation auch leichter möglich. Andererseits fehlen innere Festigkeit und Reife für die Integration der gemachten Erfahrungen bei der Rückkehr ins Tages-Wach-Bewußtsein. Sie drohen sich im Chaos zu verlieren. Aber: 'Wir sind nicht berechtigt, schizophrenen Menschen mit Erfahrungen erhöhter Bewußtseinsklarheit und -tiefe die Echtheit solcher Erfahrung abzusprechen, sie als nur 'psychotisch', 'wahnhaft' abzutun.' (Scharfetter 1983, 8)

Fundament im Fühlen
<u>   </u>

Weitbrecht (1948) geht vom Fühlen als wichtigem Fundament religiösen Erlebens aus[73] und kommt zu der Einsicht, daß es sich bei

---

[73] 1948, 33-39. Zugrunde liegt ein in Anlehnung an Schleiermacher /vgl. Otto 1920) sehr weit gefaßter Begriff von Religiosität: 'Wir wollen in aller Bescheidenheit da von Religiosität sprechen, wo wir uns in unserer Existenz im Hinblick auf den geheimnisvollen Hintergrund der Welt bewußt werden, einerlei, in welche Form sich diese Ahnung kleiden möge, wo wir dieses Geheimnis verehren, uns von ihm getragen und ihm verpflichtet fühlen, und dadurch eine Ausweitung der Grenzen unseres Seins erleben.' (1948, 32) In enger Entsprechung dazu versteht die heutige Pastoralanthropologie das Religiöse als Bedürfnis und Fähigkeit des Menschen, sich in irgendeiner Weise in Beziehung zu setzen zu einer außer- oder übermenschlichen, jedenfalls geheimnisvollen und überlegenen Macht.' (Prakt.Wörterbuch der Pastoalanthropologie 1975, 909)

religiösen Gefühlen nicht um Gefühle spezifischer Natur handelt, sondern er versteht sie als ihrer Natur nach zwingend objektbezogen. Entsprechend ordnet er sie anderen objektbezogenen Gefühlen gleichrangig zu.

'Die Objektbezogenheit der Gefühle, soweit sie Fremdwertgefühle sind, geht etwa daraus hervor, daß uns die Begriffe Ehrfurcht oder Andacht erst dann wirklich etwas sagen, wenn wir uns ihr Objekt mit vergegenwärtigen. Ohne dasselbe sind sie zwar ohne Frage gegeneinander abzugrenzen, bleiben aber blaß, mehr vage S t i m m u n g e n a l s G e s i n n u n g e n. Erst das Objekt macht sie zu dem, was sie sind, erst an ihm gewinnen sie Farbe, Inhalt und gewissermaßen sich selbst.' (1948, 35) Das heißt, es gibt keine religiösen Zustandsgefühle spezifischer Art, sondern nur eine spezifische Färbung der Fremdwertgefühle durch das Religiöse. Diese Gefühle haben bejahenden Charakter, wie etwa Ehrfurcht oder Anbetung.

'Der Komplex des Religiösen in all seinen Abstufungen, in seinen gleichsam primären und doch schon durch eine Unzahl von persönlichkeits-, kultur-, traditions- und volksgebundenen Voraussetzungen bestimmten Urerlebnissen, in seinen unübersehbar mannigfaltigen, dogmatischen, konfessionellen Überbauten und Gehäusen ist das Objekt dieser Reihe von Gefühlen, welche Achtung, Bewunderung, Andacht, Ehrfurcht, Anbetung u.a.m. umfaßt.' (Weitbrecht 1948, 34/35) Der Komplex des Religiösen ist also nicht etwas Klares, Eingrenzbares, Definierbares, sondern subjektiv gefärbt und traditions- und kulturabhängig.

Entsprechend schwierig ist bei Gefühlen aus dem religiösen Bereich beurteilbar, ob es sich um 'religiös gefärbte Symptome' handelt, die krankem psychischem Erleben entstammen, oder ob 'echte' religiöse Erfahrungen vorliegen. Diese Fragestellung ist vor allem in der psychopathologischen Diagnostik relevant für die Entscheidung, ob ein Krankheitsbild vorliegt. Ob eine seelsorgliche Relevanz vorliegt, ist noch zu prüfen.

Religiöses Erleben als Ausdruck einer Krisenerfahrung

Psychotische und religiöse Krisen sind existentielle Krisen und vielleicht schon deshalb hinsichtlich der beherrschenden Thematik und des äußeren Verhaltens manchmal analog.

'Tod und Wiedergeburt, Weltuntergang und Weltschöpfung, Sender und Gesandter, Gut und Böse, Schuld und Sühne, Krankheit und Heilung, Ausgesetztheit und Aufgehoben-Sein, Getrennt-Sein und Eins-Sein. Dies sind religiöse Grundthemen der Menschheit.' (Scharfetter 1983, 115)[74]

Beim psychotisch erkrankenden Menschen können diese Themen mit der Krise in sein Leben einbrechen und nach dem Abklingen der Krise wieder verschwinden (in psychopathologischer Terminologie handelt es sich dann um 'religiös gefärbte Symptome'). Aber auch Wandlungen in der Persönlichkeit sind möglich (vgl. Weitbrecht 148), gelegentlich zu mehr Reife und Tiefe.

'So kann man - zumindest metaphorisch - den mystischen und den psychotischen Pfad als Varianten des geistigen Weges des Menschen sehen. Beide Wege können notvolle, schmerzliche Entwicklungsstadien mit sich bringen. Doch verläuft meines Erachtens der mystisch-spirituelle Weg des Nicht-Psychotikers ohne die schwere Desintegration des Ich-Bewußtseins (...).' (Scharfetter 1983, 115)[75]

Allein dieses Charakteristikum der existentiellen Krise macht das Ernstnehmen der bis in die Wurzeln der eigenen Identität

---

[74] 'Im Wahn erscheinen durch alle Entstellung und Verzerrung hindurch allgemein-menschliche Existenzweisen; das individuelle und überindividuelle schaffen sich im Wahn der Psychosen, wie im Traum oder in der Symbolbildung neurotischer Zustände, einen Weg in die Erlebnisschicht des Bewußten. Wir sind konfrontiert mit unterschwelligen Tendenzen, Ängsten, Trieben und Aggressionsneigungen, mit Ursituationen des Menschen, mit dem Erlebnis der Schuld, des Nihilismus, der kreatürlichen Angst vor dem Dasein, des Ausgeliefertseins an Mächte und Menschen i.S. des Homo homini lupus.' (Huber 1980, 22)

[75] Vgl. Boisen (1960)

hinein reichenden Bedrohung des Kranken und daher Seel-Sorge auch von kirchlicher Seite her unabdingbar.

4.2.3. Psychopathologie des religiösen Erlebens in der Schizophrenie

Religiöse Inhalte finden sich nach Weitbrecht (1948) in Sinnestäuschungen und Wahn Schizophrener sehr häufig, der 'religiöse Wahn' ist oft ein schizophrener und häufig systematisiert in ausgesprochen paranoiden Formen. Die Abgrenzung der paranoiden Schizophrenie ist, besonders bei sehr gut erhaltener Grundpersönlichkeit, gegenüber den Persönlichkeitsstörungen etwa der 'matten Fanatiker' besonders schwierig.[76] Der Inhalt des Wahns mit seinem Wahrscheinlichkeitsgehalt an Wahrheit tritt für die Diagnose des psychotischen Ursprungs zurück gegenüber den typisch psychotischen Funktionsstörungen, den schizophrenen Prozeßsymptomen. Schwierigkeiten ergeben sich daraus, 'daß religiöse Offenbarungs- und Bekehrungserlebnisse mit neuen Qualitäten, die dem normalpsychologischen Nacherleben nicht mehr zugänglich, die von dem alltäglich- gemeinsamen 'In-der-Welt-Sein' verschieden und demnach für viele Menschen 'uneinfühlbar' sind, einhergehen können... (und daraus wird verstehbar, -Anm.d.Verf.) daß nicht in erster Linie vom Inhalt, sondern von der Form her gesehen, die Grenze zwischen psychologisch abnorm und psychotisch auf dem Gebiet religiösen Lebens oft so ungewöhnlich schwer zu ziehen ist. (Weitbrecht 1948, 125)

Wenn in schizophrenen Psychosen religiöse Inhalte vorkommen, können auf sämtlichen Störungsgebieten des Wahrnehmens, Denkens, Fühlens, Wollens, in den Dimensionen des Persönlichkeitsaufbaus (besonders des Ich-Bewußtseins) und des Ausdrucks die Symptome religiös gefärbt sein.

---

76 'Es sind dies jene Fälle, von denen B l e u l e r sagt, daß oft die prinzipielle Abgrenzung der Paranoia von bloßer Psychopathie da ganz unmöglich sei, wo der Wahn sich auf unbeweisbare Ideenkreise geworfen habe, bei Religionsstiftern, Politikern, Philosophen.' (Weitbrecht 1948, 124)

Bezüglich des Kriteriums der Wandlung hinsichtlich der Dauerhaftigkeit 'echter' religiöser Erfahrung bleibt zu berücksichtigen, daß die Psychose selbst ein wichtiger Faktor der Wandlung ist. Außerdem ist das Verhältnis von prämorbider Persönlichkeit und Psychose allein aus der Persönlichkeitswandlung abzulesen. Auch die Tendenzen, das psychotische Erleben mit dem bisher Gewohnten zu verbinden, bewirken Wandlung. Und schließlich sind 'sowohl bestimmte Erlebnisse ebenso wie das Hereinbrechen einer Psychose Numinosa von stärkster Wandlungskraft.' (Weitbrecht 1948, 125)

Religiös gefärbte Symptome schizophrenen Erlebens

1. Sinnestäuschungen

Religiös gefärbte Wahrnehmungstäuschungen kommen auf allen Sinnesgebieten vor. Häufige akustische Halluzinationen der Stimme Gottes, Jesu, der Mutter Gottes, der Heiligen, des Teufels, der Dämonen usw. geben dem Kranken kurze Befehle, rufen ihm etwas zu oder machen kommentierende Bemerkungen. Geläufige biblische Redensarten sind dabei so häufig wie unverständliche Worte in feierlichem oder drohendem Gefühlston und das unvermittelte Nebeneinander von religiösem Pathos und alltäglichsten Plattheiten. Im Verlauf der Psychose werden diese Stimmen häufig von Stimmen mit nicht-religiösem Inhalt abgelöst.

Optische Sinnestäuschungen treten selten gemeinsam mit akustischen auf (im Unterschied zu den häufig redenden Erscheinungen in abnormen religiösen Ekstasen). Auch Geruchs- und Geschmackshalluzinationen mit religiöser Färbung treten gelegentlich auf, stehen jedoch hinter den Halluzinationen der Leibempfindungen zurück. 'Diese reichen von den unanschaulichsten Durchströmungen, vom Angeweht-Werden bis zu den realistischsten Coitushalluzinationen, vom Gefühl körperlicher Besessenheit bis zu Phänomenen, die nur noch durch Neologismen[77] angedeutet werden können.'

---

77 Sprachneubildungen, meist durch Zusammenziehen meherer Wörter/Wortteile; ungewöhnliche, dem normalen Sprachgebrauch fremde Verwendung eines Worts.

(Weitbrecht 1948, 127) Oft allerdings werden die Halluzinationen diffus erfahren und können nicht einem bestimmten Sinnesgebiet zugeordnet werden.

Der begleitende Gefühlston solchen Erlebens erreicht besonders in der akuten Psychose eine dem Erleben der unio mystica vergleichbare Gefühlstiefe. Im Unterschied zum mystischen Erleben[78] ist die schizophrene Ekstase gekennzeichnet vom Ineinander von Verzückung und Grauen, so daß 'etwa die Seligkeit der Wiederkunft Christi mit den Schrecknissen des Weltuntergangserlebnisses durchtränkt' ist.(Weitbrecht 1948, 126)

Hinweise auf pathologische Sinnestäuschungen[79] tauchen

---

78 Die Gefühlsqualitäten sind die gleichen, verlaufen jedoch beim Mystiker in einem zeitlichen Nacheinander von dunklen und lichten Erfahrungen entlang eines Weges im Sinne eines Reifungsprozesses.

79 Sinnestäuschungen bei nicht-pathologischen abnormen religiösen Erleben
Abnorme Reaktionen stehen hier in Abgrenzung zu durchschnittlich normalen Reaktionen, die in allgemein-psychologischen Phänomenbeschreibungen erfaßt werden können. Die hier beschriebenen Besonderheiten, die etwa in Dauer und Intensität von normalpsychologischem Erleben abgrenzbar sind, haben nicht eine abnorme Persönlichkeit zur Voraussetzung. Auch die qualitativen Besonderheiten, die so nur bei bestimmten abnormen seelischen Reaktionen zu erwarten sind, sind im Gegensatz zu psychotischen Erleben immer nachvollziehbar. Bekanntlich kann es 'unter affektiver Spannung, infolge erschütternder Eindrücke, angespannter Hoffnungen oder Ängste, in der völligen Hingabe an eine überwertige Idee, aber auch unter Mitwirkung greifbarer somatischer Faktoren wie Erschöpfung, Hypotonie des Bewußtseins im Einschlafen usw.' zu Sinnestäuschungen bei allen Sinnen kommen (Weitbrecht 1948, 86). Solche Sinnestäuschungen sind komplexbezogen und drücken das aus, was den Menschen innerlich stark beschäftigt. Dabei handelt es sich um Trugwahrnehmungen oder Pseudohalluzinationen. Entscheidender Unterschied zu psychotischen Halluzinationen ist der, daß die psychogenen Sinnestäuschungen 'nicht aus einer prozeßmäßig sich vollziehenden Funktionsstörung, nicht aus einem die Gesamtpersönlichkeit verändernden morbus kommen'. (Weitbrecht 1948, 86)
Die Erscheinungen können leibhaftig wirken wie echte Halluzinationen; sie können auch den Charakter des 'Gemachten' haben; allerdings finden sich keine deutlichen kommentierenden Stimmen oder Stimmen mit Rede und Gegenrede. Die Entscheidung darüber, ob solche Trugwahrnehmungen auf ein psycho-

auf, wenn die religiösen Erlebnisse kaum Auswirkungen auf die Gesamtpersönlichkeit und die Lebensführung des Betroffenen haben und auch Gespräche mit ihm über religiöse Themen kaum möglich sind.

---

pathologisches Symptom oder einen psychogenen Ausnahmezustand zurückgehen, ist nur in der Zusammenschau der Einzelerscheinungen möglich. Ihr Wirklichkeitswert für den Betroffenen ist unterschiedlich und steht in enger Abhängigkeit von der 'geistigen Atmosphäre der Umgebung und der Zeit. Diese bilden ja mit den Boden, auf dem eine große Anzahl solcher Phänomene wächst, wobei an langes Wachen, übersteigerte asketische Übungen und das mit religiöser Erlebnisbereitschaft getränkte Fluidum Gläubiger bei Wallfahrten oder Exerzitien zu denken ist.' (Weitbrecht 1948, 87)
Solche Sinnestäuschungen können, auch wenn sie nicht religiös orientiert sind, am Beginn einer Persönlichkeitswandlung zum Religiösen hin stehen bzw. die entscheidende Wandlung dann endgültig herbeiführen. Kaum zu klären ist bei den meisten Berichten solcher Wandlungen oder Bekehrungen, inwieweit die Erleuchtung nach vorausgehendem Gewissenskampf tatsächlich mit Visionen o.ä. einhergeht oder eventuell nach tradierten Formeln für solches religiöse Erleben dichterisch gestaltet wurde.
Nur gelegentlich findet sich in den Schilderungen religiöser Sinnestäuschungen auch differenzierter Persönlichkeiten eine Präzision wie im folgenden Beispiel Weitbrechts: 'So finden wir (Ps.Dkt.) in der Selbstbiographie der T h e r e s e d e A h u m a d a (1515-82), der heiligen Theresia von Jesus, eine interessante Schilderung v e r s c h i e d e n e r A r t e n v o n v i s i o n ä r e n E r l e b n i s s e n. Das erste sind die i m a g i n ä r e n, von denen sie betont, daß sie dieselben 'niemals mit leiblichen, sondern nur mit geistigen Augen erschaut' habe. Die zweite Art von Visionen sind die i n t e l l e k t u e l l e n. Sie stellen in der Selbstschilderung eine Überleitung von den Sinnestäuschungen zur Erfahrung der unio mystica dar und weisen wiederum Parallelen zur 'unanschaulichen Bewußtheit' auf.' (1948, 89/90)
Einige phantasiebegabte Menschen können sich Erlebnisse oder Einzelheiten von Erlebnissen so lebendig vorstellen, daß sie vor ihnen stehen und sie über Wirklichkeit oder Unwirklichkeit nicht mehr urteilen können (nach Gruhle, vgl. Weitbrecht 1948, 90). Dabei erscheint die Sprache der halluzinierten religiösen Erscheinungen oft auffallend unreal, die Stimme des oder der Erscheinenden ist meist unbestimmt feierlich, der Wortlaut dürftig, die Sätze stammen aus der Bibel.

2. Der Wahn

Wahneinfälle haben häufiger religiöse Inhalte: Bekehrungs- und Auserwählungserlebnisse, Offenbarungen und Erleuchtungen, oft verbunden mit der Berufung zu einer besonderen Mission, Erlöser- und Madonnenwahn. Die Kriterien für das Wahnhafte des Erlebens müssen aus Orientierungsmarken außerhalb des Wahninhalts gewonnen werden, z.B. Symptomen, die primär nichts mit dem Wahn zu tun haben: Sinnestäuschungen, Denkstörungen, Persönlichkeitsumwandlung, Kontaktstörungen.

Für die religiösen Wahnideen gilt wie für die inhaltlich anders ausgerichteten schizophrenen Wahnideen, daß sie oft nicht klar und logisch systematisch aufgebaut sind. Infolge der Unklarheiten und Verworrenheiten, gedanklich meist dürftiger Inhalte und oft uneinfühlbar fremdartigen und unlebendigen Affekts nach der anfänglichen Erschütterung entsteht gewöhnlich kein einheitlich aufgebautes religiöses Erleben. 'Dabei ist jedoch besonders zu betonen, ohne damit die Psychose mit einer falschen Glorie umgeben zu wollen, daß wir immer wieder auf Einzelfälle stoßen, die uns durch die Tiefe ihres religiösen Erlebnisses in der Psychose, durch die Eindrücklichkeit ihrer Halluzinationen, durch den erschütternden Ernst ihrer Wahnideen, durch ihre kompromißlose Hingegebenheit an die von ihnen in der Psychose erlebte religiöse Forderung und durch die unmittelbare Kraft ihrer Ausdrucksfähigkeit ergreifen. Meist sind dies Menschen im Beginn schizophrener Psychosen, während bei Restzuständen, wie sonst, auch hier der Verlust der Unmittelbarkeit und einfühlbaren, mitreißenden Natürlichkeit ein formelhaft erstarrtes, bizarres, für den Beobachter 'leer' scheinendes, selten hie und da von umso mehr packenden Ausbrüchen, die rasch verebben, tragisch unterbrochenes, 'verrücktes' Dasein hinterläßt.' (Weitbrecht 1948, 129-130)[80]

---

80 Angesichts dieser Äußerung ist es wichtig zu bedenken, daß die Residualsymptomatik seit 1948 sich insofern gewandelt hat als die chronischen Endzustände in der Symptomatik abgemildert sind.

Setzt der schizophrene Prozeß mit religiösen Inhalten ein und werden sie nicht, wie es häufig der Fall ist, nach einiger Zeit von andersartigen Inhalten abgelöst, dann kann auch eine Persönlichkeitswandlung im Sinne einer Bekehrung angenommen werden.

3. Das Fühlen

Die charakteristische schizophrene Grundstörung, die das Verändert-Werden, Anders-Werden, das unbeeinflußbare Lösen der affektiven Bindungen, das aus den zwischenmenschlichen Bezügen heraus Isoliert-Werden und Bedroht-Werden vom Chaos beinhaltet, kann häufig erlebnismäßig nur in religiösem Sprach- und Vorstellungsreservoir ausgedrückt werden. Im numinosen Überwältigungserlebnis[81] zeigt sich im beginnenden schizophrenen Prozeß die Tendenz zum Metaphysischen und zu den großen Zusammenhängen. Oft versucht der Kranke auch in der Hinwendung zum Religiösen neuen Halt zu finden. Unterstützend wirkt mitunter das abnorme Erleben besonderer neuer Fähigkeiten.

In der Regel lösen nach einiger Zeit andere Wahninhalte die religiösen ab, oder die religiösen Inhalte können nicht so systematisiert werden, daß sie dauerhaft sein könnten, und die ursprüngliche Erlebnisintensität versandet.[82]

---

81 'Das Gefühl des Grauenhaften und das des ekstatischen Glücksrausches, beide häufig von einer Unmittelbarkeit und Stärke unableitbarer Art, die ihnen das Charakteristikum des Numinosen verleiht.' (Weitbrecht 1948, 134) Beide Gefühle lösen sich in raschem Wechsel ab oder sind eng verschmolzen 'zu eigenartig lustvollem Grauen' (Weitbrecht 1948, 13) Das Katastrophenbewußtsein im schizophrenen Prozeß äußert sich häufig im Weltuntergangserlebnis, wobei der Weltuntergang als grauenhafte Vernichtung oder (häufiger) als Übergang zu Neuem, Größerem, der neuen Welt erlebt wird.

82 Ichstörungen und Bewußtseinstrübungen bei nicht-pathologischem abnormem religiösem Erleben
Eingebungen und Erleuchtungen können die Qualität autochthoner Bewußtheiten, also des Innewerdens einer schöpferischen Idee ohne subjektive Berücksichtigung des Schaffensprozesses, besitzen, sind aber auch oft nur schwer gegen pathologische, wahnartige Bewußtheiten abgrenzbar. Im Rahmen eines bestimmten religiösen Erlebens wurden in fast allen Religionen Technikern zum Erreichen solcher Zustände in bestimmten

Zusammenfassende Darstellung der religiös bedeutsamen Phänomene

Gefühle und Erlebnisse, die schizophrene Prozesse mit religiösem

---

Formen entwickelt. Kennzeichnend sind subjektive überwältigende Eindrücklichkeit als Anstoß zur Wandlung; Erfahrung des Überwältigt-Werdens ohne eigenes Zutun; häufig 'Durchströmtwerden' als begleitendes Körpergefühl.
'Daß freisteigende Ideen und Gefühle besonders leicht als überwirklich, inspiriert, göttlich oder dämonisch erlebt bzw. ausgedeutet werden, ist bei entsprechender religiöser Einstellung, vor allem wenn im Glauben Wert auf übersinnliche Erfahrungen gelegt wird, nahezu eine psychologische Selbstverständlichkeit.' (Weitbrecht 1948, 96)
Die psychologische Erscheinung, die dem Erleben des Erfüllt- und Überwältigt-Werdens von einer außerpersönlichen Macht zugrunde liegt, beschreibt Gruhle als eine Form der Ichstörung, nämlich die psychogene Ich-Lähmung. Sie steigt von 'leichten Andeutungen des Unbeteiligtseins in der Inspiration bis zu jener Opferung der Persönlichkeit an den Dämon' langsam an, wobei der Betroffene das Bewußtsein habe, Werkzeug eines außergewöhnlichen Wesens zu sein. (Zit. nach Weitbrecht 1948, 96). Hier sieht Gruhle einen wesentlichen Unterschied zur Schizophrenie. Der Schizophrene fühlt sich nicht als Werkzeug, sondern verfolgt und von den Verfolgern mit Beeinflussungserlebnissen gequält. Dabei handelt es sich um die 2. Form der Ich-Störung, die Ich-Spaltung. Bei völlig unterschiedlichem Zustandekommen haben hysterische und schizophrene Ich-Störung also einige deskriptive Gemeinsamkeiten.
Die bisher geschilderten Phänomene können sich sämtlich im Zustand der Ekstase ereignen, der allerdings nicht unbedingt Vorbedingung ist. Die Ekstase ereignet sich im psychogenen Dämmerzustand, der Bewußtseinstrübung, wo es zu Depersonalisationserscheinungen kommt, insbesondere durch die Aufgliederung des Ich-Bewußtseins. Krampfhafte Selbstbeobachtung der psychischen Abläufe kann einen Spannungszustand erzeugen, der immer mehr Raum im Bewußtsein gewinnt; das Bewußtsein vom Ich als Objekt des eigenen Erkenntnisaktes (Persönlichkeitsbewußtsein) wird verdrängt. Es entsteht ein 'neuer, fremder Ich-Zustand' (Weitbrecht 1948, 97), und die Objekte der Außenwelt erscheinen fremdartig. (Vorausgesetzt ist, daß die Erkenntnis ein Bewußtseinsakt ist, in dem das erkennende Bewußtsein sich auf den Erkenntnisgegenstand richtet (intentio recta). Treten Fehler oder Zweifel auf, richtet sich der Erkenntnisakt kritisch auf sich selbst (intentio reflexa), über die Gegenstandserkenntnis hinaus bis zum Ich als Erkenntnissubjekt. In diesem Fall ist das Ich gleichzeitig Subjekt und Objekt des Erkenntnisakts. Vgl. Stallmach, Vorlesung Erkenntnislehre, Kap. 'Wesen und Sinn der erkenntnistheoretischen Fragestellung, SS 1973)

Inhalt häufig begleiten, in Zuordnung zur psychiatrischen Klassifizierung dieser Gefühle und Erlebnisse:

> 'Wenn man nun noch hinzunimmt, daß durch autochthone, freisteigende Vorstellungen, Ideen oder Gefühle das Erlebens des Initiativeverlustes geradezu erschreckend entstehen kann, sind in der erwartungsvollen, religiösen Spannung und dem Sehnen, ob das Übernatürliche sich offenbaren, ob es schon zu spüren sei usw. zweifellos wesentliche Wurzeln für die mehr oder weniger stark ausgeprägten Depersonalisationserlebnisse in der Ekstase zu sehen.' (Weitbrecht 1948, 97)
> Diese freisteigenden Vorstellungen entziehen sich der Beeinflußbarkeit: sie zu übersehen ist genau so unmöglich wie sie hervorzurufen. Auch die Inhalte der Intuition sind dem Betroffenen neu. Er fühlt sich als Werkzeug eines Höheren. Starke Erregungszustände, Erschöpfung und Ermüdung (die durch Askese oder Gebetsübungen oft bewußt erzeugt werden) schaffen die Voraussetzung eines Zustands traumhafter Benommenheit, der solche Erfahrungen ermöglicht.
> <u>Ekstase</u> bei nicht-pathologischem abnormem religiösem Erleben: Ekstase wird gekennzeichnet von einem nicht ausdrückbaren Gefühl von Herrlichkeit, wobei Erkenntnisse aufleuchten und Klarheit da ist, die im Nachhinein nicht zu beschreiben sind. Übergänge zu Sinnestäuschungen und Pseudohalluzinationen aller Sinne kommen vor. 'Die abnormen autochthonen Gefühle solcher Ekstasen werden keineswegs immer nur s i n n b i l d l i c h in die Begriffe sexueller Entzückungen verkleidet, sondern offenbar auch so erlebt.' (Weitbrecht 1948, 108).
> Weitbrecht wehrt sich mit Girgensohn (1930) dagegen, das ekstatisch-mystische Erleben als völlig eigenes psychisches Geschehen hervorzuheben. Statt dessen begleitet 'ein dem ekstatisch-mystischen Erleben vollkommen analoger Rand von Bewußtseinserlebnissen' (Weitbrecht 1948, 116) die alltägliche Religiosität. Im ekstatisch-mystischen Erleben füllt die Struktur dieses Randbewußtsein das Bewußtsein völlig aus, so daß die psychischen Alltagsfunktionen in Untätigkeit und Bewußtlosigkeit gedrängt werden. Damit ist die mystische Erfahrung nicht mehr ein grundsätzlich dem Nacherleben unzugänglicher Ausnahmezustand.
> Die unio mystica ist 'd a s a u ß e r g e w ö h n l i c h s t e i n n e r e E r l e b n i s , das außerhalb des Psychopathologischen erfahren werden kann und das von höchster Bedeutung für die Entwicklung und Wandlung religiösen Lebens ist' (Weitbrecht 1948, 109). Da in der Gegenwart die mystische Erfahrung abnorm ist, erhebt sich bei solchen Erlebnissen meist die Frage, ob sie nicht auf psychotischen Strukturen aufbauen. 'Das Erlebnis des Sich-Vereinigens mit dem Unendlichen, des Zerfließens der Ich-Grenzen, gibt es auch in Ekstasen gleichsam weltlicher Art, die unio mystica geht hier fließend über in Erlebnisse von Überwältigungscharakter, die einen zu überkommen vermögen, wenn ihnen eine wesentliche Seinsfrage, eine Idee von überpersönlicher Bedeutung 'aufgeht' oder 'einleuchtet', oder wenn ein schöpferischer

Zur Kategorie des Wahns gehörige Phänomene:

- Offenbarungen und Eingebungen
- Gefühl gesteigerter Denktiefe
- Gefühl, andere Menschen durchschauen zu können
- Gefühl, selbst durchsichtig zu werden
- Gefühl angespannter höchster Verantwortung
- Gefühl, die Rettung der Welt vollziehen zu müssen
- Berufensein zu einer besonderen Mission
- Auserwählungs- und Besessenheitsideen; Messias- oder Madonnenwahn
- plötzliches Klarsehen, Durchleuchtetsein bis zum Grund

Halluzinationen:

- Durchströmungen, Leibempfindungen, sexuelle Leiberlebnisse
- Hören einer Stimme; Stimme erteilt Befehle; geoffenbarte Weisheiten müssen niedergeschrieben werden
- Erscheinungen von Heiligen oder von Christus; Visionen
- Geruchsempfindungen; Geschmacksempfindungen

Zur Kategorie der Ich-Störungen zu rechnende Phänomene:

- Gefühl, selbst verändert zu sein; Gefühl, daß die Welt verändert ist; Gefühl, gelenkt zu werden; einer fremden Macht zu unterliegen
- Übermaß der eigenen Bedeutung; Gefühl der Unendlichkeit; Vereinsamungsgefühl und Verbundenheitserlebnisse

Störung der Affektivität, krankhafte Gefühlseinbrüche:

- numinose Überwältigungserlebnisse; Bekehrungserlebnisse
- Gefühl, ins Chaos gerissen zu werden; Weltuntergangserlebnisse

Katatone Symptome, Störungen in Motorik und Antrieb:

- Ich-Lähmungen bei ekstatischer Verzückung oder als Ausdruck des Grauens
- innerer Drang, rituelle Handlungen immer wieder zu wiederholen.

Funktionsstörungen der Person des schizophren erkrankten Menschen äußern sich häufig auch im religiösen Erleben:

- intensive Gefühlqualität bei gleichzeitigem Auftreten gegensätzlicher Gefühle
- erschütternde Anfangserlebnisse von inhaltlicher Komplexität, die im Verlauf versanden/ formelhaft erstarren/ von anderen Inhalten abgelöst werden

---

Einfall vor die Seele tritt. Auch im Erleben der Natur vermögen entsprechend veranlagte Menschen Gleiches zu erfahren.' (Weitbrecht 1948, 110)
Um zu entscheiden, ob ein ekstatisches Einzelerlebnis psychogenen oder psychotischen Ursprungs ist, müssen also die seelischen Gesamtsituation und eventuelles Vorhandensein andersartiger Störungen einbezogen werden.

- eigenartig egozentrierte Wahnideen
- unlogische, verworrene, nicht systematisierte Wahninhalte
- Stillosigkeiten des religiösen Wahns: Vermischung von Erhabenem und Alltäglichem bis zu Plattheiten
- diffus erfahrene Halluzinationen, nicht bestimmten Sinnesgebieten zuzuordnen

Konkretisierung am Fallbeispiel[83]

Eine 23-jährige Patientin mit der letzten Diagnose einer Angst-Glücks-Psychose berichtet im Verlauf eines regulären ambulanten Gesprächstermins nach der 4. Klinikaufnahme in der Woche nach Pfingsten, Pfingsten sei in der Kirche im Gottesdienst das Gefühl einer Nähe Gottes für sie sehr deutlich spürbar gewesen. Dieses Gefühl sei sehr schön gewesen, und sie habe sofort mit völliger Unterwerfung reagiert. Um diesem Gefühl der Unterwerfung Ausdruck zu verleihen, habe sie sich mit ausgebreiteten Armen auf den Kirchenboden geworfen (von den Angehörigen bestätigt). Sie nimmt wahr, daß andere diese Reaktion unpassend finden, kann es nicht verstehen, auch nicht, daß die andern es ihr nicht gleichtun. Eigentlich müßten alle sich so verhalten, und wenn sie es nicht tun, tut sie es wenigstens für die anderen mit.

Wenn sie diesen 'Liebesstrahl' nicht habe oder spüre, habe sie keinen Halt. 'Wenn ich schon kein Mann bin, könnt ihr mir das doch wenigstens lassen'. Diese Erlebnisse gäben ihr Kraft, sie verstehe nicht, warum man sie ihr wegnehmen möchte. - Mit Pfingsten habe das nichts zu tun.

Früher habe sie solche Erlebnisse sehr genießen können, heute denke sie schon bei dem Erlebnis an die Konsequenzen: Triperidol-Tropfen und Klinikeinweisung. Medikamente, die das Aufhören solcher Erlebnisse bewirken, seien teuflisches Zeug, kämen vom Teufel.

---

83 Klinisches Fallbeispiel

Die Patientin war in die Klinik eingeliefert worden mit der Symptomatik, in jedem Mann, der ihr begegnete, Jesus zu sehen, den sie gesucht habe, um ihn zu heiraten. Sie sah in Pflegern und Ärzten Jesus und warf sich ihnen in die Arme. Alle Menschen wollte sie lieben und ihnen den Frieden bringen. Bei der Aufnahme sagte sie etwa: "Mein Gesicht ist schöner geworden. Es ist mehr Frieden auf der Welt." Oder "ich denke in zwei verschiedenen Welten. Ich denke im Paradies, ich denke an Jesus. Da ist alles umgekehrt wie auf der Erde. Hier in der Welt muß man Ordnung schaffen, man muß den Leuten helfen, daß sie auch so denken wie im Paradies." Nach Abklingen der Symptomatik erlosch auch ihr vorher ausgeprägtes religiöses Interesse. Sie distanzierte sich von ihren Vorstellungen, die aber in Krisensituationen wie an Pfingsten (sie hatte inzwischen eine neue Berufsausbildung begonnen und steckte in Anfangsschwierigkeiten) sofort wieder aktivierbar waren.

Bei der Patientin handelt es sich um eine immer schon sehr attraktive junge Frau, die große Schwierigkeiten hatte, zu ihrer weiblichen Rolle zu finden und mit etwa 13 Jahren ein Pubertätsmagersucht entwickelte. Die gestellten Diagnosen bewegen sich von 'Manie' über 'Schizophrenie' bis zu 'Angst-Glücks-Psychose', Letztere wegen der zwischen den psychotischen Einbrüchen offensichtlich völlig wiederhergestellten Primärpersönlichkeit.

Imponierend ist die Distanzierungsfähigkeit, die bis in das Überwältigungserlebnis inzwischen hineinreicht (dessen sexuelle Komponente schon in der Symbolisierung des 'Liebesstrahls' aufleuchtet). Zu den Stillosigkeiten könnte man das Motiv der Suche nach Jesus rechnen, nämlich die Heiratsabsicht. Die Berufungsidee konkretisiert sich in der Idee, paradiesische Liebe und Frieden zu den Menschen zu bringen. Ihre Äußerung zu ihrem Gesicht weist in die Nähe der Ich-Störung.

Verarbeitung der religiös gefärbten schizophrenen Psychose

Die Ähnlichkeit zwischen manchen psychotischen Symptomen und Elementen des religiösen Erlebens begünstigt initial, im Erleben oder auch retrospektiv eine Selbstinterpretation im Sinne der Einschmelzung, wobei das scheinbar Unvereinbare, Fremdartige durch 'die formende Kraft der Kontinuität' (Weitbrecht 1948,149) in die bestehende Ordnung eingefügt wird, ohne daß es zu wirklicher Wandlung kommt.

Anhaltende und durchgreifende Wandlungen infolge des psychotischen religiösen Erlebens sind vor allem dann möglich, wenn der Betroffene es im akuten Erleben selbst mit seiner Vorstellungswelt einschmelzen kann; wenn er primäre religiöse Wahnerlebnisse in Form von Wahnideen weiterspinnen kann, eventuell abwechselnd mit überbrückenden, deutenden Einschmelzungen aller Art; oder wenn es sich um religiöse Initialerlebnisse handelt, bei denen 'der Schub so zeitig zum Stillstand kam, daß die Persönlichkeit fähig geblieben ist, jene Erlebnisse sei es mit, sei es ohne Krankheitseinsicht im Sinne ihrer ursprünglichen Tendenzen weiter auszubauen, zum mindesten aber nicht als indifferent abzulehnen oder unerledigt bei Seite zu legen.' (Weitbrecht 1948, 138)[84]

Weitbrecht arbeitet als weiteren Typ der Verarbeitung der Psychose den von ihm nur bei religiös gefärbter Symptomatik beobachteten Typ der Bestätigung heraus. 'Der Unterschied zur E i n s c h m e l z u n g liegt darin, daß nicht etwas mit der Psychose auftretendes inhaltlich bzw. dem Erlebniskreis nach N e u e s verarbeitend eingeschmolzen wird. Es werden vielmehr die psychotischen Erlebnisse, sobald Raum zur Selbstbesinnung gegeben ist, also oft schon während des akuten psychotischen Erlebens, als B e s t ä t i g u n g für Erfahrungsweisen, Einstellungen, Erwartungen, Intentionen, Sehnsüchte usw. der prämorbiden Persönlichkeit angesehen. Es kann schon im Entstehen der

---

[84] 'Da ja keineswegs der religiös orientierte Kranke eine religiös gefärbte schizophrene Psychose zu bekommen braucht, liegt der Gedanke nahe, daß es neben der erkrankenden Persönlichkeit eben auch P r o z e ß s y m p t o m e s e l b s t s i n d , w e l c h e d i e A f f i n i t ä t z u r r e l i g i ö s e n E r l e b n i s s p h ä r e s c h a f f e n.' (Weitbrecht 1948, 157)

Psychose ihr **fugenloser Einbau** in das vor
der Krankheit vorhanden gewesene Weltbild erfolgen. Was zuvor
gleichsam theoretisch geglaubt, aus Legenden gläubig gewußt, für
die eigene Person vielleicht heimlich ersehnt war, **das
wird nun in der Psychose leibhaftig erfahren.**' (1948, 149)

Die Bekehrung als Verarbeitung der abgelaufenen Psychose wie
als Stellungnahme zur akuten Psychose kann die Einschmelzung
subsumieren. Die Hinwendung zum Religiösen im Beginn der Psychose kann eine anhaltende religiöse Orientierung zur Folge haben.
Diese religiöse Orientierung kann rasch oder langsam wieder verschwinden. Dieser Verlauf ist bei schizophrenen Psychosen der
mit Abstand häufigste Verlauf, der sich auch im vorangehenden
Fallbeispiel abzeichnet.

Es kommt auch vor, daß eine Psychose als solche keine religiösen
Inhalte aufweist, später aber als 'Prüfung Gottes' interpretiert
wird und Ursache einer späteren Wandlung wird.

Oder eine vor der Erkrankung schon bestehende religiöse Haltung
wird durch ein gewissermaßen 'persönliches Erleben' lebendig.

4.2.4. Psychopathologie
Des religiösen Erlebens bei manisch-depressiven Erkrankungen

Phänomenologische Darstellung der Erscheinungsweisen religiösen Erlebens

Vor allem in der depressiven Phase mit ihrer vitalen Traurigkeit
und dem elementaren, anfangs oft gegenstandslosen Schuldgefühl
konkretisieren sich die Symptome auch an der religiösen Wertwelt
des Kranken. Die Versündigungsideen etwa hängen in ihren Inhalten
'von der besonderen ethisch-religiösen Ideenwelt des Kranken und
seines geistigen Lebensraumes' ab (Weitbrecht 1948, 65).

Unter den Inhalten finden sich am häufigsten sexuelle und religiöse, oft in enger Verbindung miteinander; bedingt durch die
Ambivalenz der Sexualität und durch gewisse dogmatisch-religiöse

Anschauungen wird meist 'alles Geschlechtliche zur Sünde schlechthin' (Weitbrecht 1948, 65). Die Klagen der Kranken beziehen sich auf die Onanie und die vermeintlich von ihr verursachten Schäden, auf ungezügelte Triebhaftigkeit, abnorme sexuelle Bedürfnisse, sexuelle Untreue usw. Häufig ist auch in weniger ausgeprägten Fällen der Hauptinhalt des depressiven Gefühls, die moralische Selbstachtung und der religiöse Halt seien bedroht, eine Steigerung bis hin zum Gefühl totaler Verworfenheit ist möglich.

Häufig bemühen sich zu Beginn der Erkrankung, vor allem, wenn der Beginn ein schleichender ist, die Kranken skrupulös gewissenhaft, ihre religiösen Gewohnheiten zu erfüllen. Vorher Indifferente beschäftigen sich mit dem religiösen Glauben und suchen darin Halt.[85] Die Gewissensschärfung, die sich bis zu wahnartiger Überspitzung der Gewissenstätigkeit steigern kann, begünstigt zusammen mit dem elementaren Schuldgefühl die Auseinandersetzung mit der Religiosität.

Bei religiös orientierten Menschen kann es im Verlauf der Erkrankung auch zur Gleichgültigkeit gegenüber dem Glauben bis hin zur Abkehr kommen. Solches Erleben äußert sich etwa in der Klage, nicht mehr beten bzw. nicht mehr glauben zu können, beim Gottesdienst nichts mehr zu empfinden o.ä. Ablehnung und Haß gegenüber dem Glauben werden häufig wieder zu einer neuen Quelle von Verzweiflung. 'Nicht selten treten dann noch Zwangserscheinungen im Rahmen des depressiven Syndroms auf, die etwa als Antrieb zum Aussprechen scheußlicher Blasphemien dem Kranken vollends das Bewußtsein völliger Gottverlassenheit geben' (Weitbrecht 1948, 66).

Außerdem kann die Depression wie ein anderer schwerer Schicksalsschlag Gottvertrauen und Zuversicht erschüttern. Hier ist die Grenze des Psychopathologischen erreicht.

---

85 Solche Menschen am Beginn der Erkrankung werden besonders anfällig für die zweifelhaften Werbemethoden bestimmter Sekten.

Mit dem Abklingen der Depression verändert sich die Religiosität meist wieder zum Zustand vor der Erkrankung hin. Ein prämorbid religiös orientierter Mensch wird in der Regel seine religiöse Orientierung wiederfinden, wohingegen beim prämorbid Indifferenten oder Ablehnenden mit dem Abklingen der Versündigungs- und Schuldideen meist auch die Beziehung zu Religion und Glaube schwindet.

Dauerhafte Wandlung im Sinne einer Bekehrung geschieht selten. Sie ist meist abhängig vom Zeitpunkt innerhalb der Erkrankung, an dem der Kranke Zuflucht im Religiösen sucht. 'Wenn nicht die Depression schon im Abklingen ist und eine Distanzierung geleistet werden kann, pflegt ein noch so gut gemeinter seelsorglicher Zuspruch, der mehr will als trösten und beruhigen, der die Kranken mit verantwortlich machen will für das Ergreifen der göttlichen Gnade, der sie zur Überwindung ihrer Sünden ermutigt, deren psychotische Färbung verkannt wird, die Kranken in immer stärkere, verzweifeltere Minderwertigkeits- und Verlorenheitsgefühle förmlich hinein zu treiben.' (Weitbrecht 1948, 66). Hier wird gleichzeitig eine Hauptgefahr seelsorglichen Umgangs mit depressiv Kranken angesprochen, der das Pathologische im Erleben des Kranken übersieht und in der Konsequenz verstärkt.[86]

Eine Auseinandersetzung mit Religiosität und Glaube, die erst gegen Ende der Erkrankung erfolgt, beinhaltet aufgrund der wachsenden Möglichkeit für den Kranken, sich von Versündigungsideen und Schuldgefühlen zu distanzieren, bessere Chancen einer personalen Auseinandersetzung und damit auch der Persönlichkeitswandlung über die Erkrankungsphase hinaus. De facto geschieht das allerdings selten.

<u>Schulderleben, Wertwelt und Religiosität in der Zyklothymie</u>

Bei einer Untersuchung von 200 zyklothym depressiv Kranken findet sich bei 85 Kranken Schulderleben.

---

86 Vgl. dazu die Ausführungen unter 7.2.

Schulderleben meint hier die leidvolle Erfahrung, 'ausgesetzt
zu sein einem Vorwurf ob des Versagens vor den Forderungen verpflichtender Werte' (Janzarik 1957, 180), zu der das Bedauern
über das eigene Tun/Sein liegt, das die Werte gefährdet, die der
Betroffene bejaht, und die prospektive Zuwendung zu einer persönlichen Instanz, von der er abhängig ist, und die von ihm Rechenschaft fordert. Hinter diesem Gefüge von verpflichtenden Werten
steht die Gesamtheit der emotionalen Dynamik, die durch Begegnung mit 'Außen' und Prägung und Richtung durch 'Innen' Gestalt
gewinnt im Verlauf der seelischen Entwicklung.[87]

Unter den Schuldinhalten findet sich an der ersten Stelle bei
39 Kranken 'der Vorwurf, gegenüber den Angehörigen oder sonst
einem nahestehenden, geliebten Menschen versagt, ihm in irgend
einer Form Schaden oder Leid zugefügt zu haben, ihm Achtung, Fürsorge, Liebe schuldig geblieben zu sein.' (Janzarik 1957, 185)
Sieben der Kranken werfen sich dabei ein Versagen des Fühlens
vor, zu wenig Liebe empfunden zu haben, innerlich kalt und unbeteiligt gewesen zu sein. Wert und Instanz, der gegenüber sich
der Kranke verantworten muß, sind meist identisch, außer bei zugleich auftretenden Versündigungsideen, bei denen jeweils Gott
für alle Schuld die richtende Instanz ist.

Die Gefährdung von Werten durch eigenes Versagen wird erst dann
zum Schulderleben, wenn zu dem eigenen Versagen die Abhängigkeit
von einer Instanz dazukommt, 'die das Versagen vorwirft, ein Gegenüber, das Rechenschaft fordert. Das Schulderleben ist auf eine
p e r s ö n l i c h e Instanz hin angelegt, auf ein D u oder
ein I h r.' (Janzarik 1957, 183) Auch das Urteil des unpersönlichen 'Man', eines unpersönlichen Gottesbegriffs oder ethischer

---

[87] 'Einen Maßstab für die potentielle Dynamik eines Wertes und
damit für die Rolle, die er im Wertgefüge spielt, kann am
ehesten noch seine n e g a t i v e A k t u a l i s i e -
r u n g abgeben: die Beunruhigung oder die Erschütterung,
zu der W e r t g e f ä h r d u n g und W e r t v e r -
l u s t führen.' (Janzarik 1957, 182). Die stärkste Erschütterung ist bei den persongebundenen Werten zu verzeichnen.

Wert kommt vor, manchmal auch nur der Selbstvorwurf, häufig der, 'der eine Instanz nur vertritt und stellvertretend und vorwegnehmend ihren Vorwurf ausspricht.' (Janzarik 1957, 183) Diese Instanzen stellen wieder Werte bestimmter Eigenart dar. Vor allem sind es Werte, die die persönlichen Bindungen eines Menschen beinhalten, wie 'das Du, die Familie, die Gemeinschaft Gleichgesinnter, der soziale, politische, nationale Verband, ein persönlicher Gott.' (Janzarik 1957, 184) Auch ethische Normen und ein unpersönlicher Gottesbegriff stehen solchen persongebundenen Werten nahe.

An zweiter Stelle stehen Versündigungsinhalte, die bei 18 Kranken beobachtet wurden. 'Nur in wenigen Fällen beschäftigen sie sich mit einem Versagen, das den hier als Instanz wirksamen Wert unmittelbar trifft, wenn etwa zwanghafte Impulse, Gott zu lästern oder das Absterben religiöser Gefühle die verzweifelte Klage begründen, verworfen, verdammt, 'aus Gottes Hand gefallen' zu sein. Ganz überwiegend gefährdet das Versagen Werte, die zwar der religiösen Sphäre zugehören, gleichwohl aber einen gewissen Eigenwert haben. Selbstmordversuche, Verfehlungen auf sexuellem Gebiet, Verstöße bei der Beichte und beim Gebet spielen die größte Rolle. Daneben können auch sonstige Verfehlungen zur 'Sünde' werden: ein 'Sich-Gehen-Lassen', das 'Vortäuschen' einer Krankheit oder ganz banale Unkorrektheiten des Alltags. Die Einordnung solcher scheinbar außerhalb der religiösen Wertsphäre liegender Inhalte wird dadurch erleichtert, daß die Kranken den Nachdruck ganz auf ihr Sündigsein und weniger auf die in ihrer Auswahl oft recht zufällig anmutenden Verstöße legen.' (Janzarik 1957, 186)

An dritter Stelle folgt die Leistungsschuld, die sich auf Versagen bei der Arbeit, weniger auf schädliche Folgen dieses Versagens für andere bezieht (12 Kranke; zum Teil in Verbindung mit Verarmungsinhalten gemeinsam vorkommend). Sexuelle Verfehlungen beklagen 11 Kranke. Und 9 Kranke klagen sich eines Versagens ihres individuellen Seins an, das die daran gerichteten Forderungen nicht erfüllt hat.

Ein Zusammenhang zwischen Schuldthematik und Persönlichkeit
ergibt sich insofern, als die Menschen, die ihre Schuld im Verhältnis zu anderen Menschen suchen, eher den 'lebensfrohen Syntonen' angehören, ordentlich, tüchtig, ausgeglichen, lebensvoll,
froh und gemütsfähig sind, 'die ihrer seelischen und intellektuellen Differenzierung nach dem Durchschnitt zugehören, in ihren Varianten häufiger über, kaum einmal unter dem Durchschnitt
stehen.' (Janzarik 1957, 189). Die Kranken mit Versündigungsinhalten haben ungleich häufiger als andere dpressive Kranke starke religiöse Bindungen, sie neigen häufiger auch zu religiösen
Grübeleien, Skrupeln, auch Zwängen. - Deutlich unterscheiden
sich die 9 Kranken von allen andern, 'deren Schuld das Versagen
im zwischenmenschlichen und religiösen Bereich hinter sich läßt
und zur e x i s t e n t i e l l e n S c h u l d wird. Wir
finden hier Menschen, die lebensfroh und tatkräftig sind, andere,
die als etwas ängstlich, gewissenhaft und 'kompliziert' gelten,
religiös gebundene Menschen und solche, die sich religiös unabhängig fühlen. Gemeinsam ist ihnen, bei aller Verschiedenheit,
der hohe Grad seelischer und intellektueller Differenzierung,
das Interesse an ästhetischen und geistigen Werten, der Qualitätsehrgeiz.' (Janzarik 1957, 190) Durch die dynamische Reduktion
des Wertgefüges treten die individuell relevanten Themen hervor.
Erst die begleitende psychotische Angst gibt den Inhalten wahnhaftes Gewicht.

Hole (1977) stellt ergänzend in seiner Befragung von 110 depressiven Patienten fest, daß 'offenbar kein direkt aufzeigbarer bzw.
statistisch eruierbarer Zusammenhang zwischen allgemeiner Schuldbereitschaft und Religiosität' besteht. (159) Auch bei starker
Intensität des Glaubenslebens wird während der Depression keine
vermehrte Häufigkeit der Schuldgefühle deutlich. Hole interpretiert hier echte Religiosität als die Ausprägungsform einer Grundstruktur der Persönlichkeit, die allgemein durch emotionale Aufgeschlossenheit, gute Bindungsfähigkeit usw. charakterisiert ist,
also wohl an Janzariks syntone Persönlichkeit erinnert.

Auch in Holes Untersuchung erleben die meisten Patienten
(38=34, 6%) den familiären Bereich als den mit Versagen und
Schuld am meisten beladenen, was auch unter dem Aspekt, daß
starke affektive Bindungen im engen menschlichen Zusammenleben
sehr von einer Erkrankung in Mitleidenschaft gezogen werden,
die besonders den Affektbereich erfaßt, nicht allzu erstaunlich
ist.

Überraschender ist es schon, daß 55% der Kranken angaben, auch
in der Depression 'immer' an Gott oder ein höheres Wesen zu
glauben und immerhin 45% der Kranken eine 'Zuwendung Gottes'
als Bild des persönlichen liebevoll sorgenden Gottes spürten
(105). Auch dieser Aspekt berührt wieder deutlich den Affektbereich beim Kranken und verdeutlicht, daß die fides qua, die Glaubenshaltung, für das religiöse Erleben in der Depression von
wesentlicherer Bedeutung ist als die fides quae, die Glaubensinhalte. Von daher wird auch verstehbar, warum die Konfessionszugehörigkeit keinerlei 'Auswirkungen auf einzelne, hieruntersuchte Merkmale der Depressiven' (91) hatte.

Konkretisierung am Fallbeispiel

Eine 22-jährige Patientien[88] mit der Diagnose einer atypischen
endogenen Depression berichtet, wenige Wochen vor der ersten Klinikaufnahme habe sie in der Karwoche das Gefühl gehabt, sie müsse
sterben. Ein Theologiestudent aus dem Zimmer nebenan im Wohnheim
habe ihr eine Bibel geschenkt, in die sie ihren Namen geschrieben
habe. Später habe sie gedacht, dafür müsse sie mit ihrem Leben bezahlen. Sie habe damals auch gedacht, jedesmal wenn sie eine Kerze ausblase, müsse jemand sterben. Sie habe sich für die Jungfrau
Maria gehalten und den Theologiestudenten für den heiligen Joseph
und habe gedacht, sie werde ein Kind haben.

Nach Abklingen der Erkrankung habe sie verstärkt einige Zeit
nach religiösem Gemeinschaften gesucht mit persönlich gefärbter

---
88 Klinisches Fallbeispiel

Atmosphäre; als sie ihre Arbeit wieder aufgenommen habe, sei die Suche dann wieder verebbt.

Fast genau ein Jahr später wird die Patientin Ostern wieder aufgenommen. Im Verlauf der Behandlung berichtet sie, sie habe die Vorstellung gehabt, sie sei die Jungfrau Maria und ihr Freund der heilige Joseph; sie sei schwanger und werde ein Kind bekommen durch den Geist. Seit Ostern habe sie geglaubt, sie müsse die Menschheit erlösen. Um diese Zeit habe der Himmel Wolkenbilder gemalt für sie, das sei sehr schön gewesen. Sie habe ihren Zustand für sich behalten wollen und zunächst niemandem etwas davon gesagt. Nun aber habe sie ihre Periode bekommen und wisse, daß alles aus sei. Das sei sehr traurig.

Die Patientin schildert im Elternhaus ein warme, religiös geprägte Atmosphäre während ihrer Kindheit. Sie habe ein inniges Verhältnis zur Jungfrau Maria gehabt, gern Marienlieder gesungen und Maialtärchen gebaut. Auch heute noch sei sie religiös, könne aber mit vielen traditionellen Formen in der Kirche nichts anfangen.

Aus der Anamnese-Erhebung geht eine enge symbiotische Beziehung zur Mutter bei nicht vollzogener Lösung vom Elternhaus hervor.

Bei der Patientin muß man von einer religiös orientierten Primärpersönlichkeit ausgehen, die sich vielleicht auch hier (im Erleben als 'Kind Gottes') Ausdrucksmöglichkeit ihrer symbiotischen Bedürfnisse verschafft. In der religiösen Symptomatik drückt sich die Ambivalenz von Angst vor körperlicher Nähe und Kinderwunsch aus ('alle rundherum bekommen ja Kinder. Ich hätte auch gern eins'), die in der Identifikation mit der J u n g f r a u Maria und der Kindszeugung durch den G e i s t deutlich wird. - Im Verlauf der Erkrankung verflüchtigt sich die Beziehung zum Freund. Die Patientin sucht sich eine neue Arbeitsstelle und zeigt sich entschlossen, die Entlassungsmedikation nicht sofort wieder abzusetzen. Der weitere Verlauf ist abzuwarten.

Hier fehlen die typischen Schuld-, Versündigungs- und Verarmungsideen, allerdings ist die Erstarrung massiv beobachtbar.

Manien sind gelegentlich von Größenvorstellungen religiösen Charakters begleitet: der Kranke hält sich für Jesus Christus, einen Heiligen, einen Apostel, die Jungfrau Maria. Auch expansive Berufungsideen können sich einstellen: die Welt zu retten, sich selbst als Opfer hinzugeben zur Versöhnung usw. Im Ablauf des psychotischen Geschehens fehlt allerdings meist die Dauerhaftigkeit, so daß eine Persönlichkeitswandlung nicht zustande kommt. Allerdings gibt es auch Ausnahmen, bei denen die Religiosität der prämorbiden Persönlichkeit maßgeblich in die Psychose hineinspielt und für ihre Verarbeitung sehr bedeutsam ist.

Ein 23-jähriger Mann[89], bisher religiös indifferent, lebt seit 5 Jahren mit seiner jetzigen Ehefrau zusammen. In andauernden Eheschwierigkeiten wendet er sich erstmals in seinem Leben intensiv der Auseinandersetzung mit Bibel und Glaube zu. Schließlich liest er halbe Nächte lang in der Bibel und fühlt sich sehr angesprochen, zu den Menschen zu gehen und gut zu ihnen zu sein. Einmal hat er fast die ganze Nacht Bibel gelesen und nicht schlafen können. Morgens um sieben Uhr geht er in den Park, um Penner zu malen. Er trifft einen, bemerkt, daß der ziemlich 'fertig' ist, geht mit ihm frühstücken, nimmt ihn schließlich mit nach Hause und läßt ihn übernachten. Daraufhin zieht seine Frau sofort aus. Am nächsten Tag geht er morgens in seiner Pfarrei in die Messe und bleibt anschließend in der leeren Kirche, um zu beten. Plötzlich überkommt ihn das Gefühl, er müsse als Bund kommen und die Gegensätze vereinen, alle Gegensätze wie Feuer und Wasser, Licht und Dunkel. Er hat das Gefühl, er schlüpft jetzt in das Böse, um das Ganze zu retten. Jesus war ja nur gut. Daher ist die Erlösung noch nicht vollkommen.

Er tanzt auf dem Altar, weil ihm nach Tanzen ist. Dabei räumt er ihn mit den Füßen ab. Das Altarkreuz benutzt er als Fußball und schleudert es durch die Kirche. Er schlägt mit einem Stock auf den Tabernakel, bis das Schloß aufspringt. Dann verläßt er die Kirche und eilt zur Hauptkirche, um Petrus zu treffen, der

---
89 Klinisches Fallbeispiel, Schilderung des Patienten im Rückblick.

ihn mit der Lanze erstechen soll. Er hält sich für Jesus Christus, der die Menschheit jetzt vollends erlösen muß. Und dann geht er ins Paradies ein 'als der höchste oder so'.

Statt Petrus trifft er die Polizei, die ihn zum Revier und dann zur Klinik bringt, wo er sich weiter für Jesus Christus hält. Im Nachhinein kommentiert der Patient: 'Ich wollte immer mehr sein als ich sein kann. Deswegen Jesus Christus und der höchste im Paradies.'

Im Verlauf der Erkrankung verbessert sich die Beziehung zu seinen Eltern, die im Zusammenleben mit seiner Frau von ihr negativ beeinflußt wurden. Besonders zu seinem Vater bekommt der Patient ein herzliches Verhältnis, seit er spürt, wie sehr er zu ihm hält.

Nach der Klinikentlassung setzt der Patient bald alle Medikamente ab, und kurze Zeit später hält er seinen Vater für Gott Vater und seine Mutter für die Muttergottes. Das führt zur zweiten Klinikeinweisung.

Nach Abklingen der Symptomatik berichtet der Patient, seit der ersten Erkrankung sei er religiös interessiert. Gelegentlich suche er die Kirche auf, um darin still zu werden und zu beten. In den Gottesdiensten seien ihm zu viele Menschen, das möge er nicht so sehr. Er beschäftige sich jetzt manchmal mit dem Glauben und hoffe, das werde ihm helfen, nicht mehr nach ganz oben in die Manie abzukippen, aber auch nicht mehr nach ganz unten abzusacken; das kenne er auch, daß er depressiv sei und von allem überfordert. Er wolle sich künftig in der Mitte halten, dafür setze er auch etwas ein. Auch von der Arbeit, die er erstmals seit der ersten Erkrankung wieder aufnehmen werde, erhoffe er sich Stabilisierung. Die Ehe werde geschieden.

Hier wird deutlich, wie ein bislang religiös indifferenter junger Mann in einer schweren zwischenmenschlichen Konfliksituation eine Psychose mit religiös gefärbter Symptomatik entwickelt, näherhin einen Erlöserwahn mit Opferthematik; die eigene 'einschmelzende' Deutung als Ausdruck seines Wunsches, mehr zu sein als er ist, für seine Größenphantasien, klingt plausibel. Die Wiederannäherung an seine Eltern hat regressive Züge. Der Glaube bleibt zunächst über die Krankheitsphase hinaus wichtig, wird in der zweiten Aktivierung weitergesponnen, wobei er sich nicht mehr als Jesus fühlt, die Konstellation mit 'Vater-Gott' und 'Mutter-Gottes' diese Möglichkeit implizit aber noch beinhaltet. Damit sind die Chancen einer anhaltenden Wandlung im Sinne Weitbrechts (1948, 138) gegeben. Ob sie eintreffen wird, bleibt abzuwarten.

Dieses Beispiel am Ende der religionspsychopathologischen Phänomenerhellung leitet schon über zur Frage nach den Möglichkeiten des Seelsorgers, hier Beistand zu leisten.

4.3. Konsequenzen für den Seelsorger

Aus der bislang dargestellten psychopathologischen Sicht des psychisch Kranken ergeben sich für den seelsorglichen Umgang mit dem Kranken einige implizite Forderungen. Sie werden an dieser Stelle allerdings nur skizzenhaft angedeutet.[90]

Für den Seelsorger, der einem psychisch Kranken in der Klinik begegnet, ist auf der Basis der bisherigen Reflexion eine Grundhaltung notwendig, die die folgenden Elemente enthält:

- Den Kranken wahrnehmen:

Wer sich um den Kranken sorgen will, muß ihn zu allererst wahrnehmen. Ob es sich um eine tiefe Ich-Störung, uneinfühlbare Traurigkeit, nicht anhaltbare Flüchtigkeit handelt - gemeinsam sind allen Erkrankungen die Erfahrung der Isolation, des Herausgerissen-Seins aus den zwischenmenschlichen Beziehungen.

---

90 Die ausführliche Darstellung erfolgt später im Rahmen der Reflexion der Haltung des Seelsorgers im direkten Kontakt zum psychisch Kranken und im psychiatrischen Umfeld: siehe Kapitel 7).

- Zugang gewinnen:

In dieser Isolation Zugang zu gewinnen, ist ein erster, aber sehr schwieriger Schritt. Oft wirkt der Kranke wie eingemauert, unzugänglich, verschlossen. Oft wünscht er sich Beziehung und Kontakt, und gleichzeitig ängstigt ihn diese Möglichkeit sehr. Der Seelsorger als 'der Gesunde' verfügt über die besseren Möglichkeiten, hier Schwellenängste zu überwinden und auch beim Scheitern der ersten Kontaktversuche nicht aufzugeben.

- Sich nicht nur bei Menschen mit religiösen Erlebnissen und Bedürfnissen für zuständig halten:

Nicht der Seelsorger in seiner Rollenfuktion kann den psychisch kranken Menschen erreichen. Zugang gewinnen kann nur ein menschliches Gegenüber. Die Erschütterung, in der der Kranke lebt, beschränkt sich nicht auf das in religiösen Termini Ausdrückbare, kann sich gleichwohl darin äußern. Seelsorge ist da möglich, wo der Seelsorger ein Gespür hat für die existentielle Not seines Gegenübers und ihm als Mensch begegnet.

- Nicht "missionieren":

Angesichts solcher gesamtmenschlichen Krisensituationen stellt die Verfolgung institutioneller Interessen, wie etwa der Heimholung der Fernstehenden einen Verrat am Elend des Schwachen dar. Seelsorge in der Psychiatrie, die sich nicht ausschließlich von den Bedürfnissen des Kranken bestimmen läßt, rückt in Ideologienähe.

- Nicht mit den Kranken in eine theologische Auseinandersetzung einsteigen:

Die Gefahr ist groß, gerade weil die religiös gefärbte Symptomatik (Themen, Fragen, Begleitung) die Rolle des Theologen im Seelsorger stimuliert; solange der Kranke keine Distanzierungsmöglichkeit besitzt, sind auch die theologisch unhaltbarsten Standorte für ihn absolut gültig. Klarstellungen mögen das Seelsorgergewissen beruhigen, für den Kranken sind sie in keiner Weise hilfreich. Die Alternative ist ungleich schwieriger, aber wo sie glückt, dem Kranken dienlich: hinter den angebotenen Standorten die persönliche Situation des Kranken mit seinen verdeckten Hoffnungen und Ängsten erspüren.

- Die eigenen Motive und Ängste kennen:

Für den Seelsorger selbst ist es wichtig, seine Motive zu kennen und möglichst wenig 'erfolgsabhängig' zu sein, also das etwaige Scheitern von Kontaktversuchen nicht als persönliche Niederlage zu erleben. Und da in der Erkrankung Ursituationen des Menschseins im Erleben von Schuld, Angst, Ausgeliefert-Sein aktiviert werden, ist es notwendig, daß der Seelsorger seine eigenen diesbezüglichen Ängste kennt, um nicht in den Sog der Angst des Kranken zu geraten oder sich selbst innerlich zu blockieren und erst gar keinen Zugang zum Kranken zu finden. Erst die Kenntnis der eigenen 'psychischen Landschaft' erlaubt auch die Art von Ehrlichkeit und Unmittelbarkeit im Kontakt zum Kranken, die vielen Seelsorgern im Lauf der Ausbildung und des Berufslebens verlorengegangen sind und erst wiedergewonnen werden müssen. Innere Gelassenheit und angstfreie Aufmerksamkeit sind für den Kranken angesichts der Besorgnis und der Schuldgefühle der Angehörigen und der therapeutischen Haltung des Klinikpersonals eine wirkliche und, wenn sie glückt, befreiend wirkende Alternative.

- Stützen und trösten:

Angesprochen auf religiöse Probleme ist es unabdingbar, auch das Umfeld der Erkrankung zu berücksichtigen, wobei Erkrankung in jedem Fall eine Schwächung des Abwehrsystems und eine Labilisierung der individuellen Lebenssituation bedeutet. In solcher Lage ist es nicht nur erlaubt, sondern einzig verantwortbar, den stützenden und tröstenden Aspekt von 'Seelsorge als Begleitung' gerade in schwierigen Lebenssituationen zu betonen. Stützend kann die Religiosität beim ich-schwachen Menschen wirken, insofern sie ihm zur Identifikationshilfe werden kann für seine persönliche Situation in der Welt. Tröstend kann nur die voraussetzungslose Annahme des Kranken in seiner ganzen augenblicklichen Einschränkung wirken.[91] Diese Annahme ist auch die

---

91 Im Leben Paul Tillichs war das Leiden der Entdeckungszusammenhang für seine Korrelationsmethode, nach der keine Antwort verstehbar ist, die nicht Antwort auf eine gestellte Frage ist.
'Trost, trösten ist nicht nur ein Pol des korrelativen

einzig verantwortlich mögliche Antwort auf etwaige religiös
motivierte Selbstüberforderungen und Selbstverurteilungen der
Kranken.

    Verfahrens, sondern Kriterium selbst der Wahrheit der Korrelation zwischen menschlicher Frage und religiöser Antwort. - Eine 'trostlose' Antwort hat immer etwas 'Unbiblisches', etwas 'Unwahres', etwas 'Ungerechtes'. (di Chio 1975, 55)

5. Der psychoanalytische Ansatz

5.1. Psychoanalytische Krankheitsbetrachtung

5.1.1. Neuere psychoanalytische Ich-Psychologie

Psychoanalytisch orientierte Behandlung ist heute in vielen psychiatrischen Einrichtungen ein anerkanntes Heilverfahren, das sich auf Störungen in der frühen psychischen Entwicklung als Ursache psychischer Erkrankung und auf deren Heilung konzentriert. Diese therapeutische Richtung ist auch in der medizinisch-psychiatrischen Sicht heute anerkannt, viele Psychoanalytiker sind Ärzte, psychoanalytische Therapie findet sich in psychiatrischen Lehrbüchern als Behandlungsverfahren, wird in Kliniken angewandt. Ihre neuere Entwicklungsrichtung, die Konzentration der Theoriebildung auf die Ich-Psychologie, bietet auch für die Behandlung schwererer psychischer Erkrankungen wichtige neue Erkenntnisse. Gerade bei psychotischen Dekompensationen bricht ja das Ich des Patienten zusammen, und die auftretenden Ich-Störungen geben zu der Vermutung Anlaß, daß hier frühe Schädigungen in der Ich-Entwicklung zugrunde liegen. Die Untersuchung der Ich-Entwicklung und ihrer Störungen aber ist das beherrschende Thema der neueren psychoanalytischen Forschung.

Der Begriff 'Psychoanalyse' hat dreifache Bedeutung: er bezeichnet eine Persönlichkeitstheorie, ein Forschungsinstrument und eine Heilmethode. In allen drei Bereichen haben Freud selbst und die Psychoanalytiker nach ihm ständig aufgrund neuer Erfahrungen und Erkenntnisse die bisherigen theoretischen Konzepte modifiziert.

Als Heilmethode wurde die Psychoanalyse für Patienten entwickelt, deren psychische Struktur so weit ausgeprägt ist, daß sie ihre Lebensprobleme auf dem neurotischen Weg zu lösen versuchen. Mittels des psychoanalytischen Vorgehens soll durch Bewußtmachen des Unbewußten eine Veränderung der psychischen Struktur des Patienten zu mehr Autonomie hin ermöglicht werden. Die Behandlung von Patienten mit schweren neurotischen Störungen, von Borderline-Patienten und den noch stärker gestörten psychotischen Patienten erforderte

Modifikationen auf der Ebene des methodischen Vorgehens. Der
Behandlungsdruck durch wachsende Patientenzahlen verlangt auch
nach verkürzten Therapieformen in Richtung der Kurztherapien.

Die Erforschung der Ich-Entwicklung beim Kind schreitet immer
weiter voran, so daß immer frühere Entstehung von Störungen
theoretisch erfaßt werden kann und nach Behandlungstechniken
verlangt. Auch die psychoanalytische Theoriebildung wird durch
die Forschungsergebnisse weiter modifiziert.[1]

Dies führte zu der Notwendigkeit, die psychoanalytische Persönlichkeitstheorie in ihrer Entwicklung seitens und seit Freud einheitlich darzustellen. Sie wird in letzter Zeit als Ich-Psychologie oder psychoanalytische Entwicklungspsychologie bezeichnet.
Die Aufgabe der Zusammenfassung der neuen grundlegenden Erkenntnisse für die psychoanalytische Theorie stellten sich Gertrude
und Rubin Blanck. Sie versuchen die neueren Erkenntnisse zur
frühen Ich-Entwicklung in die Theorie zu integrieren und mit
der psychoanalytischen Technik zu vermitteln, um letztlich in
der Behandlung den Patienten besser gerecht werden zu können.

Freud selbst hat keine systematische Theorie der Psychosen hinterlassen, da sein Hauptinteresse den Neurosen und Perversionen galt. Er hielt die Psychose für eine Ich-Krankheit, wobei
der Wahn als Abwehrleistung, als Rekonstruktionsversuch des sich
selbst verteidigenden Ich gesehen wird. Diese Grundhypothesen
werden von den Nachfolge-Forschungen beibehalten, wie kursorisch
in groben Linien zunächst angedeutet werden soll, bevor die nähere Erläuterung der für das Psychose-Verständnis wichtigen Neuerkenntnisse erfolgt.

Nach psychoanalytischer Theorie ist die menschliche Persönlichkeit ein (hypothetisches) Ganzes, das aus verschiedenen Teilen

---

1 Freud selbst modifizierte seine Theorie im Verlauf seiner
Forschungen immer wieder, ohne allerdings jeweils sein bisheriges Theoriesystem im Hinblick auf seine neuen Erkenntnisse
konsequent umzuarbeiten. Auch seine Schüler entwickelten die
Theorie jeweils individuell weiter.

besteht, die einander zugeordnet sind. Diese Struktur, dieses
Gefüge von wechselseitig voneinander abhängigen Teilen, hat
Konflikte mit der Außenwelt und der einzelnen Anteile unterein-
ander zu bewältigen. Nunberg (1931, 1948, 1965) betont vor allem
die Synthesefunktion des Ich und sieht in der Psychose eine
Zerspaltung derselben. Federn (1956) sieht in der Psychose eine
Niederlage des Ich, wobei nicht alle Ich-Funktionen gleichermaßen
betroffen sein müssen und der Realitätsverlust Folge und nicht
Ursache 'der grundlegenden psychotischen Mangelhaftigkeit' ist
(148). Hartmann (1964) sieht die Psychose als Regression und
Zerfall eines schwachen, neutralisierungsunfähigen Ich und bemüht sich schwerpunktmäßig um die nähere Bestimmung der zentralen
Ich-Störung. Mahler (1951, 1958, 1968, 1972) geht es darum, die
Stadien der Entwicklung der Ich-Identität differenzierter einzu-
teilen und Störungen der kindlichen Entwicklung und spätere Erkrankungen einander zuzuordnen. Jacobson (1964) beschäftigt sich
auf Hartmann aufbauend mit der primären (angeborenen) Ich-Aus-
stattung des Säuglings und erforscht vor allem die Entwicklung
in den ersten Lebensmonaten. Kernberg (1967, 1970, 1972) sieht in
psychopathologischen Symptomen die Manifestation von Störungen
in der Verinnerlichung von Objektbeziehungen, deren Entwicklung
er in Stadien mit der Entstehung psychiatrischer Erkrankungen
in Verbindung bringt. In seinen Begriffen zum Teil stark von
der psychoanalytischen Ich-Psychologie abweichend, beschäftigt
sich Kohut (1971) mit narzißtischen Persönlichkeitsstörungen, die
er vom Autoerotismus her entwickelt.

Bei diesen wichtigsten Forschungsansätzen in der psychoanalytischen Ich-Psychologie wird die Konzentration auf frühe Störungen
mit psychotischen Erkrankungen und die Beschäftigung mit der im
Umfang zumindest für die psychoanalytische Praxis steigenden Zahl
von Borderline-Patienten deutlich. Für die weitere Darstellung sind
die Positionen von Kernberg und Kohut, dessen Terminologie eine wei
tere Hürde auf dem Zugangsweg zur Ich-Psychologie bedeuten würde,
vergleichsweise weit abseits liegend, und Federns Auffassung ist
der Freud'schen verwandt, so daß auf die nähere Darstellung
ihrer Positionen verzichtet wird. Stattdessen wird der von

der allgemeinpsychologischen Entwicklungspsychologie auf weite Strecken hin usurpierte Analytiker Spitz wegen der Anschaulichkeit und Bedeutung seiner Kindheitsbeobachtung zu Wort kommen.

Die Auseinandersetzung mit der Ich-Entwicklung und der Entstehung von Ich-Störungen bei psychisch Kranken werden aus einer anderen Perspektive die Problematik des psychisch Kranken, insbesondere des psychotisch erkrankten Menschen verdeutlichen und Hintergrund vermitteln für kompetentere seelsorgliche Begegnung.

5.1.2. Die Wurzeln: Freuds Konzepte der Psychoanalyse

Freuds Werk, die therapeutische Richtung der Psychoanalyse, wäre nie entstanden ohne seine wache Aufmerksamkeit für (beobachtete) Phänomene und seine Begabung, sie in einen Erklärungszusammenhang zu bringen und Theorien darüber aufzustellen. Mehrmals in seinem Leben korrigierte er dabei frühere Erkenntnisse, und nach seinen letzten großen Entdeckungen wurde die psychoanalytische Theorie zu seinen Lebzeiten nicht mehr revidiert. Diese Korrekturen standen sehr lange aus, sie wurden erst vor kurzer Zeit geleistet und mit weiteren aufgrund neuer Forschungsergebnisse notwendig gewordenen Korrekturen integriert. Sie werden im Folgenden als substantiell bedeutsam für die neuere Entwicklung der Psychoanalyse referiert. Zu ihrer Würdigung ist es allerdings unabdingbar, die Entwicklungsgeschichte der psychoanalytischen Theorie kurz vorzustellen.

Die psychoanalytische Theorie ist eine dynamische Theorie, die auf der Annahme beruht, daß alle Verhaltensweisen und psychischen Funktionen durch Triebe determiniert sind und alle Persönlichkeitsmechanismen dadurch angetrieben und mit Energie versehen werden. Zu dieser Annahme kommt Freud auf folgendem Weg:

Einer der Grundpfeiler, auf denen das Gebäude der Psychoanalyse ruht, ist der Mechanismus[1] der V e r d r ä n g u n g . Er wurde

---
1 Es handelt sich also um einen autonomen Prozeß, einen Zusammenhang, der ohne bewußte Veranlassung auftritt und gesetzmäßig und wie selbstverständlich abläuft. Freud kennzeichnet

entdeckt, als Freud bemerkte, daß seine Patienten sich in der Hypnose gegen das Wiedererinnern bestimmter Erlebnisse sträubten. Unter 'Verdrängung' versteht Freud daher die Abweisung vom Bewußten, die Abwendung vom Peinlichen, eine unbewußte Vorstufe der Verurteilung (die ja ein bewußter Akt des Ich ist, dem ein Konflikt vorausgeht). Verdrängung dient der Vermeidung unlustbetonter Dinge wie auch der Vermeidung von Angst und Schmerz.[2]

Zunächst setzt Freud 'Verdrängung' mit 'Abwehr' gleich. Später faßt er den Begriff der Abwehr weiter, und Anna Freud versteht schließlich den Verdrängungsvorgang als einen, aber den stärksten und gefährlichsten von zahlreichen Mechanismen der Abwehr.[3]

---

damit die Tatsache, daß psychische Phänomene in ihrer Anordnung beobachtbar und wissenschaftlich analysierbar sind. Vgl. Laplanche/ Pontalis 1972, 582-587

2 Freud postuliert einen dynamischen Anfang des Verdrängungsmechanismus, einem magnetischen Kern vergleichbar, der im Unbewußten auf das vom Bewußtsein Abgestoßene eine Anziehung ausübt. Er nimmt daher für die Existenz der ersten unbewußten Bildungen, die nicht schon von anderen angezogen wurden, den Vorgang der U r v e r d r ä n g u n g an. Dabei wird eine mit dem Trieb verbundene Vorstellung nicht ins Bewußtsein übernommen, und damit bleibt der Trieb in einer Fixierung unveränderlich an den Bewußtseinsinhalt gebunden. Die so gebildeten unbewußten Kerne ziehen zu verdrängende Inhalte an und tragen so zur Verdrängung bei.
Vgl. etwa Pongratz 1979; Freud 1915.

3 Vgl. Anna Freud, dt. 1964.
Abwehr, funktional verstanden, umfaßt alle Vorgänge mit der Tendenz, das Ich gegen Triebansprüche zu schützen. Dabei lassen sich eine Reihe verschiedener Abwehrvorgänge unterscheiden: Der stärkste Abwehrmechanismus, die V e r d r ä n g u n g, das heißt, die unbewußte Ausblendung von Bewußtseinsinhalten, wurde bereits angesprochen. In der S u b l i m i e r u n g wird das (sozial nicht erlaubte) Triebziel, etwa eine starke Aggressionsneigung, auf sozial gebilligtes, erwünschtes Verhalten hin verschoben, beispielsweise intensive sportliche Wettkampfbetätigung. Die V e r k e h r u n g i n s G e g e n t e i l bewirkt das Umschlagen affektiver Regungen, wie Freud in der Krankengeschichte des 'kleinen Hans' beobachtet, daß aggressive Neigungen des kleinen Jungen gegen den Vater, die er nicht zulassen kann, in Angst vor ihm umschlagen; bekanntlich verkehrt sich auch enttäuschte Liebe gelegentlich in Haß. Der Mechanismus der W e n d u n g g e g e n d i e e i g e n e P e r s o n führt in den Bereich der Selbstaggression: unerlaubte Gefühle gegen andere Personen (bevorzugt natürlich

Der Vorgang der Verdrängung schafft die Basis für Kompromiß und Neurosenbildung[4] als V e r s u c h eines Kompromisses zwischen Trieb[5] und Abwehr.

---

sehr nahestehende, da ihnen gegenüber solche Gefühle am ungeheuerlichsten erscheinen), etwa Haß gegen die Eltern, führt zu Selbsthaß und Herabsetzung der eigenen Person, die sich in den Selbstaggressionen der Zwangsneurosen (wie Putzen bis zur Erschöpfung, Grübeln bis zur Verzweiflung, Händewaschen, bis die Haut zerfetzt ist) niederschlägt. In der P r o j e k t i o n schreibt der Mensch anderen Personen die eigenen Affekte zu, in Rassenverfolgungen etwa bekämpfen die Verfolger in den verfolgten Bevölkerungsgruppen die Seiten des eigenen Wesens, die sie bei sich selbst nicht annehmen können. Auch die projizierte Eifersucht geht bekanntlich aus eigenen Impulsen zur Untreue hervor, die auf den Partner projiziert werden. In der R e g r e s s i o n kann das Verhalten vom Bewußten zurücksinken ins Unbewußte; in einer Situation der Angst oder einer sonstigen Notlage kommt es zum Rückzug auf einen Lebensstil, der in 'besseren Zeiten' bestimmend war, in denen gewissermaßen 'Libidodepots' errichtet wurden (die Regression ist also vom Lustprinzip diktiert und geht zurück bis zu den Fixierungsstellen der libidinösen Energie); in Notlagen ist die Regression psychohygienisch notwendig, um die gegenwärtige Misere zu bestehen. Unter der I d e n t i - f i z i e r u n g versteht man die unbewußte Gleichsetzung mit angsterregenden Objekten der Außenwelt zur Bewältigung dieser Angst, etwa des Kindes mit dem Über-Ich der Eltern; dieser Vorgang dient dann der Beherrschung der eigenen unerlaubten Triebansprüche. -

Diese Vorgänge sind keineswegs als pathologisch zu betrachten, sie dienen sämtlich dem gesunden Funktionieren des Ich und wirken nur bei extremer Ausprägung symptomverursachend. Ein Ich, das keine Abwehr mobilisieren kann, ist ja allen Schwierigkeiten hilflos ausgesetzt und auch bei kleinsten Kränkungen, wie später darzulegen ist, wegen seiner totalen Wehrlosigkeit immer in Gefahr, psychotisch zu entgleisen.

4 Dabei ist Neurose nicht zu verstehen als Konflikt zwischen Unbewußtem und Bewußtem, sondern zwischen dem zusammenhängenden Ich und dem von ihm abgespaltenen Verdrängten.

5 In 'drei Abhandlungen zur Sexualtheorie' (1905) versteht Freud die L i b i d o als Geschlechtstrieb, als energetisches Potential, als quantitativ veränderliche Kraft, die Vorgänge und Umsetzungen auf dem Gebiet der Sexualerregung messen könnte. Den T r i e b versteht er als psychische Repräsentanz einer kontinuierlich fließenden innersomatischen Reizquelle. - Wenn die Triebbefriedigung blockiert wird, erlischt damit die Triebenergie nach Freuds Vorstellung nicht, sondern wird verdrängt und versucht die Abwehr zu unterlaufen und wieder Zugang zum

In seiner ersten **topischen Theorie** des psychischen Apparates nimmt Freud eine Anzahl von Systemen an, die in der menschlichen Psyche verschiedene Eigenschaften und Funktionen haben. Sie sind in einer bestimmten Reihenfolge zueinander angeordnet und können daher metaphorisch als psychische "Orte" betrachtet werden, denen man eine bestimmte räumliche Vorstellung geben kann. In seinem Grundlagenwerk 'Traumdeutung' (1900) unterscheidet Freud die drei Systeme "Unbewußt, Vorbewußt, Bewußt", die durch Zensuren[6] voneinander abgegrenzt sind. Das Unbewußte wird von verdrängten Inhalten gebildet, den Triebrepräsentanzen[7]. Sie sind mit Triebenergie besetzt und versuchen wieder ins Bewußtsein und in Aktion zu gelangen, aber die Zensur verhindert das und läßt sie höchstens nach 'Entstellung zwecks Unkenntlichmachung' via Abwehrmechanismen ins Bewußtsein passieren.

Das System Vorbewußt enthält Inhalte, die zwar im aktuellen Bewußtseinsfeld nicht vorhanden, aber bewußtseinsfähig sind und bei Bedarf aktualisiert werden können.

Das System Wahrnehmung-Bewußtsein ist an der Oberfläche des seelischen Apparates anzusiedln. Es empfängt Informationen aus der Außenwelt, also Empfindungen, und von innen, also wiederbelebte Erinnerungen. Das System Wahrnehmung - Bewußtsein verfügt über freie Energie, die es auf ein Element via Aufmerksamkeit hinlenken kann. Dem Bewußtsein korrespondiert in Freuds zweiter Theorie das Subjekt der Verdrängung, die **Ich-Instanz**. Erst 1923 bildet die Präzisierung des Ich-Begriffs das Fundament einer

---

Bewußten zu erlangen. Freud spricht von der 'Wiederkehr des Verdrängten', die je nach Qualität und energetischem Potential in neurotischen Symptomen manifestieren können. S.o. Fußnote 4.

6   Sie sind als Funktionen zu verstehen, die den unbewußten Wünschen den Zugang zum System Vorbewußt - Bewußt untersagen. Die Zensur ist eine Dauereinrichtung, analog einer Schranke zwischen den Systemen Unbewußt und Vorbewußt-Bewußt (deren Grenzen durchlässiger gestaltet sind) und hält das Verdrängte davon ab, ins Bewußtsein aufzusteigen.

7   Triebrepräsentanzen sind die Elemente oder Vorgänge, die den Trieb innerpsychisch abbilden.

neuen Theorie, in der das Ich als Komplex von Vorstellungen
zu verstehen ist, als herrschende Vorstellungsmasse, die mit
gegenläufigen Inhalten in Konflikt steht. Man könnte es als 'abwehrlustig' bezeichnen. Das Ich ist jetzt als zusammenhängende
Organisation der seelischen Vorgänge in einer Person zu verstehen, entstanden durch den direkten Einfluß der Außenwelt via Wahrnehmung.

Freud nimmt an, daß das Kind, das ja zunächst nur die Welt über
den Körper erlebt, das nach seiner Auffassung als 'Triebbündel'
zur Welt kommt, anfangs ein E s - Wesen ist. Im Kontakt mit der
Welt entwickelt sich zunächst ein Körper-Ich. Der Körper ist das
Medium von Selbsterfahrung und Erfahrung von Lust und Schmerz.
Erst im Lauf der Konfrontation mit der Welt entsteht das I c h.

In diesem Konzept bildet das Es den Triebpol der Persönlichkeit,
dessen Inhalte den psychischen Ausdruck der Triebe, Leidenschaften und Affekte darstellen und daher zum Teil angeboren und ererbt und zum Teil verdrängt und erworben sind. Vergröbernd kann
man die Instanz Es mit dem System Unbewußt der topischen ersten
Theorie gleichsetzen.[8]

---

8 Genau besehen, bestehen folgende Unterschiede:
   Während das Unbewußte mit dem Verdrängten zusammenfällt, ist
   im zweiten System das Ich mit seinen Abwehrmechanismen, also
   die Instanz, die verdrängt, größtenteils unbewußt, so daß nun
   zwar das Es sich mit den früheren Inhalten des Unbewußten
   deckt, aber nicht alle unbewußten psychischen Prozesse beinhaltet.
   Zwischen dem System Unbewußt und dem System Vorbewußt-Bewußt
   herrschte die Zensurschranke, wohingegen das Ich vom Es nicht
   scharf getrennt ist, 'es fließt nach unten hin mit ihm zusammen. Aber auch das Verdrängte fließt mit dem Es zusammen, ist
   nur ein Teil von ihm. Das Verdrängte ist nur vom Ich durch
   die Verdrängungswiderstände scharf geschieden, durch das Es
   kann es mit ihm kommunizieren.'
   (S.Freud, Das Ich und das Es, 1923, Ausg. Fischer S.180)
   Auch das zum Großteil unbewußte Über-Ich ist keine eindeutig
   autonome Instanz. Die Unterscheidung zwischen dem Es und einem
   biologischen Triebsubstrat ist gleichfalls weniger scharf als
   die Grenze zwischen dem Unbewußten und der Triebquelle, da
   Freud das Es zum Ende hin als offen bezeichnet.

Die genaueste Skizzierung liefert Freud in seiner Schrift 'Das Ich und das Es', (1923, vgl. Ausg. Fischer, 181):

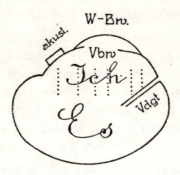

'Es ist leicht einzusehen, das Ich ist der durch den direkten Einfluß der Außenwelt unter Vermittlung von W - B w veränderte Teil des Es, gewissermaßen eine Fortsetzung der Oberflächendifferenzierung. Es bemüht sich auch, den Einfluß der Außenwelt auf das Es und seine Absichten zur Geltung zu bringen, ist bestrebt, das Realitätsprinzip an die Stelle des Lustprinzips zu setzen, welches im Es uneingeschränkt regiert. Die Wahrnehmung spielt für das Ich die Rolle, welche im Es dem Trieb zufällt. Das Ich repräsentiert, was man Vernunft und Besonnenheit nennen kann, im Gegensatz zum Es, welches die Leidenschaften enthält. Dies alles deckt sich mit allbekannten populären Unterscheidungen, ist aber auch nur als durchschnittlich oder ideell richtig zu verstehen.

Die funktionelle Wichtigkeit des Ichs kommt darin zum Ausdruck, daß ihm normalerweise die Herrschaft über die Zugänge zur Motilität eingeräumt ist. Es gleicht so im Verhältnis zum Es dem Reiter, der die überlegene Kraft des Pferdes zügeln soll, mit dem

Unterschied, daß der Reiter dies mit eigenen Kräften versucht, das Ich mit geborgten. Dieses Gleichnis trägt ein Stück weiter. Wie dem Reiter, will er sich nicht vom Pferd trennen, oft nichts anderes übrig bleibt, als es dahin zu führen, wohin es gehen will, so pflegt auch das Ich den Willen des Es in Handlung umzusetzen, als ob es der eigene wäre.' (Freud 1923, Ausg. Fischer, 181-182)

Die Quellen der Ich-Werdung sind die Wahrnehmung der Welt, das Es und der eigene Körper. Das Ich pflegt gewissermaßen den Willen des Es in Handlung umzusetzen. Es beherrscht das Bewußtsein, kontrolliert die Motilität und damit die Erregungsabfuhr in die Außenwelt und die Es-Regungen. Das Ich ist der Austragungsort für Verdrängung und Widerstand, und ihm obliegt die Traumzensur. Damit ist das Ich mehr als eine Instanz, es ist die zusammenhängende Organisation der Persönlichkeit. Das Ich als die verdrängende Instanz wird von der Außenwelt, von der Es-Libido (also den Triegregungen mit ihrer Triebenergie) und der versagenden Strenge des Über-Ich gelegentlich zu 'faulen Kompromissen' gezwungen, die sich in Neurosen äußern, versuchten Lösungen des Konflikts zwischen dem Ich und dem davon abgespaltenen Verdrängten.

Die Identifikation mit Werten und Normen der Eltern führt zur Entstehung des Über-Ich, das gewissermaßen die Elternteile repräsentiert.[9]

---

9 Näherhin sieht Freud die Über-Ich-Bildung als Resultat der Bewältigung des Ö d i p u s k o m p l e x e s , den er als Ausdruck der mächtigsten Regungen und wichtigsten Libidoschicksale des Es ansieht:
Der Junge besetzt die Mutter (analog das Mädchen den Vater) mit Libido, d.h. es entstehen verstärkte sexuelle Wünsche nach der Mutter, wobei der Junge wahrnehmen muß, daß der Vater ihm dabei hinderlich ist. Der Junge verhält sich zunächst 'feindselig' dem Vater gegenüber, er rivalisiert mit ihm, genießt aber gleichzeitig Sicherheit und Schutz durch seine Stärke. Unter dem Druck der Angst vor dieser Stärke (Freud spricht von Kastrationsangst) identifiziert sich der Junge mit dem Inzest-Verbot des Vaters und gibt die Objektbesetzung der Mutter auf. Gleichzeitig erfolgt eine stärkere Identifikation mit dem Vater 'als Mann', es kommt zur Aufrichtung der Geschlechtsrolle.

Die Begriffe 'Über-Ich' und 'Ich-Ideal' gebraucht Freud 1923 synonym, inzwischen werden sie allerdings nicht mehr von allen Freudianern gleichgesetzt.[10]

Das Über-Ich jagt dem Ich als Repräsentant der Norm Gewissensangst ein. Schuldgefühle entstehen aus der Spannung zwischen den Ansprüchen des Gewissens und den Leistungen des Ich. Die Verdrängung vollzieht das Ich im Auftrag des Über-Ich, das als Urheber aller Neurosen verantwortlich zeichnet. Das Über-Ich ist auch als Sprungbrett der Religion anzusehen, die in der Annahme eines 'höheren Wesens' das Ich-Ideal als Repräsentanz der Vatersehnsucht weiterführt bzw. die Repräsentanz der Eltern damit ersetzt. Das Movens des Über-Ich ist die Angst.

Das wohl größte Verdienst Freuds ist die 'Entdeckung' des Unbewußten und seine Methode der Psychoanalyse, die insofern seelische Vorgänge erfaßt, als sie Wege aufgewiesen hat, unbewußte Prozesse zu erfassen und zu beschreiben. Die Technik der Psychoanalyse Freuds hier vorzustellen, würde den Rahmen der Darstellung sprengen. Nur so viel muß erwähnt werden, daß die eigentliche psychoanalytische Behandlung den neurotisch Erkrankten vorbehalten bleiben soll, die die nötigen Voraussetzungen, nämlich ein gut entwickeltes Ich und eine hohe Motivation mitbringen. Behandlungsziel ist eine Struktur- und damit Persönlichkeitsveränderung.

Die psychoanalytische Theorie beschreibt die menschliche Entwicklung allgemein, gilt also auch für die bisher unanalysierbaren Patienten. Adäquat behandelt man schwächer strukturierte Persönlichkeiten psychotherapeutisch[11] mittels einer

---

10 Nunberg (1959) versteht etwa unter der Tätigkeit des Ich-Ideals Verhaltensweisen, die das Kind aus Liebe tut, wohingegen er das Ideal-Ich als durch Identifizierung mit der als allmächtig erlebten Mutter zustandegekommen begreift. Bei Freud schließt die Identifizierung mit den Verboten und Geboten der geliebten und gefürchteten Autoritätsperson, durch die das Über-Ich entsteht, beide Aspekte ein.

11 Zur Begriffsbestimmung: Die Psychotherapie, die als Begriff die Psychoanalyse eigentlich mit einbezieht, umfaßt nach allgemein akzeptiertem Sprachgebrauch alle psychischen Behandlungsmethoden außer der Psychoanalyse (vgl. Blanck 1974, 13-30)

modifizierten psychoanalytischen Technik. In der Behandlung
versucht man das geschädigte Ich zu heilen. Die Ich-Bildung
wird zum eigentlichen Behandlungsgegenstand, und es müssen
Verfahren entwickelt werden, die speziell diesem Ziel dienen.
(Blanck 1974, 23) Die Psychotherapie ist also die Behandlungsform für die schwereren Leidensformen, deren Prognose wegen
der schlechter ausgebildeten Ich-Struktur ungünstiger zu beurteilen ist. Die schwersten Formen seelischen Leidens sind wegen
des frühen Zeitpunkts und der Schwere der Störung im wesentlichen
irreversibel.[12]

Wie viele Ansätze zur Modifikation psychoanalytisches Denken
innerhalb der Theorie zuläßt, lassen die folgenden Darstellungen
erahnen.

5.1.3. Die Psychoanalyse als allgemeine Entwicklungstheorie nach Heinz Hartmann

Als die Theorie der psychosexuellen Entwicklungsphasen[13] in der
psychoanalytischen Therapie empirische Fakten nicht recht erklären konnte, wandte Hartmann dem Ich seine Aufmerksamkeit zu. Seine Forschung erbrachte die Erkenntnis, 'daß das Ich im Laufe seiner Entwicklung die Fähigkeit zur Organisation erwirbt.' (Blanck
1974, 42) Hartmann liefert eine allgemeine Entwicklungstheorie,
mit deren Hilfe es möglich ist, auch pathologische Erscheinungen
zu verstehen. Das Erhellen dieser frühen Phase der Ich-Entwicklung läßt beim Patienten leichter den Ort erkennen, an dem die
Schädigung eintrat. Mit Hilfe der später einsetzenden genaueren Forschung normaler und pathologischer Entwicklung, wie sie

---

12 Das macht allerdings Psychotherapie mit dem Ziel, den Patienten auf einem möglichst hohen Funktionsniveau zu halten, nicht sinnlos.

13 Die psychoanalytische Theorie beschreibt die Phasen der kindlichen Sexualentwicklung und in Abhängigkeit vom geglückten oder gestörten Durchlaufen dieser Entwicklungsphasen verschiedene Triebschicksale und ihre Auswirkungen auf Charakter und Lebensgestaltung des Menschen. Vgl. etwa Freud, 1908, Pongratz 1960.

noch vorgestellt wird, ist die therapeutische Beeinflussung dieser schwereren (weil von in der Entwicklung zeitlich früheren Störungen bewirkten) psychischen Erkrankungen heute leichter möglich.

Ansatzpunkt für Hartmann ist das Verhältnis zwischen dem menschlichen Organismus und seiner Umgebung, das er als starke Antriebskraft beurteilt und als A n p a s s u n g bezeichnet. Er vermutet, daß der Organismus zum einen die Fähigkeit entwickelt, auf sich selbst einzuwirken, etwa in der Auseinandersetzung mit den Trieben, zum andern aber auch auf die Umwelt reagieren lernt. Im Organismus postuliert er A p p a r a t e d e r p r i m ä r e n A u t o n o m i e , also angeborene Ich-Apparate wie Wahrnehmung, Wille, Objektverständnis, Denken, Sprache, Erinnerungsphänomene, Produktivität, motorische Entwicklung u.ä., die dem sich entwickelnden Organismus zur Verfügung stehen. Hartmann bezeichnet diese Ausrüstung als u n - d i f f e r e n z i e r t e M a t r i x . Mit dieser Annahme der undifferenzierten Matrix revidiert er die psychoanalytische Theorie, nach der bisher angenommen worden war, daß das Ich aus dem Teil des Es gebildet wird, das mit der Außenwelt in Berührung kommt. 'Zwar ist es richtig, daß es vor der Sonderung von Ich und Es kein Ich im strengen Sinne gibt - aber wenn wir es genau nehmen wollen, gibt es in dieser Phase auch kein Es. Beide sind Produkte einer Differenzierung.' (Hartmann 1958, dt. ^{3}1975, 99, zit. nach Blanck 1974, 42)

Auf Seiten der Umwelt nimmt Hartmann eine d u r c h - s c h n i t t l i c h e r w a r t b a r e U m g e b u n g an und versteht darunter zunächst die Mutter, wenig später auch den Vater, dann die ganze Familie und schließlich die ganze Gesellschaftsstruktur mit den Einflüssen der gesamten menschlichen Tradition. Die Anpassung geschieht mit Hilfe der Faktoren der hereditären Konstitution, der Umwelt und der persönlichen Ontogenese. Damit sind auch die Partner der Anpassung benannt, die in Wechselbeziehung zueinander stehen.

Den Begriff R e i f u n g verwendet Hartmann für biologische Prozesse. (Blanck 1974, 45) In der E n t w i c k l u n g wirken biologische und psychologische Prozesse zusammen, wobei das Biologische Teil des Psychologischen ist.[14] Entwicklung aber führt zu wachsender V e r i n n e r l i c h u n g und immer größerer Unabhängigkeit von der Umgebung. Dabei werden Reaktionen, die zunächst der Umwelt gegenüber erfolgen, immer mehr ins Innere des Organismus verlegt. Wenn also das Kind 'sich allein fühlt', gerät es in einen Spannungszustand und versucht die Spannung in Schreien loszuwerden, es schreit, die Mutter taucht auf, und das Kind fühlt sich gut. Später 'weiß' es infolge von aktivierbaren Erinnerungsspuren, daß es die Mutter noch gibt, auch wenn es sie nicht sieht; es kann die Erinnerungsspuren abrufen und im 'Wissen' um die Existenz der Mutter sich weiter gut fühlen, ohne sie zu sehen. Damit ist es unabhängiger geworden von der unmittelbaren Anwesenheit der Mutter.

Ein Aspekt der Wechselbeziehung und eine Perspektive der Anpassung ist das Z u s a m m e n p a s s e n , dem unter den Ich-Funktionen vier Regulierungsvorgänge dienen: 'das Gleichgewicht zwischen Individuum und Umwelt, das Gleichgewicht der Triebe, das strukturelle Gleichgewicht der psychischen Instanzen, und da das Ich nun mehr als angeboren und nicht als eigenständiges Gleichgewicht postuliert wird, ist die synthetische Funktion ein spezifisches Gleichgewichtsorgan das dem Individuum zu Gebote steht.' (Blanck 1974, 46) Diese Regulierungsvorgänge sorgen bei beiden Partnern in der Wechselbeziehung für das Zusammenpassen der jeweiligen Bedürfnisse.

Die Differenzierung des Kindes in der 'durchschnittlich erwartbaren Umwelt' geht neben der Entwicklung der Funktionen der angeborenen Ich-Apparate wie Bewegung, Wille, Wahrnehmung usw. her

---

14 So sind die ersten sozialen Beziehungen des Säuglings wichtig für sein biologisches Gleichgewicht, so daß Säuglinge unter Umständen auf 'Schichtbetreuung' durch mehrere verschiedene Personen im Wechsel den Tag über Verdauungsschwierigkeiten, Eßstörungen usw. bekommen.

(die immerhin darauf angewiesen sind, daß die 'durchschnittlich erwartbare Umwelt' auch eine solche ist, d.h. die Entwicklung des Kindes nicht durch grob unangemessenes Verhalten beeinträchtigt). 'Mit dem Einsetzen von Denkprozessen, die den Aufschub von Triebabfuhren einschließen, dient die Intelligenz dem Ich, indem sie Wahrnehmungen und Gedächtnisspuren organisieren hilft und sinnvolles Handeln ermöglicht. Diese Organisation der Innenwelt - der Welt der Verinnerlichungen - ist der eigentliche Strukturierungsprozeß.' (Blanck 1974, 48)

Ein weiterer wichtiger Beitrag Hartmanns zur Theoriebildung ist die These der N e u t r a l i s i e r u n g. (1960, 192) Darunter ist die Fähigkeit des Menschen zu verstehen, Triebenergie zu neutralisieren, d.h. aus der Triebsphäre in die Nicht-Trieb-Sphäre zu verschieben. (Nach Freud entsteht ja jede kulturelle Leistung nur durch Verzicht auf libidinöse oder aggressive Triebbefriedigung und Verschiebung auf ein anderes Gebiet, etwa Leistung oder Kunst). Diese für menschliche Entwicklung und menschlichen Fortschritt so wichtige Fähigkeit Triebenergie zu neutralisieren geht Hand in Hand mit der wachsenden Fähigkeit zum Triebaufschub, der Fähigkeit, Zeit verstreichen zu lassen zwischen dem Aufkommen des Triebbedürfnisses und seiner Befriedigung. Energie, die vorher nur zur sofortigen Triebbefriedigung benutzt wurde, steht damit dem Ich zur Verfügung, das nun Objektbeziehungen herstellen und sich mit seiner Umwelt auseinandersetzen kann.

Die Psychose, von Freud gesehen als Konflikt zwischen Ich und Realität, versteht Hartmann als N e u t r a l i s i e r u n g s v e r s a g e n. Das Ich kann nicht als Organisationsprinzip tätig werden, und somit findet keine Vermittlung zwischen Trieben und Realität statt. So kommt es zum Realitätsverlust in der Psychose. - Auch die Abwehr, die nach Hartmann durch neutralisierte Aggression möglich wird, kann bei fehlender Fähigkeit zur Neutralisierung nicht mobilisiert werden. Das bedeutet aber für den Betroffenen, daß er auch geringfügigen Versagungen und Kränkungen nichts entgegenzusetzen imstande ist und ihnen wehrlos ausgeliefert ist. Für den Gesunden eher nebensächliche oder zumindest bewältigbare Ereignisse können hier zum Zusammenbruch führen und etwa einen schizophrenen Prozeß auslösen.

Die Objektbeziehungen entwickeln sich nach Hartmann fortschreitend. Am Beginn steht der Zustand des p r i m ä r e n N a r z i ß m u s , in dem der Säugling in einem völlig undifferenzierten Zustand lebt und nicht zwischen sich selbst und der Außenwelt unterscheiden kann. Er ist völlig auf die Befriedigung seiner Triebbedürfnisse konzentriert, ohne Zusammenhänge mit dem Auftauchen der Mutter wahrnehmen zu können. Später kann er differenzieren zwischen sich selbst und dem Objekt, der Mutter, die er nur in ihrer bedürfnisbefriedigenden Funktion wahrnimmt. Schließlich erreichen die immer stärker differenzierten Objektbeziehungen die Ebene der sog. O b j e k t k o n s t a n z , die zu verstehen ist als 'Besetzung der dauernden psychischen Repräsentanz des Objekts' (Blanck 1974, 51). Nun existiert also unabhängig von den jeweiligen Bedürfnissen eine konstante innere Vorstellung vom Gegenüber, ein Wissen um sein Vorhandensein in Beziehung zum Kind, ohne daß das Kind sein Gegenüber ständig sichtbar präsent haben muß.

Dieses Verständnis der frühen kindlichen Entwicklung impliziert Behandlungsmöglichkeiten für Borderline-Patienten. Sie können nun nämlich verstanden werden als Menschen, die in ihrer psychischen Strukturierung (meist) auf der Stufe der Bedürfnisbefriedigung stehen geblieben sind und mittels der Behandlung in ihren Objektbeziehungen zur Annäherung an eine dauernde Repräsentanz gelangen sollen, d.h. zum Erleben, daß das Gegenüber nach der augenblicklichen spürbaren Bedürfnisbefriedigung nicht verloren ist, sondern weiter existiert und der Patient nicht hoffnungsloses Elend erleiden muß bis zum nächsten spürbaren Erleben bei der nächsten Bedürfnisbefriedigung.

All diese Überlegungen sind derart wichtige Anstöße für die weitere Theoriebildung, daß man im Rückblick Hartmann als den Vater der Ich-Psychologie bezeichnet hat. In der weiteren Darstellung der Entwicklungslinien lassen sich seine Spuren verfolgen.

5.1.4. Beiträge aus der Kindheitsbeobachtung von René A. Spitz

Spitz beobachtet das Verhalten von Säuglingen und Kleinkindern und pointiert aus seinen Erkenntnissen heraus einige Annahmen der psychoanalytischen Theorie, andere entwickelt er neu. Er untersuchte den hospitalisierten Säugling[15] und lenkte sein Interesse auf die Interaktion zwischen Mutter und Kind. Er postuliert eine Wechselbeziehung zwischen Mutter und Kind, in der Affekte die Hauptrolle spielen, und in der die Mutter dem Kind alle Wahrnehmungen, alle Handlungen und alles Wissen vermittelt. In dem konstanten und doch wechselvollen Auf und Ab dieser Beziehungen sieht Spitz die Wurzel der späteren Fähigkeit des Kindes zur Übertragung, d.h. zur unbewußten Affektverschiebung von einem Objekt auf ein anderes.[16]

Bei Untersuchungen in Frauengefängnissen, in denen Frauen ihre Kinder zur Welt brachten, aber nach einigen Wochen nicht mehr länger bei sich haben durften, zeigten die Säuglinge nach der Trennung von der Mutter eine sehr schlechte emotionale Verfassung.[17] Diese Beobachtungen lenkten Spitz auf die Untersuchung

---

15 Spitz kam aufgrund verschiedener Studien zu dem Ergebnis, daß mangelnde liebevolle Zuwendung der Mutter oder einer mütterlichen Bezugsperson zum Kind oder eine vorübergehende oder dauernde Trennung in den ersten Lebensjahren zu irreversiblen Störungen der gesamten Entwicklung des Kindes im sozial-emotionalen Bereich und im Bereich kognitiver Leistungsfähigkeit führt. Extremer Mangel an Zuwendung führte in einem Findelhaus sogar zu einer unverhältnismäßig hohen Säuglingssterblichkeit. Vgl. Spitz 1945; daneben Spitz ^{2}1962; Spitz ^{3}1972; Renggli 1974.

16 Damit wird die Generalisierung emotionaler Erfahrungen möglich; die Fähigkeit zur Übertragung ist auch die Voraussetzung der psychoanalytischen Behandlungsmöglichkeit, denn der Mechanismus der Übertragung der Gefühle von den ursprünglichen Bezugspersonen auf den Therapeuten ermöglicht erst die Korrektur der frühen emotionalen Erfahrungen im therapeutischen Prozeß durch Wiedererleben, Deuten, Durcharbeiten.

17 Der emotionale Zustand des Kindes kann sich bis zur sogenannten anaklitischen Depression hin steigern, wobei nach längerer Trennung von der Mutter das anfängliche Klagen und Jammern aufhört und das Kind mit offenen ausdruckslosen Augen im Bett sitzt, kaum oder gar nicht auf Kontaktversuche eingeht und von der Umgebung keine Notiz nimmt. Besonders leicht tritt dieses Syndrom bei bisher gutem emotionalem Kontakt zwischen Mutter und Kind auf. Vgl. R.A.Spitz und K.Wolf, 1946, 313-342.

der Ich-Entwicklung beim Neugeborenen innerhalb der engen Mutter-Kind-Beziehung in der Dyade.[18]

In seiner Untersuchung der Ich-Funktionen, mit denen der Säugling die mütterliche Interaktionspartnerin wahrnehmen lernt, konzentriert sich die Beobachtung sehr schnell auf die Wahrnehmung. Nach Spitz beeinflussen die Gefühle des Kindes (und hier besonders die Angst) die Wahrnehmung und die Entwicklung von Objektbeziehungen. Dabei ist die Mundhöhle, da mit der Geburt als einzige Körperstelle einsatzbereit, als Wahrnehmungsorgan prädestiniert. Ab der zweiten Lebenswoche veranlassen dann Berührungen der Haut und Stimulationen des Innenohres den Säugling, seinen Kopf dem Körper des Menschen zuzuwenden, der ihn auf dem Arm hält. Aber die spezifischsten Reflexe hat die Mundregion zur Verfügung, die auch das einzige zielgerichtete Verhalten der Nahrungsaufnahme auslösen kann. Von Wahrnehmungsfähigkeit will Spitz aber bei diesen ersten Empfindungen noch nicht sprechen, er unterscheidet das koenästhetische Empfinden des Neugeborenen von seiner späteren Fähigkeit zu unterscheidender Wahrnehmung.[19]

Aus dieser Vielzahl von Empfindungen des Säuglings, die er vor allem in der Befriedigung seiner Bedürfnisse und dem Rhythmus dieser Befriedigung affektiv erlebt, nimmt er allmählich die Außenwelt wahr. Aus dem Erleben werden Gedächtnisspuren gebildet, und nach und nach entstehen sinnvolle Konstellationen seines Erlebens der Welt. Damit deutet sich auch der Beginn der intellektuellen Durchdringung der Gefühlsregungen an.

Im dritten Lebensmonat reagiert das Kind mit einem Lächeln auf das menschliche Gesicht, wobei das Kind nicht zwischen einer Maske

---

18 Der Begriff 'Dyade' meint die sehr frühe Phase der engen Mutter-Kind-Beziehung, in der die übrige Familie noch kaum ins Gewicht fällt.

19 Das koenästhetische Fühlen des Neugeborenen wird als Gesamteindruck erlebt und ist in der Reizwahrnehmung nicht auf Einzelbereiche des Körpers hin lokalisierbar. Es bewegt sich auf der Stufe der Tiefensensibilität.

und einer Person unterscheiden kann, sofern es dieses Gesicht
von vorn und in Bewegung sieht. Diese Lächelreaktion signalisiert, daß eine Verschiebung von der Aufnahme innerer Reize hin
zur Wahrnehmung äußerer Reize stattfindet. Sie wird möglich, weil
das Kind inzwischen einen Aufschub der sofortigen Triebbefriedigung durch den auftauchenden Erwachsenen ertragen kann. Die lustvolle Reaktion, die die Pflegeleistungen des Erwachsenen immer
ausgelöst haben, ist nun auf einer Erinnerungsspur gespeichert
und wird bei der Wahrnehmung des sich bewegenden Gesichts vorweggenommen. 'Das ist in der Tat der Vorläufer des Denkprozesses,
und es bedeutet natürlich, daß sich ein rudimentäres Ich gebildet hat und die synthetische Funktion in Kraft getreten ist.'
(Blanck 1974, 64)

Die Ich-Entwicklung geht in den folgenden Lebensmonaten weiter,
und etwa im 6. Lebensmonat ereignet sich der Verschmelzungsprozeß.
Hier kommen die beiden Grundtriebe Aggression und Libido zusammen
unter der Vorherrschaft der Libido. Dieser Vorgang geschieht bei
der Erkenntnis, daß es sich bei dem 'guten', da befriedigenden
Objekt (dem mütterlichen Gegenüber) um die gleiche Person handelt
wie bei dem 'schlechten', da versagenden Objekt. Wichtig für das
Gelingen der Verschmelzung ist, daß die lustvolle Erfahrung bisher einerseits so befriedigend war, daß sie sich mit der Aggression verbinden kann, andererseits aber auch frustrierend genug,
um dem Kind einen Anreiz zu geben, zwischen seinen Selbst- und
Objektrepräsentanzen zu unterscheiden, d.h. um klar zu bekommen,
daß das 'schlechte' Objekt ein anderes ist als die eigene Person.
Dabei lernt das Kind seine psychische Struktur immer mehr entwickeln.

In der Folge lernt das Kind vertraute Personen als unverwechselbar erkennen, wie die Acht-Monats- oder Fremdenangst zeigt. Das
Kind entdeckt, daß es seine eigene Mutter hat. In Beziehung auf
dieses vertraute Objekt hin entwickelt das Kind Verlustangst.
Trennungsangst und tatsächliche Trennungssituationen sind zu bewältigen. Als einen Bewältigungsmechanismus entwickelt das Kind

das Nachahmungsverhalten, mit dem es sich selbst die Befriedigung zu geben versucht, die es von der Bezugsperson erhalten hat. Damit hat es den Weg der Verinnerlichung eingeschlagen, es versucht die Außenwelt zu ersetzen durch seine eigenen Möglichkeiten, und in dem Maß, als es sie entwickelt, wird es tatsächlich immer mehr unabhängig von der Umgebung.

Sobald das Kind das Laufen beherrscht, verdrängt die sensorische Wahrnehmung (etwa die Stimme der gerade nicht sichtbaren Mutter) das koenästhetische Erleben, und das Kind bekommt ein ausgeprägteres Bedürfnis nach präziser Verständigung. 'Die erste Abstraktion, die gebildet wird, ist häufig das semantische 'Nein', das von Kopfschütteln begleitet ist. ... Spitz geht davon aus, daß jedes 'Nein' der Mutter eine Versagung darstellt, die als Aggression und als ein Verbot erlebt wird, das eine Initiative stört. Es zwingt das Kind in die Passivität zurück. Die Gedächtnisspur dieser Erfahrung ist affektiv aufgeladen, was ihr Fortbestehen sichert. Unlust verursacht Konflikte; ein aggressiver Drang gegen Passivität und Unlust zwingt zur Konfrontation mit der Tatsache, daß das libidinöse Objekt die Quelle dieser Unlust ist. Das Kind löst diesen Konflikt auf aktive Weise: Es identifiziert sich mit der Angreiferin, indem es sich wie sie verhält, den Kopf schüttelt und 'Nein' sagt. In diesem einzelnen Wort kommen sowohl Ablehnung als auch Verurteilung zum Ausdruck. Es ist die erste Abstraktion im Sinne des Verstandesdenkens Erwachsener.' (Blanck 1974, 67)

Der vorherige Verschmelzungsprozeß hat ja bewirkt, daß die libidinöse Energie die aggressive beherrscht; so kann das Kind mit seiner Identifikationsreaktion das mütterliche Objekt bewahren und sich zugleich wieder vom mütterlichen Objekt unterscheiden und damit im Strukturierungsprozeß weiter fortschreiten.

Wenn nun das Kind alle Wahrnehmungen, alle Handlungen alles Wissen, alles Fühlen in der engen Beziehung zur Mutter erlernt, wird deutlich, wie verheerend die Folgen für die kindliche Entwicklung sind, wenn diese frühe Beziehung zur Mutter gestört wird.

Totale Trennung von Mutter und Kind kann bis zu dessen physischer Lebensunfähigkeit, also Sterben, führen. Störungen dieser hier von Spitz veranschaulichten Prozesse führen, wie schon Hartmann herausgefunden hatte, zur Unfähigkeit, zwischen der eigenen Person und der Umwelt, Selbst und Objekt zu unterscheiden und die Realität als abgelöst von der eigenen Person wahrzunehmen. Das aber bedeutet die Gefahr der psychotischen Erkrankung, zumindest die Unfähigkeit zur Aufnahme von Beziehungen beim späteren Borderline-Patienten. Bei Störungen im Verlauf des Verschmelzungsprozesses überwiegt die Aggression und setzt Wut, Widerstand, Gewalt frei. Störungen der kindlichen Entwicklung im ersten Lebensjahr wirken sich auf die Beziehungsfähigkeit des Erwachsenen aus.

Diese gravierenden Störungen sind nicht zu verwechseln mit unvermeidlichen mütterlichen Unzulänglichkeiten; sie werden von dem großen Bedürfnis des Säuglings nach dem mütterlichen Interaktionspartner weitestgehend wieder ausgeglichen.

5.1.5. Margaret S. Mahlers Perspektive in der Erforschung der Identitätsbildung

Margaret S. Mahler stützt sich in der Erarbeitung ihrer theoretischen Position vor allem auf die Erforschung frühkindlicher Psychosen[20] und Beobachtung der Mutter-Kind-Interaktion in einem Kindergarten-Setting, in dem geschulte Mitarbeiter die Reaktionen der Kinder auf die Abwesenheit der Mütter beobachteten und die Mütter ihrerseits sorgfältig befragten. Diese Beobachtungen dienten der Erforschung von Normalität und Pathologie und ihrer Hintergründe. Dabei entdeckte Mahler drei Entwicklungsphasen auf dem Weg zur Identität:

---

20 Es handelt sich hier um psychotische Erkrankungen, die im Kindesalter akut ausbrechen, nicht etwa um die bisher beschriebene frühe Verursachung der später im Erwachsenenalter akut werdenden Psychosen.

Nach der Geburt erlebt der Säugling (der in Entsprechung zu
Hartmanns Annahme der undifferenzierten Matrix mit den angeborenen Ich-Apparaten und in eine durchschnittlich erwartbare Umgebung hinein geboren wird) einen Zustand halluzinatorischer Desorientiertheit, in dem Sinneswahrnehmungen nicht auf die Reizung
von Sinnesorganen rückführbar sind und Bedürfnisbefriedigung
völlig autistisch empfunden wird.[21] Eigene Aktivitäten sind
nicht von denen der Mutter unterscheidbar. Im Mittelpunkt steht
die Aufrechterhaltung bzw. Wiederherstellung der Homöostase,
des inneren Gleichgewichts des Körpers. Diese erste Erlebensphase
des Kindes ist die a u t i s t i s c h e .

Etwa im zweiten Monat erlangt das Kind ein undeutliches Bewußtsein vom Objekt. Die s y m b i o t i s c h e P h a s e[22] beginnt um den dritten Lebensmonat mit der Wahrnehmung, daß eigene
Bedürfnisse von einem Objekt befriedigt werden. Optimale symbiotische Befriedigung hält Mahler für ausschlaggebend für die gesamte weitere Entwicklung.

Extreme Kommunikationsstörungen zwischen Mutter und Kind in
dieser Phase führen zur Psychose. Seitens des Kindes kann ein
Defekt der angeborenen Ich-Apparate vorliegen, so daß das Kind
unfähig ist, die symbiotische Verbindung zur Mutter hin aufzunehmen.[23] Die Folge ist ein schwerer symbiotischer Mangel, der
zur Regression in den Autismus oder zur symbiotischen Psychose

---

21 'Autistisch' meint: völlig auf sich selbst zurückgezogen.
   Die Außenwelt hat keinen Aufforderungscharakter. - Damit ist
   in diesem Zusammenhang eine Durchgangsphase normaler Entwicklung gemeint, nicht der krankhafte kindliche Autismus, der
   den totalen Rückzug aus der Gemeinschaft beinhaltet.

22 Symbiose meint hier im biologischen Sinne das Zusammenleben
   zweier unähnlicher Organismen zu beiderseitigem Vorteil. -
   Der Vorteil für den kindlichen Organismus ist deutlich; für
   die Mutter bietet die Symbiose ebenfalls, wie von Spitz hervorgehoben, eine Quelle der Befriedigung in vieler Hinsicht.

23 Es muß also nicht unbedingt die 'schizophrenogene Mutter'
   sein, deren Verhalten zur späteren Erkrankung des Kindes
   führt. Möglicherweise ist dieses 'schizophrenogene' Verhalten
   der Mutter schon eine Folgeerscheinung des fremdartigen Verhaltens des Kindes.

führt. Mahler sieht die kindliche Psychose als Kombination symbiotischer und autistischer krankhafter Veränderung. 'Das symbiotisch-psychotische Kind besitzt jedoch ein gewisses Bewußtsein von symbiotischen Objekt, doch nur in dem Maße, daß es versucht, mit dessen 'guter' Seite zu verschmelzen und die Wiederverschlingung durch die 'schlechte' Seite abzuwehren. Bei der autistischen kindlichen Psychose geht die Fähigkeit, Gedächtnisspuren guter Bemutterung zu bewahren, verloren, und es folgt eine Regression in die Objektlosigkeit.' (Blanck 1974, 75)

Kommt es nicht zum Scheitern, sondern zu schwerem Mangel in der Symbiose, dann kann eine Borderline-Persönlichkeit die Folge sein. Da Entwicklungsprozesse auch bei ungünstigem Verlauf der Symbiose fortschreiten können, wenn auch mit defizitärer Grundausstattung des Kindes und infolgedessen in eine ungünstige Richtung, kann die Ich-Entwicklung vorzeitig einsetzen[24] und das Kind sich zur späteren therapeutisch nur schwer beeinflußbaren 'narzißtisch arrangierten Pseudo-Selbstgenügsamkeit' hin entwickeln (Blanck 1974, 76).

Gelegenheit zur Reparatur bietet die Übertragung, in der ja frühe Lebensabschnitte wiederbelebt werden und in beschränktem Umfang Korrekturen der frühen Negativerfahrungen durch günstigere Erfahrungen vermittelt werden können.[25]

Der Symbiose schließt sich als nächste Entwicklungsphase die der L o s l ö s u n g u n d I n d i v i d u a t i o n an, eingeleitet durch die erste Subphase der D i f f e r e n z i e r u n g . Je mehr symbiotische Lust und Sicherheit das Kind fühlt, desto besser kann es sich aus der Symbiose herauslösen und zwischen sich selbst und dem Objekt unterscheiden, von sich

---

24 Das geschieht etwa, wenn die Mutter ihrer Funktion als Hilfs-Ich nicht recht genügen kann und das Kind diese Funktion übernehmen muß.

25 Die kindliche Entwicklung im Durchlaufen der Mahler'schen Phasen von Autismus und Symbiose faßt Freud in seinem theoretischen Verständnis in der Entwicklungsphase des primären Narzißmus zusammen.

selbst Besitz ergreifen und sein Gegenüber in klaren Konturen von sich selbst getrennt wahrnehmen.

Um den zehnten bis sechzehnten Monat folgt die Ü b u n g s - s u b p h a s e , in der das Kind in immer größerem Umkreis den Lebensraum um sich herum erforscht in wachsender physischer Entfernung zur Mutter. 'Die Geburt des Kindes als Individuum tritt ein, wenn es sein Verhalten ändert, indem es reagiert, sobald die Mutter ihrerseits auf seine Signale selektiv reagiert.' (Blanck 1974, 78) Jede Mutter aktiviert dabei unbewußt die unter den unendlich vielen Möglichkeiten des Kindes, die ihr d a s Kind bescheren, das ihre individuellen Bedürfnisse an ihr Kind wiederspiegelt. Der Umriß der sich abzeichnenden kindlichen Identität wird also entscheidend vom Austausch zwischen Mutter und Kind geprägt, indem die Mutter, die (unbewußte) Erwartungen an das Kind hegt, selektive Signale auf Reaktionen des Kindes gibt. Diese Signale der Mutter bewirken die Ausgestaltung der Folgesignale des Kindes.

Störend kann es sich auf den Identitätserwerb des Kindes auswirken, wenn die Mutter zu uneingeschränkt froh ist über die wachsende Unabhängigkeit des Kindes und ihren daraus entstehenden Zugewinn an Freiheit, da eine solche Ablehnung das Kind mit vorzeitiger Verlustangst belädt.

Die Verinnerlichung von Objekten und Strukturen der Außenwelt beginnt mit etwa 18 Monaten mit der Ich-Identifizierung, zum Zeitpunkt des ersten 'Nein' in Identifikation mit dem Verhalten der Mutter.

In den nächsten 18 Monaten gelangt das Kind zum Erwerb seiner echten Identität, wenn es in der S u b p h a s e d e r W i e - d e r a n n ä h e r u n g die letzte Klippe auf diesem Weg bewältigt hat. In dieser Phase gewinnt die Anwesenheit der Mutter wieder sehr an Bedeutung. Wenn die Mutter inzwischen begonnen hat, die wachsende Unabhängigkeit des Kindes und ihre neue Freiheit zu genießen, und wenn bei ihr der Eindruck entsteht, das Kind regrediere zu früheren Verhaltensniveaus, so kann sie mit Zurückweisung auf die Wiederannäherung des Kindes reagieren, die das Kind so enttäuschen kann, daß der Keim für eine spätere Depression gelegt wird.

Gelingt das Durchleben der Symbiose und der Subphasen von Loslösung und Individuation gut, dann ist das Kind in der Lage, zwischen Selbst- und Objektrepräsentanzen zu unterscheiden, also zu erkennen, wo seine Grenzen und die der Umwelt verlaufen. Dann kann es die Erinnerung an die Bezugsperson und die Hoffnung auf ihre Unterstützung aufrechterhalten in der Erinnerung an erfahrene Unterstützung. Dann ist es Spannungs- und Unlustsituationen nicht hilflos ausgeliefert, sondern hat etwas entgegenzusetzen.

Und selbst wenn für das Kind eine der Phasen nicht günstig verläuft, besteht die Möglichkeit, daß Defizite in den darauffolgenden Phasen ausgeglichen werden. Daß das allerdings nicht immer glückt, zeigt die große Zahl der psychisch Kranken, deren Störungen in die ganz frühen Erfahrungen von Beziehung zurückreichen.

5.1.6. Edith Jacobsons Erforschung der Ich-Entwicklung in den ersten Lebensmonaten

Edith Jacobson gelangen einige wichtige Revisionen der Freudschen Auffassungen der psychoanalytischen Theorie. Ausgangspunkt ihrer theoretischen Arbeit ist ihre Erweiterung des Hartmannschen Begriffs der undifferenzierten Matrix als angeborener Grundausstattung des Säuglings; diese undifferenzierte Matrix erweitert sie um die beiden Triebe. Demnach sind nach ihrer Auffassung nicht nur Ich und Es, sondern auch Libido und Aggressionstrieb in der Matrix enthalten. Zunächst kann sich beim Säugling die nun angeborene, aber gleichwohl undifferenzierte Triebenergie nur nach innen entladen, da ein Außen noch nicht wahrnehmbar ist. Vom Zeitpunkt der Geburt an entwickelt sich diese Triebenergie (auch durch Außeneinwirkung) zu den zwei Triebarten, und mit zunehmender Reifung entwickeln sich auch immer mehr Wege zur Abfuhr nach außen.

Ferner unterscheidet Jacobson zwischen dem I c h als Struktur, dem S e l b s t , das sie als Gesamtheit der psychischen und physischen Person versteht, und den S e l b s t r e p r ä s e n t a n z e n als unbewußten und bewußten intrapsychischen Repräsentanzen des Selbst im System Ich. Mit dem Begriff 'Repräsentanzen' will sie 'Selbst und Objekt, w i e s i e e r l e b t w e r d e n , von Selbst und Objekt i n d e r R e a l i t ä t unterscheiden... Das Kind erwirbt Selbstbilder, die seinen lustvollen oder unlustvollen Erfahrungen entsprechen, und erreichtet gleichzeitig Objektbilder, die dadurch geprägt werden, wie es das Objekt im Augenblick ansieht.' (Blanck 1974, 83/84)[26] Dabei kommt es zunächst zur Bildung von Repräsentanzen des 'guten' Objekts, das Befriedigung vermittelt und mit Libido besetzt wird, und Repräsentanzen des 'bösen' Objekts, das Befriedigung versagt und mit Aggression besetzt wird, bis das Kind mit etwa sechs Monaten entdeckt, daß 'gutes' und 'böses' Objekt e i n e r e a l e Person ist. Es verschmilzt die beiden Objekte miteinander, wobei gleichzeitig die beiden Triebe miteinander verschmolzen werden. Normalerweise wird dabei der Aggressionstrieb der Libido untergeordnet. - Hier kommt Jacobson also zu einer Übereinstimmung mit der Auffassung von René A. Spitz.

Mit Beginn des zweiten Lebensjahres setzt das Fortschreiten der Reifung aggressive Energie frei. Sie dient der Erfüllung des kindlichen Wunsches, so zu sein wie seine Liebesobjekte. Eigenschaften der Objekte, die beim Kind Bewunderung auslösen, nimmt es zu seinem ersehnten Selbstbild. Das ersehnte Selbstbild wird aber gleichzeitig von der realen Selbstrepräsentanz, also der Art, wie es sich selbst erlebt, unterschieden. Das ist bedeutsam für die Identität, als Erleben des Gleichbleibens inmitten der Veränderung.

---

26 Aus den immer zahlreicheren Erinnerungsspuren der Erlebnisse von Lust und Unlust und den damit verknüpften Wahrnehmungsspuren entstehen allmählich Bilder der Liebesobjekte und des eigenen Selbst.

Elterliche Liebe begünstigt gemeinsam mit erträglicher Frustration und Verboten eine ambivalente Haltung des Kindes gegenüber den Erwachsenen und führt zur Anhäufung von Aggression ihnen und Libido dem Selbst gegenüber. Fortschreitende Differenzierung führt schließlich im weiteren Verlauf dieser Entwicklung zu einer Identifizierung mit den Eltern 'auf gehobenem Niveau' und zu wachsender eigener Autonomie. - Der Aggressionstrieb wirkt also durchaus wachstumsfördernd, indem er die Sichtung von Unterschieden in klaren Konturen begünstigt.

Die letzte Instanz der Persönlichkeitsstruktur wird mit der Strukturierung des Überich gebildet. Jacobson sieht neben den bekannten Überich-Funktionen in der Bewahrung der Identität eine bedeutsame Überich-Funktion, sofern das Überich libidinöse, aggressive und neutralisierte Energie im Gleichgewicht hält.[27] Einen ersten Schritt zur Überich-Bildung stellt der Vorgang der Reinlichkeitserziehung dar, indem das Kind sich die Reinlichkeit als ersten Wert von der Außenwelt einverleibt. In der Reinlichkeitserziehung, in der das Kind für die allmähliche Beherrschung der Körperfunktionen Anerkennung erntet, lernt es den Körper stärker libidinös zu besetzen und wird sich seiner selbst bewußter.

Wegen seiner starken Abhängigkeit von den Eltern bildet das Kind mächtige phantasierte Bilder von ihnen, mit denen es sich identifizieren kann. 'Das Wertsystem beruht von nun an nicht mehr auf Lust, sondern auf Stärke, Beherrschung, Sauberkeit.' (Blanck 1974, 92). - Sobald das Kind feststellt, daß die Eltern nicht allmächtig sind, stellt sich Enttäuschung ein. Dieser Enttäuschung wird das Kind dadurch Herr, daß es die Eltern idealisiert, d.h. in seinen Phantasien besser macht, als sie sind. Bei zunehmender Fähigkeit zur Überprüfung der Realität lernt das kindliche Ich im nächsten Schritt, die wirklichen Eltern von seinen idealisierten Bildern zu unterscheiden. Die idealisierten Bilder erfahren

---

27 Zusätzlich teilt sie ihm mit der Entwicklung einer zusammenhängenden Abwehrorganisation eine Funktion zu, die üblicherweise dem Ich zugeordnet wird.

nach und nach eine Umwandlung ins positiv gefärbte Ich-Ideal.
Neutralisierte Aggression liefert die nötige Energie für die
Funktionen des Überich, das ja richtungsweisend, selbstkritisch
und kontrollierend tätig wird.

Identifizierungen mit der Mutter sind beim sehr kleinen Kind
bestimmend für Ich- und Überich-Identifizierungen. Später werden
sie mit Identifizierungen mit dem mächtigen Vater und seinen
Verboten kombiniert. Das Überich entsteht also damit nicht nur -
wie bisher ausschließlich angenommen - aus Furcht vor den Verboten des Vaters, sondern auch aus der Identifizierung mit der Mutter und später dem Vater. Es ist also nicht nur bestimmt von
aggressiv gefärbter Verinnerlichung des väterlichen Verbots,
sondern auch von libidinös besetzter Identifizierung. 'Dies verwandelt die Theorie der Überich-Bildung in eine, die wohltuende,
liebende Aspekte der Beziehung zu beiden Eltern ermöglicht und
auch zu einer logischen Revision der Theorie über die Lösung des
ödipalen Konfliktes führt.' (Blanck 1974, 93)[28] Im Unterschied
zu Freud, der ja die Furcht als Hauptbeweggrund zur Lösung des

---

[28] 'Jacobson stellt Freuds Auffassung in Frage, wonach die
Kastrationsdrohung durch den Vater die Kraft sei, die die Lösung des ödipalen Konflikts bewirkt, indem sie den Verzicht
auf inzestuöse Wünsche erzwingt. Sie weist darauf hin, daß
der gütige, liebende Vater seinem Sohn in der Wirklichkeit
nicht mit Kastration droht. Dennoch hat der Knabe Grund, wegen seiner eigenen Grausamkeit und seiner gegen den Vater gerichteten Kastrationswünsche eine gleichartige Vergeltung zu
fürchten. Dies, so betont Jacobson, ist eine innere Angelegenheit und keine Reaktion auf die äußere Realität. Nach ihrer
Theorie wird der Verzicht auf inzestuöse Wünsche durch die
Idealisierungen unterstützt, die sich letztlich zum Ich-Ideal
entwickeln.' (Blanck 1974, 93/94)
Jacobson entwickelt die Theorie des ödipalen Konflikts und
seiner Lösung für das weibliche Geschlecht in Korrektur zu
Freud folgendermaßen: Sie geht davon aus, daß das Mädchen sich
in der Phase seiner Entwicklung, in der es die Kontrolle über
die Ausscheidungsorgane erwirbt, ebenfalls mit der Kraft des
Vaters identifiziert. Die Entdeckung des Geschlechtsunterschieds löst auch beim Mädchen einen schweren Schock aus. Wegen
des 'Kastrationsschocks', d.h. des Erlebens, kein sichtbares
Geschlechtsorgan zu besitzen, erholt es sich nicht so schnell
wie der Junge. Zunächst entwertet es daraufhin sich selbst
und das mütterliche Objekt. Es besetzt den ganzen Körper mit
Libido zur Entschädigung für die Erkenntnis, daß es keinen

des ödipalen Konfliktes betrachtet, anerkennt Jacobson die Zuneigung zum gleichgeschlechtlichen Elternteil als Beweggrund der letztlich zur Aufgabe inzestuöser und mutter- bzw. vatermörderischer Wünsche führt.

Die Psychose sieht Jacobson als Wiederverschmelzung von Selbst- und Objektrepräsentanzen. Sie wird begünstigt durch ungenügende Neutralisierung von Triebenergie in die Nicht-Trieb-Sphäre. Damit wird dem wohl von der Konstitution her schon defekten Ich Energie vorenthalten, die normalerweise vorhanden ist und Abwehr und Anpassung stärkt. Das präpsychotische Ich ist daher nicht in der Lage, in Konflikten mit der Realität die Abwehr zu mobilisieren und sich auf den Konflikt einzulassen. Es kann nur libidinöse und aggressive Energie ziellos zwischen (persönlichen) Objekt-, Ding- und (gegenständlichen) Selbstrepräsentanzen hin- und herschieben. Bisher - wenn auch schlecht - neutralisierte Triebenergie wird entneutralisiert. Die Objekte, die vorher schon vermischt waren in jeweils e i n Objekt mit 'guten' und 'bösen' Seiten, werden entmischt und wieder aufgespalten in 'gute' und 'böse' Objekte.

Zum eigentlichen psychotischen Prozeß führt die Reaktivierung kindlicher Konflikte. Zunächst konzentriert sich der psychotische Zerfall auf die elterlichen Objekte, aber dann wird die ganze Lebenswelt miteinbezogen. Die geschilderten Vorgänge der Triebentmischung, Entneutralisierung und Verschiebung führen zu immer umfassenderer Entdifferenzierung. Schließlich sind Objekt- und Selbstrepräsentanzen schwer verzerrt und zerfallen in primitive Abbilder. Zerstörung der Objektbeziehungen und Verlust der Realitätsprüfung führen zu Fehldeutungen von Erlebnissen und

---

Penis besitzt. An die Stelle des nicht Vorhandenen setzt es ein frühes Ich-Ideal mit dem bisher erworbenen Wertsystem. 'Dieses Ich-Ideal ist ein unaggressives, asexuelles, sauberes und nettes kleines Mädchen, und es verbindet sich mit dem femininen narzißtischen Ziel körperlicher Attraktivität.' (Blanck 1974, 94/95). Damit erwirbt das weibliche Ich-Ideal hohe moralische Qualitäten. Wegen der Entwertung der Mutter wendet sich das Mädchen dem Vater als Liebesobjekt zu und begründet so seine Heterosexualität.

inadäquaten Reaktionen auf die Welt der Objekte. 'Der Psychotiker versucht dann seine Objektwelt wieder herzustellen und die Außenwelt zu benutzen, um sein Ich zu stützen. Er verfügt jedoch über weitreichende Projektions- und Introjektionsmechanismen und borgt so Ich und Überich anderer und projiziert Teile des Selbst. Schlägt dies fehl, werden wahnhafte Selbst- und Objektrepräsentanzen aufgebaut, indem verzerrte Realitätsfragmente benutzt werden - die Objektwelt ist verloren.' (Blanck 1974, 97)

5.1.7. Bedeutung für die Entstehung psychotischer Erkrankungen

Angewandt auf die Entstehung der Erkrankungen, liefern die dargestellten Aspekte neuerer psychoanalytischer Forschung Veranschaulichungen zu folgenden Erkenntnissen:

Fixierungsstellen der Schizophrenie:

Äußere pathogene Faktoren der Psychogenese der Schizophrenie liegen in den spezifischen Gegebenheiten und dynamischen Verhältnissen in der Intimgruppe des späteren Patienten. Sie sind milieuabhängig, aber indem sie eine bestimmte psychische Struktur bewirken, schaffen sie eine Disposition für die Erkrankung. Unter den inneren pathogenen Faktoren gibt es individualpsychische Faktoren die auf erbmäßig verankerte Verhaltensformen zurückgehen (dazu gehört etwa das disponierende Temperament), neuro-anatomische oder enzymatisch bedingte Verhaltensformen, Auswirkungen körperlicher Erschütterungen oder Krankheitsursachen. Diese Faktoren wirken sich aus auf Ich und Triebsphäre. Damit ist vorstellbar, daß auch schizophrene Psychosen das Ergebnis verständlicher psychologischer Prozesse sein können, wie sie bei neurotischen Erkrankungen vorkommen, die eine Ereigniskette bilden. Allerdings müßte man irgendeinen noch unbekannten Faktor, ein Glied in der Kette, annehmen, das durch organische Zerstörung oder Fehlfunktion sehr verändert ist.[29]

Die erste solcher 'sensiblen Phasen' steht gleich am Anfang der

---

29 nach Loch 1971, 169.

kindlichen Entwicklung, wo das Kind bekanntlich noch keine
Objektbeziehungen hat, alle verfügbare psychische Energie noch
im kindlichen Selbst vorhanden ist, die Mutter noch nicht als
abgelöstes eigenes Wesen erfahrbar wird. Nicht-Befriedigung
oder plötzlicher Entzug der Befriedigung bewirkt, daß das Kind
seine psychische Energie vom Objekt abzieht. Eine Mutter, die
das Kind ständig in unlösbare Konflikte stürzt, erzeugt statt
Ur-Vertrauen Mißtrauen und Zweifel und bewirkt Angst. Es kommt
in der Regel zu keiner stabilen Ur-Identifikation mit der Mutter, damit auch nicht zur Entstehung eines stabilen Ich-Kerns,
da ja die Identifikation der Differenzierung vorausgeht. Das
Kind ist dadurch in seiner Ich-Konstitution äußerst labil und
ständig von 'bedürfnisbefriedigenden Objekten' in seiner Nähe
abhängig, ohne daß es selbst dazu in der Lage wäre, befriedigende Objektbeziehungen aufzunehmen. Kinder ohne stabilen Ich-Kern werden in allen folgenden Entwicklungsphasen Störungen erleiden. Allerdings bleiben die Störungen häufig latent, da das
gestörte 'wahre Selbst' verdeckt wird. Loch spricht von 'Als-ob-
Persönlichkeiten, die ihre 'Persönlichkeit' von andern borgen,
mit denen sie sich identifizieren (Loch 1971, 184). Wo die Integration der Persönlichkeit derart mangelhaft ist, ist sie
weder den Belastungen der Realität noch denen durch das eigene
Unbewußte gewachsen und prädisponiert zur Schizophrenie. Die
zugehörigen klinischen Bilder sind für das Kindesalter der
Autismus, im Erwachsenenalter kann es zum stillen Insichgekehrt-
sein der Schizophrenia simplex oder zur Hebephrenie mit allmählichem Schwinden aller Interessen aus der Außenwelt kommen. Die
Kranken regredieren auf die Stufe eines nun pathologischen Narzißmus.

Die zweite Phase, deren Störung in einer schizophrenen Erkrankung enden kann, ist die der Mutter-Kind-Dyade, in der das Kind,
wie oben dargelegt, die Mutter nur insoweit 'liebt', als sie
seine rein passiven Bedürfnisse nach Befriedigung erfüllt. Außerdem ist der Säugling mangelhaft geschützt gegenüber den einwirkenden Sinnesreizen, die er auch nicht den entsprechenden sensorischen Bereichen zuordnen kann (Überfließen: ein in einem

sensorischen Bezirk gebotener Reiz wird in einem andern beantwortet). Kann die Mutter wegen eigener Störungen oder primär abnormem Verhalten des Säuglings ihre Funktionen nicht wahrnehmen, dann ist die Dyade als solche gestört. Erkrankt nun der Mensch und regrediert auf die Stufe dieser Dualunion, dann sind die Ich-Grenzen aufgehoben. Das Liebesobjekt ist dabei verinnerlicht, und das böse, versagende Objekt wird nach außen projiziert, wobei es zu den Sinnestäuschungen kommen kann. Die Sinnestäuschungen können aber auch verdrängte Wünsche repräsentieren. Außerdem kann das Ich drohende Gefahren in Gestalt der Sinnestäuschungen gewissermaßen vorwegnehmen und dabei gefährliche Triebenergie abladen. Folgen dieser Durchlässigkeit der Ich-Grenzen bzw. auf diesem theoretischen Hintergrund erst verstehbar sind die schizophrenen Störungen der Meinhaftigkeit des Denkens, Fühlens und Wollens. Da auch der psychische Reizschutz gestört bis aufgehoben ist, ist der Erkrankte wehrlos und verletzbar ganz analog zur Verletzbarkeit des Säuglings.

Eine dritte Fixierungsmöglichkeit liegt in der Phase der Lösung der Mutter-Kind-Dyade und der Differenzierung von Selbst und Objekt und Ich und Es, und zwar dann, wenn bei zu langer Abwesenheit der Mutter das Kind die innere Repräsentanz der Mutter nicht mehr in sich bewahren kann. Es kommt nacheinander zu Traumatisierung, Desintegration und dem Zusammenbruch der persönlichen Kontinuität seiner Existenz. Durch die noch zarte Abgrenzung der Identitäten von Mutter und Kind kann die Urtrennung nicht eigentlich vollzogen werden, es kommt zur Spaltung, zum Sprung im Ich. In der Erkrankung tauchen paranoide und halluzinatorische Symptome auf. Inner und äußere Wahrnehmung werden als Kontinuum erlebt, weil die Grenzen zwischen Ich und Nicht-Ich aufgehoben sind. Denkstörungen entstehen, weil infolge der Regression das Denken des Primärprozeßstufe wieder auflebt, gekennzeichnet durch Verschiebung und Verdichtung. Das 'konkrete Denken' entsteht dadurch, daß es in der Erkrankung im Ich-System nicht mehr möglich ist, ein Objekt als begriffliche Repräsentanz zu abstrahieren. Im Etablieren eines Wahnsystems

macht der Erkrankte den Versuch, eine neue Integration der
Welt wieder aufzubauen, die dann an die Stelle der äußeren Realität tritt. Es entstehen zwei psychische Einstellungen, von denen eine der Realität Rechnung trägt, eine das Ich von der
Realität ablöst.

Hilfreiche therapeutische Intervention besteht bei schweren
Störungen der Ich-Entwicklung in Maßnahmen, die der Ich-Entwicklung bzw. -Stabilisierung dienen. Ich-Stützung etwa hilft dem
Patienten seinen Entwicklungsfortschritt zu erkennen, damit er
seine eigene Stärke kennenlernt. Stärkung der Abwehrfunktion geschieht im Versuch, starken Druck strenger Überich-Komponenten
zu lockern. Wenn ein Patient mehr Fähigkeit zum Aufschub der
Triebbefriedigung entwickeln lernt, wird die Triebabfuhr umgeleitet, um den zentralen Kontrollmechanismus, das Ich, zu passieren. Je tiefer die Störung, desto weniger an Persönlichkeitsstruktur ist vorhanden, desto intensiver und behutsamer muß der
Therapeut Struktur 'ausleihen'. Diese genannten Maßnahmen zur
Ich-Stabilisierung sind nur ein kleiner Teil des Möglichen und
können nur eine Ahnung vermitteln von der Richtung unterstützender Maßnahmen, die ohnehin nur bei entsprechender gründlicher
Ausbildung sinnvoll anwendbar sind, womit der hier gesetzte
Rahmen weit überschritten wäre.[30]

Entstehung der Depression

Freud selbst versucht einen Zugang zur Depression zu gewinnen,
indem er sie mit Trauer vergleicht. Trauer ist eine normale Reaktion auf den realen Verlust eines Objekts (die Welt wird kalt
und leer), während in der Depression das Ich (bzw. in neuerer
Terminologie Selbst) kalt und leer wird. Hier ging ein oft dem
Bewußtsein entzogener primärer Objektverlust voraus. Bei normaler Trauer wird die Libido allmählich vom verlorenen nicht mehr
existierenden Objekt abgezogen. Danach (nach e. Zeitraum) sind
keine Objektbesetzungen möglich. Normale Trauer kommt zu einem

---

30 Blanck/ Blanck ²1981, 408-439

Ende. In der Depression erfolgt eine Identifizierung mit dem verlorengegangenen Objekt, gleichzeitig werden Aggressionen frei. "Der wesentliche Unterschied zwischen normaler Trauer (Kummer) und Melancholie (Depression) besteht darin, daß im ersten Fall das Objekt geliebt und verloren wurde und im zweiten die Liebe durch Aggression überlagert wird. Er (Freud, Anm. d.Verf.) zeigte, wie in der Depression Klagen, die dem "armen und leeren" Selbst zu gelten scheinen, eine Beschreibung der Versäumnisse des Objekts darstellen, wodurch klinische Hinweise auf das wahre Objekt der Aggression geliefert werden. Wenn das ambivalent geliebte, nunmehr verinnerlichte Objekt mit Aggression überbesetzt wird, wird der Suicid zum Extrem der aggressiven Absicht." (Blanck/ Blanck ^{2}1981, 318) Auch heute noch ist man der Auffassung, daß die Depression in einem frühen Objektverlust wurzelt, und zwar in einem Entwicklungsstadium, in dem das Ich noch nicht in der Lage ist, zu trauern, die Ambivalenz von Libido und Aggression einem einzigen Objekt gegenüber und die narzißtische Kränkung zu bewältigen.

Dabei wird für die psychotische Depression als Entstehungsphase die Zeit vor der Differenzierung von Selbst und Objekt angenommen, entstanden wegen der Unfähigkeit des undifferenzierten Selbst-Objekts, "mit Enttäuschung und Verlassenheit fertig zu werden". (Blanck/ Blanck ^{2}1981, 313) Die ausgearbeiteten Bewältigungsmechanismen beinhalten vor allem die "Einrichtung überidealisierter und überbewerteter Objekt-Repräsentanzen." (Blanck/ Blanck 2/1981, 314) Wegen der Undifferenziertheit werden die Überidealisierung und die Überbewertung der Objektrepräsentanzen auf die Selbstrepräsentanzen ausgedehnt und schaffen von Wünschen geprägte, nicht verwirklichbare Selbstbilder.

Mahler vermutet wie erwähnt, "daß eine Prädisposition zur Depression in der Wiederannäherungsphase des Loslösungs- und Individuationsprozesses geschaffen wird, wenn die uneinfühlsame Mutter auf die Bedürfnisse dieser Subphase nicht eingeht. Selbst die erfolgreiche Bewältigung von Loslösung und Individuation wird um den Preis eines depressiven Affekts erreicht, weil das

Objekt als Teil des Selbst verlorengeht." (Blanck/Blanck ^{2}1981, 316) Das depressive Schuldgefühl wurzelt nach Freud in der Entwicklung des Ichideals aus der Bewältigung des Ödipus-Komplexes heraus. Für ihn übt das Gewissen als Ersatzbildung für die Vatersehnsucht die moralische Zensur aus und enthält darüber hinaus den Keim, aus dem sich alle Religionen gebildet haben. Die Kluft zwischen Gewissensansprüchen und Ich-Leistungen äußert sich sich als Schuldgefühl. In der Melancholie wehrt sich das Ich nicht, sondern bekennt sich schuldig, nimmt die Strafe an.

Die Therapie muß in Entsprechung zum Ort der Störung zunächst eine Objektbesetzung ermöglichen, bevor eine weitere Differenzierung in verschiedenen Einzelschritten erfolgen kann.[31]

5.2. Zur psychoanalytischen Einschätzung der religiösen Symptomatik

Das Verhältnis zwischen Psychoanalyse und Religion ist von seinen Ursprüngen her belastet (Scharfenberg 1968, 1974, Riess 1974, Preuss 1978, Haendler 1971) hat sich inzwischen aber - nicht zuletzt durch die Begegnung zwischen Psychoanalyse und Kritischer Theorie entspannt (Nase, Scharfenberg 1977; Läpple, Scharfenberg 1977).

Die Fruchtbarkeit der Konzentration dieser Arbeit auf die religiöse Symptomatik erweist sich gerade darin, daß - ungeachtet der Bewertung der Religion - die Psychoanalyse durch ihre Beiträge zur Erhellung des sprachlichen Charakters ihrer Heilmethode entscheidende Einsichten in die sprachliche Dimension von Erkrankung und Heilung gewonnen hat: in die Bedeutsamkeit der Symbole. Daher ist die folgende Konzentration auf den Aspekt der Symbolbildung und Wirksamkeit ein legitimer Schwerpunkt der Darstellung im breiten Feld der Berührungspunkte und Vermeidung von Berührung zwischen Theologie und Psychoanalyse.

---

31 Blanck/ Blanck ^{2}1981, 313-343

Symbole als wichtige Brücke zum religiösen Erleben

Betrachtet man die menschliche Persönlichkeit als Gefüge von Verhaltensweisen, das sich von der Kindheit her in stufenförmiger Entwicklung aufbaut, dann beginnt dieser Prozeß, in dem systematisch Gedankeninhalte, Erlebens- und Denkformen gebildet werden, bereits im Mutterleib. Damit aber ist menschliches Erleben an die menschliche Körperlichkeit gebunden mit sinnlichen Wünschen, Bedürfnissen, Erfahrungen, was die Psychoanalyse als 'Triebbestimmtheit' bezeichnet. Die Erlebnisse stehen in Spannung zu den Wünschen, die Wünsche haben ihr Fundament in Körperbedürfnissen. Erste Profilierungen von Verhaltensentwurf und Bedürfnisentwurf geschehen in der Mutter-Kind-Dyade und werden in jedem Schritt realer Erfahrung weiter modelliert. Dabei ist das mütterliche Verhalten als ein Teil der gesamtgesellschaftlichen Praxis zu verstehen, in dem sich tradierte Werte der Kultur äußern. Das Interagieren von Mutter und Kind ist also ein kultureller Akt, aus dem die Persönlichkeit des Kindes in ihrer leib-seelischen Einheit hervorgeht.

Ein wichtiges Element bildet die Einführung des Kindes in die Sprache. Lorenzer (1983) bezeichnet die Sprache als System der Namen für die Welt und das Einführen der Sprache als einen Prozeß des Vertraut-Machens mit der Welt, in dem die eigene körperliche Erfahrung in diese 'weltdeutenden Sprachfiguren' eingebunden wird, 'bis die Sprache zunehmend ins Weite und unsinnlich Abstrakte entführt wird, um so ein Bewußtsein für das Lebensganze und das Weltganze weit über die Grenzen des Greifbaren hinaus zu gewinnen.' (Lorenzer 1983, 10)

Sprache ist also ein kollektives, objektives System der Weltabbildung, der Lebensdeutungen, der lebenspraktischen Anweisungen; Sprache vermittelt, was zu tun und zu denken ist; die Regeln der Sprache sind Regeln des menschlichen Verhaltens und nur so wirksam, weil Sprache mit vorsprachlicher Körpererfahrung der frühen Mutter-Kind-Beziehung verbunden ist.

Aber auch die Welt der Gegenstände vermittelt eine Botschaft: sie stellt die Begrenzungen unserer Erfahrung dar. Gegenstände sind 'Gußformen unseres Erlebens' (Lorenzer 1983, 11), Verhaltensregulatoren, und indem sie soziale Muster transportieren, sind sie Bedeutungsträger, Symbole. Gegenstände wie Tisch, Stuhl, Gabel mit ihrem technisch-instrumentellen Aufforderungscharakter wirken instrumentell regulativ; anderen Gegenständen wie Bild, Blumenstrauß, Plastik fehlt diese instrumentelle Funktion, sie entfalten eine rein kulturell-soziale Wirkung, wirken kulturell regulativ. Und Gegenstände, die beide Funktionen erfüllen, wie etwa Häuser, verdeutlichen den sozial regulativen erlebnisbildenden Charakter; Sporthalle und Dom etwa sind in der instrumentellen Funktion ähnlich, vermitteln aber ganz unterschiedliche Sinneseindrücke.

Diese Überlegungen verdeutlichen: Sprache und gegenständliche Symbolik stellen Symbolsysteme menschlichen Erlebens dar. Die gegenständliche Symbolik umfaßt ein Mehr an Lebensgefühl und Lebenserfahrung, das nur von einer Unterform der Sprache ausdrücklich thematisiert wird, der Poesie.

Die Symbolbildung geschieht beim Individuum in zwei großen Bewegungen: die eine ist die Linie von unbewußter Sinnlichkeit zu Bewußtsein, die andere liegt in der Spannung zwischen Individualität und Kollektivität. Religiöse Symbole stellen eine Form dar, das Unsagbare zum Ausdruck zu bringen, das auszudrücken, was rationale Erfahrung übersteigt und mit Tillich 'den Menschen unbedingt angeht'. Eine Ausdrucksweise religiöser Erfahrung zeigt sich im Mythos, der das Unsagbare in bildhaften Gestalten narrativ einzuholen sucht. Noch mehr gebunden an die menschliche Körperlichkeit ist das Ritual.

Der Prozeß der Symbolbildung beim Kind geht mit der Differenzierung von Selbst und Objekt in engem Zusammenhang. Die Ausbildung der Objektrepräsentanz der Mutter und das Aufrechterhalten dieser Objektrepräsentanz bilden einen wichtigen Markstein für die Symbolbildung. Fähigkeit zur Symbolbildung und Fähigkeit zur Trennung von Ich und Nicht-Ich gehen Hand in Hand.[32]

---

[32] Repräsentanzen sind ein Gefüge, eine Sammlung von Symbolen (Lorenzer ²1972, 71). Am Beispiel der Repräsentanz "Mutter"

Hier wird einsehbar, daß es eine schizophrene Symbolstörung
geben muß. Wenn die Ich- und Nicht-Ich-Differenzierung nicht
mehr stabil durchgehalten werden kann, ist der Gebrauch von
Symbolen nahezu unmöglich. In der schizophrenen Welt fehlt bzw.
überwuchert das Symbol. Beide Perspektiven treffen den gleichen
Sachverhalt: 'Begriffe werden symbolhaft ausgedrückt, vom Bilde nicht unterscheidbar. Infolge einer Desymbolisierung werden
aber auch innerseelische Gefühle nicht abgegrenzt und erfaßt;
sie vernichten deshalb im Erleben das Selbst des Kranken.'
(Benedetti 1983, 150). Im Autismus versucht der Kranke sich abzuschließen und eine eigene Symbolwelt aus der inneren Spaltung
zu konstruieren. Gleichzeitig werden die negativen Anteile des
Selbst auf die Umwelt projiziert, wo Verfolger entstehen.

Defekte der Subjektivität und defekte Symbolisierung führen nach
Lorenzer (1973) zu einer klischeehaften Starre der Sprache als
Interaktionsform. Das geschieht im Rahmen sprachlicher Interaktion

---

soll dies verdeutlicht werden (Lorenzer ^{2}1972, 94). Diese sogenannte Objektrepräsentanz besteht aus einer bewußten und
eine oftmals nichtbewußten Dimension von Symbolen - im Verlauf einer Psychoanalyse kommt es vor allem darauf an, die
letztgenannte Dimension ins Bewußtsein zu heben. Die bewußte
gliedert sich wiederum in zwei Gruppen von Symbolen, der
diskursiven und der präsentativen. Diskursive sind solche
der artikulierten Sprache (z.B. der Begriff Mutter), präsentative solche, die dem Bereich des Mythos, der Musik,
der bildenden Kunst angehören (z.B. Mutter Erde als mythisches Symbol der Fruchtbarkeit), also jenem Bereich des
"Unsagbaren", um mit L.Wittgenstein zu sprechen (Lorenzer
^{2}1972, 91). Die andere Dimension dieser Objektrepräsentanz
setzt sich zusammen aus sogenannten Vorstellungssymbolen,
aus Symbolen, die gebunden sind an bestimmte, ganz konkrete
Erfahrungen eines einzelnen Menschen mit der Mutter, z.B.
die strafende Mutter, die zärtliche Mutter usw. Repräsentanzen bzw. Symbole repräsentieren also immer anderes als
sie selbst, verweisen auf anderes. Ihre Funktion erfüllen
sie nur, wenn die Trennung von Symbolisiertem und Symbol
gewahrt bleibt. Deshalb, und weil in einem Symbol immer
auch die ganz konkreten Erfahrungen eines einzelnen Menschen mit dem im Symbol Repräsentierten einfließen, die eine je eigene, "geschichtliche" Beziehung zwischen dem im
Symbol Repräsentierten und dem jeweiligen Menschen konstituieren, ist das Symbol ein "Ort komplexer Bedeutung".
(Müller-Pozzi, 1975, 171).

dadurch, daß sich wegen der Verpönung einzelner Aspekte der interaktionalen Beziehung Interaktionsform und Name voneinander lösen; 'das der sprachlichen Reflexion entzogene Handlungsmuster wird situationsabhängiges Klischee; dem Symbol steht nicht mehr die Fülle seiner Bedeutungen zu' (Buchholz 1983, 630). Anders formuliert, wird im Klischee eine bereits gewonnene Differenzierung wieder verlassen, eine schon entfaltete Fähigkeit aufgegeben. Ein Rückfall auf die präsymbolische Stufe findet statt, anstelle des frei verfügbaren Symbols gewinnt das Klischee Macht über den Menschen.

Der Therapeut begibt sich deshalb in die Welt des Kranken, versteht seine Symbole, amplifiziert sie positiv oder wandelt sie um. Benedetti (1983) betont die Wichtigkeit der gemeinsamen Arbeit mit dem Patienten an der Weiterentwicklung der Symbole, womit ein Fortschreiten im Prozeß der Persönlichkeitsentwicklung verbunden ist.

Wenn im Sinne Marcuses (1970) die herrschende Rationalität überwindbar ist, indem die Instrumentalisierung des Menschen durch die Technik transzendiert wird durch Irrationalität, etwa das irrationale Potential der freien Phantasie, dann kann religiöse Sprache die in den sinnlich-unmittelbaren Symbolen aufbewahrte Überlieferung gegen die Eindimensionalität der Gesellschaft einsetzen. Denn religiöse Sprache enthält ein Reservoir an Mythen, Bildern, Interaktionsformen kollektiver Menschheitserfahrungen, das Bestehendes transzendiert.

Der Seelsorger könnte als Angebot aus dem Bilderreichtum religiöser Sprache Ausdrucksmöglichkeiten für Grundlagen menschlicher Identität schöpfen, die die Grenze rational-diskursiver Erkenntnis überschreiten.

Auch für den Kranken beinhaltet dieses Reservoir reichhaltige Identifikationsmöglichkeiten für das Unsagbare und Unausdrückbare. Gelingt eine derartige Identifikation, dann wäre es dem Patienten möglich, seine 'privaten' unbewußten Inhalte in 'öffentlichen' Symbolen zum Ausdruck zu bringen. Die desymbolisierten Interaktionsformen wären kommunikativ verfügbar. Die Welt wäre nicht mehr ganz so chaotisch und überflutend; etwas Struktur wäre gewonnen; der Weg zu Eigenständigkeit der Identität und kollektiver Übereinstimmung in der Persönlichkeitstiefe (Lorenzer 1981) wäre einen Schritt weit beschritten.

Aber das Symbol beinhaltet noch eine weitere Funktion. Es wirkt nach Tillich in zwei Richtungen: 'Es öffnet tiefere Schichten der Wirklichkeit und der Seele.' (Scharfenberg, Kämpfer 1980, 126) Das Symbol ist vielschichtig und besitzt konfliktlösendes Potential: es enthält eine Ambivalenz, die in Verbindung mit Alltagserfahrungen Artikulation und Integration des Konflikts ermöglicht. 'Religiöse Symbole können immer dann 'wirken', d.h. im Sinne einer Konfliktbearbeitung tätig werden, wenn es zu einer Horizontverschmelzung zwischen dem Sinngebungssystem des überlieferten Symbols und dem der Alltagserfahrung kommt. Es spielt dabei keine Rolle, ob die Alltagserfahrung mit Hilfe des überlieferten Symbols gedeutet wird oder das Symbol mit Hilfe der Alltagserfahrung.' (Scharfenberg, Kämpfer 1980, 157-158) Die Beziehung zur Bedeutung des Symbols muß dabei jeweils neu erarbeitet werden und kann bei jedem Menschen und zu jeder Zeit anders sein. Gelingt das, dann gelingt eine Erfahrung über die gerade bewußt oder unbewußt erlebte Wirklichkeit.

5.3. Konsequenzen für den Seelsorger

Besonders eindrucksvoll erscheinen nach dem Bekanntwerden mit der psychoanalytischen Betrachtungsweise der frühe Zeitpunkt, an dem die Störung erfolgte und die Ich-Schwäche der betroffenen Patienten. Besonders hinsichtlich der Labilität der Ich-Anteile in der Persönlichkeit ergeben sich haltungsmäßige Konsequenzen für den seelsorglichen Umgang:

- Ein klares Gegenüber darstellen

Wo die Grenzen von Ich und Nicht-Ich sich verwischen, ist es wichtig, daß das Gegenüber sich als solches kenntlich macht, die eigene Position verdeutlicht bzw. Position bezieht. Nicht die gesprächstherapeutische einfühlende Verbalisierung der emotionalen Erlebnisinhalte, so weit spürbar, ist gefragt, sie würde die

Abgrenzungsmöglichkeit des Erkrankten noch weiter einschränken. Zu große Nähe kann Verschmelzungswünsche aktivieren und damit der Regression Vorschub leisten. Stattdessen ist klare Abgrenzung gefragt.

- Authentizität der eigenen Gefühle

Gerade psychotisch erkrankte Menschen entwickeln oft ein feines Gespür für Unstimmigkeiten beim Gesprächspartner. Wer in seiner Beziehungsfähigkeit so beeinträchtigt ist, hat Anspruch auf Aufrichtigkeit im Grad und in der Intensität der Zuwendung.

- Sich seiner eigenen Gefühlslage bewußt sein

Voraussetzung dieser Aufrichtigkeit dem andern gegenüber ist die Aufrichtigkeit gegenüber der eigenen Person. Wer sich seine emotionale Bewegung in gleich welcher Richtung selbst eingesteht, findet auch dem Gesprächspartner gegenüber eher den rechten Ton und die rechte Entfernung, kann mit dem depressiven Sog und der schizophrenen Unnahbarkeit verantwortlich umgehen.

- Verläßlich sein

Wer wenig Sicherheit erfährt, ist umso mehr darauf angewiesen, sich auf andere verlassen zu können. Der Seelsorger, der Wert darauf legt, nie mehr zu versprechen, als er halten kann, bietet ein Stückchen dieser Sicherheit oder setzt sie zumindest nicht noch weiter herab. Diese scheinbare Selbstverständlichkeit in der Praxis durchzuhalten fällt nicht immer leicht, wenn die Not der Kranken aktuell mehr Hilfsbereitschaft und Versprechen mobilisiert als nachher durchgetragen werden können. Lieber nicht das Höchstmaß an Zuwendung, die aber verläßlich durchgehalten, ist hilfreicher für den Kranken und erspart Schuldgefühle im Nachhinein.

- Mit Symbolen umgehen

Wenn Symbolisierungsfähigkeit, das Vertrautwerden mit der Welt, Strukturierung ein Konfliktpotential bedeuten, der Kranke durch Identifikationsmöglichkeit an Identität gewinnen kann, ist es wichtig, ein 'Angebot' zu haben, um über Symbole kommunizieren zu lernen. Grundvoraussetzung aber dafür aber ist es, selbst über einen 'Symbolschatz' zu verfügen, Symbole selbst zu schätzen, sich anregen zu lassen, mit Symbolen umzugehen.

6. Der systemisch-kommunikationstheoretische Ansatz

6.1. Krankheit als Ausdruck gestörter Kommunikation

Die systemische Betrachtungsweise der Kommunikationsabläufe zwischen Menschen hat Wesentliches zum Verstehen psychischer Krankheit beigetragen. Ob ich einen Menschen als krank bezeichne, etwa auf der Grundlage von Veränderungen der Stoffwechselprozesse, oder ob ich seine Äußerungen innerhalb seines Beziehungssystems auf ihre Relevanz innerhalb seines Systems und die davon bewirkten Folgen hin überprüfe, macht auch für das Verhalten diesem Menschen gegenüber einen gewaltigen Unterschied.

Inzwischen arbeitet eine ganze therapeutische Richtung nach dem von der Palo-Alto-Gruppe begründeten systemisch-kommunikationstheoretischen Ansatz, nämlich die systemorientierte Familientherapie, die besonders schwer gestörte Patienten wie chronisch Schizophrene und Magersüchtige anscheinend höchst erfolgreich therapiert. Der 'Patient' wird hierbei als 'Symptomträger' bezeichnet und nur mit der ganzen Familie zusammen behandelt, wobei das Familiensystem in seinem Zusammenspiel analysiert und Veränderung in einer nicht bedrohlichen und nicht krank machenden Richtung therapeutisch induziert wird.

Die hier gewonnenen Erfahrungen und therapeutischen Erfolge lassen das gleichwohl mühsame Hineinarbeiten in Denk- und Begriffsstrukturen des systemisch-kommunikationstheoretischen Ansatzes lohnend erscheinen in Richtung auf ein neues Verständnis psychischer Krankheit, aber auch zu größerer Aufmerksamkeit für das, was in zwischenmenschlichen Beziehungen während eines Dialogs zwischen den Kommunikationspartnern sich ereignet an Austausch von Informationen und möglichen Störungen. Watzlawicks folgerichtige Analyse schärft den Blick für gelingende Kommunikation gerade am Aufweis von Formen des Scheiterns zwischenmenschlicher Beziehung.

Nach Einsteins Relativitätstheorie leben wir in einer Zeit, 'wo das autonome, frei von Abhängigkeiten lebende Individuum als bürgerliche Erfindung abgetan wird (G.B.Shaw) und wo wir ständig auch mit weltweiten politisch-ökonomischen Abhängigkeiten und Wechselwirkungen konfrontiert werden, die ökologisches Denken zu einer Überlebensnotwendigkeit machen.' (Wirsching 1982, 2) Menschliche Wahrnehmung wird von Funktionen bestimmt, dergestalt, daß nur Beziehungen und Beziehungsstrukturen wahrnehmbar sind. Und Selbsterfahrung eines Menschen beruht auf der Erfahrung von Funktionen von Beziehungen, in die er eingebunden ist, auch wenn er sie subjektiv noch so sehr dieses Funktionscharakters entkleidet und verabsolutiert. Systemisches Denken, angewandt auf psychische Erkrankung sieht in den Krankheitssymptomen 'sinnvolle, das Gleichgewicht sichernde Bestandteile eines Beziehungssystems, welches sich nur als Ganzes, keinesfalls durch die Addition der Einzelbeiträge erklären läßt'. (Wirsching 1982,2) Das symptomatische Verhalten des Patienten erscheint als sinnvoller, vielleicht einzig möglicher Beitrag zur Stabilisierung des familiären Beziehungssystems, dessen Struktur aus der Beziehung der Einzelteile zueinander entsteht.

Welche erkenntnistheoretische Voraussetzungen in diesem nicht mehr linearen Ursache-Wirkungsdenken, sondern zirkulären Systemdenken impliziert werden, wie es möglich ist, daß ein Familiensystem pathologisch erstarrt, wie die Erstarrung sich wieder lösen kann, ist in diesem Kapitel darzustellen.

6.1.1. Wirklichkeitsverständnis

Um die systemische Perspektive der Palo-Alto-Gruppe und ihres bekanntesten lebenden Vertreters Watzlawick besser nachvollziehen zu können, ist es ratsam, die Darstellung mit einer Skizzierung ihrer erkenntnistheoretischen Position zu beginnen. Sie verdeutlicht zudem sofort auch einige der hervorstechenden Eigenarten, systemischen Herangehens an die Phänomene, die sich im menschlichen Zusammenleben äußern. Wenn es 'Wahrheit' nicht objektiv gibt, sondern nur meine subjektive und die anderer, wird es wichtig zu fragen: welchen Dienst leistet mir meine Wahrheit, meine Sicht der Wirklichkeit? und: was bewirkt die Sicht des andern für ihn? Die Analyse menschlichen Zusammenlebens geschieht unbefangen, da frei von der Option von 'richtig' und 'falsch', mit der Neugier für's Detail und die großen Zusammenhänge. Toleranz und Neugier für Zustandekommen und Bedeutung von Gesichtspunkten für den Einzelnen sind für den Umgang mit psychisch Kranken sehr wertvoll, da sie erheblich zum Verstehen seiner Perspektive beitragen, und bewirken wachsende Bereitschaft zum Relativieren der eigenen Handlungsmaximen, zum Umdenken und Umlernen.

Voraussetzung für Watzlawicks Verständnis psychischer Krankheit und seine spezifische Form damit umzugehen ist sein erkenntnistheoretischer Ansatzpunkt des Konstruktivismus, dessen grundlegende These beinhaltet, 'daß wir die Welt, die wir erleben, unwillkürlich aufbauen, weil wir nicht darauf achten - und dann freilich nicht wissen - wie wir es tun.' (von Glasersfeld in: Watzlawick 1981, 17)

Der Konstruktivismus basiert auf der philosophischen Richtung der Logistik, im 20. Jahrhundert vor allem vertreten von L.Wittgenstein, A.N. Whitehead, B. Russel[1]. Platon beabsichtigte noch, von den Zahlen zu den Wesenheiten zu finden, aber in der modernen Logistik haben Zahlen und Zahlenverhältnisse keinerlei metaphysischen Sinn. Mathematische Wahrheiten sind bloße Konvention wie alle anderen Wahrheiten, während in der Philosophiegeschichte von den Vorsokratikern bis Kant zwar strittig war, was 'wirklich' existiert, aber über den Begriff der Wahrheit Einigkeit herrschte, 'der für sie alle mit dem Begriff der objektiven Gültigkeit verknüpft war' (von Glasersfeld in: Watzlawick 1981, 18).

Wo im philosophischen Denken 'Wahrheit' übereinstimmen mußte mit einer als absolut konzipierten 'objektiven' Wirklichkeit, gibt es für den Konstruktivisten nach Kant und seiner These, daß der Verstand seine Gesetze nicht aus der Natur schöpft, sondern sie ihr vorschreibt, ein Wissen von der wirklichen Welt, das, soweit es wahr ist, 'diese prinzipiell unabhängige selbständige Welt zumindest in einer Weise homomorph wiedergibt.' (von Glasersfeld in: Watzlawick 1981, 20) Dieses Wissen ist relevant und brauchbar, 'wenn es der Erfahrungswelt standhält und uns befähigt, Vorhersagen zu machen und gewisse Phänomene (d.h. Erscheinungen, Erlebnisse) zu bewerkstelligen oder zu verhindern. Wenn es diesen Dienst nicht erweist, wird es fragwürdig, unverläßlich, unbrauchbar und schließlich als Aberglaube entwertet. Das heißt, vom funktionalen, pragmatischen Standpunkt aus betrachten wir Ideen, Theorien und 'Naturgesetze' als Strukturen, die der Erlebniswelt (der wir sie abgewonnen haben) dauernd ausgesetzt sind und ihr weiterhin standhalten oder nicht' (von Glasersfeld in: Watzlawick 1981, 22-23).

---

1   Vgl. Johannes Hirschberger, Geschichte der Philosophie 2. Neuzeit und Gegenwart, Freiburg, Basel, Wien 8/1969, 652-655; Ludwig Wittgenstein, Logisch-philosophische Abhandlungen, New York 1951; Alfred North Whitehead und Bertrand Russell, Principia Mathematica, Cambridge 2/1910-1913.

Dabei entstehen Erkennen und Wissen als Ergebnis von Handlungen eines aktiven Subjekts, und Handeln, das Wissen aufbaut, ist das Operieren einer kognitiven Instanz, die 'sich selbst und somit ihre Erlebniswelt organisiert' (von Glasersfeld in: Watzlawick 1981, 30). Mittels der in der frühkindlichen Entwicklung erlernten Kategorien der Äquivalenz und der individuellen Identität setzt das Subjekt Erlebtes in Beziehung zu Erlebtem und stellt Regelmäßigkeiten und Unregelmäßigkeiten fest, mittels derer die Erlebnisse bewertbar werden im Hinblick auf Wiederholung und Vermeidung.[2]

---

2 Kontinuität in der Existenz eines individuellen Objekts ist wie jedes Phänomen unserer Erlebenswelt das Produkt einer vom erkennenden Subjekt ausgeführten Operation, die nach dem Entwicklungspsychologen Jean Piaget, auf den von Glasersfeld sich bezieht, auf der Adaptation beruht, dem Streben des Organismus, ein Gleichgewicht zwischen sich selbst und der wahrgenommenen Umwelt zu finden. Den Prozeß der Auseinandersetzung des Menschen mit seiner Umwelt nennt Piaget 'Assimilation', mittels derer Aspekte der Umwelt verarbeitet werden, für die schon eine passende Struktur vorliegt. (Bis zum Alter von 2 Jahren spricht Piaget von 'schèmes', wenn er Abstraktionen von Handlungen meint bzw. die grundlegende Struktur, die formale Gemeinsamkeit von Handlungen wie Saugen, Hören, Greifen; aus diesen Verhaltens- und Handlungs-'schèmes' entwickeln sich allmählich die geistigen 'schèmes', von Piaget 'Operationen' genannt. Sie entstehen durch Koordination/Organisation von Handlungen und Vorstellungen in Systemen. Eine Operation existiert nicht als solche, sondern nur in Verbindung mit anderen, also im Rahmen eines Systems von Operationen.) Die Assimilation integriert also die Umwelt in eine bereits vorhande Struktur. Werden die Widersprüche zwischen der Erfahrungswelt und den 'schèmes' zu groß, werden die 'schèmes' mittels der Akkomodation der Realität angepaßt. Piaget versteht demnach kognitive Entwicklung als Veränderung von Strukturen in Richtung eines erhöhten Gleichgewichts (Zustand der Äquilibration) unter dem Einfluß des Äquilibrationsprozesses bzw. der invarianten Funktionen der Organisation und der Adaptation. 'Die psychische Entwicklung .... besteht ... wesentlich in einer fortschreitenden Zunahme an Gleichgewicht.' (Piaget 1974, 153) Gleichzeitig aber gilt: 'L'intelligence ... organise le monde en s'organisant elle-même.' (von Glasersfeld in: Watzlawick 1981, 23).

Im radikalen Konstruktivismus wird Erkenntnis also verstanden als 'Suche nach p a s s e n d e n Verhaltensweisen und Denkarten... Wissen wird vom lebendigen Organismus aufgebaut, um den an und für sich formlosen Fluß des Erlebens so weit wie möglich in wiederholbare Erlebnisse und relativ verläßliche Beziehungen zwischen diesen zu ordnen. Die Möglichkeiten, so eine Ordnung zu konzipieren, werden stets durch die vorhergehenden Schritte in der Konstruktion bestimmt. D.h., daß die 'wirkliche' Welt sich ausschließlich dort offenbart, wo unsere Konstruktionen scheitern.' Dieses Scheitern ist nur in den Begriffen beschreibbar, die zur Herstellung der später scheiternden Strukturen verwendet wurden. Damit ist vermittelbar, aus welchen Gründen Strukturen scheitern, die zum Aufbau neuer Strukturen führen, vermittelbar ist aber nie ein Bild der Wirklichkeit, die für das Scheitern verantwortlich gemacht werden kann. Es gibt also keine absolute Wirklichkeit, 'sondern nur subjektive, zum Teil völlig widersprüchliche Wirklichkeitsauffassungen, von denen naiv angenommen wird, daß sie der 'wirklichen' Wirklichkeit entsprechen.' (Watzlawick 1976, 142)

Auf dieser erkenntnistheoretischen Grundlage unterscheidet Watzlawick 2 verschiedene Begriffe von Wirklichkeit: Der erste basiert auf rein physikalischen und daher objektiv feststellbaren Eigenschaften der einzelnen Elemente der Erfahrungswelt und beantwortet Fragen des sogenannten gesunden Menschenverstands oder Probleme der objektiven wissenschaftlichen Forschung. Er umfaßt also Wirklichkeitsaspekte, die sich aus Übereinstimmung der Wahrnehmung und durch wiederholbare Experimente verifizierbarer Nachweise beziehen. Watzlawick bezeichnet diese Aspekte als 'Wirklichkeit erster Ordnung' (Watzlawick 1976, 143), während die 'Wirklichkeit zweiter Ordnung' für ihn die Bedeutung, den Wert oder den Sinn dieser Tatsachen umfaßt und damit auf Kommunikation beruht, subjektiv und arbiträr ist; die Annahme, diese Wirklichkeit zweiter Ordnung sei die 'wirkliche' Wirklichkeit, ist für Watzlawick absurd: 'Der eigentliche Wahn liegt in der Annahme, daß es seine 'wirkliche' Wirklichkeit zweiter Ordnung gibt und daß 'Normale' sich in ihr besser auskennen als 'Geistesgestörte'. (Watzlawick 1976, 144)

Solche 'Wirklichkeiten', Weltanschauungen und Wahnvorstellungen entstehen durch Kommunikation, mittels derer sich die Menschen gegenseitig beeinflussen. Näherhin entsteht das Wirklichkeitserleben psychisch Kranker in folgenden Mustern:

Wird jemand fortwährend für die Art seiner Wirklichkeitswahrnehmung oder Selbstwahrnehmung von Menschen kritisiert, die ihm lebenswichtig sind, wie etwa die Eltern für das Kind, so beginnt er allmählich, seinen Sinnen zu mißtrauen und seiner eigenen Wahrnehmung unsicher zu werden. Diese Unsicherheit wird die anderen bestärken, ihn zu ermutigen zu mehr Bemühung, die Dinge 'richtig' zu sehen. Je mehr ihm nahe gelegt wird, seine Wahrnehmung sei falsch, desto mehr Mühe wird es ihn kosten, sich in der Welt und besonders im Kontakt zu Menschen zurechtzufinden. Und wenn die Angehörigen zunächst unterstellen, bei solch merkwürdigen Ansichten müsse man verrückt sein, so werden die Anstrengungen des Verunsicherten zu immer verschrobeneren Versuchen führen, den Sinn der Realität zu ergründen, der scheinbar nur ihm verborgen ist. In künstlicher Isolierung von der Interaktion mit seiner vertrauten Umwelt wird sein Verhalten dem klinischen Bild der Schizophrenie gleichen.

Kritisieren die lebenswichtigen Menschen nicht die Wahrnehmung eines Menschen, sondern seine Art zu fühlen, die anders ist, als dieser Mensch fühlen sollte, dann wird er sich irgendwann schuldig fühlen, nicht die 'richtigen' Gefühle in sich erwecken zu können. Auch dieses Schuldgefühl gehört dann zu der Vielzahl der Gefühle, die er eigentlich nicht haben dürfte. Das isoliert betrachtete Verhalten dieses Menschen ähnelt dem klinischen Bild der depressiven Erkrankung.

Wenn die lebenswichtigen Menschen Verhalten fordern und gleichzeitig verbieten, entsteht für den Betroffenen eine Situation, in der er die Forderungen nur erfüllen kann, indem er sie nicht erfüllt. Dieser Impuls ist paradox und kann wegen der Unmöglichkeit, es 'richtig' zu machen, gleichfalls zum Erscheinungsbild psychischer Erkrankung führen.

Wie diese Konfusionen im Kommunikationsprozeß schon in der
Struktur der Mitteilung selbst enthalten sind, ist im weiteren
Verlauf zu untersuchen.

6.1.2. Menschliche Kommunikation

1. Rolle der menschlichen Kommunikation

Das Übertragen des Systemdenkens auf das menschliche Kommunikationsverhalten führt zur Betrachtung der zwischenmenschlichen Systeme als Rückkopplungskreise, da in diesen Systemen das Verhalten jeder Einzelperson das Verhalten jeder anderen Person bedingt und selbst vom Verhalten aller anderen Personen bedingt wird. Eingaben (Inputs) verändern die Homöostase des Systems und führen weiter oder werden homöostatisch absorbiert, je nach Beschaffenheit der Rückkopplungskreise. Da menschliches Leben sich zwischen den Polen von Stabilität und Wandel vollzieht, steht zu vermuten, daß immer positive und negative Rückkopplung in gegenseitiger Abhängigkeit und Ergänzung wirksam sind.

Dieser Blickwinkel erlaubt es, auch Symptome nicht als Ausdruck intrapsychischer Konflikte des Symptomträgers zu sehen, sondern als Eingabe in das System der Beziehung: die Bedeutung des Symptoms ist dann nicht mehr mit der Ursachenfrage W a r u m ? sondern mit der Zielfrage W o z u ? klärbar.

'Beobachtungen von Familien mit einem schizophrenen Mitglied lassen wenig Zweifel darüber, daß der Zustand des Patienten für die Stabilität des Familiensystems entscheidend ist, und daß das System rasch und wirksam auf jeden Versuch reagiert, seine Organisation von innen oder außen zu ändern. Dies ist ganz offensichtlich eine unerwünschte Form der Stabilität.' (Watzlawick et al. 1969, 32-33)[3]

---

[3] '... vom Standpunkt der Kommunikationsforschung ist die Einsicht unvermeidbar, daß jede Verhaltensform nur in ihrem zwischenmenschlichen Kontext verstanden werden kann, und daß damit die Begriffe von Normalität oder Abnormalität ihren

2. Beispiel gestörter menschlicher Kommunikation: double bind[4]

Während der Erforschung der Beziehungsstrukturen in der Umgebung schizophrener Patienten fanden Bateson und seine Mitarbeier bestimmte Strukturen zwischenmenschlicher Wechselbeziehungen, die sie als 'double bind' bezeichneten und die folgenden Merkmale aufweisen (Bateson et al. 1969, 11-43):

Zwischen zwei oder mehr Personen besteht eine enge Beziehung, die für einen oder alle psychisch oder physisch lebenswichtig ist. 'In diesem Kontext wird eine Mitteilung gegeben, die a) etwas aussagt, b) etwas über ihre eigene Aussage aussagt und c) so zusammengesetzt ist, daß diese beiden Aussagen einander negieren bzw. unvereinbar sind. Ist die Mitteilung eine Handlungsaufforderung, so wird sie durch Befolgung mißachtet und durch Mißachtung befolgt ...' (Watzlawick et al. 1969, 196)

Sinn als Eigenschaften von Individuen verlieren. Wer sich je mit der Psychotherapie der funktionellen Psychosen befaßt hat, weiß, daß der sogenannte Geisteszustand von Patienten durchaus nicht statisch ist, sondern sich mit der zwischenpersönlichen Situation ändert und daher auch weitgehend von der Haltung des Therapeuten oder Forschers abhängig ist. Psychiatrische Symptome m ü s s e n in monadisch isolierter Sicht abnormal erscheinen; im weiteren Kontext der zwischenmenschlichen Beziehungen des Patienten gesehen, erweisen sie sich jedoch als adäquate Verhaltensweisen, die in diesem Kontext sogar die bestmöglichen sein können. Die Bedeutung der Einbeziehung des Zwischenmenschlichen kann kaum überschätzt werden. 'Schizophrenie' als unheilbare, schleichende Geisteskrankheit eines Individuums definiert, und 'Schizophrenie' als die e i n z i g mögliche Reaktion auf einen absurden und unhaltbaren zwischenmenschlichen Kontext verstanden (eine Reaktion, die den Regeln dieses Kontextes folgt und ihn daher verewigen hilft), sind zwar ein und dasselbe Wort und beziehen sich auf ein und dasselbe klinische Bild - die ihnen zugrundeliegenden Krankheitsauffassungen aber könnten kaum unterschiedlicher sein. Nicht weniger unterschiedlich sind die sich daraus ergebenden Implikationen für Ätiologie und Therapie.' (Watzlawick et al. 1969, 49) Vgl. dazu auch M.Wirsching, H.Stierlin 1982, 50-62, 123-150; Bateson et al. 1969, 44-80, 181-273..

4 Zum ganzen Themenbereich menschlicher Kommunikation, ihren Störungen und Paradoxien vgl. Watzlawick et al., 1969.

Meist handelt es sich um negative Gebote, etwa 'tu das nicht, oder ich bestrafe dich' als primäres Gebot, demgegenüber ein sekundäres negatives Gebot beispielsweise vermittelt 'unterwirf dich nicht meinen Geboten', und ebenfalls durch Strafen oder (lebens-)bedrohliche Signale durchgesetzt wird. Schließlich untersagt ein drittes negatives Gebot, das Feld zu räumen.

Adäquates Verhalten gegenüber einer paradoxen Mitteilung ist unmöglich. Das Dilemma für den Empfänger der Mitteilung verschärft sich, wenn es ihm implizit oder explizit verboten ist, den Widerspruch und die tatsächlichen Zusammenhänge aufzudecken. Schlimmstenfalls droht das Ettikett 'verrückt'.

Um derart krankmachend zu wirken, werden die Doppelbindungssituationen zur vorherrschenden Beziehungsstruktur und treten bereits im Kindesalter auf. Denn für den Betroffenen werden sie dann zur gewohnten Erwartungshaltung gegenüber menschlichen Beziehungen und der Welt. Durch double bind verursachtes paradoxes Verhalten hat double bind-Rückwirkungen, die entstehenden Kommunikationsstrukturen schreiben unverändert sich selbst fort. Das Verhalten des innerhalb einer solchen Beziehungsstruktur am deutlichsten gestörten Kommunikationspartners entspricht, isoliert betrachtet, dem klinischen Bild des Schizophrenen. Und die Struktur der sich widerstreitenden Gebote kann sich in den halluzinatorischen Stimmen der akuten Erkrankung fortschreiben.

Die Auswirkungen der double bind-Beziehungsstruktur auf das menschliche Verhalten sind in jedem Fall einengend, allerdings in verschiedenen Varianten:

- Wegen der Doppelbindung innewohnenden Absurdität nimmt der Betroffene an, er habe wichtige Anhaltspunkte in seiner Beurteilung der Situation übersehen, die er noch in der Situation oder bei den nahestehenden Personen finden muß. Daß diese Personen die Situation logisch und natürlich finden, wird ihn in seiner Suche bestärken, die er schließlich auf periphäre, unwahrscheinliche Phänomene und auf solche ausdehnen wird, die keine Beziehung zur Situation aufweisen. Das bedeutet letztlich Abwendung von der

Realität seiner Situation, erleichtert durch das Verbot, den
realen Widerspruch zu erkennen.

- Oder der Betroffene verlegt sich auf 'Buchstabengehorsam' gegenüber Mitteilungen, die er nur noch sehr oberflächlich als Ausdruck menschlicher Beziehung wahrzunehmen bereit ist. Statt endlos nach versteckten Bedeutungen zu suchen, wird er auch nicht mehr bereit sein, verschiedene Wichtigkeitsgrade in Äußerungen wahrzunehmen.

- Oder der Betroffene zieht sich möglichst weitgehend aus zwischenmenschlichen Beziehungen zurück via Selbstisolierung oder Blockieren des Kommunikationsempfangs durch Wahrnehmungszensur. Diese Alternativreaktionen sind wohl nicht die einzigen, aber typisch und entsprechen den klinischen Erscheinungsbildern des paranoiden, hebephrenen und katatonen Verlaufs der schizophrenen Erkrankung.

6.1.3. Möglichkeiten der Veränderung: Theorie und Praxis menschlichen Wandels[5]

1. Bestand und Wandel

Bestand und Wandel gehören zusammen, ohne den Bestand, das Beharren wäre kein Wandel möglich. Bestand und Wandel sind als eine Gestalt wahrnehmbar.

Wer einen Therapeuten aufsucht, intendiert Wandel, leidet an seiner Gegenwart und möchte seine Zukunft besser bewältigen. Und ist selbst bislang in seinen Anstrengungen zur Veränderung erfolglos geblieben. Die Schwierigkeit liegt gerade in der Komplementarität von Bestand und Wandel.

Um diese Komplementarität von Bestand und Wandel wie auch ihr Auftreten im therapeutischen Prozeß theoretisch zu verdeutlichen, ist die Gruppentheorie hilfreich. Ihre grundlegenden Postulate

---
5   Untertitel von Watzlawick et al., 1974

sind auf die Beziehungen zwischen Teilen und Ganzheiten und zwischen Beharren und Wandel orientiert.[6] Solche Beziehungen

---

[6] In der Gruppentheorie ist der Begriff der M e n g e oder des S y s t e m s grundlegend für die Definition einer Gruppe. Die M e n g e wird von E l e m e n t e n gebildet, deren Beschaffenheit belanglos ist; sofern die Menge die folgenden vier G r u p p e n p o s t u l a t e erfüllt, bildet sie eine Gruppe im mathematischen Sinn:
1. Kombiniert man ein Element der Gruppe mit sich selbst oder jedem anderen Element der Gruppe (d.h. führt man eine Operation nach einer für die Gruppe geltenden Kombinationsregel durch), so ergibt dieser Vorgang wieder ein Element derselben Gruppe. Der Ausdruck K o m b i n a t i o n bezieht sich also auf den Wechsel des inneren Zustands einer Gruppe; die Kombinationsregel läßt je nach Zahl der Elemente beliebig viele Veränderungen innerhalb der Gruppe zu, verunmöglicht es aber jedem Element und jeder Kombination von Elementen, sich außerhalb der Gruppe zu stellen. Beispiel: Elemente der Menge sind etwa die Zahlen 1 bis 12 auf dem Zifferblatt einer Uhr: 8 Uhr morgens + 6 Std. ergibt 2 Uhr nachmittags.
2. Das A s s o z i a t i v g e s e t z der Gruppe besagt, daß man die Elemente der Gruppe in verschiedener Reihenfolge kombinieren kann, wobei das Resultat der Kombination aber gleich bleibt. Nach diesem Gruppengesetz ist also Variabilität der Prozesse innerhalb der Gruppe begleitet von der Invarianz der Resultate. Beispiel: Ausgehend von einem bestimmten Punkt an einer Oberfläche kommt man etwa bei vier Zügen gleicher Länge in die vier Himmelsrichtungen, unabhängig von der Reihenfolge, am Ende des vierten Zuges zum Ausgangspunkt zurück.
3. Jede Gruppe enthält ein neutrales Element, das E i n h e i t s e l e m e n t, das, kombiniert mit jedem anderen Element der Gruppe, wieder das Element ergibt, es also nicht verändert. Das Einheitselement stellt einen Faktor dar, der innerhalb der Gruppe aktiv sein kann, ohne Veränderung zu bewirken. Beispiel: In Gruppen mit der Addition als Kombinationsregel ist das Einheitselement Null; wenn Multiplikation die Kombinationsregel ist, ist das Einheitselement Eins.
4. Jedes Element der Gruppe besitzt ein I n v e r s e s, ein ihm entgegengesetztes Element, dessen Kombination mit dem Element das Einheitselement ergibt. Beispiel: Wenn die Kombinationsregel die Addition ist, ist etwa 5+ (-5) = 0
Für Systeme menschlichen Zusammenlebens heißt das, daß es viele Veränderungen innerhalb des Systems, der Gruppe geben kann, ohne daß sich tatsächlich etwas verändert, sofern die internen Regeln des Systems unangetastet bleiben. Erst wenn ein 'Element der Gruppe', ein Familienmitglied, das bisherige Interaktionsmuster, das gewohnte System verläßt und sich nach außen bewegt, geschieht strukturelle Veränderung muß das innere Regelsystem sich wandeln.

zwischen Dingen und Gruppen von Dingen, die sich gegenseitig
durchdringen und überlagern, ordnen und strukturieren die
menschliche Erfahrung. Die Gruppentheorie liefert also ein Begriffssystem, mit dem Veränderungen innerhalb eines Systems
verstehbar werden, während derer das System als Ganzes sich
nicht verändert.

Der Wandel erster Ordnung, nämlich der Wechsel von einem internen Zustand in einen andern innerhalb eines invarianten Systems
ist dabei zu unterscheiden vom Wandel zweiter Ordnung, der das
System verändert und nur mit Hilfe einer Diskontinuität oder
eines logischen Sprungs vor sich geht. Beide Formen des Wandels
sind komplementär, insofern sich 'die Invarianz einer Gruppe
nur auf Veränderungen erster Ordnung erstreckt (das heißt: auf
die Veränderungen von einem Gruppenelement zum anderen, wobei
tatsächlich alles umso mehr beim Alten bleibt, je mehr es sich
ändert), daß die Gruppe aber den Phänomenen des Wandels zweiter
Ordnung (also den Veränderungen ihrer Struktur und ihrer internen Regeln) gegenüber offen ist.' (Watzlawick et al. 1974, 30)

2. Sprache der rechten Hemisphäre

Im Stadium der akuten Erkrankung, in dem der psychisch Kranke
in den meisten Fällen stationär behandelt wird, verfügt er vor
allem über die von Watzlawick in der Hemisphärenforschung der
neueren Neurochirurgie entdeckte zweite Form des Wirklichkeitserlebens, das unten näher erläuterte rechtshemisphärische Denken,
dessen Charakteristika der Bildersprache und Metaphorik dem
Menschen in Traum und Phantasie und, wie erläutert, in der Psychose erlebbar sind.

Um diese Erkenntnis therapeutisch nutzbar machen zu können,
bedarf es der genauen Kenntnis des Regelsystems der zusammenlebenden Familie/ Gruppe; damit nicht neue Lösungsversuche
'mehr desselben', eine Veränderung erster Ordnung bewirkt,
sondern das bisherige System verlassen werden und damit wirklicher Wandel, der ja nur mit Hilfe von Diskontinuität, von
'logischen Sprüngen' erreichbar ist, möglich werden kann.

In der Erkrankung, aber auch beim Gesunden bietet sich die
Sprache der rechten Hemisphäre an, wenn wirklicher menschlicher
Wandel angestrebt wird.

Watzlawick beschreibt zwei Arten menschlicher Sprache mittels derer zwei unterschiedliche Arten der Wirklichkeitsauffassung bewirkt werden, und die auf der unterschiedlichen Tätigkeit der rechten und linken Hemisphäre des menschlichen Gehirns beruhen. Seine empirische Grundlage bilden die Ergebnisse der modernen Hirnforschung, die neben den klinischen Erscheinungsbildern schwerster Hirnschäden vor allem die Auswirkungen der Kommissurotomie hinsichtlich der Konsequenzen für psychische Entwicklung und Verhalten verfügt.[7]

Diesen Erkenntnissen zufolge dominiert im typischen Rechtshänder die linke Hirnhemisphäre. Sie ist 'für die Übersetzung der wahrgenommenen Umwelt in logische, semantische und phonetische Repräsentationen und für die Kommunikation mit der Wirklichkeit auf der Grundlage dieser logisch-analytischen Aufschlüsselung der Welt spezialisiert.' (Watzlawick 1977, 22) Die Sprache der linken Hirnhemisphäre ist die Sprache des Definierens, Deutens und Erklärens, sie wird charakterisiert durch die Adjektive: intellektuell, zerebral, objektiv, logisch, analytisch. Damit ist linkshemisphärische Sprache prädestiniert als Sprache der Vernunft und der Wissenschaft. Sie ist auch die Sprache der meisten Therapien, in denen psychisches Erleben analytisch zerlegt wird.

Rechtshemisphärisches Denken dagegen hat seine eigenen, im Vergleich zum gerichteten Denken 'unlogischen' Regeln und

---

[7] Die Kommissurotomie besteht in der operativen Durchtrennung des c o r p u s   c a l l o s u m oder Balkens, der die breiteste Verbindung der beiden Großhirnhälften darstellt; sie ist gelegentlich im Verlauf der operativen Entfernung eines Hirntumors erforderlich. Der Eingriff dient mitunter auch dazu, epileptische Störungen auf eine Hirnhälfte zu beschränken, wenn sie auf die übliche medikamentöse Behandlung schlecht oder überhaupt nicht ansprechen. Vgl. Norman Geschwind 1979, 126-135; M. Annett 1982, 3-11; R. Birri et al. 1982, 144-149); W. Hartje et al. 1982, 159-163; Blakeslee 1980, 94-101; 102-114; 142-172

Gesetzmäßigkeiten, es wirkt ungerichtet und liegt dem Erleben
der Innenwelt in Träumen und Phantasien zugrunde. Seine Sprache
ist die Sprache des Bildes, der Metapher, der Ganzheit und
schließt die Wirkweisen des Symbols, des pars pro toto-Prinzips
ein, dergestalt, daß Bilder, bildhafte Zeichen oder auch echte
Symbole in analoger, unmittelbarer Sinnbeziehung vom Zeichen
zum Bezeichneten stehen. Die rechte Hirnhemisphäre ist prädestiniert zum global-holistischen Erfassen von Ganzheiten und Gestalten und steht den Einzelheiten hilflos gegenüber. Mit ihren
Fähigkeiten gelingt es uns, eine Gestalt unter den verschiedensten Gesichtspunkten und perspektivischen Verzerrungen als dieselbe wahrzunehmen wie auch, eine Ganzheit aufgrund eines möglicherweise winzigen Details (pars-pro-toto-Prinzip) zu erfassen.
Die Sprache dieser intuitiv 'veranlagten' Hemisphäre ist archaisch und unterentwickelt, Begriffe können zweideutig sein, Konkretes und Metaphorisches sind leicht verwechselbar.

Der Unterschied zwischen beiden Hemisphären liegt also in der
Funktion der linken Hemisphäre als Übersetzungsmechanismus der
wahrgenommenen Umwelt in logische, semantische und phonetische
Repräsentationen und der verbalen Kommunikation mit der Wirklichkeit auf der Grundlage dieser logisch-analytischen Aufschlüsselung der Welt; und in der Funktion der rechten Hemisphäre als
Übersetzer 'der wahrgenommenen Wirklichkeit in eine Gestalt, dieses Zusammenraffen des Erlebens der Welt in ein Bild' (Watzlawick 1982, 40), das für die Bestimmung des eigenen Standorts in
der Welt, der Haltung zur Welt hin relevant ist und damit auch
konstitutiv für menschlichen Wandel, etwa via Psychotherapie.

In der experimentellen Hirnforschung hat die Beschäftigung mit
den durch Läsionen oder Kommissurotomie verursachten Ausfallserscheinungen erwiesen, daß beide Hirnhälften unabhängig voneinander funktionsfähig sind und spezifische Funktionsarten auf spezifische Reize hin aufweisen.[8] Idealerweise arbeiten die beiden

---

8 Ausfallserscheinungen nach Läsionen der linken Hemisphäre
  zeigen sich vor allem in den folgenden Bereichen: Sprache,
  Schrift, Zählen, Rechnen, Schließen. Smith und Zangwill

Hirnhälften wegen ihrer jeweiligen Spezialisierungen komplementär und integrativ, wobei 'vermutlich jene Hemisphäre sozusagen die Führung übernimmt, deren Spezialisierung sie für die Bewältigung einer bestimmten Situation kompetenter macht als die andere.' (Watzlawick 1977, 31) Das bedeutet in der Konsequenz, daß der Mensch die Welt auf zwei sehr verschiedene, nicht auswechselbare und nicht übersetzbare Arten erlebt. Hemisphärische Interaktion geschieht nach Galin (1974, 575) neben dem komplementär-integrativen Stil noch nach zwei weiteren Mustern: einmal der 'Lösung durch Geschwindigkeit' (Watzlawick 1977, 31), nach der die Hemisphäre, die schneller mit der Problemlösung fertig

---

berichten beide, daß ein Patient nach totaler Entfernung der linken Hirnhälfte zwar den Text eines Liedes singen konnte, aber nicht in der Lage war, die Einzelworte außerhalb der Gestalt des Liedes in anderem Zusammenhang zu verwenden. (Vgl. Watzlawick 1977, 22)
Läsionen der rechten Hemisphäre führen 'zu Störungen der Bild- und Raumerfassung, sowie der allgemeinen Gestaltwahrnehmung. Die Patienten sind z.B. außerstande, geometrische Figuren nachzuzeichnen oder Gesichter, sogar ihr eigenes, zu erkennen; die Fähigkeit zur Synthese und Integration ist beeinträchtigt oder ganz verloren' (Watzlawick 1977, 26). Auch automatisierte Verhaltensabläufe, etwa das Anziehen, funktionieren nach Läsionen der rechten Hemisphäre plötzlich nicht mehr.
Nach der Balkentrennung war ein Patient etwa dazu in der Lage, einen für ihn nicht sichtbaren Gegenstand nach Abtasten mit der rechten (linkshemisphärisch orientierten) Hand richtig zu benennen, während er sich bei anschließendem Betasten mit der linken, also rechtshemisphärisch bezogenen Hand in der Benennung irrte, den Gegenstand aber richtig handhaben konnte, ihn in einer Anzahl anderer Gegenstände erkannte und ihn mit der linken Hand aufzeichnen konnte. Einen Gegenstand, den er nur in der linken Hand gehalten hatte, konnte er nicht nur durch Abtasten mit der rechten Hand aus einer Reihe anderer Gegenstände herausfinden oder aufzeichnen. Auch die Wahrnehmungen der Augen und Ohren und des Geruchssinns werden primär in der kontralateralen Hemisphäre verarbeitet. Wird eine Wahrnehmung der nicht-dominanten Hemisphäre zugeführt, dann kann der Balkenpatient sie nicht benennen, aber sagen, ob die Wahrnehmung angenehm oder unangenehm ist. Die affektive Komponente dringt also anscheinend zur verbalen Hemisphäre vor, die spezifischere Information aber nicht.

wird, mittels der ausführenden Nervenbahnen das problemlösende Verhalten evoziert; zum zweiten der 'Lösung durch Motivierung' (nachgewiesen für den Affen, bei dem die mehr Belohnungen erzielende Hirnhälfte zunehmend dominant wird), wonach die Hirnhälfte, für die das Ergebnis wichtiger ist, initiativ wird.

Konflikte sind insofern programmiert, als, wenn die interhemisphärische Verbindung über den Balken gegenüber der intrahemisphärischen schwach ist, die beiden Hirnhemisphären 'in ganz bestimmten Konfliktsituationen sozusagen funktionell getrennt werden und in Widerstreit miteinander treten können' (Watzlawick 1977, 32).[9]

Eine f u n k t i o n e l l e K o m m i s s u r o t o m i e kann nach Erkenntnissen Watzlawicks und der Palo-Alto-Forschungsgruppe durch widersprüchliche Kommunikation hervorgerufen werden, wobei der Widerspruch in der Unterschiedlichkeit der Information liegt, die die beiden Hirnhälften verarbeiten müssen, etwa in der Information durch sprachliche und nonverbale Kommunikation. Im Falle der funktionellen Kommissurotomie hemmt eine Hemisphäre die andere und verdrängt die kontralaterale Botschaft, die ja im Widerspruch steht, und innerviert Efferenz und Motorik. Das Übergehen der entgegengesetzten Information bedeutet eine massive Verfälschung der Wirklichkeit. - Oder aber die beiden Hirnhälften paralysieren sich gegenseitig im Kampf um Efferenz und Motorik, und die wachsende Dissoziation entlädt sich irgendwann in Panik oder einer gewaltsamen Abreaktion.

Widersprüchliche Information in den emotional bedeutsamen Beziehungen (etwa Eltern - Kind) ist nach systemischer Forschung eine Hauptursache für die Entstehung der Schizophrenie[10]. Wenn

---

9 Zuerst von Janet 1909 in seiner Dissoziationstheorie vertreten und inzwischen von Hoppe als f u n k t i o n e l l e K o m m i s s u r o t o m i e besonders für psychosomatische Krankheitsbilder gefordert und in Untersuchungen nachgewiesen. Vgl. Hoppe, 1975, 19-40.

10 Vgl. Bateson et al. 1969, 11-43; oben Formen und Störungen menschlicher Kommunikation.

Kommunikation krankheitsbegünstigend wirken kann, dann muß es auch möglich sein, via Kommunikation therapeutischen Wandel zu erzeugen. Was sich wandeln soll, geht Watzlawick ganz pragmatisch an: 'Wer bei uns Hilfe sucht, leidet in irgendeiner Weise an seiner Beziehung zur Welt. Damit sei gemeint - und die Meinung greift bis zum frühen Buddhismus zurück, der bekanntlich eminent pragmatisch war - daß er an seinem B i l d e der Welt leidet, am ungelösten Widerspruch dazwischen, wie die Dinge s i n d und wie sie seinem Weltbild nach s e i n s o l l t e n. Es stehen ihm dann zwei Möglichkeiten offen: aktives Eingreifen, das die Umwelt mehr oder weniger seinem Weltbild angleicht; oder, wo unmöglich, umgekehrt die Anpassung seines Weltbildes an die unabänderlichen Gegebenheiten. Erstere Form der Lösung kann sehr wohl der Gegenstand von Beratung sein, seltener aber der Therapie im engeren Sinne; während letztere recht eigentlich Anliegen und Ziel therapeutischen Wandels ist.' (Watzlawick 1977, 36)

Das 'Bild der Welt', d.h. die Übersetzung der Wirklichkeit, wie sie wahrgenommen wurde, in eine Gestalt wird von der rechten Hemisphäre geleistet, während die linke rationalisiert, objektiviert, das Ganze trennt in Subjekt und Objekt, schließlich die nun scheinbar unausweichlichen Konsequenzen zieht und mit diesen Aktivitäten das Bild der Welt fertigt ad infinitum, bis Gegensätzliches nicht mehr zur Korrektur des vorhandenen Bildes, sondern seiner Komplettierung führt.

Um diese linkshemisphärisch abgedichtete Wirklichkeitssicht zu verändern, gilt es zu ergründen, w a s zu ändern ist und w i e das geschehen kann, das heißt, das Weltbild des Patienten zu ergründen und mit der Sprache der rechten Hemisphäre, in der sich das Weltbild ja ausdrückt und verstehbar wird, zu verändern. Andernfalls, mit der linkshemisphärischen Analyse, Deutung, Erklärung usw., würde die Wirklichkeit nur wieder objektiviert, konsequent betrachtet, verfestigt, das heißt, der bisherige Fehler des Patienten würde wiederholt.[11] Statt dessen geht es darum,

---

11 Hier stellt sich Watzlawick in scharfen Gegensatz zur Psychoanalyse, die ja die analoge Sprache des Traums, der

'die rechtshemisphärische Sprache des Patienten zu erlernen und als den Königsweg des therapeutischen Wandels zu beschreiten.' (Watzlawick 1977, 41)

Die Technik dieser rechtshemisphärisch orientierten Vorgehensweise umfaßt drei verschiedene Modi, nämlich die Verwendung rechtshemisphärischer Sprachformen, die Blockierung der linken Hemisphäre und gezielte Verhaltensverschreibung, von denen die Blockierung der linken Hemisphäre mit Symptomverschreibung, Paradoxien, Illusion der Alternativen möglichen Verhaltens hier nicht näher dargestellt wird.

3. Formen therapeutischer Kommunikation

1. Rechtshemisphärische Sprachformen

Analoge Sprache, also die Sprache der Fehlleistungen, Träume, Märchen und Mythen, der Hypnose und des Wahns ist ungewöhnlich dicht und sinngeladen; entsprechend mühsam gestaltet sich die Übersetzung in die zerebrale, digitale Sprache der Logik. Verdichtung und Verschiebung machen auch das Wesen des Witzes aus (der nicht umsonst von Diktatoren und totalitären Systemen gefürchtet wird, setzt er sich doch über Sinn und Logik einer bestimmten Wirklichkeitsauffassung hinweg, erschüttert damit diese Wirklichkeitsordnung und leitet damit eventuell den Wandel bereits ein). Bildhafte Sprachformen, wie der Traum sie bietet, sind rechtshemisphärisch bedingt[12], entziehen sich der logischen, intellektuellen Sinnerfassung weitgehend und haben,

---

Symbole des Unbewußten in der Deutung in die klare linkshemisphärische Sprache des Bewußten, der Vernunft übersetzt.

12 Daß Träumen eine rechtshemisphärische Funktion ist, untermauern Forschungsergebnisse, nach denen beobachtet wird, daß Patienten nach der Kommissurotomie nicht mehr träumten. Vgl. J.E. Bogen 1969, 135-162); Blakeslee 1982, 38-43; Bakan 1976, 66-68.

sofern intellektuelle Deutung möglich ist, Schlüsselfunktion zum Verständnis der Innenwelt eines Menschen.[13]

Den Weg der Veränderung der psychischen Struktur eines Menschen über diese Bildersprache zu suchen, versuchten jahrtausendelang Medizinmänner, Schamanen und Wunderheiler[14]. Im Zeitalter des Rationalismus ist nur die umgekehrte Richtung des Deutens und intellektuellen Verarbeitens der inneren Bilder gefragt, zumal nach der geistesgeschichtlichen Revolution der Psychoanalyse. Einzig die Hypnotherapie wählt den Weg von außen nach innen und versucht dabei die Zensur der linken Hemisphäre zu umgehen.[15]

---

13 Nicht umsonst spricht Freud vom Traum als der via regia zum Unbewußten. Vgl. Freud, Die Traumdeutung, 1900.

14 Vgl. W.M. Pfeiffer 1971, 25-29; Kopp 1976, 15-22; Kopp 1971; I. Shah 1970, 207; K. Rasmussen, 1929

15 In der Tranceinduktion wird das, was in der Umwelt gerade vor sich geht, angesprochen und mit Empfindungen der Innenwelt des Patienten assoziiert (nur möglich bei genauer Beobachtung des Patienten und Mitgehen mit seiner Wahrnehmung). Vgl. die Instruktion Milton Ericksons:
... und jener Briefbeschwerer; der Aktenschrank; Ihr Fuß auf dem Teppich; die Zimmerbeleuchtung, die Vorhänge; Ihre Hand auf der Armlehne des Sessels; der sich ändernde Fokus Ihrer Augen, wenn Sie im Raum herumblicken; die merkwürdigen Buchtitel; die Spannung in Ihren Schultern; das Gefühl des Sessels; die störenden Geräusche und Gedanken; das Gewicht der Hände und Füße, Gewicht der Probleme, Gewicht des Schreibtisches; die Akten vieler Patienten; das Auf und Ab des Lebens; Krankheit, Gefühle, Körperliches und Seelisches; der Friede der Entspannung; die Notwendigkeit, sich seiner Bedürfnisse anzunehmen; die Notwendigkeit, sich seiner Spannung anzunehmen, während man den Schreibtisch ansieht oder den Briefbeschwerer oder den Aktenschrank; das Wohlgefühl, sich aus der Umwelt zurückzuziehen; Müdigkeit und ihr Entstehen; die Unveränderlichkeit des Schreibtisches; die Monotonie des Aktenschrankes; die Notwendigkeit, zu ruhen; das Wohlgefühl des Schließens der Augen; die Entspannung des tiefen Atmens; das Wohlgefühl, etwas passiv zu erfahren... (1959, 4; zit. nach Watzlawick 1977, 50)
Interventionen mit der Bildersprache des Traums versuchen unannehmbare Inhalte unter Umgehung der linken Hemisphäre so anzubieten, daß sie akzeptabel werden. Watzlawick schildert die Möglichkeit, eine frigide Frau mit dem Bild vom Entfrosten ihres Kühlschrankes daheim in der scheinbar oberflächlichsten, aber umständlichsten Art und Weise zu konfrontieren, ohne auf ihr Sexualproblem hinzuweisen, wobei das

Die Marktwerbung etwa hat Elemente der bildhaften Sprache
wie Alliterationen, Klangassoziationen, induziert Fehlschlüsse, Reime, Liedchen usw. in ihrer Wirksamkeit für ihre Zwecke
entdeckt und fortentwickelt.

Eine wichtige Eigenschaft der Bildersprache bedarf besonderer
Erwähnung: ihre ausgesprochen primitive Struktur läßt die Darstellung der Negation nicht zu. Das Pflanzen eines Baums läßt
sich bildhaft ausdrücken, nicht aber das Nicht-Pflanzen. Für
analoge Kommunikation heißt das, einfache, konkrete, positive
Formulierungen zu wählen, da Negativ-Formulierungen allenfalls
die linke Hemisphäre mobilisieren, oft zu Distanzierung oder
aber zum Vergessen. Je konkreter die Formulierung, besonders
bei rhetorisch-abstrakten Sprachformen, desto eher lassen sich
'rhetorische, bombastische, scheinbar fraglos gültige Sätze
durch Konkretisierung' demolieren, viel besser als 'durch noch
so preziöse Erwiderungen in derselben Sprache.' (Watzlawick
1977, 57) Und häufig betrachten Patienten ihre Wirklichkeit in
einer solchen bombastischen, scheinbar fraglos gültigen Weise.
Dazu Watzlawick: 'Die leicht hingeworfene Bemerkung 'Die gute
alte Zeit hat es nie gegeben' kann therapeutisch wirksamer sein
als eine lange, todernste Deutung der Infantilhaltung eines
Menschen.' (Watzlawick 1977, 57)

2. Verhaltensverschreibungen

Das (rechtshemisphärische) Weltbild eines Menschen wandelt sich
im Alltag, wenn neue Erfahrungen nicht mehr in das bestehende
Weltbild integriert werden können und partielle Änderungen nötig werden. Bei zu starker Diskrepanz besteht die Gefahr der
Abkapselung, Verneinung, Psychose im Gegensatz zu Erfahrungszuwachstum, Reifen.

    Bild in der Schilderung suggestiv auf Heilung hin verändert
    wird. - Auch in der Krebsbehandlung werden bildhafte Konzentrationsübungen einbezogen, in denen die Patienten das für
    die Erkrankung subjektiv bedeutungsvollste Bild evozieren,
    das ebenfalls suggestiv auf Gesundung hin verändert wird.

Psychotherapie kann, stimuliert von der Phänomenbeobachtung des alltäglichen spontanen Wandels und der Wirkmechanismen, solchen Wandel therapeutisch induzieren im Rahmen von Verhaltensverschreibungen, die sich von einfachen und unmittelbaren Aufforderungen bis zu komplizierten Kombinationen von Interventionstechniken zur Blockierung der linken Hemisphäre erstrecken. Da in der Erkrankung eines Familienmitglieds das System der Familie in seinen Regeln erstarrt ist und nicht mehr in der Lage, eine Metaregel zur Lösung der Erstarrung hervorzubringen, muß diese übergeordnete Regel von außen eingeführt werden. Dabei ist es wichtig, den möglicherweise trivial erscheinenden 'Schlüsselpunkt des Problems' zu treffen.

Die absurde und paradoxe Natur der Verhaltensverschreibungen kann gerade Patienten, die nicht mehr weiter wissen, dazu verhelfen, an eine bisher nicht beachtete Lösungsmöglichkeit zu glauben, wobei die Ungefährlichkeit der Verhaltensverschreibungen, ihr scheinbares Ansetzen an der Peripherie und der geringe notwendige Aufwand an Energie, Geld, Zeit das Akzeptieren und Durchführen der Lösung erleichtern können. Unübersehbar ist allerdings auch, daß die richtig plazierte Intervention eben deswegen denselben Widerstand hervorruft, der es dem Betroffenen bisher unmöglich gemacht hat, sein Problem zu lösen. Seelisches Leiden erweckt in uns die Bereitschaft, ' a l l e s zu seiner Behebung zu tun, außer einer ganz bestimmten Sache; und diese 'ganz bestimmte Sache' ist gerade das, was das Leiden verursacht. Damit schließt sich der Teufelskreis des Problems und der problemanhaltenden 'Lösungen'. Die einzig mögliche Lösung liegt immer in der Richtung der größten Angst und daher des heftigsten Widerstandes.' (Watzlawick 1977, 104)

Auf dem schwierigen Weg von der Verhaltensverschreibung bis zu ihrer praktischen Befolgung bieten sich einige Techniken an:

<u>Verwendung der Sprache des Patienten</u>

Nicht der Patient lernt zunächst die Sprache der 'seiner' psychotherapeutischen Richtung zugrundeliegenden Theorie, sondern der Therapeut lernt die Sprache des Patienten, und das heißt seine Erwartungen, Hoffnungen, Ängste, Vorurteile kennen, darüber hinaus aber auch seinen Kommunikationsstil, der viel über die Art des Welterlebens des Patienten verrät.[16] Der Therapeut muß mit anderen Worten bereit sein, sich immer wieder neu dem Weltbild seiner Patienten anzupassen.

Rituale

Im Handlungsablauf des Rituals vermischen sich symbolische und konkrete Elemente in einer archetypischen und damit rechtshemisphärisch zugänglichen Art; er ist in seiner Bedeutung für den Menschen linkshemisphärisch erfaßt und in unserer Zeit weitgehend zum Verschwinden gebracht. Erst Mara Selvini vom Mailänder Familieninstitut hat es in seiner Bedeutung für das Familiengeschehen erkannt und als therapeutisches Mittel angewandt:

'Das Erfinden' eines Rituals erfordert von Seiten des Therapeuten allein schon deswegen eine große schöpferische Leistung, und oft, wenn ich so sagen darf, geniale Einfälle, weil ein Ritual, das sich für eine Familie wirksam erwiesen hat, für eine andere kaum ebenso wirksam sein dürfte. Dies ist deswegen, weil jede Familie ihren eigenen R e g e l n folgt und ihre eigenen S p i e l e spielt. V o r a l l e m i s t e i n R i t u a l n i c h t e i n e A r t v o n M e t a k o m m u n i k a t i o n ü b e r d i e s e R e g e l n , g e s c h w e i g e d e n n ü b e r d i e s e S p i e l e ; e s i s t

---
16 'Ich sehe da nicht klar' '... und da erst gingen mir die Augen auf', die Erwähnung von Formen und Farben, die Beschreibung eines Menschen oder einer Situation in fast fotographischen Einzelheiten sind offensichtlich visuelle Ausdrucksformen. 'Das liegt mir im Magen', 'In seiner Gegenwart ... fröstelt es mich, 'Diese Blamage steckt ihm in den Knochen' und unzählige andere, ähnliche Sprachformen sind Äußerungen eines primär empfindungsmäßigen, propriozeptiven Erlebens der Welt. All dies läßt sich unschwer dann erfassen und verwenden, wenn man lernt, nicht nur dem Inhalt, sondern auch der Form der Kommunikation Beachtung zu schenken.' (Watzlawick 1977, 105)

v i e l m e h r   e i n   G e g e n s p i e l , das einmal
gespielt, das ursprüngliche Spiel zerstört. In anderen Worten,
es führt zur Ersetzung eines ungesunden und epistemiologisch
falschen Rituals (z.B. des anorektischen Symptoms) durch ein
gesundes und epistemiologisch richtiges.' (Watzlawick 1977, 116)

Alle diese Formen verlangen ein ausgeprägtes Zusammenspielen
von rechtshemisphärisch-ganzheitlichem und linkshemisphärisch-
analytischem Denken, um wirksam werden zu können. Hohe Präzision der Planung und Plazierung einer Intervention bliebe wirkungslos, wenn nicht die "rechte" Initialidee sie begleiten
würde.

6.1.4. Systemische Betrachtung psychischer Krankheit

Implizit ging es von Anfang an um das Verständnis psychischer
Krankheit, das nun noch einmal explizit zusammengefaßt werden
soll:

Symptome seelischer Krankheit sind sinnvolle Bestandteile eines Familiensystems, die das Gleichgewicht des Systems sichern.
Das System läßt sich nur als Ganzes erklären, ist mehr als die
Summe seiner Teile. Die Struktur des Systems entsteht aus den
Beziehungen der einzelnen Elemente des Systems zueinander. Die
Symptome werden nicht mehr in verschiedene Krankheitsbilder
unterteilt, "Diagnosen sind intellektuelle Fallen" für den
Therapeuten,[17] Ausgangspunkt ist jeweils die konkrete Störung
im Familiensystem, die nicht auf ihre Ursachen hin erforscht
wird, sondern darauf, was sie bewirkt, was sie der Familie vermeiden hilft, was die Familie konfrontieren müßte, wenn die psychische Krankheit eines Mitglieds beseitigt wäre.

Keinem Teil des ganzen Systems kann dabei die Verantwortung
für das Verhalten anderer Teile zugeschoben werden. Und es ist
nicht möglich, einen Teil zu verändern, ohne das das Ganze sich
zugleich mit verändert. Eine solche wirkliche Veränderung, die

---

17 Äußerung Watzlawicks bei den 33. Lindauer Psychotherapiewochen 1983 (24.-30.4.1983)

nicht nur Obeflächenphänomene erfaßt, ist eine qualitative Veränderung und erfolgt als solche sprunghaft, diskontinuierlich.

6.2. Die Religiosität psychisch Kranker in systemisch-kommunikationstheoretischer Perspektive am Fall Klingenberg

Wenn es keine absolute Wirklichkeit gibt, sondern nur subjektive und untereinander widersprüchliche Auffassungen von der Wirklichkeit, wenn es keine objektive Wahrheit gibt, dann ist auch die religiöse Grundhaltung nicht 'an sich' interessant, sondern nur unter der Fragestellung, welche Rolle sie innerhalb des jeweiligen Systems einnimmt. Stützt sie das System, hält sie es zusammen? Oder ganz im Gegenteil? Die Auseinandersetzung mit der Religiosität erfolgt also ganz unter dem Vorzeichen des untersuchten Systems, bei psychisch Kranken des Familiensystems. Es gibt keine von vornherein festgelegten Schwerpunkte, die berücksichtigt werden müßten; die Bedeutung der Religiosität erweist sich in der Analyse des Systems.

Deswegen können auch keine allgemeingültigen Aussagen getroffen werden über die Religiosität psychisch Kranker, wie sie sich unter dem systemischen Gesichtspunkt darstellt. Lediglich in der Untersuchung eines konkreten Familiensystems unter systemischer Perspektive kann geklärt werden, was die Systemtheorie hier an Erkenntnisgewinn bringt.

Das soll im Folgenden geschehen am sogenannten 'Fall Klingenberg', in dem 1976 eine Studentin im Verlauf einer Serie von Teufelsaustreibungen schließlich starb. Die Auswahl dieses Falles erfolgte unter zwei Gesichtspunkten: einmal ist in der nachträglichen Auseinandersetzung eine Fülle von Material angesammelt worden in Büchern und Gerichtsakten, die eine einigermaßen vollständige Dokumentation aller notwendigen Daten sichern. Zum andern kann die Auseinandersetzung mit Religiosität und Psychiatrie zumal hier in Würzburg, dem Studienort dieser Studentin, an dem wichtige Entscheidungen in dieser traurigen Entwicklung gefallen sind, an dieser Herausforderung nicht vorbeigehen. Die Arbeitshypothese, die die Wahl der Methode beeinflußt, ergibt sich aus dem Studium der Dokumentation zum 'Fall Klingenberg' und beinhaltet, daß von vornherein bei den verschiedenen Elementen des Systems neben der Hilfeleistung andere Motive gleichzeitig eine Rolle spielen.

6.2.1. Tabellarische Schilderung der Entwicklung bis zum Tod der Studentin unter der Perspektive möglicher Anhaltspunkte für eine Störung

Anneliese M. wird am 21.9.1952 als zweite von 5 Töchtern geboren; die Eltern sind strenggläubig katholisch; Anneliese ist ein zartes Kind und am häufigsten von den Geschwistern krank.

Mitte September 1968 erlebt sie knapp 16-jährig wohl einen ersten nächtlichen Krampfanfall.

Im August 1969 sucht sie einen Nervenarzt auf, nachdem sie in der Nacht zuvor einen - soweit man weiß - ersten 'generalisierten epileptischen Krampfanfall mit Zungenbiß' erlitten hatte.' (Schrappe 1982, 4)

Sie erkrankt an Lungenentzündung und Tbc, was im Februar 1970 den Aufenthalt in einer Lungenheilstätte notwendig macht.

28.2.1970: Zusammenbruch wegen Herz-Kreislauf-Störungen; 30.7.1970: 10-minütiger 'epileptiformer Anfall, wieder mit Zungenbiß' (in der Anamnese werden zwei weitere Absencen vom Juli 1969 bekannt).

November 1972: erneuter Anfall;

Sommer 1973: Abitur

September 1973: Klagen über Interesselosigkeit und Entschlußlosigkeit, sie sehe Fratzen und glaube, daß der Teufel in ihr sei. Verdacht einer beginnenden paranoiden Psychose, Behandlungsversuch mit einem niedrig dosierten Neuroleptikum; Ungewißheit über Einnahme, da nie mehr eine Konsultation des Nervenarztes erfolgte.

Herbst 1973: Studienbeginn in Würzburg (Theologie und Pädagogik fürs Lehramt); durch Vermittlung eines Internisten Behandlung am Institut für Psychotherapie und Medizinische Psychologie der Universität Würzburg, Mitbehandlung an der Poliklinik der Universitäts-Nervenklinik; Kennenlernen des Freundes.

Erste Wallfahrt nach San Damiano, der weitere folgen, in denen sie der Wallfahrtsleiterin auffällt, die erstmals Pater Rodewyk als "Spezialisten" für Besessenheit brieflich informiert.

Am Psychotherapeutischen Institut der Universität mehrmonatige Motivierungsversuche zu einer Gruppentherapie; erfolglos; durch die Behandlung an der Nervenklinik Änderungen des Anfallstypus zu Absencen und psychomotorischen Anfällen hin.

1974 und 1975: häufiger stärkere Gewichtsschwankungen. Sagt zum Freund, innere Stimmen würden Befehle erteilen.

Juni 1975: letztes Vorstelligwerden in der Poliklinik; A.M. bezeichnet ihr Befinden als gut, wirkt aber sehr ängstlich; eingehende Information der Eltern; Hausarzt sieht zur gleichen Zeit die Patientin, die über anhaltende depressive Verstimmungen wegen Überforderung im Studium (Examensvorbereitung) klagt. Zu Haus Knien auf dem Boden, "so daß ihre Knie anschwellen. Sie zog sich nackt aus und verweigerte jede Nahrungs-und Flüssigkeitsaufnahme".(Schrappe 1982, 8) Spontane Besserung seit 15.8.1975 (Mariä Himmelfahrt).

September 1975: Jesuitenpater Rodewyk diagnostiziert 'teuflische Besessenheit bei Lokaltermin in Klingenberg; Bischof Stangl beauftragt Pater Renz (65) und Pfarrer Alt (38) mit dem Exorzismus nach dem Rituale Romanum; Beginn der Sitzungen am 24.9.1975.

Oktober 1975: Besuch P. Rodewyks im Hause M., um sich zu überzeugen, daß die mit dem Exorzismus Beauftragten im Sinne des Rituale Romanum vorgehen Wiederaufnahme des Studiums. Zulassungsarbeit.

Wesentliche Zustandsverschlechterung im März 1976.

Karfreitag 1976: weitere drastische Verschlechterung; Mutter reist nach Würzburg, schließt sich 14 Tage mit A. in ihrem Zimmer ein, weist den Hausarzt ab, nimmt A. mit nach Hause.

Intensivierung des Exorzismus.

Ende Juni tritt Fieber auf.

In der Nacht zum 1. Juli 1976 stirbt A.M. nach abendlichem Exorzismus, mit einem Gewicht von 31 kg bei 166 cm Körpergröße.

Zwischen dem 24.9.1975 und dem 30.6.1976 fanden insgesamt ca. 67 exorzistische Sitzungen statt mit etwa 2 bis 7-stündiger Dauer, meist abends bei Kerzenlicht 2-3mal pro Woche. (Auchter 1977)

Angesichts des tragischen Ausgangs erhebt sich die Frage: was muß in 67 Gebetssitzungen geschehen, daß ein Mensch dabei stirbt? Diese Frage soll im Folgenden beantwortet werden anhand eines Mitschnitts von Tonbandaufzeichnungen aus den exorzistischen Sitzungen. Zuvor ist die zu diesem Geschehen veröffentlichte Literatur zu sichten.

6.2.2. Der Fall Klingenberg im Spiegel der Literatur

Der tödliche Ausgang der Exorzismus-Prozedur in Klingenberg bewirkte Auseinandersetzungen mit dem Fall Klingenberg und dem Teufelsglauben auf sehr verschiedenen Ebenen. Die Tagespresse griff ausführlich die Nachricht vom tragischen Tod des Mädchens auf und verfolgte das Prozeßgeschehen fast zwei Jahre später interessiert. Ausführlichere Kommentare lieferten Mautz für den Spiegel (17/1978) und Nolte für die Zeit (17/1978). Auch die kirchliche Presse setzte sich damit auseinander, vielfach unter Hinzuziehen von Theologen als Experten; exemplarisch sei der Artikel 'Krankheit oder Teufelswahn?' in Weltbild vom 24.4.1978 erwähnt, in dem Kaiser als Vertreter der Forschung über philosophische Grundfragen der Theologie über das Böse reflektiert, der Wiener Pastoralmediziner Roth sich über Besessenheit und psychiatrische Erkrankung äußert und der Kirchenrechtler Weigand zum Exorzismus und seiner geschichtlichen Entwicklung Stellung bezieht.

Theologischerseits erschien 1977 eine Dokumentation zu 'Tod und Teufel in Klingenberg', mit Beiträgen in der Bandbreite von

Haag bis Rodewyk, überwiegend mit eher vorsichtig abwägender Tendenz. Kasper/Lehmann (1978) präsentieren dogmatisch, neutestamentlich und psychologisch orientierte Beiträge zu 'Teufel, Dämonen, Besessenheit', Fischer/Schiedermair (1980) arbeiten im Anschluß an den Prozeß und die Implikationen des Gerichtsurteils an fundamentaler Information zu theologischen, weltanschaulichen, rechtsphilosophischen und juristischen Grundlagenfragen. Zahlreiche Akademietagungen und Foren beschäftigten sich in ähnlicher Weise mit den Ereignissen (etwa die Katholische Akademie in München (18.5.1978); 13.Ärztetag des Bistums Essen (Oktober 1979)) und veröffentlichten teilweise ihre Ergebnisse.

Mischo/Niemann (1983) versuchen eine interdisziplinäre Integration der Entwicklung der Erkrankung aus psychiatrischer, psychologischer und theologischer Sicht.

Schrappe (1982) beschreibt aus psychiatrischer Sicht das Krankheitsbild als Epilepsie und diskutiert das Vorliegen einer epileptischen Psychose. Auchter (1977) und Mester (1981) liefern psychodynamische Analysen des Krankheitsverlaufs, wobei Auchter von einer neurotischen Entwicklung ausgeht, tendenziell das Krankheitsbild einer Pubertätsmagersucht verwirklicht sieht, und den Teufelskreis des Exorzismus belegt, den er analytisch als ritualisierte Vergewaltigung begreift; Mester hebt schwerpunktmäßig auf Beziehungen zwischen der psychogenen Magersucht und der Annahme teuflischer Besessenheit in triebfeindlicher Umgebung ab.

Sicher nicht unmittelbar aus Anlaß der Ereignisse in Klingenberg, aber wohl auch nicht völlig unabhängig fand im Oktober 1978 das XII. Internationale Kollquium der Société Internationale de Psychopathologique de l'Expression mit dem Thema 'Psychologie und Psychopathologie der Hoffnung und des Glaubens/Mythos und Mythopathologie' statt, ein Beispiel für die internationale Aktualität (Pöldinger/Wittgenstein 1981).

Von völlig anderen Genre ist der Versuch der Anthropologin Goodman (1981), die Besessenheit der Anneliese M. gegen die neurologisch-psychiatrische Sicht der Prozeßgutachter zu beweisen und das Vorgehen bzw. Unterlassen der Hilfeleistung seitens der Eltern und Exorzisten zu rehabilitieren. In geradezu exhibitionistischer Weise werden Details zusammengetragen, die die Vorstellungen der Familie mit sehr viel Tatsachenmaterial zu untermauern versuchen. (Das Erscheinen dieses Buches wurde von der Regensburger Bistumspresse triumphierend aufgegriffen als Beleg für einen Justizirrtum).

Schließlich sei auf das Klima verwiesen, in dem die Auseinandersetzung um Klingenberg sich bereits anbahnte: 1965 veröffentlichte Rodewyk erstmals 'Dämonische Besessenheit heute', wo er genauestens die Phänomene der Besessenheit am 'Fall Magda' darlegt, um auf das mögliche Vorkommen der Besessenheit aufmerksam zu machen. Leider bezieht er die Analyse Wolffs (1956) nicht ein, die einen engen Zusammenhang zwischen Magdas Besessenheit, ihrer Sucht und ihrer Möglichkeit, Zugang zu Suchtmitteln zu erhalten, herausfindet. Balducci (1976) diskutiert teuflische Besessenheit in Gegenüberstellung zu psychiatrischen und parapsychologischen Phänomenen in mit Rodewyk vergleichbarer naiver, sich mit dem Anschein psychiatrischer Kompetenz umgebender Art.

Eine psychiatrisch-kritische Analyse von Exorzismus-Protokollen aus dem 16. und 17. Jahrhundert liefert C. Ernst (1972), die ausführlich die Interaktion zwischen Besessenem und Exorzist analysiert.

Eine kritische Auseinandersetzung mit der traditionellen Lehre vom Teufel und den Auswirkungen des Teufelsglaubens aus biblischer, systematischer und historischer Sicht leistet Haag (1974), der im Fazit den Teufel nicht nur unbrauchbar, sondern auch unnötig findet zur christlichen Erklärung des Bösen in der Welt.

Essayistisch setzt sich Starobinski, Genfer Literaturhistoriker und Professor für Ideengeschichte mit der 'Erfindung der Freiheit' auseinander, indem er an drei Beispielen naturwissenschaftlich, philosophisch und psychoanalytisch 'Besessenheit und Exorzismus - Drei Figuren der Umnachtung' (1976) aufzeigt. aufzeigt.

Die geistesgeschichtliche Aktualität der Auseinandersetzung mit
Freiheit und 'Besessenheit', Teufel und Prinzip des Bösen auch in
zeitlicher Nähe des Falles Klingenberg bestimmt den Verstehenshorizont der Exorzismus-Prozedur und ihrer Möglichkeitsbedingungen mit.

6.2.3. Protokoll der Tonbandmitschnitte aus exorzistischen
       Sitzungen:

Das Protokoll enthält bei etwa 18-minütiger Dauer 4 verschiedene Passagen, die aneinander anschließen. Um den Charakter
der Interaktion zu verdeutlichen, werden links die Äußerungen
von A.M. aufgezeichnet und recht die des/der Exorzisten bzw.
betenden Gruppe. Im ersten Teil redet der Exorzist allein, im
zweiten und dritten betet eine größere Gruppe, im 4. Teil geht
beides im Wechsel vor sich. A.M. schreit, brüllt, stöhnt,
knurrt in den ersten drei Passagen aus Tiefen, die an Geräusche
von Tieren erinnern, in der 4. Passage redet sie verständliche
Worte und Satzfetzen im Wechsel mit dem Exorzisten oder der betenden Gruppe.[18]

I

```
1  (Stöhnen)
                    Exorz:   discede ergo nunc
   (lautes Stöhnen)          discede ergo nunc
5                            discede ergo nunc
                             discede seductor
                             discede ergo nunc
7  (Schrei)                  discede ergo nunc
```

---

[18] Unterstreichungen der Äußerungen der Exorzisten und des
Chores rechts stehen für die Dauer der links verzeichneten
Schreie Annelieses. Die durchgehenden Querstriche über das
ganze Blatt markieren die Dauer der einzelnen Mitschnitte.

Tonbandaufzeichnung: Archiv der Universitäts-Nervenklinik,
Würzburg.

```
 8
                              discede ergo nunc
10  (knurren)                 discede ergo nunc
                              discede ergo nunc
                              discede seductor
                              discede ergo (betont)
                              cede non mihi sed ministro Christi
                              cede ergo sed cede non mihi sed mi-
15                            nistro Christi
```

```
    II
    (stöhnender Schrei)
                 Chor:   Vor allen schweren Gedanken
    (Schreien)           vor aller Lieblosigkeit und Verzagtheit
20                       der heiligste Name Jesu (ab "heiligste"
                                                         lauter)
                         sei ihr unerschütterlichstes Vertrauen
                         ihre Kraft und Stärke
                         ihre Hoffnung und Zuversicht
25                       im Leben und Sterben
                         es segne sie die Allmacht des himmlischen
                                                         Vaters
    (Schreien)           die Weisheit des göttlichen Sohnes
                         und die Liebe des heiligen Geistes amen
30                       es segne sie Jesus der Gekreuzigte durch
                         sein kostbares Blut
                         im Namen des Vaters
                         und des Sohnes
                         und des heiligen Geistes amen
                         es segne sie vom Himmel aus Ma
```

```
    III
35  (wütendes
    Schreien)        (Chor):     Sohnes und des heiligen Geistes amen
                                 Es segnen sie ihre heiligen Patrone
                                 ihre heiligen Taufpatrone
                     (Exorzist): die heilige Anna
                  (anderer Mann): die heilige Elisabeth
40                      (Chor):  und alle Heiligen des Himmels
    (Schreien)                   im Namen des Vaters
                                 und des Sohnes
                                 und des heiligen Geistes amen
45  (Schreien)                   es segnen sie die lieben armen Seelen
                                 ihrer lieben verstorbenen Anverwandten
                                 vor allem ihrer Tante und (?armen?)
                                                         Schwester
                                 sie mögen am Throne Gottes ihre Fürbitterin
                                                         sein
50  häwähwäh                     damit auch sie das ewige Ziel erreiche
                                 im Namen des Vaters
                                 und des Sohnes
                                 und des heiligen Geistes amen
55                               es komme über sie der Segen unserer Mutter
                                 der heiligen Kirche
```

56	der Segen unseres heiligen Vaters Papst
	Paul IV.
	unseres Diözesanbischofs Josef
	der Segen aller Bischöfe und Priester
50	und dieser Segen, wie er ausströmt
	aus allen heiligen Meßopfern
	komme über sie alle Tage
(Knurren)	gebe ihr Glück und Gesundheit
	und allen erdenklichen Segen
55	bewahre sie vor jedem Unglück
	und gebe ihr die Gnade der Beharrlichkeit
	und eine glückselige Sterbestunde
	im Namen des Vaters
	und des Sohnes
70 (Schreien)	und des heiligen Geistes amen
	(einer sagt leise an, wie es weitergeht:)
(lautes Knurren	wir beten das Sturmgebet zur heiligsten
über 15 Sekun-	Dreifaltigkeit
den anhaltend)	
	(Chor)
75	heiligste Dreifaltigkeit
	Vater, Sohn und heiliger Geist
	wir armen Sünder kommen zu deinem Gnaden-
	throne
	mit reuigem Herzen bitten wir dich
80 (Schreien)	er, der zur Rettung unseres verdorbenen und
	verlorengegangenen Geschlechtes
(Schreien)	sich selbst erniedrigt hat
	und gehorsam ward bis zum Tode
85	der seine Kirche auf Felsengrund gebaut
	und die Verheißungen gegeben hat
(Schreien)	daß die Pforten der Hölle
	sie nicht überwältigen können
	weil er selbst bei ihr bleibt
90 (Schreien)	bis ans Ende der Welt
	dich bändigt das Zeichen des Kreuzes
	und die Kraft aller Geheimnisse des christ-
	lichen Glaubens
	dich bändigt die mächtige Jungfrau und
95	Gottesmutter Maria
	die im Augenblick ihrer unbefleckten Empfäng-
(Schreien)	nis
	durch ihre Demut
	dein überstolzes Haupt zertreten hat
00	dich bändigt der Glaube der heiligen
	Apostel
(sehr laut)	Petrus und Paulus
	und der übrigen Apostel
	dich bändigt das Blut der Märtyrer
05	und die fromme Fürbitte aller Heiligen
	so beschwören wir dich denn
(Schreien)	du verfluchter Drachen
	und all ihr teuflischen Legionen

```
108                              bei Gott (halber Chor verspätet: bei Gott)
                                 dem lebendigen
110   (Schreien)                 bei Gott dem wahren
                                 bei Gott dem heiligen
                                 bei Gott, der die Welt so sehr geliebt hat
                                 daß er seinen eingeborenen Sohn für sie da-
                                                                     hin gab
115                              damit alle, die an ihn glauben, nicht ver-
                                                                  lorengehen
      (Schreien)                 sondern das ewige Leben erlangen
                                 hör auf, die Menschenkinder zu täuschen
      häbäbäh                    und ihnen Gift der ewigen Verdammnis ein-
120                                                                 zuflößen
      (Stöhnen)                  laß ab, der Kirche Gottes zu schaden
                                 und ihrer Freiheit Fesseln anzulegen
                                 weiche Satan
125                              du Erfinder und Lehrmeister alles Luges un
                                                                    Betruges
                                 du Feind
      hä                         (halber Chor; Exorzist verstärkt:) weiche
                                                                       Satan
                                 du Erfinder und Lehrmeister allen Luges und
130   (Schreien)                                                    Betruges
                                 du Feind des Seelenheiles der Menschen
                                 räume das Feld Christus
                                 an dem du nichts von deinen Werken gefunder
                                                                        hast
135                              mach Platz für die Kirche
                                 die eine, heilige
      (Schreien)                 katholische und apostolische
                                 die Christus selbst erworben hat
                                 um den Preis seines kostbaren Blutes
140                              beuge dich unter die mächtige Hand Gottes
      (Schreien)                 zittere und mach dich aus dem Staub
                                 vor dem heiligen und Ehrfurcht gebietenden
                                 Namen Jesu
                                 den wir anrufen und den die Hölle fürchtet
145   (Schreien)                 den die Kräfte und Gewalten und Herrschafte
                                 des Himmels sich beugen
                                 den die Cherubim und Seraphim mit unermüd-
      ouhähwähwäh                lichem Munde loben und preisen
150                              heilig heilig heilig ist der Herr Gott der
                                 Heerscharen
      Saubande                   (sehr herablassender Tonfall des Exorziste
                                 der deutlich herauszuhören ist) heilig
      (Schreien)                 heilig heilig ist der Herr der Gott der
                                                                 Heerscharen
155                              Himmel und Erde sind erfüllt von seiner
                                 Herrlichkeit
                                 hosanna in der Höhe
                                 hochgelobt sei der da kommt im Namen des
                                                                        Herrn
160                              hosanna in der Höhe
```

161		(halber Chor:) der Herr (Exorzist stimmt an:)
		heilig heilig heilig ist der Herr der Gott der Heerscharen
165		hosanna in der Höhe
		hochgelobt sei der da kommt im Namen des Herrn
		hosanna in der Höhe
	hähwähhwähh	
170	(Schreien)	heilig heilig heilig ist der Herr Gott der Heerscharen
		Himmel und Erde sind erfüllt von deiner Herrlichkeit
	die Rotznase machen	hosanna in der Höhe
175	wir noch zu Dreck	
	kapiert?	
	du blöde Sau	
		(einer, Exorzist:)
	(Stöhnen)	ich habe nicht verstanden
180		was hast du gesagt?
		was hast du gesagt?
		ich habe nicht verstanden, nicht kapiert
		was ist sie?
		was sagst du?
185		sag's noch mal!
		was hast du gesagt?
		(Frauenstimme leise:) Rotznase (Exorzist leise:) ich versteh ihn nicht
190		(laut:) was sagst du von der, von der Anneliese?
	(Stöhnen, geht über in:)	
	daß mer die noch zu Dreck	
	mache	
		du willst sie noch zu Dreck machen?
195	jawoll!	
		(betont langsam und entschieden:) nein, das machst du nicht!
	jawoll, die piesack ich	
200	heut nacht dermaßen	
	(Stöhnen)	
	laß sie kei	
	(Schritte, Stöhnen, undif-	
	ferenzierbare Geräusche)	
	die blöde Sau	
205	auuahauh	ich verbiete dir, daß du sie diese Nacht piesackst
	nein!	
		im Namen des dreifaltigen Gottes
		und im Namen der allerseligsten Jungfrau Maria
210	(Schreien)	verbiete ich dir, daß du sie diese Nacht piesackst
	duuu nein!	ich verbiete es dir (Frauenstimme:) laß sie gehen
214		

```
215                              (Exorzist:) ich gebiete dir, daß du sie
                                 diese Nacht in Ruhe läßt
      neiiiin!nein!
                                 warum läßt du sie nicht in Ruhe?
      warum? weil ich sie zertret!
220   dieses Aas
                                 weil sie so viel verträgt?
      ich zertret sie!
                                 du zertrittst sie nicht!
      jawohl! (geht über in
225   Schreien)
      (Schritte, Geräusche)
      die ganze Nacht
      (Schreien)              (Frauenstimme, unverständlich)
                              (Exorzist:) sie steht unter dem Schutz der
230                           allerseligsten Jungfrau Maria, du wirst sie
                              in Ruhe lassen. Ich befehle es dir im Namen
                              der allerseligsten Jungfrau, daß du sie in
                              Ruhe läßt
      oh nein
235                           ich befehle es dir
      oh nein, nein
                              im Namen der allerseligsten Jungfrau ver-
                              biete ich die, verbiete ich dir, daß du
                              sie diese Nacht piesackst
240   (lauter werdend) nein nein
      nein nein
                              (Frauenstimme leise:) Schutzengel komm
                              (Exorzist:) die allerseligste Jungfrau
      die Scheißkerle halt ihr
      maul ouuu
245                           ich befehle dir, sie in Ruhe zu lassen
      nein nein nein nein die
      ganze Nacht, ich laß ihr
      keine Ruhe, nein ouu
250                           (Frauenstimme unverständlich)
                              (Exorzist:) die heilige Jungfrau Maria hält
                              ihre Hand über Anneliese
      oh nein nein nein nein  du mußt sie in Ruhe lassen, du mußt
      nein nein               im Namen des dreifaltigen Gottes befehle
                              ich es dir
255   dieses Aas (geht über in
      Stöhnen)
      neinneinneinnein        (Exorzist.) oh meine Gebieterin (alle:) oh
                              meine Mutter, dir bringe ich mich ganz dar.
                              Und um dir meine Hingabe zu bezeigen, weihe
260                           ich dir heute meine Augen, meine Ohren,
                              meinen Mund, mein Herz, mich selbst ganz
                              und gar
      (Stöhnen)               weil ich also dir gehöre
265                           oh gute Mutter
                              bewahre mich
                              beschütze mich
                              als dein Gut und als dein Eigentum
```

268 das nützt nichts   (Exorzist:)
    es ist Fasching, hähäh   der Fasching wird gut sein
270 und dann braucht die junge
    Dame aber andere Idiouu
                              was braucht die junge Dame?
    die braucht Ersatz
                              die braucht Ersatz
275 ja, die braucht Ersatz für
    die anderen die die mie(?)
    tanten(?) und ahauah   (Frauenstimme sagt unverständliche Passage)
                              (Frauenstimme sagt unverständliche Passage)
    (Stöhnen)   (Exorzist stimmt an alle fallen gleich ein)
280   oh meine Gebieterin, dir bringen wir uns
                              ganz dar
                              und um dir meine Hingabe zu beweisen, weihe
                              ich dir heute meine Augen, meine Ohren,
285   meinen Mund, mein Herz, mich selber ganz
                              und gar
                              weil ich dann nun dir gehöre
                              oh gute Mutter (halber Chor versetzt:) oh
                              gute Mutter
                              so bewahre mich
290   beschütze mich
                              als dein Gut und als dein Eigentum amen
                              Engel Gottes, mein Beschützer,
                              dir ich bin durch die Güte Gottes, des
                              Vaters anvertraut
295   erleuchte

    (Schrei)
                              weise und regiere mich (Chor:)
                              (Exorzist:) die heilige Jungfrau, die wird
                              der Anneliese beistehen, damit sie all das
300   erträgt
                              ja
                              ja du wirst sie nicht zertreten
    jawoll ich stell ihr nach
    diese Sau
305 dieses Aas
    (Stöhnen)   sie steht unter dem Schutz der allerselig-
                              sten Jungfrau
    ja sie ist ein MENSCH
    (letzteres Wort herausge-
310 schrien)
    (Stöhnen)   ja aber sie ist nicht allein
                              sie hat einen Schutzengel dabei
                              sie hat einen Schutzengel dabei und sie
                              hat die Gottesmutter
315   sie steht unter dem Schutz der Gottesmutter
                              da kannst du nichts machen,
318   da kannst du nichts machen, auch wenn du
                              tobst

319		auch wenn du sie piesackst
	ich muß gar nicht äußerlich	
	toben, das geht auch anders	
	ouh	ja, du hast viele Möglichkeiten
		aber nur, soweit es die allerseligste
		Jungfrau zuläßt
325		keinen Schritt weiter
		soweit es der göttliche Heiland ... (Wort
		unverständlich)
		keinen Schritt weiter
		nicht einen einzigen Schritt weiter
330		du bist
	hähwähwäh	du bist immer noch gebunden
		du mußt gehorchen
		du muß dich in den Grenzen halten, die
		der göttliche Heiland, die die allerselig-
335		ste Jungfrau dir ziehen
	(Schreien)	du mußt dich genau an die Grenzen halten
		du bist mußt Judas, du bist nicht so mäch-
		tig, wie du meinst
	(Schreien)	ich sage das
340		du würdest vieles tun, wenn du könntest
		du hättest die Anneliese schon längst zer-
	(Schreien)	treten, wenn du könntest
		du hättest, nicht?
		aber das kannst du nicht
345	(Schreien)	du würdest uns alle zertreten, wenn du
		könntest
		du kannst nicht
		wir stehen alle unter dem Schutz der aller-
		seligsten Jungfrau
350	(Schreien)	wir beten deshalb auch noch weiter, nicht
		Gott des Himmels (Chor:) Gott der Erde
		Gott der Engel
		Gott der Erzengel
355		Gott der Patriarchen
		Gott der Propheten
		Gott der Apostel
358		Gott der Märtyrer
		Gott der Bekenner

6.2.4. Analyse des Protokolls

1. Die Kommunikationsstruktur der exorzistischen Sitzungen

Textsortenbestimmung und Interaktionsverlauf

Das Protokoll enthält bei etwa 18-minütiger Gesamtdauer vier verschiedene Passagen von Mitschnitten, die drei verschiedene Textsorten erkennbar werden lassen. Der erste Teil enthält seitens des Exorzisten einen Ausschnitt aus einem Exorzismus aus dem 2. Kapitel 'Ritus des Exorzismus vom Teufel Besessener' des Rituale Romanum (Ecclesia Catholica, 1981,42), gebetet in lateinischer Sprache. Von Anneliese sind nur unartikulierte Stöhn- und Knurrlaute und Schreie hörbar.

Der zweite und dritte Teil sind in der Struktur gleich, ein Chor von Betern spricht in deutscher Sprache ein litaneiförmiges Segensgebet, das im zweiten und dritten Teil fortlaufend ist auch vom Inhalt her, so daß der Schnitt wie eine Störung einer einzigen Aufnahme erscheint.[19] Von Anneliese sind wieder nur Stöhnen, Schreien und ein nachäffendes 'Häwähwäh' hörbar.

Im letzten Teil betet der Chor wörtlich in deutscher Sprache den 'Exorzismus gegen den Satan und die abtrünnigen Engel' (3. Kap. in: Ecclesia Catholica 1981, 91ff). Hier kommt es bei der Wiederholung der Heilig-heilig-heilig-Rufe zu einer ersten verbalen Äußerung Annelieses, die zunächst im Weitergehen des Gebets verschwindet, nach weiteren Wiederholungen der Heilig-Rufe bringt die nächste längere verbale Äußerung Annelieses den den Exorzisten dazu, den Ritus zu verlassen und in eine freie verbale Interaktion mit Anneliese einzutreten. Diese Interaktion stellt sich dar als Machtkampf zweier sich gleichstark präsentierender Gegner und wird vom Exorzisten mit dem Anstimmen eines

---

19 Dieses Gebet ist nicht in der angegebenen Ausgabe des Rituale Romanum verzeichnet. Das Einfügen solcher Segensgebete in vorgegebene Rituale ist aber beispielsweise aus Krankengottesdiensten bekannt und nicht außergewöhnlich. - Das Gleiche gilt für das später eingefügte Mariengebet.

Mariengebets, in das der Chor einfällt, beendet. Anneliese gelingt es nochmals, mit einer verbalen Äußerung den Exorzisten zum Verlassen der ritualisierten Gebetsform und zum Dialog zu bringen, der in einem andauernden Schrei Annelieses endet. Daraufhin stimmt der Exorzist das gleiche Mariengebet nochmals an, der Chor fällt ein. Er schließt ein anderes Gebet (Schutzengelgebet) an, in das der Chor sofort einfällt. Ein Schrei Annelieses unterbricht dieses Gebet, und der Exorzist wendet sich wieder zum Dialog, der sich wieder als Machtkampf präsentiert, von einem langen Monolog des Exorzisten beendet und in ein Gebet mit dem Chor übergeführt wird '(3. Kap. Ecclesia Catholica 1981, 95). Nach einigen Zeilen dieses Gebetes endet das Protokoll.

Teil 1 und Teil 2 des Protokolls setzen ein bei einem Schrei Annelieses, Teil 3 und 4 jeweils mit Gebeten des Chores. Für den Verlauf ist das unbedeutend, das Verhalten jedes der Interaktionspartner ist Ursache für die Reaktion des andern und Wirkung auf die Reaktion des andern zugleich. Die Interaktion schreibt sich fort in Entsprechung zu Watzlawick et al. (1969), die bei der Untersuchung von Störungen menschlicher Kommunikation die verschiedene Interpunktion von Ereignisfolgen durch beide Interaktionspartner beobachteten, wobei eine Interaktion sich dadurch fortschreibt, daß jeder Teilnehmer nur auf den andern reagiert, ohne aus dieser Verhaltensfolge aussteigen zu können. Schreien und Beten oder Beten und Schreien, Drohung und Verbot oder Verbot und Drohung lösen einander ab ad infinitum, wie es den Anschein erweckt; von daher geben 18 Minuten wohl in weniger Variationen, als 67 mal 2-6 Stunden es tun würden, aber letztlich die gleiche Interpunktion der Ereignisfolge wieder.

Verteilung der Kommunikationschancen

Die Kommunikationschancen der Kommunikationspartner sind an der Dauer der Kommunikationsabläufe ablesbar:

Das Protokoll nimmt insgesamt 18 Min. 28 Sek., also 1108 Sek. in Anspruch. Davon entfallen 637 Sek. auf Äußerungen Annelieses

(Stöhnen, Knurren, Fauchen, Schreie, verbale Äußerungen). Alleinige Äußerungen Annelieses beanspruchen 224 Sek., während fast zwei Drittel ihrer Äußerungen (413 Sek.) neben den Gebeten hergehen, wie eine mehr oder minder unterdrückte Unwillensäußerung wirken. Artikulierte Worte nehmen 142 Sek. in Anspruch, die restlichen 493 Sek. bestehen in dumpfem bis lautem Knurren bzw. Stöhnen bis hin zu markerschütterndem Schreien.

Exorzist und Beterchor beanspruchen 862 Sek. der Dauer, davon entfallen 556 Sek. auf gemeinsame Gebete des Chores, 206 Sek. auf die Äußerungen des Exorzisten.

Das Übergewicht der zeitlichen Dauer der Kommunikationsabläufe liegt eindeutig bei Exorzist und Chor. Dieses Übergewicht zu einer Seite hin ist ein erstes Anzeichen für eine komplementäre Beziehung (Watzlawick et al. 1969, 68-70) der Interaktionspartner, die von Überlegenheit des einen und Unterlegenheit des andern Interaktionspartners gekennzeichnet ist.

Bestimmung der Kommunikationspartner

Wer in dieser Kommunikationsabfolge mit wem in Kommunikation tritt, ist nicht von vornherein klar, da es reale und fiktive Kommunikationspartner in direkter und indirekter Kommunikation gibt.

Reale Kommunikationspartner sind Anneliese, der Exorzist, der Beterchor.[20] Anneliese wird nie direkt adressiert. Adressat für den Exorzisten und damit fiktiver Kommunikationspartner für ihn ist der Teufel. Die heiligste Dreifaltigkeit und der Engel Gottes werden je einmal direkt angeredet, die Muttergottes zweimal, Gott in einer litaneiähnlichen Folge neunmal, der Teufel 13mal im Ritus direkt, 38mal in der direkten Kommunikation nach Verlassen des Ritus.

---

20 Der Beterchor besteht jeweils aus den Angehörigen, also den Eltern, dem Freund, den Schwestern, soweit daheim, gelegentlich der Wallfahrtsleiterin, die als erste an Besessenheit dachte und P.Rodewyk informierte, und ihrem Ehemann.

Der Chor tritt nicht eigenständig in Erscheinung, sondern nur als Verstärker des Exorzisten, näherhin als sein Instrument, das er dirigiert, in Bewegung setzt, zum Schweigen bringt. Lediglich eine Frauenstimme ist identifizierbar (214), die sich einmal allein äußert (zum Teufel: 'laß sie gehen!' über Anneliese).

Die Benennung der Kommunikationspartner verdeutlicht die Gespaltenheit der Kommunikationsabläufe:

Mit Anneliese, dem vermeintlichen Subjekt der exorzistischen Sitzungen, findet keine direkte Kommunikation statt. Sie ist Objekt der kommunikativen Akte.

Mit Gott, dem vermeintlichen Subjekt der exorzistischen Gebete, findet kaum direkte Kommunikation statt, häufiger indirekte (26: 'es segne sie die Allmacht des himmlischen Vaters').

Direkte Kommunikation findet sich in weitaus größter Zahl mit dem Teufel.

Die bisherige Betrachtung erfolgte unter der Perspektive der Exorzisten und des Chores. Das Ergebnis fordert heraus zur Frage: um wen geht es hier? geht es um Hilfe für Anneliese? geht es um hilfesuchende Bitte zu Gott? oder geht es um Kontakt zum Teufel?

Anneliese äußert sich direkt, aggressiv, beleidigend zu dem Exorzisten und dem Chor hin. Inwieweit das völlig unbewußt geschieht, inwieweit sie ein Verhalten gut gelernt hat, ob ein Anteil ihrer Person in einem Grad an Bewußtheit erlebt, was hier geschieht, ist nicht mehr aufklärbar. Sie redet gleichfalls von Anneliese in Objektform in hämischem oder aggressivem Ton, jeweils im Plural sprechend (174/175: 'die Rotznase machen wir noch zu Dreck!')[21]. Aggressive Äußerungen zu den Exorzisten/

---

21 Die zitierte Äußerung ist eine exakte Definition der Situation, mit der ein Außenstehender die Interaktion von Betern und Exorzisten her plakativ beschreiben könnte.

Betern und über Anneliese und Stöhnen, Knurren, Schreien geben
Anlaß zu der Frage, ob es hier um Aggressionsäußerungen bzw.
ein Ventil zum Ablassen aggressiver Impulse oder Widerstand,
Klage, Äußerung erbärmlichen Elends geht.

Damit ist die Frage nach den Inhalten der Kommunikation bereits
gestellt.

Der Inhalt der Kommunikation

Mit Watzlawick et al. (1969, 56) sind Inhalts- und Beziehungsebene der Kommunikation zu unterscheiden, wobei die Inhaltsebene
eine Information enthält und die Beziehungsebene Hinweise darauf
enthält, wie diese Information zu verstehen ist.

Inhaltliche Information beinhaltet vor allem die Äußerungen von
Exorzist und Chor. Achtet man in ihrem Vokabular lediglich auf
das Vorkommen von Worten, die Konnotationen von Frieden, Heil,
Erlösung der Bedrängten (Kranken, Angefochtenen) enthalten, und
solche, die allgemein mit Gewalt und Beherrschung assoziiert
werden, so ergibt sich folgendes Bild:

Worte mit Konnotation von Gewalt:
Wo nicht anders gekennzeichnet, kommen die Worte einmal vor:
Allmacht, mächtig (3), Kraft (2), Kräfte, Stärke, Herrlichkeit (3),
Gewalten, Herrschaften, Heerscharen (6), Legionen, Thron, Gnaden-
thron, Feind, Gebieterin (2);
gebieten, verbieten (5), befehlen (4), regieren, überwältigen,
erniedrigen, bändigen (3), gebunden, Fesseln anlegen, beugen (2),
zittern, aus dem Staub machen, das Feld räumen, fürchten, piesak-
ken (3), zertreten (5), in Grenzen halten (2), gehorchen, in Ruhe
lassen (4), discede (12), du mußt (6), du machst nicht/kannst
nicht machen (5), wenn du könntest (2), keinen Schritt weiter
(3), weiche Satan (2), aufhören, ablassen, täuschen, schaden,
Gift einflößen;
gehorsam, teuflisch, verflucht, verdorben, verloren (2), Ver-
dammnis, unerschütterlich, Beharrlichkeit, beschwören, Sünder,
Drache, Lug und Betrug,

Worte mit Konnotationen von Frieden/Heil/Erlösung:
Vertrauen, Hoffnung, Zuversicht, Weisheit, Liebe (2), geliebt, lieb (2) Glück, glückselig (Sterbestunde), Gesundheit, Segen (3), segnen (5), Fürbitter, Rettung, Leben, Seelenheil, Mutter (3), gut (2), Güte, beistehen, Schutz (4), Beschützer, Schutzengel (2), beschützen (2)

Kampf und Gewalt stehen mit 112 Äußerungen fast dreimal so häufig wie Frieden/Heil/Erlösung mit 40 Äußerungen im Vordergrund. Die Intention auf der Inhaltsebene ist vorwiegend die des Bezwingens, Beherrschens in Übereinstimmung mit der Tendenz des Rituale.

Auf der Beziehungsebene erlebt der Zuhörer vor allem die nonverbalen Äußerungen Annelieses als packend; deren Skala geht von mißbilligendem Knurren bis zu dem wie ein letztes tiefstes Sich-Aufbäumen, Sich-Wehren wirkenden Schreien mit aller möglichen Kraft und Intensität. Eine weitere Äußerungsform sind die hämisch-blasphemisch-nachäffenden Laute bei bestimmten Passagen der Gebetsformeln. Die verbalen Äußerungen sind sehr emotional ('Saubande, blöde Sau, Scheißkerle' gegen die Exorzisten; 'Rotznase, blöde Sau, Aas' gegen das Objekt Anneliese), aggressive Äußerungen gegen das Objekt Anneliese ('ich zertret sie') mit mehrmaligen Versuchen autoaggressiver Handlungen (202,226, erschlossen aus den Schritten und undifferenzierbaren Geräuschen im Rückgriff auf Photos und Beschreibungen bei Goodman, 1981).

Die gemeinsam gesprochenen Gebete des Chores, die die Hälfte des Protokolls ausmachen, wirken formelhaft, unerschütterlich, niederwalzend. Die Schreie Annelieses wirken wie ein Sich-Wehren, das meist durch den 'Gebetswall' niedergeschmettert wird, nur an wenigen Stellen sich durchzusetzen scheint (15,47, 72-75, 198-294, 224-228, 235).

Wenn die sprachliche Interaktion sich vom rituellen Gebet zu direkter freier verbaler Interaktion verändert, scheinen die Situationsdefinitionen der Interaktionspartner auseinanderzufallen:

Der Exorzist wird plötzlich als Person spürbar, die Stimmqualität verrät sein persönliches Engagement, während er vorher nur als einer, der eine Rolle ausfüllt, erkennbar war. Er präsentiert sich in überlegenem Tonfall als der Stärkere, der in

Grenzen weist, zu Beginn der Interaktion als der sehr Interessierte, der weitere Äußerungen hervorzulocken versucht, der schließlich, wenn er sich nicht durchsetzen kann, mit Hilfe des mobilisierten Chores wieder in den Ritus zurückfällt. Die verbale Interaktion ist, vom persönlichen Einsatz des Exorzisten her beurteilt, gegenüber dem rituellen Gebet ein Höhepunkt. (Vgl. eine schriftliche Äußerung eines der Exorzisten: 'Es ist uns nicht gelungen, die Teufel wieder zum Reden zu bringen.' Goodman 1980, 215)

Demgegenüber läßt bei verbalen Äußerungen Annelieses die emotionale Spannung nach, es wirkt auf den Zuhörer erleichternd. Die Höhepunkte der emotionalen Anspannung sind für sie die Schreie aus letzten Tiefen.

Auch diese Verschiedenheit der Interpunktion der kommunikativen Situation durch die Gesprächspartner schreibt die Interaktion fort. Anspannung beim Exorzisten (verbale Äußerungen Annelieses respektive des Teufels) ist gleichbedeutend mit Entspannung bei Anneliese. Diese Phase wird vom Exorzisten beendet mittels Rückzug auf den Ritus mit Hilfe des Chores. Das bewirkt wachsende Spannung bei Anneliese, die sie abläßt mit verbalen Äußerungen. Daraufhin wächst die Anspannung beim Exorzisten. Da gleichzeitige Erschöpfung nicht eintritt, schreibt sich die Interaktionssequenz fort. Graphisch ist das etwa folgendermaßen abzubilden:

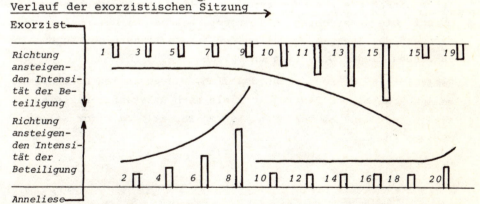

Verlauf der exorzistischen Sitzung

1: Ritus; 2: Stöhnen; 3: Ritus; 4: Stöhnen; 5: Ritus; 6: Schreien: 7: Ritus; 8: Schreien; 9: Ritus; 10: verbale Äußerung; 11: verbales Locken; 12: Antwort; 13: Locken, Beschwören; 14: Antwort; 15: Beschwören, Entgegnen; 16: Antwort Stöhnen; 17: Entgegnung; 18: Stöhnen; 19: Ritus; 20: wie 2...

Auch die inhaltliche Definition der Situation und die beziehungsmäßige Definition der Situation klaffen auseinander. Inhaltlich geht es bei beiden Partnern um Hilfe für Anneliese, auf der Beziehungsebene geht es dem Exorzisten um Auseinandersetzung mit dem Teufel und Bezwingen des Teufels, also einen Machtkampf. Anneliese geht es um eine Auseinandersetzung mit dem Exorzisten und dem Chor, der aus Angehörigen besteht, um Äußerung von Aggressionen, und bei dieser Zusammensetzung ist zu vermuten, gegen ihre Angehörigen, die sie als Teufel definieren, nicht mit ihr, Anneliese, in Kontakt treten, sondern mit ihr, dem Teufel. Hier also ein Machtkampf gegen diese aufgezwungene Ich-Du-Definition. (Watzlawick et al. 1969, 83-91)
Im Ablauf des Exorzismusrituals selbst ist bereits eine Beziehungsfalle, eine doublebind-Situation gegeben, wenn die Exorzisten einerseits den Teufel austreiben wollen, ihn andererseits aber hervorlocken wollen. Darauf ist später noch einzugehen.

Auch daraus wird deutlich, daß die Interaktion sich fortschreiben muß. Sobald die Diagnose teuflischer Besessenheit im Raum steht, ist es völlig unerheblich für den Fortgang der exorzistischen Prozedur, ob zuerst das unartikulierte Schreien Annelieses war oder zuerst das formelhafte niederwalzende Beten, ob zunächst der 'Teufel' seine Existenz mit Schreien und sakrilegischen Äußerungen beweist und damit den Exorzismus erforderlich macht, oder ob das formelhafte, niederwalzende Beten über Anneliese hinweg die wütenden bzw. qualvollen Schreie erst hervorbringt. Die unterschiedlichen Vorzeichen der Situationsdefinition und das Ineinandergreifen der Interaktionsfolge machen eine Auflösung dieser Situation unmöglich.

Damit ist jedoch noch nicht deutlich, wie es zu den Ereignissen kommen konnte. Das System hat viele noch unbekannte Faktoren. Um sie in den Blick zu bekommen, ist es ratsam, vom Opfer selbst auszugehen.

2. Das primäre System der Familie

Annelieses Eltern werden als einfältig-religiös (Mester 1981, 106) bis bigott (Auchter 1977, 223) geschildert. Sie heirateten 1950. Laut Spiegel (17/1978, 134) sei eine 1948 geborene Tochter 1956 an einem Nierenleiden gestorben.[22] Anneliese (geboren 1952) hatte noch drei jüngere Schwestern. Zunächst erstaunt, daß in dieser so streng religiösen Familie ein Kind unehelich geboren wird.

Nach Goodman (1980, 28) sollte der Vater ursprünglich auf Wunsch seiner Mutter Priester werden, deren drei Schwestern alle Nonnen geworden waren. Nach dem Scheitern auf dem Progymnasium stieg er in den väterlichen Sägewerksbetrieb mit ein. In einer solchen Familientradition existiert nun 2 Jahre lang ein Kind, ohne daß die Eltern heiraten! Durften sie nicht?

In mehreren Berichten (Auchter 1977, 223, Mester 1981, 105) ist von einer Verfluchung Annelieses im Mutterleib die Rede; sie wird einer alten, schon verstorbenen Frau bzw. der Großmutter zugesprochen. Plausibel ist ein solcher Fluch bei dem Kind, das die (ungewollte?) Verbindung zementiert, ebenso auch eine aus Schuldgefühlen der Eltern resultierende Angst vor dem Wahrwerden dieses Fluchs. Wo hier die Tatsachen enden und die Spekulation beginnt, ist nicht sicher zu markieren.[23]

In dieser streng katholischen Familie, in der man abends gemeinsam den Rosenkranz betete und sich von den andern Einwohnern etwas absonderte, wuchs Anneliese auf als die schwächste der 4 Töchter, oft krank und wenig durchsetzungsfähig (Goodman 1980, 33), im Kindergarten und später daheim, wenn es um Besuche von Freundinnen und Tanzveranstaltungen ging.

---

22 Vgl. auch die Abbildung des Grabsteins des Familiengrabes der Michels bei Goodman 1980, 160.

23 Erstaunlicherweise gibt es auch bei Rodewyk erster Besessenheitsdiagnose in der Vorgeschichte einen derartigen Fluch der Großmutter (Rodewyk 1976, 21,31).

Mit 16 Jahren bekam Anneliese epileptische Anfälle. Systemisch betrachtet, ist vor allem die Frage wichtig, was diese Anfälle bewirkten, was das Symptom zur Erhaltung der Familienhomöostase beitrug. Bei streng religiöser, ängstlicher Erziehung, in der alles Körperlich-Sexuelle verdammt und verdrängt und alles Nicht-Aggressive idealisiert wurde (Auchter(1977); Mester (1981) spricht von der extrem puritanischen Atmosphäre in den Familien Magersüchtiger), in der der Glaube an die Verfluchung und ihre Wirksamkeit vermutlich wie der Glaube an Gott und den Teufel vermittelt wurde, und bei so enger Konzentration aller Familienmitglieder auf die Familie selbst waren Loslösung und Selbstwerdung mit besonderen Schwierigkeiten verbunden. Die Ausbildung eines starken Ich konnte nicht gelingen unter solchen Voraussetzungen, und damit konnte auch die Integration der erwachenden sexuellen Bedürfnisse nicht geleistet werden.[24]

In einer Lage, in der Loslösung der Tochter von der engen Familienbeziehung und Öffnung des Systems nach außen erfordert sind, bietet die Erkrankung des nach außen drängenden Familienmitglieds die gegenteilige Möglichkeit, nicht nur den Ausbruchsversuch abzubrechen, sondern alle Familienmitglieder in der Sorge um die Kranke wieder näher zueinander zu bringen. Der Sonderstatus der Kranken bringt ihr eine Vorrangstellung ein, die Gewährung besonderer Zuwendung entschädigt für die nicht gewährten Expansionsmöglichkeiten. Der Konflikt wird nicht ausgetragen, sondern vermieden.

3. Die systemstabilisierende Rolle von Veränderungen

Mit dem Abitur steht 1973 schließlich eine von außen diktierte Veränderung an, die nach Watzlawick et al. (1974) die Chance zu echtem Wandel (Wandel 2. Ordnung) in sich trägt, aber auch nur oberflächlich bleiben kann, ohne daß sich in den Strukturen des Systems etwas ändert.

---

24 Vgl. die Anamnese am Institut für Psychotherapie und Medizinische Psychologie der Universität Würzburg, zit. bei Schrappe 1982, 3-15

Kurz vor Beginn des Studiums fällt Anneliese bei einer Wallfahrt nach San Damiano der Wallfahrtsleiterin auf, die empfiehlt, den 'Spezialisten für die Diagnosenstellung teuflischer Besessenheit' P.Rodewyk SJ einzuschalten. Damit steht erstmals das Stichwort 'Besessenheit' im Raum.

Gleichzeitig mit dem Beginn des Studiums der Theologie und Pädagogik für das Lehramt und dem Beziehen des Zimmers im katholischen Studentenwohnheim lernt Anneliese den späteren 2. Exorzisten kennen und erzählt ihm von den Teufelsfratzen, die sie belästigen. Sie bekommt guten Kontakt zu ihm.

Sie sucht nach Vermittlung eines Internisten beim Institut für Psychotherapie und medizinische Psychologie um Hilfe nach. Vom Freund, den sie im Studentenwohnheim kennenlernt, gibt sie in der Anamnese an, an die Stelle der Abhängigkeit von den Eltern drohe die Abhängigkeit vom Freund zu treten.

Im Studium wird Anneliese mit der historisch-kritischen Bibelauslegung bekannt gemacht und damit gezwungen, bisher fraglos Geglaubtes kritisch zu reflektieren.

Die Systemerweiterung, die Anneliese zu bewältigen hätte, verdeutlichen die beiden Schemen:

bisheriges System:

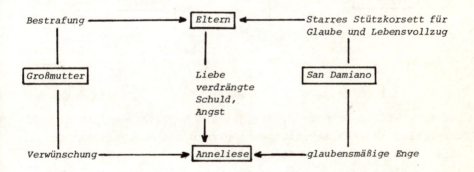

Mit Studienbeginn hätte das alte System (Eltern, Großmutter, San Damiano) nach und nach durch ein neues System (Freund, Mitstudenten, Studium, Ärzte) abgelöst werden können.

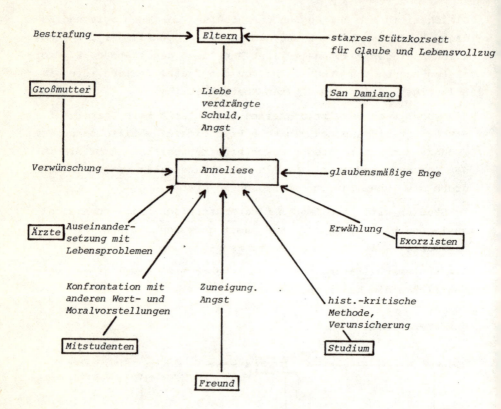

Das festgefügte primäre System hätte mit Hilfe des Freundes, der völlig anderen Lebenssituation fern von der Aufsicht der Eltern und der Enge und Starre des primären Systems, gestützt durch medizinisch-psychotherapeutische Hilfe, angeregt durch neue Lerninhalte des Studiums, ganz behutsam erweitert werden können. Statt dessen paßte der Freund anscheinend hervorragend in die alten Strukturen, ergänzte es wohl noch durch die Aussicht auf einen respektablen Schwiegersohn. Statt des Kontaktes zu den Ärzten wird in der Krisensituation des nahenden Endes des Studiums der Kontakt zu den Exorzisten vertieft, schließlich nach Diagnose Pater Rodewyks der Teufel in das System eingeführt. Was er für alle Beteiligten leistet, ihnen verschafft oder erspart, wird im folgenden Schema deutlich, wobei die Leistungen des Teufels für die einzelnen Elemente des Systems jeweils in Pfeilen vom Teufel ausgehend zu den einzelnen Elementen hin dargestellt sind:

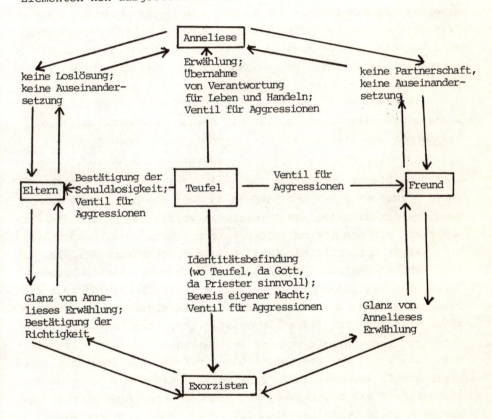

Im Schema wird deutlich, daß alle Beteiligten von der Existenz des Teufels profitieren. Eigene aggressive Anteile werden auf den Teufel projiziert. Gegen den Teufel darf bzw. muß man sogar aggressiv sein im Verlauf der exorzistischen Sitzungen, deren Rituale sicher nicht umsonst so viele Attribute von Macht, Gewalt, Aggression, Beherrschung enthalten. Den Teufel in Anneliese muß man besiegen, von ihm kann und darf man sich nicht in Frage stellen (mit anderen Worten: versuchen) lassen. Im Verlauf der exorzistischen Sitzung kann jeder seine Aggressionen auf der verbalen Ebene im rituellen Gebet bzw. in der direkten Interaktion mit dem Teufel ausagieren. Oder der Exorzist leistet die Auseinandersetzung symbolisch für die anderen mit. Das regelmäßige Ausagieren von Aggressionen aber hat die Wirkung eines Ventils, das heißt, der Aggressionsstau muß sich weniger häufig außerhalb der Sitzungen entladen, und damit wird das Zusammenleben unproblematischer, mit weniger Reibung verbunden. Das gilt nicht nur für die Familie, sondern für alle Teilnehmer des Rituals auch in ihren eigenen Lebenskreisen.

Außerdem leistet der Teufel für die Einzelnen noch ganz verschiedene Dienste. Zunächst für Anneliese: Statt die Verantwortung für ihr Leben und Handeln zu übernehmen, am Ende des Studiums den Einstieg ins Berufsleben vorzubereiten und die Partnerschaft mit dem Freund weiter zu entwickeln oder zu lösen, geht sie in den Schoß der Familie zurück, ohne sich das als Scheitern eingestehen zu müssen. In den exorzistischen Prozeduren kann sie unbewußte Aggressionen gegen die Angehörigen und Priester äußern, das ideologische Rechtfertigungssystem für den krank machenden familiären Lebensstil angreifen, ohne daß sie dafür zur Rechenschaft gezogen werden kann. Teuflische Besessenheit ist, zumal bei der sehr schnell erfolgten Deutung als Sühnebesessenheit (Goodman 1980, 215), etwas Besonderes, in gewisser Weise eine Erwählung, etwas, von dem der Betroffene mittels besonderer Gnade erlöst werden muß, an dem aber auch die Macht Gottes offenbar wird - insgesamt also mit sehr viel mehr

Sozialprestige verbunden als psychische Krankheit.[25] Anneliese erzwingt besondere Aufmerksamkeit und besondere Zuwendung, vermeidet die Auseinandersetzung mit ihren Lebensproblemen und schafft sich einen Kanal zum Ausagieren ihrer emotionalen Spannungen.

Die Eltern haben mit einer besessenen Tochter nicht die 'Schande' eines psychisch kranken Familienmitglieds und brauchen, wo Himmel und Hölle miteinander kämpfen, nicht nach eigener Schuld zu suchen. Statt dessen färbt der Glanz der Erwählung der Tochter als Ort der Austragung dieser Auseinandersetzung auch etwas auf die Angehörigen ab, die sich von Gott ganz besonders in Pflicht genommen wissen. Und die Konzentration auf den Teufel erspart die Auseinandersetzung mit den unliebsamen Anteilen der Tochter, deren Lösung vom Elternhaus den Aufbau eines eigenen Wertsystems einschließen würde, oder beim Ausbleiben der Ablösung die Konfrontation des nicht Normalen bedeuten würde.

Der Freund spart sich die Auseinandersetzung mit einer eigenverantwortlich handelnden Partnerin und das Infragestellen der eigenen Normen und des eigenen Verhaltens. Statt der Auseinandersetzung mit der eigenen Aggressivität bieten die exorzistischen Sitzungen ein Ventil. Das eigene Selbstbewußtsein (deutlich an der Wahl einer so ich-schwachen Partnerin und der völligen Einpassung in deren familiäres Milieu) wird durch die Zugehörigkeit zu einer Heldin der Auseinandersetzung zwischen Himmel und Hölle ebenfalls aufgewertet.

Die Exorzisten haben mit dem sichtbaren und hörbaren Erweis der Existenz des Teufels auch den impliziten Beweis für die Existenz Gottes, und da sie seine Stellvertreter auf Erden sind, einen Zuwachs an bewiesener und immer neu beweisbarer Handlungskompetenz, die sich im Gelingen der Teufelsaustreibung

---

25 In der Analyse der exorzistischen Praxis der katholischen Kirche stellt Ernst (1972, 126) für das 16. und 17. Jahrhundert fest: "Um Besessene bemühte man sich; die Geisteskranken, welche zu krank waren, die soziale Anpassung, die in der Besessenheit liegt, zu leisten, ließ man verkommen".

dokumentieren wird. Das bedeutet eine Sicherung der eigenen
Identität, die nun nicht mehr auf Glauben, sondern Wissen, da
Sehen und Hören basiert. In der direkten Interaktion mit dem
Teufel, den sie in seine Schranken zwingen, zeigt sich ihre
eigene (zwar von Gott gegebene, aber immerhin frei verfügbare)
Macht. Der Exorzismus bietet eine Möglichkeit der Abfuhr aggressiver Energie. Der Teufel zeigt sich in einer Frau, deren reduzierte Weiblichkeit keine bzw. eine so geringe Herausforderung
darstellt, daß sie ihnen nicht gefährlich werden kann.

Alle gewinnen also durch das Einführen des Teufels in das System. Eine Systemerweiterung, von der alle Elemente des Systems
nur einen Zugewinn davontragen, ist unter therapeutischem Gesichtspunkt ein genialer Kunstgriff, der mehr Freiraum, mehr
positive Erfahrungen, mehr Leben ermöglicht. Im Gegensatz dazu
bewirkt hier die Systemerweiterung durch den Teufel, daß alle
Konflikte und alles Lebendige mit dem starren Ritual zugedeckt
werden. So kann das System aber nicht auf Dauer überleben, ohne
Opfer zu bringen. Das Opfer ist in diesem Fall der Konfliktherd,
die Symptomträgerin. Durch ihre Ausmerzung schreibt sich das
System fort. Damit erhöht sich das Erwählungsbewußtsein aller
Überlebenden noch durch den Verlust des Opfers und den Abglanz
seines verklärten Martyriums. Die Erinnerung an den grausamen
'Kampf mit Satan' stärkt die Verdrängungsmechanismen, vielleicht
ein Leben lang. Der Tod des Opfers ermöglicht den Fortbestand
des Systems. Öffentliche Anfeindungen wirken systemstabilisierend. 'Zu Beginn der Hauptverhandlung hat der Angeklagte N.N.,
der Vater des Opfers, erklärt, er würde heute in der gleichen
Situation nicht anders handeln. Er verstehe nicht, daß er für
sein Gottvertrauen bestraft werden solle. Eine Strafe aber werde ihn und seine Frau nicht brechen. Gefolgt sei er geistlichem
Rat, der Anordnung des Bischofs und eigener Überzeugung.' (Nolte 1978, 67)

Der Sühnetod des Opfers ist im System eine Realität. Man scheut
nicht vor einer Exhumierung zurück, um das Wunder aller Welt
zugänglich zu machen durch die Unverwestheit des Opfers. Als

dieses Wunder ausbleibt, erfolgt eine Umdeutung, die sich daran festmacht, daß die Angehörigen darauf verzichtet hatten, die Leiche nach der Exhumierung anzusehen und die Kriminalpolizei die von der Leiche gemachten Photos nicht veröffentlichte. 'Dann seien da zwei vornehm gekleidete Männer in der Nähe des Friedhofs gestanden, und der eine habe zum andern gesagt: 'Das darf auf keinen Fall an die Öffentlichkeit kommen, koste es, was es wolle!' (Goodman 1980, 224) Die Legendenbildung geht weiter.

4. Die charakteristische Rolle der Ärzte

In den verschiedenen Phasen der Erkrankung hat Anneliese Kontakt zu 8 verschiedenen Ärzten, die aber letztlich nicht das tödliche Ende der Erkrankung verhindern können. Die Diagnosenstellung der Ärzte bewegt sich zwischen den Diagnosen einer Epilepsie, einer Psychose und einer Anorexia nervosa, wobei diese Diagnosen sich nicht gegenseitig ausschließen, sondern die Erscheinungsbilder der Erkrankung nur unterschiedlich pointieren. Keinem der Ärzte berichtet Anneliese von ihren dreifachen Halluzinationen, was dafür spricht, daß die Funktionen der Prüfung und Einordnung in die Realität noch intakt sind. Ein Arzt erfährt von ihren optischen Halluzinationen (Teufelsfratzen), ein anderer von den osmischen (Gestank). Beide werten sie nicht als eindeutig psychotische Indizien. Mischo/ Niemann (1983,143) halten die nachfolgenden psychotischen Episoden für anfallsartig, das heißt, die Erkrankung verläuft nicht in lang andauernden Schüben, sondern psychotischen "Anfällen" folgen lange nicht- oder präpsychotische Episoden. Dieses präpsychotische Zustandsbild kann Anneliese vor den Ärzten verbergen.

Wie kommt es dazu, wo Anneliese sich doch hilfesuchend an die Ärzte wendet?

Mischo/ Niemann (1983) sehen folgende Gemeinsamkeiten in Annelieses Erkrankung und ähnlichen Fällen von "Besessenheit":

- Die in der Vorstellungswelt der Patientin und ihrer Umgebung enthaltenen Vorstellungen von Krankheit sind rein somatisch orientiert. Erkrankungen werden auf die körperliche Erscheinungsform reduziert. Ein möglicher Zusammenhang mit seelischen Befindlichkeiten kommt nicht erst ins Blickfeld. Annelieses Schwester drückt diese Sicht vor Gericht so aus: "Besessenheit ist doch schließlich kein Beinbruch!" (Mischo/ Niemann 1983, 188). Teufelsfratzen gehören einer Wirklichkeit an, die mit medizinischen Erkrankungen nicht zu tun hat.

- An eine medizinische Therapie knüpfen sich fast magisch zu nennende Erwartungshaltungen an sofortige Wirksamkeit von Medikamenten. "Bleibt der entsprechende Erfolg aus, so beginnt eine "Patientenkarriere" mit wechselnden Anlaufstellen und steigender Resignation." (Mischo/ Niemann 1983,149) - Solche fast magischen Erwartungshaltungen führen wohl auch zum Abbruch des Psychotherapie-Versuchs, der in mühsamer Arbeit zu einer allmählichen Ich-Stärkung hätte führen können, sicher aber zunächst angstmachende Irritationen in Bezug auf das Familiensystem bewirkt hätte. Angst, wo sie Hilfe erwartet hätte, wirft die Erkrankte auf sich selbst zurück. Der erhoffte Erfolg bleibt aus, das Vertrauen in die medizinische Behandlung schwindet. Als "Ausgesteuerte der Medizin" (Mischo/ Niemann 1983, 48) muß Anneliese sich eigene andere Interpretationsmöglichkeiten suchen für ihre innerseelische Wirklichkeit mit den unterschiedlichen Befindlichkeiten, auseinanderklaffenden Antrieben, für sie bedrängenden oder beglückenden Erfahrungen.

- Jetzt spätestens übt das spezifische religiöse Milieu eine Trichterwirkung aus: das Blickfeld verengt sich, die Symptome werden rein vom religiösen Hintergrund her gedeutet, der Arzt hat keine Chance mehr; "regressive magische Erwartungen bezüglich des heilenden Rituals steigen an." (Mischo/ Niemann 1983,149

Die medizinische Betreuung der Anfallskranken scheitert letztlich daran, daß eine ihr und der näheren Umgebung entgegenkommende, subjektiv verstehbare Interpretation der Erkrankung und der Therapievorschläge nicht gelingt. Angesichts der frühen, eigentlich vorgeburtlichen Programmierung Annelieses auf Verfluchung und Verdammung ist allerdings die realistische Chance dieses Unternehmens äußerst gering einzustufen. Wo das Interpretationsraster bereits festliegt, stabilisieren Symptome und Deutung sich gegenseitig und haben Vertreter anderer Wirklichkeiten kaum noch Einflußmöglichkeiten, zumal wenn sofortige spürbare Erleichterung etwa durch medikamentöse Therapie nicht zu verzeichnen sind.

5. Die charakteristische Rolle der Seelsorger

Verschiedene Seelsorger tauchen im Umfeld des Exorzismus auf: ein pensionierter Pfarrer, der die Wallfahrten nach San Damiano gelegentlich begleitete und etwa 10 Seelsorgsgespräche mit Anneliese führte; ein Gemeindepfarrer aus der Umgebung, der ein Gespräch mit Anneliese und den Eltern führte und ihnen zur Konsultation eines Nervenarztes riet; der Kaplan dieser Pfarrei, der von der Wallfahrtsleiterin über deren Verdacht der Besessenheit Annelieses informiert worden war und auf dem Laufenden bleiben wollte und der Anneliese einmal zuhause besuchte, als es ihr schlechtging; dessen Freund, der spätere 2. Exorzist; Pater Rodewyk, der das Besessenheitsgutachten verfaßte; der erste Exorzist, ein Salvatorianer-Pater, den der Kaplan vorgeschlagen hatte; der Bischof von Würzburg, der die Genehmigung zum Exorzismus erteilte; der geistliche Leiter des Studentenwohnheims und Betreuer von Annelieses Zulassungsarbeit, der in den bedrohlich werdenden letzten Wochen in Würzburg nach Goodman (1980) von ihrer Lage wußte und wegen der bischöflichen Erlaubnis des Exorzismus sich nicht einmischen wollte; der Ortspfarrer, der von all dem nichts wußte und von keinem der anderen beteiligten Seelsorger informiert wurde.

Alle Seelsorger, die mit Anneliese näher zu tun haben, entstammen dem Umkreis der San Damiano-Bewegung, einer sektiererisch-traditionalistischen Marienbewegung, die Wallfahrten nach San Damiano organisiert, wo einer italienischen Bauersfrau die Muttergottes erschienen sein soll.[26] In dieser Bewegung findet eine Realitätsumdeutung statt, in der Neuerungen in katholischem Glaubensverständnis und kirchlicher Praxis als Machwerk des Satans verstanden werden, der sich federführender Kardinäle bediene, um gegen die Kirche Gottes vorzugehen. Kritische Äußerungen zur Dämonologie der katholischen Kirche (Haag 1974) werden als Machwerk des Satans interpretiert und mit Anstrengungen zum Erweis des Gegenteils beantwortet. Systemisch betrachtet, induziert damit Haags kritische Auseinandersetzung den Fall Klingenberg mit.

Die Realitätsumdeutung ist hier schon grundgelegt. Die Seelsorger wenden die Überzeugungen der San Damiano-Bewegung sehr sorgfältig und unkritisch auf Annelieses Situation an und schließen andere Ursachen ihrer Verhaltensstörung von vornherein aus, bzw. sind wohl so ausschließlich besetzt von der sektiererischen Weltsicht der Gruppe, daß sie sie auf alle Ursache-Wirkungs-Verhältnisse unkritisch anwenden.

Speziell die Exorzisten haben mehrere und gegensätzliche Motivationen bei dem Unternehmen des Exorzismus. Eine Motivation ist sicher, Anneliese von ihren Beschwerden zu befreien. Dazu wäre es allerdings nicht erforderlich, Tonbandaufnahmen und Photos von den Sitzungen anzufertigen. Die teilweise dem Gericht vorgelegten und teilweise bei Goodman (1980) veröffentlichten Photos sowie die Tonbänder wurden von einem der Exorzisten selbst angefertigt. Nach dem Gerichtsprozeß melden die Tageszeitungen (etwa Frankfurter Rundschau: 7.6.1978, FAZ: 7.6.1978, Main-Post: 8.6.1978), an Schulen im Allgäu werde den Schülern mit Hilfe von Exorzismus-Tonbändern die Existenz des Teufels demonstriert. Die Tonbänder würden verkauft. Berichten zufolge wurden sie auch auf den Wallfahrten nach San Damiano

---

26 Auch Pater Rodewyk wird auf Betreiben der Wallfahrtsleiterin und durch ihre Vermittlung eingeschaltet, die eine persönliche Bekanntschaft der beiden nahelegt, (Goodman 1980, 116: Die Wallfahrtsleiterin sorgt für die Einzelheiten der Reise zu Anneliese und holt ihn vom Bahnhof ab.)

zur Erbauung der Pilger während der Busfahrt abgespielt. Einer
der Exorzisten wollte in einer Fernsehsendung anhand der Tonbandmitschnitte die Existenz des Teufels demonstrieren (Mester
1981). Diese Motivation stellt einen Gegensatz zur Absicht der
Hilfe in der Bedrängnis des Mädchens dar. Ihre Folgen, die
Aufzeichnungen und deren Veröffentlichung in bestimmten Kreisen,
können nur als grobe Verletzung der priesterlichen Amtspflicht
und des Seelsorgsgeheimnisses bezeichnet werden.[27]

Eine dritte Motivation liegt im Bezwingen des Satans durch den
Exorzismus. Der Unterschied zur ersten Motivation ist eine Verschiebung des Akzents: zur Bezwingung des Satans ist Anneliese
nur 'der Austragungsort', die Subjekte der Auseinandersetzung
sind Satan und die Stellvertreter Gottes auf Erden, die für ihren Gott siegen müssen und werden. Hier geht es nicht mehr um
den betroffenen Menschen, sondern um 'Größeres' und zu einem
nicht geringen Teil um das subjektive Erleben der eigenen Macht.
Diese letzte, teilweise unbewußte Motivation kann auch die große
Häufigkeit der Sitzungen erklären (67 Sitzungen von 2-6 stündiger Dauer) und den Eifer, der einen der Exorzisten dazu veranlaßte, Anneliese Anfang Mai 1976 für einige Tage in sein Pfarrhaus zu holen, um sie dort besser betreuen zu können. Bezeichnenderweise handelt es sich um den, der seit Herbst 1973 (dem
Aufkommen des Verdachts der Besessenheit bei Studienbeginn und
gleichzeitiger Verschärfung der Symptomatik) mit Anneliese Gesprächs- und Briefkontakt hatte. Ihm attestieren im Gerichtsverfahren die psychiatrischen Gutachter eine abnorme Persönlichkeit im weitesten Sinne des Wortes. Seine Angaben zur

---
[27] Dabei spielt ein Umstand keine Rolle, den die Zeit berichtet:'A.M. legte, bevor sie sich unter den Beschwörungen wand
und wie ein Tier schrie, bisweilen selbst die Bänder auf und
setzte das Gerät in Gang. Die Welt sollte erfahren, daß es
den Teufel gibt.' (Nolte 1978, 67) Denn Anneliese war abhängig, krank und als Mensch in ihrer Menschenwürde zu schützen.
Im Rituale Romanum selbst wird auf 'fern von der Masse auszuführenden Ritus Wert gelegt.' (Ecclesia Catholica 1981, 21).
Kirchlicherseits behalte man sich disziplinarische Schritte
vor, war in den Kommentaren zum Prozeßverlauf häufig nachzulesen.

Vorgeschichte legen die Möglichkeit einer Psychose des schizophrenen Formenkreise nahe, ohne daß eine Symptomatik als Beweis erkennbar ist (Goodman 1981, 70) Es erhebt sich der Verdacht einer Folie à deux, der "Übernahme wahnhafter Überzeugung eines Geisteskranken durch eine andere (geistesgesunde oder geisteskranke) Person (Ehefrau, Verwandte, Anhänger)." (Peters 1971, 160)[28]

Die kirchliche Hierarchie arbeitet den Exorzisten zu, indem keine kritische Prüfung der Motivation der Exorzisten vor der Genehmigung des Exorzismus erfolgt. Erstes Indiz einer solchen Prüfung wäre die (unterbliebene) Befragung des Gemeindepfarrers und seine Information über die Durchführung des Exorzismus gewesen. Welche Grundhaltung verbirgt sich hinter solchem Vergehen? Jede Antwort würde auf Spekulation basieren. Und was leistet die Abschirmung für das pathologische System? Sicher nimmt sie die vorletzte Chance der Veränderung. (Die letzte hätte darin bestanden, einen Arzt hinzuzuziehen).

Die Vielzahl eigener Motive ungefiltert durch die kirchliche Hierarchie, trübte die Realitätseinschätzung der Exorzisten. Immerhin kamen sie von außen zu dem familiären Beziehungsgewirr

---

[28] Ernst (1972, 124f.) kommt nach psychiatrischer Analyse kirchlicher Praktiken im 16. und 17. Jahrhundert zu der Auffassung "daß bei der Besessenheit ein geschichtlich gewachsenes Modell einer akuten seelischen Störung vorliegt, das der jeweils Besessene nur noch seinen Bedürfnissen anzupassen braucht. Darum ist es ja auch möglich, ein relativ detailliertes Verlaufsschema der Besessenheit aufzustellen (...).
Nun ist aber nicht nur die Besessenheit, sondern auch der Exorzismus eine geschichtlich gewachsene Größe. Er hat sich aus einfachen Formen zu den umfangreichen Gebeten und Schriftlesungen des Rituale entwickelt. Die Kirche und ihre Tradition haben die christliche Form der Besessenheit und auch die Behandlung geschaffen..."
Vgl. auch Pöldinger, Wittgenstein 1981; K.Thraede, Exorzismus, in: Reallexikon für Antike und Christentum VII, 45-117. In einer traditionalistischen Bewegung wurden die aus dem magischen System der Kirche inzwischen entlassenen Krankheiten (Ernst 1972, 125) von korrespondierenden Bedürfnissen der Exorzisten und der "Besessenen" wieder zum Leben erweckt.

dazu, hätten die Chance gehabt zu erkennen, was sich abspielte. Vor allen Dingen hätten sie die bedrohliche Verschlechterung in Annelieses Gesundheitszustand als solche zu erkennen in der Lage sein müssen, wie ja letztlich eindeutig rechtlich geklärt wurde.

Das Motiv, die (eigene) Macht über Satan zu erweisen, war wohl zu verführerisch und dafür verantwortlich, daß nicht wenigstens ein Arzt konsultiert wurde. Hier liegt ein Verstoß gegen das Rituale Romanum vor, in dessen 'Richtlinien über den Exorzismus an den vom Teufel Besessenen' unter 18 zu lesen ist: 'Der Exorzist hüte sich, dem kranken Besessenen irgeneine Arznei zu verabreichen oder anzuraten. Diese Sache überlasse er den Ärzten' (Ecclesia Catholica 1981, 23). Damit wird klar die Kompetenz für ärztliche Fragen dem Exorzisten ab- und dem Arzt zuerkannt. Hämatome, offene Wunden und die Abmagerung auf zuletzt 31 kg waren innerhalb des Systems noch nicht ausreichend, um die eigene Kompetenz zu hinterfragen und eine weitere Kompetenz hinzuzuziehen. Diese Haltung zeugt vom Umfang des Realitätsverlustes der Exorzisten für den Bereich der Krankheit in der menschlichen Wirklichkeit.[29]

Diese Konzentration der Wahrnehmung der Exorzisten auf den Teufel und seine Äußerungen verdeutlicht sich im Verlauf der exorzistischen Sitzungen: angesprochen wird nicht Anneliese, auch nicht Gott; angesprochen wird der Teufel.

Auf dem Tondbandmitschnitt verbirgt sich der Exorzist meist hinter Ritualen, die zusätzlich noch vom Beterchor mitgetragen werden. Der Wechsel vom Ritus zur freien Rede ist im Rituale vorgesehen. Persönlich faßbar wird der Exorzist nur, wenn er die Dämonen zum Reden bringen will. In solchen Momenten der ständigen Wiederholung und des Hervorlockens einer Reaktion

---

[29] Makaber erscheint in diesem Zusammenhang, daß der Begutachter der "teuflischen Besessenheit", Pater Rodewyk, die erste diagnostizierte "Besessene", Schwester "Magda", als Krankenhausseelsorger im Landeskrankenhaus beim Pflegepersonal "betreute". - Auch der 2. Exorzist arbeitete vorübergehend als Krankenhausseelsorger (Goodman 1980).

wirkt er wollüstig. Der Zuhörer erinnert sich daran, daß Anneliese eine Frau ist, deren weibliche Körperformen auf den veröffentlichten Photos unkenntlich sind, da sie bis zum Skelett abgemagert ist, auf den Knien und im Schlafanzug.[30]

Die Einengung der Wahrnehmung bedingt das völlig unkritische Herangehen an das Ritual des Exorzismus; der Realitätsverlust läßt die Exorzisten den dem Ritual immanenten Widerspruch, seine doublebind-Struktur übersehen. Einerseits soll der Exorzist den Teufel austreiben, auf der anderen Seite muß er ihn zunächst identifizieren dadurch, daß er nach den Namen fragt usw. Er darf sich auch nicht täuschen lassen von den Teufeln, die gelegentlich tun, als hätten sie den Betroffenen schon verlassen, aber noch nicht gewichen ist. Das heißt, er muß versuchen, sie mit aller Macht hervorzulocken, um sicher zu gehen, daß sie wirklich verschwunden sind. Die gegensätzlichen Botschaften an den Besessenen lauten also: 'Teufel, zeig dich!' und 'Teufel, verschwinde!', wobei es dem Besessenen unmöglich ist, aus der Situation auszuweichen. Da die Exorzisten und Anneliese in dieser doublebind-Situation aufgehen, gelingt es nicht, das System an irgendeiner Stelle zu überwinden, um eine Veränderung, einen Wandel zweiter Ordnung herbeizuführen. Der Teufel kommt und weicht, redet und verstummt, wie die Exorzisten befehlen oder im Gegensatz zu den Befehlen der Exorzisten. Diese systemimmanente Dynamik bewirkt die Fortsetzung des Mechanismus ohne Fortkommen, die ausgeschaltete Wirklichkeit der Bedrohung fordert ihren Tribut im Tod des Opfers, der auch noch lückenlos in das System eingebaut werden kann.

6.2.5. Zusammenfassung: die religiös gefärbte Symptomatik unter systemischer Perspektive

Die beschriebene Krankheit im 'Fall Klingenberg' erweist sich als Produkt eines kollektiven Wahns, der nur unter Mitwirkung eines ganzen Systems entstehen kann. Anneliese allein könnte

---

30 5 von 6 Aufnahmen zeigen sie im Schlafanzug, eine im Rollkragenpullover.

ihn nicht produzieren. Der Wahn wird begünstigt von einem
sehr engen traditionalistischen Milieu. In Entstehungsphase
und Akutphase sind es viele, die kooperieren, um ihn zustande
zu bringen. Die Akteure sind vor allem Großmutter mit der Verfluchung (die tradiert wird, so daß sie auch nach ihrem Tod
wirksam bleibt); Mutter mit leibfeindlicher, ängstlicher, festhaltender, fremdbestimmender Erziehung; Vater, insofern er
diese Erziehung durch die Mutter stützt und mitträgt; Exorzisten
mit der gleichen und damit systemverstärkenden Realitätsumdeutung und den verschiedenen Motivationen, deren Diagnose dem
Wahn erst die Form gibt; der Freund, insofern er das System auch
am Studienort repräsentiert. Die Akteure sind mit Beginn der
Zuspitzung der Lage im Herbst 1973[31] und ab diesem Zeitpunkt
präsent.

Anneliese ist Symptomträger für ein morbides System, das sich
als leibfeindlich, konfliktunfähig, einengend, unwandelbar
präsentiert und seine Legitimation aus einer Sektierergruppe
zieht.

Die Religiosität hat in diesem System die Aufgabe der Legitimation und damit die spezielle Funktion, Annelieses Krankheit zu
verklären als Erwählung zu besonderen Aufgaben und Opfern. Sie
entmachtet die Medizin durch die Umdeutung einer psychischen
Krankheit zu einer Sensation (Annelieses Angst vor der Einweisung in das psychiatrische Landeskrankenhaus wird mehrmals im
Zusammenhang mit möglichen negativen Konsequenzen für ihr Berufsziel der Lehrerin, also Beamtin erwähnt, etwa bei Goodman
1980) und verstärkt die ohnehin vorhandene Behandlungsfeindlichkeit da Veränderungsfeindlichkeit des Systems. Außerdem verstärkt die Religiosität die Ablehnung der menschlichen Aggressivität und der Bereitschaft, Konflikte auszutragen, und zwar
ideologisch ('liebe deinen Nächsten') und praktisch, in dem
etwa abends gemeinsam der Rosenkranz zuhause gebetet wurde, statt,
daß den Kindern mit Aktivitäten außer Haus normale Entwicklungs-

---

31 Der spätere 1. Exorzist fehlt noch, aber der 2. ist bereits als Modell prägend vorhanden.

möglichkeiten eingeräumt worden wären. Insgesamt wirkt hier die Religiosität der Beteiligten systemstabilisierend, einengend, unfrei machend; sie leistet dem tödlichen Ausgang in gravierender Weise Vorschub.

6.3. Konsequenzen für den Seelsorger

Aus der systemischen Analyse der beklemmenden Rolle der Religiosität und der Seelsorger in einem Fall tödlich mißlungenen Umgangs mit einer psychisch Kranken ergeben sich Forderungen an die Haltung des Seelsorgers, der seinen Blick für die systemische Verflochtenheit der menschlichen Interaktion schärfen möchte:

- Das System berücksichtigen

Jedes Einzelbedürfnis eines Menschen, der sich an einen Seelsorger wendet, steht in einem größeren Zusammenhang. Psychische Krankheit und die Nöte des psychisch Kranken haben eine Funktion für das System, in dem er lebt. Vorgeschichte und aktueller Kontext gehören zur vorgetragenen Bitte. Es gilt herauszufinden: was will der Mensch mit seiner Bitte? Welche Not liegt hinter den Worten?

- Die eigene Rolle im System berücksichtigen

Sobald der Seelsorger angesprochen wird, ist er ein Baustein des Systems. Seine Reaktion von intensiver Zuwendung bis zu völliger Ablehnung hat einen Stellenwert innerhalb des Systems. Gerade im Beziehungsgewirr im Umfeld psychisch Kranker ist es ein Bestandteil verantwortungsbewußter Seelsorge, sich Rechenschaft abzulegen über die eigene Funktion im System. Das mildert die Gefahr, eine krankheitsstabilisierende bzw. -verschärfende Funktion zu übernehmen, ohne es zu bemerken, hebt diese Gefahr aber längst noch nicht auf.

- Die Rolle des psychisch Kranken im eigenen System
  berücksichtigen

Die Kehrseite dieser Frage beleuchtet das System des Seelsorgers. Auch die Funktion des psychisch Kranken für sein eigenes

Ineraktionssystem ist zu klären zur Verringerung der Gefahr, daß der Seelsorger den Kranken zur Befriedigung der eigenen Bedürfnisse (gebraucht zu werden, aktiv zu sein, nicht allein zu sein) benutzt und ihm selbst vielleicht gar nicht gerecht wird.

- Den potentiellen Krankheitswert von Religiosität bewußt haben
Religiosität kann psychischer Krankheit förderlich sein, indem sie einen Interpretationsrahmen bietet für den Sinn von Leid, die Vermeidung notwendiger Auseinandersetzung aus falsch verstandener Nächstenliebe, falsch verstandene lebensverneinende Demut und Bescheidenheit, Leibfeindlichkeit, Unselbständigkeit usw. (Die Reihe ließe sich beliebig fortsetzen.) Diese möglichen lebensverneinenden Kehrseiten von Religiosität im Auge zu haben, schärft den Blick des Seelsorgers für gesunde Anteile der Religiosität beim Kranken, die es zu fördern gilt, und krankmachende, die behutsam auf Gesundes hinzulenken sind.

- Vorsicht bei intensiven religiösen Bedürfnissen
Hier ist es besonders wichtig, genau hinzusehen und sie nicht blind zu befriedigen. Intensive religiöse Bedürfnisse können leicht Symptomcharakter haben.

- Rechenschaft über die eigenen Motive ablegen
Das eigene Erleben kritisch zu reflektieren, auch das Erleben von Macht über andere und eigener Entlastung durch das Agieren des Kranken, hilft Fehlformen wie die analysierte zu vermeiden. Was kann ich dadurch für mich vermeiden, daß dieser Mensch sich vor mir gerade so verhält? (Auf den Fall Klingenberg bezogen: wenn ein Mensch schreit wie ein wildes Tier, was erspart er mir damit bei mir zu konfrontieren? was bedeutet es für mich als Priester, wenn eine Frau im Schlafanzug sich auf den Knien vor mir windet?) Und was erledigt dieser Mensch für mich mit, das ich nicht zu tun brauche? Es geht darum, die eigenen Ängste, Wünsche, Erwartungen zu klären, um frei zu sein für den andern und seine Bedürfnisse.

- Die Grenzen der eigenen Kompetenz wahrnehmen
Frei werden für den Kranken heißt auch frei werden von eigenen
Leistungsansprüchen und Omnipotenzgefühlen. Das bedeutet auch,
nicht alles allein leisten zu wollen, sondern dá Hilfe und Entlastung in Anspruch zu nehmen, wo sie bereit steht, für psychisch
Kranke bei kompetenten Psychotherapeuten und Nervenärzten. Die
Offenheit gegenüber anderen Zuständigkeitsbereichen korrespondiert mit der Fähigkeit, den Kranken und seine Bedürfnisse
und nicht die eigenen unbewußten Bedürfnisse in den Mittelpunkt
zu stellen.

- Das Humane als Maßstab des eigenen Handelns nehmen
Kriterium verantwortlichen seelsorglichen Umgangs mit dem psychisch Kranken ist die Wahrung der Subjektwürde beim Kranken und
bei sich selbst. Wo sie auf dem Spiel steht, muß der Umgangsstil
zwischen Seelsorger und Krankem sich ändern oder unterbrochen
werden. (Auf Klingenberg bezogen: wer zwischen 140 und 400 Stunden lang das gleiche Schauspiel absolviert, hat das Gefühl für
die Würde des gequälten Kranken und seiner selbst als Initiator
jeder neuen Szene verloren.) Voraussetzungen dieser Wahrung der
Würde des Subjekts sind das Zulassen des eigenen Erschreckens
über das, was sich als Anteil des Humanums da offenbart und die
Wahrnehmung der Verbindung zur eigenen Person: was sich da ereignet, gehört zu dem, was dem Menschen möglich ist und damit der
Möglichkeit nach auch zu mir.

III
Konsequenzen für die Seelsorge in der Psychiatrie

Das Erleben psychisch Kranker und die religiös gefärbte Symptomatik ihrer Erkrankung standen bisher im Zentrum der Aufmerksamkeit. Nun ist zu klären: was bedeutet dies für die Seelsorge in der Psychiatrie, die seelsorgliche Begleitung psychisch Kranker und derer, die mit ihnen umgehen? Welche Handlungsimpulse für eine verbesserte Praxis des seelsorglichen Umgangs mit den psychisch Kranken lassen sich aus den bisherigen Überlegungen ableiten? Wie kann die Praxis der Seelsorge den Bedürfnissen der Kranken besser gerecht werden, sie eher erreichen ohne peinliche Kunstfehler im fremden psychiatrischen Terrain?

Die Konsequenzen, für die Seelsorge, die sich aus den bisherigen Überlegungen heraus bereits aufdrängten, können nun zusammengefaßt und im Hinblick auf die Person des Seelsorgers und seine wichtigsten Aufgabenfelder in der Psychiatrie fortentwickelt werden.

Dazu sollen zunächst die drei Fallbeispiele aufgegriffen werden, die den Ausgangspunkt dieser Studie bildeten (s.o. 2.1.). An ihrer Interpretation wird ein letztes Mal verdeutlicht, was die Sichtung der humanwissenschaftlichen Perspektive für den Seelsorger abwirft.

Dem folgen grundsätzliche Erwägungen zur Haltung des Seelsorgers und Handlungsimpulse für die praktische Seelsorgetätigkeit. Schließlich soll an einem klassischen seelsorglichen Handlungsfeld, dem Gottesdienst, verdeutlicht werden, wie sich eine an den Humanwissenschaften geschulte seelsorgliche Haltung auswirkt.

7. Impulse für eine verbesserte seelsorgliche Begleitung psychisch Kranker

7.1. Integration der humanwissenschaftlichen Perspektiven im Dienst der Seelsorge

Im Folgenden geht es um eine überblickhafte Anwendung der humanwissenschaftlichen Perspektiven auf die eingangs dokumentierten Fallbeispiele (s.o. 2.1.), um den Erkenntnisgewinn für den Seelsorger zu überprüfen, um seine Wahrnehmungsfähigkeit zu schärfen und durch die Beleuchtung verschiedener Facetten bei den geschilderten psychisch erkrankten Menschen Aufmerksamkeit und Sorgfalt des Seelsorgers wachzurufen für die Komplexität und Hintergründigkeit dessen, was sich ihm an der Oberfläche als Symptomatik psychisch Kranker täglich präsentiert.

7.1.1. Fallbeispiel A

Die beiden Materialteile, die die Lage der jungen Frau beschreiben, sprechen beide eine jeweils ganz eigene Sprache: der zentrale Text, eine schriftliche Äußerung der jungen Frau, ist ein Gebet, das als Gemisch aus kindlich-naiver Glaubensäußerung und ernster reflektierender Auseinandersetzung mit der eigenen Lage in der Krankheit anrührt; der zweite Text bietet die objektivierte Sicht der Krankengeschichte, die sorgfältige Beobachtung und guten Kontakt zu der Kranken und ihrem Erleben verrät.

1. Psychiatrische Perspektive

Zum Gebetstext:

Der Gebetstext stellt ein Gemisch aus Äußerungen der Krankheit und partiell bereits möglicher Distanzierung von Einzelsymptomen dar. Die Patientien ist zur Situation orientiert; sie weiß, daß sie sich in der Klinik befindet und hat ein differenziertes Krankheitsbewußtsein ('... ich bin noch nicht gesund; ich muß jetzt eben den langsamen Weg über die Wissenschaft gehen, bis ich zu dem Ziel komme: Gesundheit.') Ihr Betteln um Genesung

schwankt zwischen der rationalen situationsadäquaten Einsicht
bezüglich des langen Weges und dem kindlich-emotionalen Wunsch
nach schlagartiger Gesundung.

Hinsichtlich der Art und des Zustandekommens der Erkrankung ist
die Patientin nicht klar orientiert. Die Ursache der Erkrankung
liegt für sie wahnhaft in fehlendem Glauben ('Du selbst hast
gesagt: ich habe an 2 Stellen der Wirbelsäule Fehler, und wenn
ich das glaube, so bin ich schlagartig gesund, aber ich habe
es nicht geglaubt'). Die Formulierung 'Du selbst hast gesagt'
läßt an akustische Halluzinationen denken. Die '2 Fehler an
der Wirbelsäule' basieren wohl ebenfalls auf wahnhaften Vorstellungen. Die Kombination mit einer aus der Bibel geläufigen
Formulierung[1] wirkt eigentümlich platt. Unter Umständen kommen
die '2 Fehler an der Wirbelsäule' durch körperliche Mißempfindungen im Anschluß an Schwangerschaft und Geburt zustande? -
Den Zusammenhang zwischen der Erkrankung und der vorhergehenden
Schwangerschaft und Geburt (Auslösesituation der Schwangerschaftspsychose) realisiert die Patientin nicht.

Als wahnhaft ist auch die genannte zweite Krankheitsursache zu
beurteilen: die Aufgabe (der Erlösung der Schwester - vgl. den
klinischen Befund) und ihr Scheitern an dieser Aufgabe. - Beide
'Krankheitsursachen' bewirken wahnhafte Erfahrungen des Schuldig-Werdens bei der Patientin.

Die Aussage 'Denn, o Gott, nun hast Du Deine Stimme weggenommen
und die Teufelsstimme tönt weiter' läßt an akustische Halluzinationen denken.

Deutlich treten auch die Angst um die eigene Identität, ihre Bedrohtheit und das Ringen um den Erhalt dieser Identität hervor.

Zum klinischen Befund:

Aus der Krankengeschichte ergeben sich viele psychopathologische
Auffälligkeiten:

---

1 '... und wenn ich das glaube, so bin ich schlagartig gesund'; vgl. etwa Mk 5,34; Mk 10,52; Lk 8,48; Lk 18,42.

10. Tag	wahnhafte Verkennung der eigenen Identität; Fremdbeeinflussungserlebnisse;
12. Tag	wahnhafte Verkennung des Arztes;
13. Tag	Fremdbeeinflussungserlebnisse; paranoide Vorstellungen;
14. Tag	Geschmackshalluzinationen; wahnhafte Verkennung der eigenen Identität;
15. Tag	wahnhafte Verkennung des Arztes; kurzzeitige Möglichkeit der Distanzierung; Fremdbbeinflussungserlebnisse;
17. Tag	Erlösungsideen; wahnhafte Verkennung ihres Mannes; akustische Halluzinationen;
20. Tag	Verkennung ihres Kindes als nicht-eigenes; Gefühl der Identitätsverdoppelung; Weltuntergangsträume (-erlebnisse?);
21. Tag	Distanzierungsfähigkeit; Vernichtungs- und Erlösungsideen;
22. Tag	wahnhafte Verkennung ihrer Situation;
24. Tag	paranoid; Christuswahn; wahnhafte Verkennung des Arztes;
26. Tag	Geschmackshalluzinationen; Halluzinationen der Leibempfindungen; Erleuchtungserlebnisse; wahnhafte Verkennung ihres Ehemannes; nach kurzen psychotischen Episoden jeweils Distanzierungsmöglichkeit;
28. Tag	Fremdbeeinflussungserlebnisse; akustische Halluzinationen;
30. Tag	Halluzinationen der Leibempfindungen; paranoide Vorstellungen;
31. Tag	optische Halluzinationen; Erlebnis des Bedeutsamen; Fremdbeeinflussungserlebnisse; Gefühl des 'Gemachten';
32. Tag	paranoide Vorstellungen; optische Halluzinationen; Geruchshalluzinationen;
34. Tag	Halluzinationen der Leibempfindungen; akustische Halluzinationen;
43. Tag	Distanzierung durchgehend; eventuell Beginn der Einschmelzung der psychotischen Erlebnisse.

Religionspsychopathologisch fallen Christusidentifikationen, Erlöserideen, Erlebnisse der Verfolgung durch den Satan und Weltuntergangsthematik auf. Bezugnehmend auf das schriftlich formuliert

Gebet der Patientin und die darin enthaltene implizite Theologie (christologische Theologie des 'Die-Angst-ist-überwunden'; eher protestantisch anmutende Glaubenstheologie, nach der jede Sünde Ausdruck von Unglauben ist) darf eine prämorbide religiöse Orientierung angenommen werden. Ob die Verarbeitung der Psychose zur Vertiefung des Glaubens, zur Bestätigung der prämorbiden Glaubenshaltung oder zur Einschmelzung des religiösen Erlebens der Erkrankung in davon sehr unterschiedliche prämorbide Strukturen der Religiosität führte, ist angesichts des vorhandenen Materials nicht entscheidbar.

Psychopathologisch bedeutsam sind sicher Schwangerschaft und Geburt. Die Schizophrenie der Schwester läßt eine hereditäre Disposition zur Erkrankung vermuten, so daß über die mögliche Endogenität der Erkrankung keine genauen Angaben möglich sind (vgl. 4.4.3.).

2. Psychoanalytische Perspektive[2]

Im Gebetstext wird durchgehend eine Ich-Identitätsproblematik sichtbar. Die eigene Identität und die der Schwester sind nicht klar voneinander getrennt, die eigene Identität ist unsicher, muß von außen vergewissert werden ('Bei mir immer bei Angst sagen: du bist die Hildegard...'). Die Ich-Grenzen sind noch durchlässig.

Auch in der Definition der Beziehung zu Gott drückt sich mangelnde Ich-Stärke aus: trotz der Bezeichnung als "lieb" und "gütig" und ab "Vater" wirkt der geschilderte Gott bedrohlich, der Mensch in Beziehung zu ihm sehr wertlos und gering. 'Laß mich doch auch von jetzt in menschlicher Beziehung zu dir stehen' deutet darauf hin, daß bisher keine gute menschliche Beziehung existierte.

---

2   Die Analyse erfolgt unter der theoretischen Vorannahme, daß in dieser schriftlichen Äußerung die Begriffe nicht zufällig gewählt wurden. Hermeneutischer Konsens ist der der Deutung. Seine Ergebnisse sind als Hypothese zu verstehen.

'Und das direkte Sprechen mit dir hat nun ein Ende als Strafe für meine Sünde des Unglaubens' verdeutlicht gleichfalls ein Schema von Sünde und Strafe. Die Ursache der Erkrankung formuliert die Patientin als Versagen in einer zentralen Glaubenssituation (16-18); dabei geht es um einen wahnhaften Glaubensinhalt (Fehler an der Wirbelsäule). Die Angst entsteht, weil sie meint, sie habe nicht genug geglaubt und dadurch Schuld auf sich geladen.

Diese Pathologie des Unglaubens verweist auf die protestantische Tradition, in der jede Sünde Ausdruck von Unglauben ist, und wird hervorgerufen durch die Konzentration auf das Gottesbild. Das Nicht-Glauben umfaßt alle anderen Sünden. Aus der Wichtigkeit der menschlichen Beziehung zu Gott und der Furcht vor dem Ende des direkten Redens ist zu erschließen, daß sich Glaube für die Betende in einer direkten innigen Beziehung zu Gott äußert.

Theologisch belangvoll ist die Relativierung der Angst durch den Glauben: 'Die Angst hat der lebendige Christus weggenommen für immer.' Dabei hat die Beterin nicht den Prozeß des Angst-Überwindens im Blick, sondern das Ergebnis dieses Prozesses ist in der Zukunft vorweggenommen.

Psychoanalytisch liegt hier wohl ein stark überhöhter Überich-Anteil vor, dessen Forderungen starr und unerfüllbar wirken; die Patientin ist aber dennoch zur Bemühung um eine intensive Beziehung motiviert.

Demgegenüber erlebt sie die Männer ihrer Umgebung, als trügen sie eine Maske. Hier drückt sich ein bestimmtes Verhältnis zur Religiosität aus, dem etwas Rollenhaftes anhaftet. Das Erleben der Maske bedeutet gleichzeitig für sie, in diesem Bereich keinen Zugang zu haben zu den Persönlichkeiten hinter der Maske, von Ehemann und Vater abgeschnitten sein. Insofern symbolisiert die Maske eine Beziehungsstörung. Die Beterin erlebt die Mutter als 'echte Christin', bemüht sich um eine intensive Gottesbeziehung und erlebt die Beziehung zu Mann und Vater als gestört. Sucht sie die Nähe des unerreichbaren Gottes, um die Nähe zu den erreichbaren Männern zu vermeiden?

Ein weiterer Aspekt: Die unerfüllbare Aufgabe, die Schwester zu erlösen, steht alternativ zur Möglichkeit der Rückkehr zu Mann und Tochter (Friedel und Ännchen) und der Möglichkeit, noch mehr Kinder zu gebären. In diesem Zusammenhang taucht die Formulierung auf: 'Vergib mir bitte, wenn du willst, ich geb dich frei!' (2,3) Und eine ähnliche Äußerung: '... laß mich für immer die Angst überwunden haben, wenn du willst - ich geb dich frei.' Freigeben steht unmittelbar nach einer Schwangerschaft in engem Zusammenhang mit 'jemanden freigeben', entbinden, gebären. Unter Einbeziehung der Information aus dem Krankenblatt, daß eine Schnittentbindung, ein Kaiserschnitt, erfolgte, entsteht ein erlebnismäßiger Zusammenhang dahingehend, daß die Patientin im Verlauf der Geburt beim Freigeben versagt hat. Damit ergibt sich folgende Hypothese: die Schuldgefühle der Patientin haben mit der Entbindung zu tun. Die Entbindungssituation zeigt sich als Schlüssel zum Zusammenhang von Schuld, Angst, Krankheit und Religiosität, insofern sie das Erleben von Schuld (Versagen) und Angst auslöst; dieses Erleben versucht sie mittels der Krankheit zu verarbeiten (Krankheit als Versuch der psychischen Reorganisation), die sich (wie aus der Krankengeschichte deutlich) vorwiegend in der religiösen Erlebenssphäre äußert, einem wichtigen (Verdrängungs-)Faktor im Leben der Patientin.

Unter Rückgriff auf 4.4.3. ist die Abnahme der Ich-Stärke allgemein im Verlauf der Schwangerschaft nochmals zu erwähnen, die im Gegensatz zur erhöhten Anforderung an die Bildung der Identität als Schwangere und die Auseinandersetzung mit der immer deutlicher spürbaren eigenen Identität des sich entwickelnden Kindes bis zur Findung der neuen Identität als Mutter steht. Bei ohnehin vorhandener Vorbelastung ist es daher nicht verwunderlich, daß in Identifikation mit dem Verhalten der erkrankten Schwester die Ich-Grenzen bei solcher Belastung durchlässig werden bzw. einstürzen.

Die Einbeziehung der Auslösesituation Schwangerschaft-Geburt bietet auch eine Erklärungshypothese für die Fehler an der Wirbelsäule, von denen die junge Frau zweimal spricht (16,17; 49,50)

Die Wirbelsäule ist während der Schwangerschaft sehr real belastet, Rückenschmerzen sind keine Seltenheit. Man kann also die Fehler und kranken Wirbel als Rückstände aus der Schwangerschaft verstehen, verstärkt durch die vom Kaiserschnitt verursachten Schmerzen. Auf der symbolischen Ebene gibt die Wirbelsäule Struktur, hält das Ganze des Körpers, der Person, des Ich zusammen, hält das Ganze aufrecht. Sie ist unsichtbar, liegt im Dunkel, trägt von hinten, ist etwas Zentrales. Zentral für den Körper wie für das Erleben die Ich-Identität, wohl auch wie für den Glauben die Gottesbeziehung. Fehler in diesem strukturgebenden Element wirken als kosmische Bedrohung.

Die Beziehung zur Realität und die eigene Identität sind in der Situation der Abfassung des Gebets weitgehend wieder hergestellt. Die Ausheilung der Wirbel erscheint möglich.

Im vorliegenden Gebet wird eine ich-schwache Persönlichkeit spürbar, die um die eigene Identität ringt und mit wechselnder Distanzierungsfähigkeit ihre Lage einem eher rigoristischen, von einem starren, überhöhten Überichanteil geprägten Gott ausbreitet und um Hilfe bittet.

Zum klinischen Befund:

Die im Gebetstext angesprochenen Themenbereiche tauchen auch in der Krankengeschichte der Patientin auf. Weitere Belege für die Schwierigkeit im Ich-Erleben sind: die Identifikation mit der Schwester (10.Tag), während der sie die eigene Person als bösen Dämon erlebt, die Identifikation mit der Schwester und das Ignorieren des Mutterseins; Christusidentifikationen (21. und 24. Tag). Eine Schlüsselstelle für den lebensgeschichtlichen Zusammenhang enthält die Eintragung vom 20. Tag: 'Pat. wird heute ihr Kind gebracht. Sie erkennt es zunächst nicht an. Am Abend sagt sie, sie habe das Gefühl, daß sie ein Doppelt sei. Sie sei hier zugleich im Zimmer und draußen auf dem Flur, sie habe das Gefühl, alles sei fremd.' Bei der Begegnung mit dem Kind erlebt sie sich als doppelt. Das ist zu verstehen als Indiz für einen noch nicht gelungenen Vollzug der Ablösung vom

Kind, der Differenzierung zwischen der Identität des Kindes und der eigenen Identität. Sie erlebt sich als drinnen und draussen, das entspricht unter der Voraussetzung nicht vollzogener Differenzierung zwischen sich selbst und dem Kind exakt der Situation der Geburt, wo sie und dieser Teil von ihr drinnen und draussen zugleich sind. In diese Richtung können auch die Assoziationen von Tod und Begrabenwerden einerseits (17. und 21.Tag) und Auferstehung andererseits (21.Tag) gedeutet werden. Auch das Erleben der Schnittentbindung, wobei die Patientin nach dem Aufwachen aus der Narkose ein Kind besitzt, kann in den Bildern von Sterben, Begraben-Werden, Auferstehen symbolisiert sein.

Mehrfach taucht das Bild des Satans in den Berichten vom Erleben der Patientin auf: sie hält den Arzt für den Satan (12. und 24. Tag), für Luzifer (15. Tag), hält ihren Ehemann für den Satan (26. Tag), glaubt, der Teufel reite durch das Haus (31. Tag) und der Satan gehe durch das Haus (32. Tag).[3] Am 10. Tag identifiziert sie sich selbst mit ihrer Schwester und hält die Patientin für einen bösen Dämon. Was bedeutet dieses unter so vielen verschiedenen Vorzeichen auftauchende Bild des Teufels für das Erleben der Patientin?

Das Bild des Teufels steht sicher für etwas Unheimliches, für die Patientin Bedrohliches. Ihre Reaktion wird als ängstlich beschrieben, sie fühlt sich fremdbestimmt, sogar die Luft zum Atmen ist verseucht von dem Unheimlichen (31. und 32. Tag). Das 'Reiten' stellt ein archetypisches Machtbild dar, der Reiter symbolisiert die Beherrschung wilder Kraft.[4] Die erste direkte Reaktion der Patientin: sie spuckt den Teufel an (12. Tag). Anspucken ist in unseren Breiten ein Zeichen der Verächtlichkeit, beinhaltet aber auch Abwehrverhalten (wer beim Anblick einer

---

[3] Im Gebetstext hatte sie von der Teufelsstimme gesprochen, die ertöne.

[4] Das Pferd symbolisiert Sexualität, Männlichkeit, Tugend, Kraft. Die Beherrschung der wilden Kraft des Reiters hat also auch eine sexuelle Komponente. Vgl. auch die Hexe, die auf dem Besen reitet.

schwarzen Katze dreimal über die linke Schulter spuckt, kann damit das drohende Unheil vermeiden.[5] Es steht zu vermuten, daß die Patientin in der Identifikation von Personen mit dem Satan abgewehrte Anteile dieser Personen symbolisiert, etwa den Anteil des Arztes, der ihr die Freiheit nimmt, der ihre Regression in die Krankheit stört, mit und an dem sie die Krankheit erlebt, oder den Anteil des Ehemannes, der auf sie bedrohlich wirkt. Dem gegenüber steht die Identifikation der eigenen Person mit Christus (dem sie im Gebetstext zugestanden hatte, er habe die Angst überwunden, der also wohl positiv besetzt ist).

Vier sich nicht unbedingt gegenseitig ausschließende Hypothesen zur Klärung der Halluzinationen des Satans bieten sich an:
- Alles Widerwärtige, Freindliche, Bedrohliche wird im Satan personifiziert, von dem eine diffuse Bedrohung ausgeht.
- Der Satan steht für Negativerfahrungen in Beziehungen und symbolisiert Defizite im interpersonalen Bereich. (Die Einengung auf den Bereich des männlichen Geschlechts könnte in der Wahl der Repräsentanten Ehemann und Arzt für Autoritäten stehen.)
- Die Halluzinationen sind zu verstehen als erstes Zulassen von Verdrängtem und Abgewehrtem an Erlebnisinhalten.
- In den Halluzinationen projiziert die Patientin eigene Aggressionen gegen die 'verteufelten' Personen und darf dabei selbst aggressiv sein.

In der Äußerung, "... sie heiße Maria und sagte, die Pat. sei wie ein böser Dämon in ihr...". ist das Aggressionsziel des Dämons die Patientin selbst. In der Identifikation mit der Schwester und der Projektion ihrer aggressiven Anteile schafft sie sich einen Freiraum, sich selbst gegenüber zu treten, ihre eigenen "bösen", "dämonischen" Impulse zu konfrontieren. Die

---

[5] Bei schwarzafrikanischen Vökern wird häufig ein enger symbolischer Zusammenhang mit dem Wort und dem Sperma, also mit schöpferischen Kräften gesehen. Vgl. Herder Lexikon der Symbole, Freiburg [5]1982, 158.

Integration dieser Impulse in die eigene Person kann sie nicht leisten, sie erlebt sich als zwei (dabei "ist" die eine "in" der andern - eine weitere Reminiszenz an die Schwangerschaft).

Eine differenziertere Auseinandersetzung mit diesen möglichen Deutungen ihres Erlebens ist aufgrund des vorliegenden Materials nicht zu leisten.

Daß das Böse in Männergestalt halluziniert wird, hat sicherlich auch etwas mit ihrem Verhältnis zur Sexualität zu tun. Hinweise darauf ergeben sich vor allem in den Passagen der Krankengeschichte, in denen vom Ehemann die Rede ist. 'In der letzten Nacht glaubte sie, daß ihr Mann gar nicht ihr Mann sei, sondern eine Holzpuppe'. (17. Tag) '... hält auch ihren Ehemann zwischendurch für den Satan' (26. Tag). 'Der 2. Traum, den sie hatte, war folgender: sie habe eine merkwürdige Bewegung gemacht wie einen Purzelbaum nach rückwärts, dann sei aus einem Fleischklumpen der erste Mensch entstanden, und zwar ein Mann, dieser Mann sei ihr Mann gewesen, den sie dann später geheiratet habe' (43. Tag).

Möglicherweise liegt in der Vorstellung, der Ehemann sei eine Holzpuppe, eine Projektion der Wünsche der Patientin: eine Holzpuppe hat keinen eigenen Antrieb, ist unlebendig, asexuell und hat Spielzeugcharakter. - Die bedrohliche, aggressive Komponente des Satans wurde schon beleuchtet. - Der Traum weckt Assoziationen an Geschlechtsakt und Geburt: die 'merkwürdige Bewegung ... wie einen Purzelbaum nach rückwärts' symbolisiert wohl die Coitus-Erfahrung. Daß aus einem Fleischklumpen ein Mensch entsteht, erinnert wieder an den Geburtsvorgang. Der hier entstehende erste Mensch, und zwar ihr Mann, eröffnet eine neue Möglichkeit der Deutung: Purzelbaum nach rückwärts und Fleischklumpen können auch ihre erste Erfahrung mit der Sexualität symbolisieren; aus der Erfahrung der Triebsphäre schält sich langsam die Erfahrung der Persönlichkeit ihres Mannes heraus, die sie zunächst nicht hatte wahrnehmen können.

Wie die Patientin genau zur Sexualität steht, ist nicht eindeutig zu klären, aber daß die Sexualität in der Erkrankung und in ihrem Verhältnis zu ihrem Ehemann bedeutsam ist, wird deutlich.

Schließlich ist das Verhältnis zur Schwester noch genauer zu beleuchten. Die Schwester taucht fünfmal in allen Stadien der Erkrankung auf, es steht also zu vermuten, daß sie während der ganzen Zeit der Erkrankung bedeutsam war. 'In der Krankheit habe sich Pat. mit ihrer Schwester identifiziert, habe gemeint, sie heiße Maria und sagte, die Pat. sei wie ein böser Dämon in ihr, sie werde auch schizophren.' (10. Tag) 'Klagt, man habe ihr Vim in den Mund gestreut. Hält sich für ihre Schwester Maria'. (14. Tag) 'Pat. schreit morgens, sie wolle raus, um ihre Schwester zu erlösen.' (17. Tag) 'Heute habe Ref. durch Apparate zu ihr gesprochen über Pat. und ihre Schwester.' (34. Tag) 'Pat. gibt dann weiterhin zu, daß sie ihre Schwester erlösen wollte. Sie habe immer schon vor ihrer Erkrankung den Wunsch gehabt, ihre Schwester durch ein eigenes Leiden zu erlösen. Sie habe seinerzeit, als ihre Schwester akut krank war, versucht, deren Gedanken mitzudenken.' (43. Tag)

Der Wunsch, die Schwester zu erlösen, könnte eine Verschiebung des eigenen Wunsches nach Erlösung darstellen, entstanden aus der Angst um die eigene Person bei der Erkrankung eines so nahe stehenden Menschen, wie die Versuche, die Gedanken mitzudenken, es erahnen lassen. Möglicherweise hat die Patientin in der Schwester die eigene 'dunkle Möglichkeit' früh erkannt? Dann wäre durch die eigene Erkrankung jetzt eine Chance der Integration dieses 'Schattens' aufgetan, die eigene 'Erlösung' möglich, der in den Deutungen des menschlichen Reifens die Annahme dessen, was 'erlöst' werden soll, vorauszugehen hat.

Die Patientin lebt also in den psychotischen Erlebnissen der Erkrankung unbewältigte Dimensionen ihrer bisherigen Erfahrungen mit der Schwester, mit der Schwangerschaft und mit der Sexualität aus, wobei vermutlich die Erkrankung der Schwester die Form und ihre Religiosität Bilder und Sprachmaterial liefern. Im Zusammenhang der eigenen Identität steht ihr das Repertoire

der religiösen Bilderwelt zur Verfügung. Die Religiosität ist
auch schon eine Dimension, in der die Patientin die Erfahrung
der Krankheit macht, die Religiosität strukturiert ihre Erfahrung der Krankheit.

3. Systemische Perspektive

Das vorliegende Material enthält zu wenige Informationen über
das familiäre System, als daß die systemische Analyse greifen
könnte. Immerhin ist erkennbar:

Die Erkrankung tritt auf in einer Situation, in der der Verantwortungsbereich der jungen Ehefrau sich erweitert durch das gerade geborene Kind. Die bereits erfolgte Erkrankung der Schwester
läßt auf eine Atmosphäre in der Primärfamilie schließen, in der
eine angemessene Vorbereitung auf die Übernahme der Verantwortung
des Erwachsenen-Daseins nicht oder nur unter sehr erschwerten
Bedingungen geleistet werden konnte. Wahrscheinlich erfolgt die
Erkrankung der jungen Frau als Reaktion auf eine Überforderung
durch die neue Aufgabe. Sie schafft einen Freiraum und appelliert
an Rücksichtnahme und schonende Unterstützung in einer Zeit langsamen Hineinwachsens in die neue Aufgabe.

7.1.2. Fallbeispiel B

1. Psychiatrische Perspektive

Zum zentralen Text:

Der Patient wirkt ermattet, ratlos, ideenflüchtig. Er hat ausgeprägte religiös gefärbte Zwangsvorstellungen, die ihn dazu bringen, zu fasten (zwanghaft die Nahrungsaufnahme zu verweigern),
niederzuknien und zu beten, die Kirche aufzusuchen. Wahnhaft
ist wohl das Gefühl, nicht würdig genug zu sein zum Betreten der
Kirche. Auch die Depersonalisierungserlebnisse sind wahnverdächtig (sich wie der Teufel fühlen). Das Niederknien zum Gebet ist
in dieser Situation der Klinikaufnahme inadäquat und vermittelt

gleichzeitig, wie wenig Distanzierungsmöglichkeit der Patient seinen Impulsen gegenüber noch hat. Es fällt ihm außerordentlich schwer, Spannungen zu ertragen, statt dessen zeigt er sehr starke Harmonisierungstendenzen. Man muß davon ausgehen, daß er seine eigenen inneren Spannungen so wenig ertragen kann wie die Spannungen um ihn herum, sich aber auch nicht erfolgreich mit ihnen auseinandersetzen kann, so daß sie immer wieder in Form von Zwangsideen auftauchen.

Seine religiöse Haltung hat für den Patienten wohl stark die Funktion der Kanalisierung und Verobjektivierung seiner inneren Konflikte. Das Gottesbild wirkt ambivalent: Einerseits ist Gott der 'himmlische Vater', der an allem Guten schuld ist, und der Teufel fungiert als Verursacher alles Schlechten und ist die ganz große Versuchung für den Menschen. Andererseits ist Gott ängstigend, und 'unwürdig' darf man nicht vor ihn treten. Das Normensystem ist starr nach sehr plakativ wirkenden Werten von Gut und Böse getrennt. Dabei sind andere Menschen nie 'böse', sondern 'schwach' oder 'fehlgeleitet' und immer für ihr Versagen zu entschuldigen. Nur der Patient selbst ist 'unwürdig'. Die Religiosität schafft dem Patienten den starren Ausdrucks- und Bezugsrahmen, in dem er sich zwischen engen Grenzen des Erlaubten, Guten und des Unwürdigen bewegen kann.

Zum klinischen Befund:

Nach strenger und religiös orientierter Erziehung wendet sich der Patient in der Pubertät von Zuhause und der dortigen Wertwelt ab. Ausleben sexueller Bedürfnisse und Abkehr vom Religiösen gehen Hand in Hand, in Analogie zur späteren Abkehr vom als unrein erlebten Sexuellen, Körperlichen, Triefhaften (dessen bloße Existenz schon als schuldhaft erlebt wird) und Hinwendung zum Religiösen.

Der plötzliche Tod des Vaters und das Zurücklassen der Mutter im Ostblock erzeugen möglicherweise zusätzliche Schuldgefühle, die so tief reichen, daß sie nicht zugelassen werden können.

Je schlechter es dem Patienten geht, d.h. je mehr er von seinen
Zwangsideen besetzt ist, desto eifriger und drängender wird er
unabhängig von der augenblicklichen Situation in seinen religiösen Vollzügen und seinem missionarischen Eifer, und desto weniger kann er sich von solchen Impulsen distanzieren. Mit zu diesem Zustandsbild gehört auch die drängende Bitte um Gebet oder
'heilige Ölung'. Diese Beschwichtigungsfunktion ist aber jeweils
nur für kurze Zeit mittels Ritual erfüllbar, nach der die Zwänge
oft nur umso heftiger hervortreten. Dieser circulus vitiosus
dauert an bis der Patient, im 'Kampf um die Reinheit' völlig
erschöpft, endlich kapituliert und seinen Kampf gegen Medikamenteneinnahme aufgibt, woraufhin die Zwangssymptome weniger stark
werden oder zeitweise ganz verschwinden, der Patient andere Menschen wieder wahrnehmen kann, ohne zu missionieren, und auf sie
zugehen kann mit menschlicher Wärme und aufrichtigem Interesse
am andern und seinem Befinden.

Die Erkrankung bewegt sich zwischen anankastischer Persönlichkeitsstörung und psychotischem Erleben (auf das das Bestrahlungserleben deutlich hinweist). Die immer stärkere soziale Entwurzelung (Aufgabe des Studiums; Unfähigkeit, eine Lehre oder Beschäftigung durchzuhalten) läßt anstelle nachhaltiger Verbesserung seiner Lage für die Zukunft des Patienten eher ein Leben
auf mehr oder weniger eingeschränktem Niveau erwarten. Die Religiosität liefert ihm den Deutungsrahmen, innerhalb dessen er
seine Erfahrungen immer wieder machen kann, ohne daß es zu einer
echten Persönlichkeitswandlung kommt.

2. Psychoanalytische Perspektive

Zum zentralen Text:

Im Vordergrund der Symptomatik stehen das Fasten als Folge der
Zwangsvorstellungen und der zwanghaft anmutende Impuls zu beten.
Lebensvorgänge (Essen) werden durchsetzt mit Vorstellungen von
Zerfall (Exkremente). Es geht nicht um den zum Leben gehörenden
Tod, der positiv wirkt im Sinne des Lebensgesetzes des 'stirb
und werde!' und die andere Seite des Werdens und Sich-Verwandelns

darstellt. Die Vorstellungswelt des Zwangskranken ist besetzt
von dem 'aus der Sphäre des Werdens herausgebrochenen' Tod,
'das Produkt des bloßen leeren Vergehens, das eigentlich ein
Untergehen, ein ständiges Entwesen ist.' (von Gebsattel 1954,
98) Die ganze Daseinswelt wird von der Verunreinigung umge-
formt: die Vorstellungen treten auch beim Ertönen der Stationsglocke auf, werden auf die Nahrungsaufnahme der Mitpatienten
generalisiert. Der Kranke ist 'besessen' von der Allgegenwart
des Unreinen. Die Maßnahmen zur Abwehr gründen in der Angst und
zielen auf die radikale Unterdrückung bzw. völlige Vernichtung
der Zwangsstörung. Sie sind unerreichbar, weil die Ich-Abwehr
die Störung mit konstituiert. Auch die Zwangsvorstellungen
sind bereits Abwehrleistungen, das Verunreinigungsgefühl ist
eine bestimmte Abart des generellen Schuldgefühls, 'ein Nicht-
loskommenkönnen von der Vergangenheit wird in der anankastischen
Besessenheit durch Verunreinigungsgefühle offenbar.' (Gebsattel
1954, 111-112)

Schuldhaft erlebte Vergangenheit wird nicht zugelassen zu Auseinandersetzung und Bewältigung; die Abwehr erzeugt Zwangsvorstellungen, das Unterdrückte meldet sich symbolisch; Zwangshand-
lungen wehren es ab für eine gewisse Zeit, können es aber nicht
dauerhaft unterdrücken. Immer umfangreichere Maßnahmen zur Abwehr räumen dem Nicht-Zugelassenen immer mehr Raum ein im Lebensvollzug des Patienten, ohne dauerhaft dagegen ankommen zu können. Dieser Teufelskreis bewirkt die Starre und Zukunftslosigkeit
im Leben des Patienten. Die Behinderung im Werden, das Nicht-
Verwirklichen-Können der eigenen Gestalt erlebt der Patient aus
Auflösung dieser Gestalt oder zumindest als drohende Auflösung.

Die Zwangsgedanken kommen 'von bösen Mächten', werden also nach
außen verlagert. Hier übernimmt der Patient nicht die Verantwortung über sich selbst. Er fühlt sich unwürdig, darin steckt
eine Selbstabwertung, Selbstverurteilung. Gleichzeitig besteht
ein hohes Anerkennungsbedürfnis (er habe 'viel Freude und Ehre
erlebt. Ich war irgendwie ein geschätzter Mensch'.) Die zuvor-
kommende Selbstabwertung beugt einer möglichen Fremdabwertung

vor. Aggressive Tendenzen richten sich nicht nach außen, sondern gegen die eigene Person. Auch das Fasten hat autoaggressive Komponenten neben dem Charakter der Reaktion darauf, daß der Patient von der eigenen Leiblichkeit, in der er auch das Vergehen und die Verunreinigung erlebt, abgestoßen ist.

Zum klinischen Befund:

Der familiäre Hintergrund des Patienten bietet einige Anhaltspunkte für das Nicht-Zulassen der Vergangenheit: der (eher verwöhnenden?) positiv erlebten Mutter steht ein harter, leistungsorientierter Vater mit strengem Normsystem gegenüber. In der Pubertät kommt es zum offenen Bruch, und bevor erneute Annäherung möglich wird, stirbt der Vater an 'gebrochenem Herzen'. Auf verdrängte Schuldgefühle weist der Umstand hin, daß der Patient nicht von der Härte seines Vaters sprechen kann, ohne sie sofort als Ausdruck von Liebe zu interpretieren.

Der Sechzehnjährige lebt nun zwei Jahre lang mit seiner Mutter zusammen, dann flieht er vor dem Wehrdienst in die BRD, läßt also die ihm immer 'menschlich nah' gebliebene Mutter allein zurück. Sicher liegt hier ein weiteres Motiv für spätere Schuldgefühle. Der Patient sucht die Nähe der Schwester, als er krank wird. Um in Identifikation mit der Mutter von ihr verlassen zu werden, wie er selbst die (älter und bedürftiger werdende) Mutter verlassen hat?

Der aggressiven Auseinandersetzung mit dem Vater folgte sein Herzinfarkt. Das verdrängte Erleben der eigenen Schuld oder Mitschuld am Tod des Vaters kann ausreichen, um die eigene Aggressivität für alle Zukunft auszublenden. Das eigene Innere wird exterritorialisiert und meldet sich als Zwangsimpuls, der von Dingen der Außenwelt ausgeht.

In der Religiosität findet der Patient einen Raum, aus dem die Aggressivität ideologisch verbannt ist, um sich höchstens in den zudringlich werdenden Missionierungsversuchen durch die Hintertür einzuschleichen. Der Gott, von dem alles Gute kommt, kann eine Idealisierung des eigenen Vaters darstellen bzw. die Verkehrung seiner nicht bewußtseinsfähigen, da mit der eigenen Aggressivität vorstellungsmäßig verbundenen Härte ins Gegenteil.

Die Leistungsunfähigkeit des Patienten könnte eine Reaktionsbildung gegen den betonten Leistungsanspruch des Vaters darstellen.

Die Erkrankung des Patienten stellt sich dar als immer aussichtsloser, da mehr und mehr von sich verselbständigenden Symptomen geprägter Kampf gegen den eigenen 'Schatten', der seine ganze Welt einzunehmen droht. Integration der Schuld und Integration der eigenen Aggressionsbereitschaft wären die Voraussetzung zu weniger beeinträchtigtem Leben.

Im Zusammenleben von Bruder und Schwester und der Pflege der Schwester könnte eine gemeinsame Sühne für die gemeinsame Schuld liegen, die das Verlassen der Mutter beinhaltet.

3. Systemische Perspektive

Zum zentralen Text:

Im zentralen Text wird das System des Patienten zur Zeit der Aufnahme präsentiert. Daß die Schwester verheiratet ist, ist aus dem klinischen Befund bekannt. Damit besteht das System aus Schwester, Schwager, Patient. Welche Funktion hat die Erkrankung des Patienten hier?

Hypothetisch ist davon auszugehen, daß Schwester und Ehemann und Schwester und Bruder sich jeweils besser verstehen als Schwager und Bruder. Die Schwester hat wohl in diesem System eine schwierige Vermittlerrolle. Die Krankheit des Patienten bietet ihm eine Chance, sich ohne Aggression und Auseinandersetzung gegenüber dem Schwager zu behaupten, dem er seine Inferiorität demonstriert als Kranker und damit auch Schwacher. Gleichzeitig bringt sie ihm jedoch vermehrte Zuwendung der Schwester und damit eine Verbesserung seiner Position, wenn nicht Vorrangstellung ein. Die Erschöpfung der Schwester könnte, da sie aus der gleichen Familie stammt wie der Patient, von

ähnlichen Harmoniebestrebungen zwischen Bruder und Ehemann
herrühren und der Anlaß sein, aus dem der Krankheitszustand
des Symptomträgers sich verschlechtert für eine gewisse Zeit,
damit nach einer Phase der Erholung der Reigen mit neuer Kraft
fortgesetzt werden kann.

Zum klinischen Befund:

Unter Einbeziehung der Informationen aus dem klinischen Befund
stellt sich nun die Frage, wozu die Existenz dieses Systems in
dieser Konstellation dient, wenn man die gemeinsame Geschichte
beider Geschwister einbezieht. Dient die Aufnahme des Bruders
der Beschwichtigung der eigenen Schuldgefühle der Schwester?
Dient sie der Bestrafung des Mannes, wegen dem sie die Mutter
ursprünglich verlassen hat? Arbeiten Bruder und Schwester mit
Erkrankung und Pflege gemeinsam an Schuldgefühlen? Arbeiten
sie über das Symptom zusammen gegen den Schwager? Können Ehemann
und Ehefrau durch die Aufnahme des (vorher bereits mehrfach erkrankten) Bruders das Konfrontieren ihrer Eheprobleme vermeiden?
Können Ehemann und Ehefrau einander so viel bieten, daß es die
aufgeladene Hypothek der Mutter gegenüber lohnt?

Diese Fragen wären zu klären im gemeinsamen Gespräch aller Beteiligten auch des Ehemannes/ Schwagers, der nicht zur Klinikaufnahme mitgekommen ist und sich auch im Behandlungsverlauf nicht
sehen läßt.

7.1.3. Fallbeispiel C

1. Psychiatrische Perspektive

Zentraler Text:

Die ersten Aufzeichnungen verdeutlichen noch einige Konzentrationsschwierigkeiten der Patientin. Ihr Bemühen um Klarheit über
ihre eigene Situation wechselt ab mit Orientierungsversuchen in
der neuen Umgebung. Angst, Gefühle der Bedrohtheit durch das

Gewesene und noch nicht Bewältigte beherrschen die Gedanken, machen eine differenzierte Situationswahrnehmung unmöglich, lassen die Erwartungen an die Zukunft im Bereich des Diffus- Verschwommenen ('... und möchte so gern wieder ganz bewußt und aktiv, mit richtiger Überzeugung am Normalleben, an das, das was mir liegt, teilnehmen.') Die Unbeholfenheit der Sprache spiegelt die Unbeholfenheit der Gedanken wieder.

Die Aufzeichnungen vom Freitag vermitteln eine differenziertere Situationswahrnehmung. Die Einschätzung der eigenen Genesungsmöglichkeit wirken situationsangemessen. Die Äußerung 'noch immer drückt mir etwas den Brustkorb zusammen' könnte, wörtlich gemeint, auf nach wie vor bestehende Alterationen der Leibgefühle hinweisen.

Am Freitagabend macht die Patientin in ihren Aufzeichnungen erste Versuche einer Deutung ihres 'Anfalls'. Sie kann sich so weit distanzieren, daß sie sich noch eine gewisse Realitätsferne zugesteht. Gleichzeitig schildert sie wieder die körperliche Mißempfindung und gibt möglicherweise einen diskreten Hinweis auf abklingende Geruchshalluzinationen ('Immer noch habe ich einen Nikotingeruch in der Nase...'), abklingend, weil bereits 'Nikotin' und nicht 'Höllenfeuer' oder 'Teufelswerk' assoziiert wird.

Die Vorsätze am Samstagmorgen wirken wie eine Selbstbeteuerung. Die Äußerungen zur Religiosität klingen sehr rational. Sie stehen recht spät im Verlauf der Aufzeichnungen, werden nicht in der emotional stärker belasteten Phase zu Papier gebracht. Sehr vorsichtig könnte man daraufhin vermuten, daß das Verhältnis der Patientin zu ihrer Religiosität nicht in direktem Zusammenhang mit ihren großen Lebensproblemen steht.

Klinischer Befund:

Psychopathologisch relevant sind die von den Eltern bemerkten Konzentrationsschwierigkeiten, religiösen Schwärmereien, wirren Bilder, Schuldgefühle gegenüber einem früheren (?) Freund. Sie äußern sich im Gefühl, 'wie besessen von ihm zu sein' und führen zu Erlösungsideen. Die Akutisierung vor der Aufnahme beinhaltet möglicherweise eine Halluzination der Leibempfindungen (Gefühl des Schwebens), sicher aber optische Halluzinationen.

Die Selbstschilderung der Patientin verdeutlicht eine Überforderungssituation in der Beziehung zu ihrem Freund, der es gut verstand, ihre Schuldgefühle zu mobilisieren. In der Auseinandersetzung mit der Beziehung erwacht das religiöse Interesse. In der Unauflösbarkeit des Gefühlsgewirrs innerhalb der Beziehung kommt die Beschäftigung mit der Religion der Entwicklung von Schuldgefühlen entgegen. Besessenheitsgefühle im übertragenen Sinn werden von Alterationen der Leibgefühle abgelöst, gefolgt von optischen Halluzinationen und erneuten Halluzinationen von Leibempfindungen und Gefühlen der Notwendigkeit ihres Opfertodes.

Mit dem Fortdauern einer erheblichen Krise auf dem Weg zur Autonomie erwacht ein religiöses Interesse, das sich in religiös gefärbten Symptomen von Erlösungsideen, Besessenheit, optischen Halluzinationen des Endes des Verräters Judas (in Entsprechung zum eigenen (wahnhaften?) Schulderleben) und Opferungsideen äußert. Nach Abklingen dieser Erlebnisse bleibt die religiöse Frage zunächst für die Patientin akut im Sinne einer Relevanz für ihr Leben. Über die Dauer ist keine Aussage möglich.

2. Psychoanalytische Perspektive

Zum zentralen Text:

Charakteristisch für diese Tagebuchnotizen wirkt der Satz, 'mein Kopf ist schwer...'. Die Aufzeichnungen versuchen eine rationale Erfassung und Bewältigung der Erlebnisse aus der letzten Zeit. Auf einer recht hohen Abstraktionsebene versucht die Patientin sich zu orientieren. Vertrauen, Selbstannahme, Annahme der Wirklichkeit bilden den Weg zu besserer Realitätsbewältigung. Die Äußerung 'Es tut so weh, daß es einfach Haß, Neid, Lieblosigkeit, Krankheit und Tod GIBT und daß ich selber oft hart lieblos und kühl bin, aber ich WILL mich damit abfinden und damit leben' formuliert ein umfassendes Programm zur Integration des eigenen 'Schattens' und zur Verwirklichung des Realitätsprinzips. Im Zusammenhang mit der Erziehung (frühe Selbständigkeit, Nüchternheit, Kühle, Intellektualität, Leistung) erscheint die Patientin in ihren Zielen fast zu angepaßt an den familiären Stil. Sie wirkt recht überich-gesteuert, und es ist zu befürchten, daß die lustbetonte Seite des Daseins bei diesem selbst festgelegten Programm erneut zu kurz kommen wird. Einen Grund zu dieser Befürchtung liefert auch der wenig vom Erleben und sehr von Reflexion geprägte Stil der Aufzeichnungen.

Zum klinischen Befund:

Die Patientin und die daueruntergebrachte Schwester der Mutter mit der Schizophrenie-Diagnose tragen den gleichen Namen. Die Schwester der Mutter erkrankte in der Belastungssituation von Berufsbeginn und Schwierigkeiten mit dem Freund. Auch die Patientin steht vor einer berufsqualifizierenden Abschlußprüfung und hat Probleme mit dem Freund. Hier erneut sich die Frage, inwieweit eine Identifikation mit der Verwandten vorliegt. Weiteren Aufschluß würde nähere Information über die Stellung der Verwandten in der Familie der Patientin geben (wie steht die Mutter zu ihrer Schwester? redet man von ihr? besucht man sie? herrschen Mitgefühl/Bedauern vor oder eher Verachtung?). Bietet die Schwester der Mutter in der leistungsorientierten Familie das einzig mögliche Modell bei Versagen auf der Leistungsebene? Ist sie am Ende die einzige, die ohne Vor-Leistungen geliebt wird: - Die Beantwortung dieser Frage klärt die Vorzeichen der Identifikation, ob sie regressiv im Sinne des Wunsches nach Annahme ohne Vorleistung oder im Sinne des verzweifelten Versagens gegenüber der familiären Norm ist.

Die Verbindung mit einem drogensüchtigen jungen Mann ist wohl auch aus der leistungsorientierten, kühlen Atmosphäre in der Familie zu verstehen, deren Selbständigkeitserziehung die Patientin offensichtlich überfordert hat. Sie als Versagerin innerhalb der Familie tut sich mit einem Freund zusammen, der ebenfalls (gegenüber den gesellschaftlichen Normen und denen der gemeinsamen Bekannten) versagt, aber emotionale Nähe bietet, die jedoch nach und nach einengt.

Der Inhalt der Halluzination, Judas, der im Baum hängt, symbolisiert wohl ihre eigene Sicht vom eigenen Verhalten dem früheren Freund gegenüber: wie Judas nach dem Verrat Jesu keinen Ausweg mehr sieht und sich erhängt, so geht es ihr, als sie am Freund zum Verräter wird. Bei der Halluzination verliert sie den Halt und stürzt. Darauf weisen das Erleben eigener Schuld gegenüber dem Freund und die (abgewiesene) Bitte um seine Verzeihung hin, und sie selbst deutet ihr Erleben als 'ganz verkorksten Selbstmordversuch'.

Die Teufel, die an ihr reißen, können die eigenen aggressiven Tendenzen dem Freund gegenüber symbolisieren. Damit ist eine Abwehrmaßnahme als Wendung gegen die eigene Person zu vermuten.

Die ganze Schilderung deutet auf eine ich-schwache Persönlichkeit hin, die durch die Normen der Familie überfordert ist bei vorgegebener konstitutioneller Schwäche (hereditär und Diagnoseverdacht von angeborener Minimal Cerebral Dysfunction) und bei vermehrten Anforderungen durch die Lebenssituation (nahender Beruf, Klärung der Beziehung zum Freund) auf frühere Verhaltensmuster regrediert (Eltern stehen am Bett und beten, Mutter setzt sich zu ihr ans Bett und redet mit ihr) und für die Bewältigung auf Unterstützung angewiesen ist.

3. Systemische Perspektive:

Zum zentralen Text:

Hier finden sich kaum Anhaltspunkte für eine systemische Analyse, deutlich werden immerhin die Unterstützungsbedürftigkeit der eigenen Person und eine gewisse Bedeutung der Großmutter, die aber auch erst unter Zuhilfenahme des klinischen Befunds näher zu bestimmen sind.

Zum klinischen Befund:

Unter Berücksichtigung des Umstandes, daß die Patientin des ersten Fallbeispiels die Mutter der Patientin ist, ergeben sich für die systemische Analyse einige bedeutsame Aufschlüsse:

Nach einer harmonischen ersten Kindheit der Patientin mit Mutter, Vater, älterer Schwester und nach und nach drei jüngeren Schwestern wird das System erweitert durch die Großmutter (sehr streng, fromm, verbietend, moralisierend), eine wohl emotional unterentwickelte Frau deren drei Töchter psychische Störungen erlebt haben: die am schwersten Betroffene in einer Situation bevorstehender Selbständigkeit; die Mutter der Patientin bei der Geburt des ersten Kindes, also bei einem Zuwachs an Verantwortung; über die dritte ist nicht mehr bekannt, als daß sie sich in ambulanter Behandlung befindet. In den Schilderungen wirkt die Großmutter autoritär und rigoristisch. Dennoch überträgt ihr die Mutter eine Schlüsselposition im System (Erziehung der Kinder), um sich selbst ein Stück aus dem System herauszuziehen und selbst die Normen der Großmutter zu erfüllen und berufliche Leistung zu erbringen. Wofür? - Mit der Selbständigkeitserziehung der Kinder zusammen gesehen vielleicht, um sie schnell wieder los zu werden? Unterentwickelte Emotionalität der erwachsenen weiblichen Familienmitglieder bei starker Überich-Orientierung schlagen sich in der Pubertätsmagersucht der Ältesten nieder, vielleicht dem ersten Versuch, die Eltern auf die Familie zurück zu orientieren, das System zusammen zu halten.

Von der Patientin aus betrachtet, die seit Jahren getrennt von der Familie wohnt und etwa gleichlang diesen drogensüchtigen jungen Mann kennt, erhellt sich rasch die Funktion dieses Freundes in ihrem System: zunächst stellt er sicher keine überfordernden Leistungsansprüche, sondern bietet emotionale Nähe, möglicherweise auch die Chance der Regression (er ist anfangs 16 Jahre alt , sie siebzehn). Zunehmende Nähe, wahrscheinlich verbunden mit zunehmender Vereinnahmung ('der nutzt dich ja nur aus!'), erzeugt eine zunehmende Überforderung, der die Patientin nicht gewachsen ist. Befreiungsversuche schaffen nur kurzfristig Entlastung, aber keine dauerhafte Lösung. Zwei Erkrankungen ('neurotische Depression') können die Spannungssituation gleichfalls nicht lösen. Die dritte massivere Erkrankung erscheint wie ein Signal zur Mobilisierung des Gesamtsystems. Das Signal erweckt wohl bei den Eltern alte Ängste und erzielt eine sofortige Wirkung der Zuwendung zur Patientin und des Verzichts auf Leistungsforderungen (die Prüfung kann verschoben werden). Anhaltende Unterstützung der Familie kann die von der Patientin intendierte (und vor den Forderungen der Familie an Nächstenliebe zu verantwortende) innere Lösung vom Freund ermöglichen ohne allzu große Gefahr, daß die Familie die Patientin in zu große Nähe zurückholt. (Die Emotionalität scheint ja sehr unterkühlt). Eher droht die Gefahr der Abwertung der Patientin, sofern sie die Leistungsnorm nicht erfüllt und die Prüfung nicht bestehen sollte. Für diesen Fall wäre eine erneute Dekompensation nicht unmöglich.

Bei den drei Fallbeispielen greifen die einzelnen humanwissenschaftlichen Verstehensansätze jeweils unterschiedlich gut. Das liegt nicht in einer etwaigen Prädestination der einzelnen Perspektiven für bestimmte psychiatrische Problemkonstellationen begründet, sondern in der Ausschnitthaftigkeit des vorliegenden Materials, das aber auch wieder typisch ist für das ausschnitthafte Erleben des Patienten auch für den Seelsorger. Auch ohne daß er den Patienten zu therapieren beansprucht, gewinnt der Seelsorger durch die Beschäftigung mit der Erkrankung und ihren Hintergründen mehr eigenes Verständnis für die zunächst so uneinfühlbaren Probleme des Patienten und kann seinen seelsorglichen Aufgaben und den Bedürfnissen des Patienten angemessener gerecht werden.

7.2. 'Sieben Gaben des Geistes' für den Seelsorger

Die folgenden Impulse für den Seelsorger in der Psychiatrie haben, bezogen auf seine Haltung, den Charakter von Charismen, die beim einzelnen nicht alle gleich stark ausgeprägt sein können. Es kommt also darauf an, die eigenen Begabungen zu entdecken und auszubauen, um schwerpunktmäßig mit den eigenen Stärken arbeiten zu können. Um das, was für den Seelsorger das Schwierigere ist, kann er sich vermutlich eher bemühen, wenn er in der Arbeit einigermaßen sicheren Tritt gefaßt hat. Zur Vervollkommnung des nun aufzuzeigenden Seelsorgeprofils ist wohl die Investition eines Berufslebens erforderlich.

Wahrnehmung des Patienten: "Offene Augen".

Es klingt selbstverständlich, ist aber oft schwer, hinter dem versteinerten oder verschlossenen oder ausdruckslosen Gesicht mit der grau wirkenden Haut den Menschen in seiner Persönlichkeit zu erkennen und ihm als Person zu begegnen. Vordergründig bleibt das Leben stehen, wie für die Kranken die Zeit in ihrem Erleben stehen bleibt, keine Entwicklung mehr stattfindet. Es kommt darauf an, hinter dieser Leblosigkeit das Lebendige nicht zu übersehen, auch kleine Details der Veränderung würdigen zu lernen und wenn sie fehlen, auch Leblosigkeit und Leere auszuhalten mit den Kranken. Die innere Lebendigkeit des Seelsorgers hilft ihm die lebendigen 'Saiten' im Patienten zum Klingen zu bringen. Ist der Seelsorger selbst innerlich nicht sehr lebendig, droht die Gefahr, daß seine eigene Unlebendigkeit mit der Arbeit wächst. Daher ist wichtig, daß der Seelsorger mit dem eigenen Er-Leben ähnlich behutsam umgeht wie mit dem der Patienten.

Die Selbstwahrnehmung der Patienten verändert sich mit ihrem Gesünder-Werden, allerdings oft im Sinne einer Verschärfung ihrer Lage: in der Situation der symptomatischen Besserung, die von der Umgebung mit Entlastung quittiert wird, sind die Patienten in der Lage, die eigene Situation schärfer, d.h. realistischer wahrzunehmen und werden dabei deutlicher mit Aussichtlosigkeit und geringen Veränderungschancen konfrontiert. Das wirkt belastend, und zwar um so mehr, je verständnisloser die Umwelt angesichts der spürbaren Besserung reagiert und je größer die Distanz dadurch wird. In Extremfällen steigert sich die Verzweiflung bis zum Suicid-Versuch. - Der Seelsorger erlebt möglicherweise gar nicht die Krisensituation, sondern eine Haltung vermehrten Anspruchs des Patienten auf Zuwendung, obwohl es ihm besser geht, er kann das nicht einfühlen und zieht sich noch etwas mehr zurück, ist nich mehr so dicht am Erleben des Patienten 'dran', und dessen Vereinsamung erhöht sich noch.

Die eigentliche Herausforderung an den Seelsorger ist, angesichts der vielen Rückschläge (und auch erneuten Erkrankungen) die Fähigkeit, mit dem Patienten und für den Patienten zu hoffen.

Es geht darum, daß der Seelsorger sich mit dem Patienten identifiziert und aus der Identifikation heraus für ihn die Leistung der Hoffnung erbringt, zu der er selbst vielleicht gar nicht mehr fähig ist. Er ist auf Hoffnung angewiesen, um leben zu können und spürt es sehr genau, wenn niemand mehr Hoffnungen in ihn setzt. Oft ist dieses Unternehmen um so schwieriger, je länger man den Einzelnen kennt, und je mehr Niederlagen man schon mit ihm getragen hat, aber auch dann um so notwendiger. Unaufrichtigkeit gegenüber dem Patienten, ein nicht ernst gemeintes 'das wird schon wieder' beinhaltet für den Patienten die letzte Täuschung, die überhaupt noch menschenmöglich ist. Aufrichtigkeit ist geboten im Sinne der Volksweisheit: 'Ein Lump, der mehr gibt, als er hat!'

Wahrnehmung des Menschen bedeutet auch, sich von einer Mauer der Undurchdringlichkeit nicht irritieren zu lassen. Schwarz (1982) schildert eindrucksvoll, wie sie nach 14 Wochen des Zugehens auf einen sehr in sich versunkenen Mann, in denen sie nur einen kurzen wortlosen Händedruck erntete, eine sehr einfühlsame Reaktion auf ihre eigene Abgespanntheit erfährt, die den Anfang eines intensiveren Kontakts bedeutet. - Hinter der vielleicht sogar ängstigenden Aggressivität gilt es gleichfalls die Bedürftigkeit nach angstfreier, dosierter menschlicher Zuwendung zu erspüren. - Um nicht in den Sog des depressiven Menschen hinein zu geraten, ist es wichtig, die eigene Angst und die eigene Trauer zu kennen und damit umgehen zu können. - Eine ganz besondere Herausforderung an die Behutsamkeit des Seelsorgers stellen die Patienten dar, die in der Erkrankung gewalttätig wurden, in ganz seltenen Fällen sogar einen Menschen umgebracht haben. Speziell bei ihnen bedeutet das Gesünder-Werden eine ganz besonders harte Konfrontation mit der Realität von Versagen und Schuld; sie sind daher ganz besonders auf Menschen angewiesen, die diese Last mittragen.

Das Charisma der "offenen Augen" ist für das Entdecken der oft sehr schwer zugänglichen Not der psychisch kranken Menschen von grundlegender Bedeutsamkeit.

Kommunikationsstil: "Sprachengabe"

Beim Patienten ist, ist er auch noch so schwer erkrankt, nie der ganze Mensch krank. Wo gesunde und kranke Anteile koexistieren, geht es darum, mit dem Gesunden zu arbeiten, das Gesunde zu aktivieren, um mit dem Kranken besser umgehen bzw. die Krankheit letztlich überwinden zu können (was nicht unbedingt heißen muß, daß sie völlig verschwindet).

Das hier erforderliche Einstellen auf den Patienten beinhaltet auch Rücksichtnahme auf seine kommunikativen Möglichkeiten. Hier kann der Seelsorger vom systemisch orientierten Therapeuten lernen, sich dem Patienten, seinen Erwartungen, Hoffnungen, Ängsten, seiner Bilderwelt und seinen Ausdrucksmöglichkeiten anzupassen, mit dem Patienten in seine Bilder, Symbole einzusteigen und sie weiter entwickeln zu helfen, seine Bilder aufzugreifen und weiter zu denken.

In der Kommunikation mit dem Patienten führt das Gesprächsverhalten in Orientierung an der gesprächstherapeutischen Grundregel der Verbalisierung emotionaler Erlebnisinhalte zumindest beim psychotisch erkrankten Menschen nicht sehr weit. Ein Grund dafür ist, daß ein Mensch, der Schwierigkeiten hat, seine Ichgrenzen wahrzunehmen, auf ein spürbares Gegenüber angewiesen ist; wenn der Gesprächspartner sich klar vom Kranken abgrenzt, die eigene Position klar kenntlich macht, leistet er einen Beitrag zur Selbstdefinition des Kranken, der plötzlich über eine Orientierungsmarke verfügt.

Der zweite Grund liegt in den Schwierigkeiten des Kranken gerade auf dem Gebiet der Emotionalität begründet. Wo so viel Sprachlosigkeit herrscht, der Patient selbst nicht an seine Gefühle herankommt, gibt es bei den Erlebnisinhalten nichts zu verbalisieren. Zunächst muß ein Vokabular geschaffen werden, die Sprache der Beziehung muß sehr mühsam erlernt werden, so weit sie überhaupt vermittelbar ist. Mitunter gelingt es dem Patienten, aus mehreren angebotenen Alternativen von Formulierungen die auszuwählen, die ein Gefühl am besten trifft. Hier liegt die Fehlerquelle beim Gesprächspartner und seiner Fähigkeit, sich auf die

Welt des Kranken einzulassen. Der Weg des Kranken zu seinem
Erleben ist weit und ihn zu begleiten mühsam.

Haltung des Seelsorgers: "Wahrung der Freiheit"

Grundprinzip einer Haltung der Begleitung ist die Wahrung der
Subjektwürde beim Kranken und beim Seelsorger selbst. Wenn die
Würde des Subjekts auf dem Spiel steht, kann von Seelsorge nicht
mehr die Rede sein. Die Achtung der Menschenwürde kennt keine
Alternative.

Wichtigste Voraussetzung dieser Haltung des Seelsorgers ist die
eigene Beziehungsfähigkeit, die groß genug sein muß, um im Bedarfsfall für beide auszureichen. Der Seelsorger, der so viel
soziale Kompetenz hat, läuft auch nicht Gefahr, die für alle
Beteiligten und besonders ihn selbst schlimmste Variante der
Motivation zur Psychiatrie-Seelsorge zu befolgen:
so viele eigene Leblosigkeit, daß die Extreme der Bandbreite
menschlicher Existenz, wie sie in der Psychiatrie zu finden sind,
erst die Buntheit ins eigene farblose Leben bringen. Die Konsequenz wäre die Ausbeutung der Kranken als Dekorationsmaterial
für die eigene jämmerlich unscheinbare Existenz.

Zur Haltung des Seelsorgers gehört weiterhin eine Haltung der
Selbstkritik gegenüber dem eigenen Handeln. Wenn der Seelsorger
kritisch hinterfragt, was er mit dem Patienten tut, sich Rechenschaft ablegt über die eigenen Motive, verringert er die Gefahr,
zum 'hilflosen Helfer' (Schmidbauer 1977) zu werden, der den Patienten zur Befriedigung der eigenen Bedürfnisse nach Anerkennung benutzt. Gleichzeitig läuft er weniger Gefahr im System
des Patienten mitzuspielen, seine Symptomatik mit zu verursachen,
ohne es zu merken. 'Was läuft hier eigentlich? was tue ich mit
dem Patienten? was tut er mit mir? wie soll das weitergehen?'
Solche Fragen schaffen eine Metaebene der Reflexion, die es erschweren, sich in Teufelskreisen zu verfangen, in denen Seelsorger und Patient nicht mehr Subjekt des Handelns wären.

Bedeutsam schließlich ist in diesem Zusammenhang noch, daß der Seelsorger die Freiheit des Kranken achtet, die auch darin bestehen kann, seine Zuwendung abzulehnen (wobei zwischen bewußter und gewollter Ablehnung des Kontakts und mangelnder Kontaktfähigkeit bei eigenem Wunsch nach Kontakt sorgsam unterschieden werden muß). Den andern wirklich in seinen Bedürfnissen achten kann aber nur, wer sich selbst und die eigenen Bedürfnisse achten gelernt hat. Rücksicht auch auf sich selbst heißt auch eigene Antipathien zulassen (keiner kann alle gleich gern haben, keiner kann allen an ihn gerichteten Erwartungen genügen) und die eigene Verfassung wahrnehmen.

Wer die eigene schlechte Verfassung im Kontakt zum Patienten überspielt, sendet auf Inhalts- und Beziehungsebene verschiedene Informationen aus (Inhaltsebene: ich bin ganz für dich da! - Beziehungsebene: du gehst mir auf die Nerven!), schafft also eine in ihrem Krankheitswert hinreichend angesprochene doublebind-Situation und verstärkt die emotionale Desorientiertheit des Kranken, von der Gewaltanwendung gegen die eigene Person ganz zu schweigen! Wer eigenes Versagen, eigenen Mißerfolg oder sonstige Frustration nicht krampfhaft oder eisern überspielt, sondern anspricht oder in schlechter Verfassung ganz auf Einzelgespräche verzichtet, zeigt verantwortungsvolleren Umgang mit den Kranken und sich selbst als der Seelsorger, der sich kummerzerquält über die Stationsgänge schiebt und am liebsten von keinem Menschen wahrgenommen werden möchte, weil er sich zu sehr ausgelaugt fühlt, als daß er noch auf jemanden eingehen könnte. Weniger ist hier oft mehr!

Berufliche Identität: "Selbst-Stand"

In engem Zusammenhang mit der Haltung des Seelsorgers steht seine berufliche Identität. Der Seelsorger, der davon überzeugt ist, daß er einen Beitrag zu leisten hat zur Heilung des psychisch erkrankten Menschen,[6] wird gegenüber den Patienten und den

---

6 Im Gegensatz zu Lücht-Steinberg (1983) bin ich der Auffassung, daß Seelsorge gerade nicht Therapie und zielorientiert sein

Mitarbeitern seinen Anspruch verdeutlichen und gelassen genug
sein, den rechten Moment abzuwarten für seine Intervention. Die
im Umbruch befindliche Psychiatrie in der BRD erfordert Flexibi-
lität zur Erfassung der unterschiedlichen Bedürfnisse an unterschiedlichen Orten.[7] Auch die geeignete organisatorische Form
für die Seelsorge muß man finden in Kontakt mit der konkreten
Situation (wenn auf einer Station der Kinder- und Jugenpsychia-
trie sehr viele einzeltherapeutische Aktivitäten stattfinden,
kann ein gemeinschaftsfördernder wöchentlich festgelegter Spiel-
abend mehr seelsorgliches Gespür verraten als Serien von Seel-
sorgsgesprächen mit Einzelnen). Wer von der Notwendigkeit einer
organisatorischen Form überzeugt ist, wird auch für ihre Einführung kämpfen.

Zur Klärung der Bedürfnisse in der Institution tritt ergänzend
das Herausfinden des eigenen Stils. Auch wenn Gesprächsgottesdienste (wie im Folgenden aufzuzeigen ist) eine günstige Möglichkeit gerade der Seelsorge in der Psychiatrie darstellen, wird
ein Seelsorger, der Mühe hat, mit unstrukturierten Situationen
zurechtzukommen und nicht neugierig improvisiert in der Hoffnung
auf Überraschungen, sondern gestreßt versucht, das Ganze 'im Griff'
zu behalten, günstiger auf diese Möglichkeit verzichten, da sein
Stress sich höchstens auf die Patienten übertragen würde. Der
eigene Stil, gut entwickelt, ist wahrscheinlich der beste, da

---

sollte, sondern als Begleitung des Kranken sein Tempo und
seine Richtungsbestimmung aufnehmen, dem Kranken nachgehen
und ihm nicht mit Forderungen entgegenkommen sollte. Nicht
umsonst existiert in Amerika das Bild des Clowns für die
Rolle des Klinikseelsorgers, der als Teil des Systems das
System transzendiert, eine andere Dimension sichtbar macht,
die bei zu fester Einbindung ins therapeutische Team und
therapeutisches Rollenverhalten gegenüber dem Patienten
leicht verlorenginge.

7 Moderne Einrichtungen haben etwa für jede Station einen
Aufenthaltsraum, während in überalterten Einrichtungen das
Schaffen einer Begegnungsstätte für die Patienten die erste
Seelsorgspflicht sein kann.

angst- und spannungsfreieste. Der Seelsorger wirkt authentisch, wenn er seinen persönlichen Stil verwirklicht, und hilft damit den Patienten als Modell weiter, da für sie oft am schwierigsten ist, das Eigene zu entdecken und dazu zu stehen.

Wenn der Seelsorger 'nur' tut, was er kann, das aber ganz, kann er mit sich und dem, was er tut, übereinstimmen, hat er nicht die Tendenz, ständig überhöhten Forderungen an die eigene Kompetenz nachzujagen, ohne sie erreichen zu können. Das, was er tut, wird selbstverständlich und ist jederzeit offenzulegen, etwa Ärzten und Pflegern gegenüber. Damit wird der Seelsorger hinterfragbar, einschätzbar und in der Konsequenz zu einem Faktor, mit dem man rechnen kann, in diesem Sinne 'bekannt' und damit allmählich vertraut auf der Station.

Bereiche der Seelsorge: "Offenheit"

An erster Stelle stehen die Patienten. Daneben ist es ratsam, nicht zu übersehen, welche wichtige Rolle die Angehörigen des Patienten oft spielen (und zwar oft ambivalent mit der positiven Seite des Mittragens, der Solidarität, und der negativen Seite der Verhaftung in Strukturen, die symptomerhaltend wirken). Eine realistische Einschätzung ihrer Rolle ist oft schwierig, aber dem Patienten am meisten dienlich.

Wichtige Subjekte der Seelsorge sind auch die Mitarbeiter auf der Station, die von therapeutischen Mißerfolgen und Rückschlägen bei den Patienten oft sehr belastet sind. Der Weg zum Personal kann von Station zu Station sehr unterschiedlich und sehr unterschiedlich schwer sein, je nach der Eigenart der Mitarbeiter, ihren Vorbehalten gegenüber der Religion (die selbstunsichere Seelsorger eher zu hoch einzuschätzen geneigt sind) und der klimatischen Offenheit auf der Station. Der Seelsorger, der die eigenen Masken auch einmal fallen zu lassen bereit ist und sich über Erfahrungen der Station mit problematischen Patienten orientiert, der Unsicherheit und Enttäuschung zugibt, kann auf Stationen mit sehr hohem Perfektionsanspruch Modellcharakter haben, indem er zur Auseinandersetzung mit dem eigenen Anspruch und dem

Versagen vor diesem Anspruch ermutigt. Je nach Ausstattung
der psychiatrischen Einrichtung ist die Belastung der Mitarbeiter gering oder größer und damit auch die Notwendigkeit sich
ihnen intensiver zuzuwenden (wo Auffangmöglichkeiten wie etwa
eine Supervision der Mitarbeiter bestehen, ist der Druck nicht
so groß und der Einsatz des Seelsorgers nicht so notwendig).

Die Offenheit für die verschiedenen Bereiche der therapeutischen
Zuwendung zum Kranken beinhaltet für den Seelsorger auch den Verzicht auf Alleingänge in der Zukunftsplanung für Patienten und
statt dessen Zusammenarbeit mit dem Behandlungsteam, wo immer
möglich. Das heißt (wieder im Unterschied zu Lücht-Steinberg,
1983) nicht Zugehörigkeit zum therapeutischen Team, sondern Rückkopplung bei wichtigen Vorkommnissen (von Suicid- und Fluchtabsichten bis zur Vermittlung von Kontakten für die Zeit nach der
Entlassung).

Ein weiterer Bereich der Seelsorge mit psychisch kranken Menschen
ist die Öffentlichkeit, sowohl zur Information über Wesen und
Entstehung psychischer Krankheit zum Abbau von Vorurteilen, von
Erwachsenenbildungsreihen bis hin zur Sonntagspredigt (bei sich
anbietenden Heilungsgeschichten) wie auch, um notwendige Verbesserungen in der Versorgung psychisch Kranker einzufordern, von
Maßnahmen zur Förderung psychischer Gesundheit in der Gesellschaft
ganz zu schweigen (beim Sternmarsch nach Bonn im Oktober 1980
hätten die Psychiatrie-Seelsorger sich in den vorderen Reihen
für die Aufhebung der Großkrankenhäuser zugunsten gemeindenaher
Versorgung aussprechen müssen!). Wenn die Möglichkeiten innerhalb
der Institution nicht geeignet sind, die Würde des Subjekts zu
gewähren, muß die Sicherung der Subjektwürde extramural betrieben
werden. Wenn die Kranken nicht in der Lage sind, für eine angemessen Versorgung zu kämpfen, müssen andere das für sie tun.

Heilende Milieus:"Delegationskunst und Selbstbescheidung"

Zuwendung des Seelsorgers zum Kranken ist ganzheitlich, sie kann
nicht seine Lebensprobleme wie Arbeitslosigkeit, unzureichende
Wohnverhältnisse und fehlenden Kontakt zu andern Menschen aus-

schalten. Diese Problembereiche auch alle anzugehen, überfordert aber bei weitem die Möglichkeiten des Seelsorgers. Wichtig ist die Selbstbescheidung insofern, als es günstiger ist, nicht so viel anzufangen, das aber dann auch konsequent zu verfolgen.

Selbstbescheidung ist auch noch in anderer Hinsicht erforderlich: was der Seelsorger in der Zuwendung zum Patienten haltungsmäßig verspricht, kann er allein nicht halten. Dazu braucht er einen Hintergrund von Einrichtungen und Milieus, die auf den Patienten eine heilende Wirkung ausüben können. Und der Seelsorger muß zur sinnvollen Nutzung der Einrichtungen, die ihm zur Verfügung stehen, über eine gewisse Fähigkeit der Delegation verfügen. Solche Einrichtungen sind Pfarr- und Zivilgemeinde mit Organisationen und Interessensgruppen, Clubs mit allgemeinen Zielen und Clubs, die speziell mit psychisch Kranken zusammenarbeiten (Patientenclubs etwa haben eine wichtige Funktion für die Öffnung der Psychiatrie in den 70er Jahren erfüllt); Initiativgruppen zur Verbesserung der psychiatrischen Versorgung, die häufig Trägervereine neu zu schaffender Einrichtungen werden[8]; Therapeuten für die weitere Behandlung am Heimatort; kompetente Helfer in Schlüsselpositionen (Firmen für Arbeitsplätze; Wohnungsbaugesellschaften für Wohnungen usw.); schließlich Menschen, denen man Menschen anvertrauen kann, die dem Kranken behilflich sind, in der Gesellschaft wieder Fuß zu fassen, ein neues Beziehungsnetz zu knüpfen, sofern das alte zerstört ist, allmählich wieder Sicherheit und Freude am Leben zurückzugewinnen.

---

8 Vgl. etwa die "Frankfurter Werkgemeinschaft", eine auf eine Initiative der Klinikseelsorge zurückgehende Rehabilitationseinrichtung, die inzwischen nach 20 Jahren Arbeits- und Wohnmöglichkeiten für 235 Menschen in gestuftem Programm umfaßt. Und nach 5-jährigem Bestehen hat die ebenfalls aus einer Initiative der Klinikseelsorge heraus entstandene "Würzburger Brücke" ein Übergangswohnheim mit 9 Plätzen, 2 locker betreute freie Wohngemeinschaften, eine Werkstatt und einen Sozialpsychiatrischen Dienst aufgebaut.

Voraussetzung zur Erfüllung dieses Katalogs an Förderungsmöglichkeiten durch Delegation sind neben dem Ablegen der eigenen Scheuklappen der Wahrnehmung die Kunst der Vermittlung der Menschen, die 'miteinander können', und der eigene Aufbau eines solchen Beziehungsnetzes zu den verschiedenen Gruppen von Menschen. Der Seelsorger ist also ein Mensch, der nicht nur dem psychisch kranken Menschen, sondern auch dem gesunden Menschen und dem Leben ganzheitlich zugewandt ist.

Möglichkeiten zur Weiterentwicklung: "Lernfähigkeit"

Um diesen Anforderungen ansatzweise gerecht zu werden, braucht der Seelsorger Fähigkeit, Bereitschaft und Möglichkeiten zum Lernen. Letztere lassen sich am schnellsten finden im Kontakt zu Menschen, die in einer vergleichbaren Arbeit stehen. Austausch mit anderen in der Psychiatrie Beschäftigten, Austausch mit anderen Klinikseelsorgern sind maximal bedeutsam und effektiv in Supervisionsgruppen mit psychiatrieerfahrenem Supervisor kontinuierlich zu verwirklichen. Der Seelsorger erfährt, daß seine Probleme in der Arbeit, die er vielleicht als persönliche Schwierigkeiten interpretiert, von anderen auch erlebt werden, lernt strukturelle von persönlichen Problemen zu trennen und sich selbst in der Arbeit und seine Seelsorger-Rolle in Gemeinsamkeiten und Unterschieden zu anderen Berufsgruppen besser kennen. In gleichem Ausmaß wird seine Arbeit transparenter für andere.

Zum Lernbereich für den Seelsorger gehört neben der Arbeit auch die Freizeit, der er angemessenen Raum geben sollte und in der er sich einen Ausgleich schaffen sollte. Psychiatrieseelsorge ist eine anstrengende Tätigkeit, in der die eigene Ausgeglichenheit und menschliche Kompetenz von maximaler Bedeutung sind. Beide fordern Aufmerksamkeit und Pflege außerhalb der psychiatrischen Einrichtung.

Psychiatrieseelsorge ist auch nicht nebenbei zu machen. Sie erfordert eine Einarbeitungsphase und beansprucht Aufmerksamkeit und Zeit. Vermutlich kann man auch nicht ein Leben lang als als Psychiatrieseelsorger tätig sein, ohne einseitig zu werden. Auch der Zeitpunkt des Aufhörens muß bedacht werden.

7.3. Gesprächsgottesdienst als Chance der Seelsorge in der Psychiatrie

Mit der Möglichkeit von Gesprächsgottesdiensten soll abschließend eine positive Form der Seelsorge aufgezeigt werden, wie sie in der Heidelberger Universitäts-Nervenklinik seit Jahren von den Klinikseelsorgern beider Konfessionen erfolgreich praktiziert wird.

7.3.1. Zum Setting

Die Gesprächsgottesdienste finden am Montagabend um 18.30 Uhr im ausgebauten Dachgeschoß der Universitäts-Nervenklinik statt, für die Patienten der offenen und geschlossenen Stationen (Patienten der geschlossenen Stationen erscheinen in Begleitung einer Schwester oder eines Pflegers). Die Gottesdienste sind eingebettet in eine Reihe anderer Aktivitäten der Klinikseelsorger auf den Stationen, die sich der sonstigen Organisationsform der Station einfügen, etwa im Besuchwochen-Turnus oder 14-tägig; bei mehrfach wöchentlichen Stationsmeetings Teilnahme an einem festgelegten Tag; wo keine häufigen Meetings stattfinden (geriatrische psychiatrische Stationen), wöchentlicher Gesprächskreis und vorher/ nachher Gelegenheit zu Einzelgesprächen. Die Gottesdienste am Montagabend werden in Vierteljahresrhythmus von den Seelsorgern beider Konfessionen im Wechsel gestaltet, wobei die über ein größeres Seelsorgsteam verfügenden katholischen Seelsorger häufiger die Gestaltung übernehmen, aber untereinander wechseln, so daß die Belastung sich aufteilt.

Der ausgebaute Dachboden wirkt durch die Holzvertäfelung an den Dachschrägen atmosphärisch sehr wohnlich und als geschlossene Raumeinheit, obwohl eine freitragende Treppe mitten im Raum endet. Der Raum ist hell und geräumig. Der Altar, ein schlicht gehaltener Holztisch, steht frontal an einer der Schmalseiten des rechteckigen Raumes, er wird in einen Kreis von Stühlen einbezogen, auf denen die ein bis zwei dutzend Gottesdienstbesucher Platz finden. Unter den Besuchern sind immer auch ein paar ehemalige Patienten, die sich zur Klinikgemeinde zugehörig fühlen und auch am Sonntag die Klinikgottesdienste in der Klinikkapelle besuchen. Ein chronisch Kranker spielt das Harmonium und versieht Küsterdienste; wenn er akut erkrankt, kommt er von der Station aus zum Gottesdienst, ansonsten aus seiner Wohnung.

Vor dem Gottesdienst begrüßt der Seelsorger jeden Patienten persönlich; den Unbekannten stellt er sich vor, die meisten kennt er schon von Besuchen auf der Station oder von früheren Aufenthalten und kann ein paar persönliche Worte anknüpfen. Er setzt sich[9] in den Kreis dazu, und allmählich gleitet das Plaudern zum Gottesdienst hinüber, dessen Beginn durch das Eingangslied eindeutig markiert ist. Nach einem Gebet trägt der Seelsorger oder ein Patient das Evangelium vor,[10] anschließend eröffnet der Seelsorger das Gespräch mit der Aufforderung zusammenzutragen, was sich in der Geschichte zugetragen hat, was den einzelnen wichtig war, was sie beeindruckt hat.

Nach dem Gespräch, das je nach Verlauf mit einer Zusammenfassung endet oder, wo das nicht möglich ist, weil zu viele verschiedene Bereiche angesprochen wurden, als daß sie in ein paar Gedanken zu vereinen wären, mit einer kurzen Überleitung, zieht der Seelsorger sein Meßgewand über, während die Gottesdienstteilnehmer ein Gabenbereitungslied singen, und geht hinter den Altartisch, um den weiteren Gottesdienstverlauf zu gestalten. Die Fürbitten

---

9 Nach einigen Vorbereitungen in der Sakristei in seiner Alltagskleidung

10 Bei 13 Gottesdiensten in der Zeit von August bis November 1981 wurde einer von einem Seelsorgspraktikanten mit einer Bildmeditation gestaltet (vgl. Poensgen 1983), einmal wurde der Seelsorger durch einen anderen Seelsorger vertreten der das Gespräch mit dem Sonntagsevangelium gestaltete; einmal gestaltete der Seelsorger selbst eine Bildmeditation über einen an jeden Teilnehmer ausgeteilten Druck eines Holzschnittes; 9mal gestaltete er das Gespräch mit dem Sonntagsevangelium; einmal, als es sehr abstrakt war, wich er auf die sehr anschaulichen alttestamentliche Lesung aus, deren Thematik (Auseinandersetzung) darüber hinaus ein Lebensproblem psychisch Kranker aufgreift. Die Beschränkung auf nur einen Schrifttext erwies sich als sehr hilfreich: es zeigte sich, daß längere Texte schon die Aufnahmekapazität kränkerer Patienten überschritten. Besonders hohe Aufmerksamkeit erzielte der Seelsorger einmal damit, daß er einen Schrifttext erzählte und damit eine ungleich dichtere Beziehung zu den Hörern herstellte.

werden von den Teilnehmern frei formuliert, die Gemeinde antwortet mit 'Herr, erbarme dich'. Nach der Kommunion setzt sich der Seelsorger wieder in den Kreis dazu zu Schlußgebet, Segen, Schlußlied, zieht sich in der Sakristei um und verabschiedet sich persönlich von jedem Gottesdienstteilnehmer.

7.3.2. <u>Verlauf des Gesprächs über Mk 2,1-12</u>

Das Gespräch wurde als Gedächtnisprotokoll nach dem Gottesdienst aufgezeichnet, die Aufzeichnung mit denen der beiden anwesenden Praktikanten und anschließend mit der Erinnerung des Gesprächsleiters korrigiert, der über weite Strecken eine wörtliche Wiedergabe bescheinigte. Die Auswahl dieses Gesprächs für die Darstellung erfolgte, weil es viele typische Gesprächs-Verlaufsmermale der miterlebten Gottesdienstreihe repräsentiert und zu den am besten abgesicherten Protokollen gehört.

Heidelberg, 26.10.1981

(21 Teilnehmer, davon 3 ehem. Patienten, 2 Praktikanten, Seelsorger, Verf.)

Eingangslied S(Seelsorger): (Im Namen des Vaters ...
A (alle) Amen.

S: Der Herr sei mit euch.
A: Und mit deinem Geiste.
S: Ich wollte heute abend mit Ihnen eine Heilungsgeschichte aus dem Neuen Testament lesen, eine von den Heilungsgeschichten, die so ganz lang erklärt sind. Und damit möglichst viele von Ihnen auch an dem Gespräch teilnehmen können, dachte ich mir, ich lese sie jetzt erst einmal vor, und dann tragen wir noch mal die einzelnen Teile der Geschichte zusammen, damit jeder das sagen kann, was ihm dazu einfällt und wichtig ist an der Geschichte. - Vielleicht hören Sie jetzt mal einfach gut zu, was beim Evangelisten Mk im 2. Kap. steht, und dann tragen wir noch mal alle zusammen, was jedem an der Geschichte wichtig war.
(Mk 2,1-12)....

		Wir haben es gehört, vielleicht tragen wir jetzt mal zusammen, was wir in der Geschichte alles hören, was Ihnen wichtig ist. Was kommt in der Geschichte alles vor?
2	Frau A:	(rundliche, temperamentvolle Frau um 40, sehr energisch) Also mir ist der Glaube aufgefallen, nicht von dem auf der Bahre, sondern von denen, die ihn gebracht haben, und wo das Dach abgedeckt haben, und halt die Freund...
3	S:	Die Freunde, ja, der Glaube von den 4 Freunden...
4	Frau A:	Steht das da tatsächlich drin, 'Kind, steh auf?' war das ein Kind, oder steht nur...
5	S:	Ja, das ist so eine Anrede... eine Anrede, Kind, Sohn...
6	Frau A:	Ja, da bin ich aber doch verwundert, meistens sagt er doch Frau oder...
7	S:	War auch sicher so, so'ne Anrede, nicht.
8	Herr B:	(junger Mann mit Schnauzer): Solche Anreden, das gibt's doch auch im Lateinischen, so'ne Anrede wie Filius oder...
9	S:	Sohn, Filius, ja, wie man mal sagt, mein Sohn, nicht - sagt man doch so, nicht?
10	Frau C:	(um 20, längeres blondes Haar, weicher, ruhiger Gesichtsausdruck): Zuerst hat er ja nur gesagt, 'deine Sünden sind dir vergeben'.
11	S:	Ja, deine Sünden sind dir vergeben...
12	Frau C:	(fährt fort) Ja, und dann hat er - wäre er wohl dabei geblieben, und dann haben die Schriftgelehrten gesagt, wie kann der Sünden vergeben, und dann hat er ihnen gezeigt, er kann Sünden vergeben, und dann hat er gesagt, steh auf, und dann hat er ihn geheilt.
13	S:	Sie haben gleich auch etwas Wichtiges behalten, die Vergebung der Sünden, und Sie meinen, vielleicht wär's auch dabei geblieben, wenn nicht die Schriftgelehrten und die Pharisäer gewesen wären, hmm.
14	Frau D:	(Mitte 2o, dunkles kurzes Haar, etwas kräftig gebaut, rundliches Gesicht, Loch im Strumpf) Ich wollt noch sagen, also mir ist aufgefallen, daß er geheilt wird, obwohl in der Geschichte gar nicht ausdrücklich gesagt wird, daß er an ihn glaubt. Sondern als Jesus ihm seine Sünden vergab, war nur der Glaube da beschrieben von denjenigen, die ihn gebracht haben, damit Jesus ihn heilt. Das erinnert mich auch irgendwie an die Taufe, glaubst du an Gott, und wir sind doch vom Pfarrer getauft worden auf die Aussage, daß Gott uns vorbehaltlos annimmt und vergibt uns unsere Sünden.
15	S:	Also Ihnen ist aufgefallen, daß es heißt, als Jesus <u>ihren</u> Glauben sah, nicht, (Frau D: Jaaah) ihren heißt es, nicht; weil es die 4 waren, die getragen haben, und die

		Situation der Taufe, wo auch andere für den Täufling glaubten, und an dem Glauben sind Sie so interessiert, daß andere glauben.
16	Frau D:	(erwidert): mir gefällt die Idee mit dem Glauben, daß wir das auch machen müssen und dazu bereit sein müssen, wenn einer so fertig ist und überhaupt nicht mehr weiß, wo er hingehört. So ein Kind kann's auch nicht selber wissen mit der Taufe, das ist ihm auch abgenommen worden.
17	S:	Also jetzt kommt etwas ganz Spannendes, darf ich's vielleicht noch mal sagen, bei der Frage, der Kranke, der so krank ist, daß er nicht mehr kann, kann vielleicht auch nicht mehr glauben, und der Vergleich mit dem Kind, ein Säugling, nicht.
18	Frau E:	(jüngere, 'ambulante' Frau, etwa Ende 30, kurze dunkle Locken, leicht depressiver Gesichtsausdruck, gedrückte Stimme) Der Kranke wird ja auch mit 'Kind' angeredet.
19	Frau A:	Vielleicht weil er so hilfslos war, wenn man krank ist, fühlt man sich wie ein Baby. So ist mir's gegangen, wie ich krank war. Ich hab gemerkt, wie hilflos ich bin.
20	Herr F:	(jüngerer Mann mit Schnauzer und Metallbrille) So hilflos wie ein Baby.
21	Frau A:	So ist mir's gegangen, als ich krank gewesen bin, ich hab gemerkt, wie hilflos ich bin.
22	S:	Die Hilflosigkeit des Kranken...
23	Herr F:	Oder wie ich vorhin schon gesagt habe, er wird von der Umwelt als Baby behandelt.
24	S:	Oder von der Umwelt als Baby behandelt, hm.
25	Herr F:	Weil man so hilflos und krank ist.
26	S:	Also es könnte auch sein, daß man den Kranken erst zum Kind oder Hilflosen macht.
27	Frau A:	Aus dem Kranken seinem Erleben heraus, oder wie er sich in der Krankheit fühlt, oder die Angehörigen behandeln ihn so, und irgendwann ist es dann so weit, daß er dann krank ist oder daß er das genau gelernt hat... Man kann in die Krankheit wachsen, und im Glauben wächst man ja auch, wenn man zum Beispiel weiß oder so, wenn man im Glauben fest ist oder so.
28	Herr B:	Das ist ja auch die Frage, ob wirklich andere dann glauben
29	S:	Diese Frage, ist das Ihre Situation?
30	Herr B:	Das ist auch die in der Bibel, ob der jetzt glaubt, ob die andern mit glauben können für ihn und er gar nicht zu glauben braucht.
31	S:	Für mich ist das aber auch in der Geschichte die Frage, ob der Gelähmte wirklich beteiligt war an der Heilung, das ist ja noch sehr die Frage, ob der so krank ist, daß er nicht mehr glauben kann.

32	Frau A:	Die Treue der Andern, da braucht er nicht glauben.
33	S:	Ist das ein Gegensatz?
34	Herr G:	(Älterer Herr, um 60, Jacket, Zuckungen, Stottern - Parkinson? Anfallsleiden?) Es muß kein Gegensatz sein. Der kann ja, der Kranke kann ja mit eingeschlossen sein. Es kann ja sein, das wissen wir nicht, daß der Kranke vielleicht von sich aus die Initiative ergriff und gebeten hat, ihn zu Christus zu tragen.
35	S:	Es könnte ja sein, daß der Kranke also drum gebeten hat, nicht.
36	Herr G:	Das könnte sein, er war ja gelähmt.
37	S:	Ist ja nicht nur das, er war ja auch dabei, da haben wir ja den Urtext, nicht?
38	Frau E:	Für mich heißt das nicht, dein Glaube hat dir geholfen, sondern euer Glaube, aufgrund des Glaubens der Freunde.
39	S:	Wie war das eigentlich? War das so ein Kind, das gesagt hat, ach, macht alles mit mir, es wird schon gut gehen?
40	Frau E:	ich meine sicher...
41	Frau A:	Die Haltung von dem Gelähmten ist also sicher auch wichtig. Der hat bestimmt irgendwo Angst, im Glauben vielleicht, er könnt ihm nicht helfen oder ihn nicht gesünder machen.
42	S:	Und die Geschichte erzählt ja auch was von den Umständen, das war ja nicht so ohne.
43	Herr G:	Ich meine, Christus wurde erst mal angekündigt in der Gemeinde, da ging erst mal die Kunde rum, daß er da ist, und so bedeutungsvoll, daß das ganze Volk zu ihm strömte, da muß man also wohl Kenntnis gehabt haben, daß es sich hier um mehr handelt, als um einen einfachen normalen Prediger.
44	S:	Das Besondere, daß Jesus da ist, und das hat auch dazu geführt, daß sie's trotz der Menschenmenge da riskiert haben.
45	Frau H:	Aus dem, was Jesus sagt, ist mir klar, es wird nicht deutlich, wessen Glaube zu der Heilung geführt hat, wenn der Gelähmte selber nicht stark genug geglaubt hätte, daß Jesus ihn heilen würde, und wenn die 4 Männer nicht auf's Dach gestiegen wären, es abgedeckt hätten und ihn hintergelassen hätten...
46	S:	Vergessen wir nicht, daß er die ganze Sache hat mit sich machen lassen, wie ist das denn so, wenn man nicht glauben kann, also wenn das Ding umkippt, dann kann man mal runterfallen... Und der ist ja sogar gelähmt, der ist ja besonders hilflos. Ja, stellen Sie sich doch mal vor, wenn da die Brocken so fliegen würden hier oben. Wie ist das für die, die da zusammen sitzen... Und wie's auch dem, der da auf der Bahre liegt, zumute ist...

47	Frau D:	Es geht eigentlich gar nicht so sehr da drum, ob der Kranke da jetzt glaubt, sondern um unseren Glauben jetzt, wo wir fast 2000 Jahre danach sind, ob man nicht mehr in der Lage ist, einen klaren Gedanken zu fassen, oder ob das Gebet doch genauso erhört wird und Kraft gibt.
48	Herr G:	Ja, das stimmt, ich meine, allein das Wissen schon, daß es Menschen gibt, die für einen beten, das gibt schon eine enorme Kraft, das reißt einfach raus, ja, das hilft einem einfach, nun nicht zu erlahmen. Das dürfen wir hier, glaub ich, nicht nur als Wunderheilung sehen, als irgend so'ne, na, als Wunder, sondern das soll ja doch wohl, ist ja aus dem Grunde wahrscheinlich festgehalten worden, ich weiß nicht, von wem dieses Kapitel stammt, aber es ist ja erst später niedergeschrieben, und da will doch mit angedeutet werden, daß da, wo ein Mensch kraftlos, hilflos, festklebt, an sich hilflos irgendwo an irgendetwas verhaftet, an etwas, was ihn niederhält, was ihn unfähig macht, sich in seiner Kraft, in seiner geistlichen Kraft als Mensch zu zeigen, überhaupt, daß das nicht sein Menschsein, Positives zu entwickeln, gelebt wird. Da wo der Glaube ist, wird er mit diesen ihn niederdrückenden Kräften, die im Menschen wühlen, fertig, kann sie überwinden, kann damit leben, damit glauben, das will wohl hier das Stück sagen, das scheint mir wichtig, nicht daß da einfach einer geheilt wird.
49	S:	Sie sehen einfach da die Macht des Glaubens... (Herr G: Ja
50	Frau D:	Wenn man nicht weiß, ob der geglaubt hat oder nicht, wenn man das nicht sagen kann, darf eigentlich auch kein Mensch einem andern unterstellen, er glaubt nicht. Das finde ich auch ganz wichtig. Ich bin z.B. evangelisch, das möchte ich z.B. nie, daß einer dem andern unterstellt, daß er nicht glaubt. Das ist mir also ganz wichtig, jetzt auch bei katholisch und evangelisch: also entweder ich euch oder euch mir. Also das ist z.B. so bei katholisch und evangelisch.
51	Frau A:	Außer wenn jemand sagt, ich glaube nicht.
52	Herr G:	Ja und da wissen wir auch nicht, ob der nicht vor Gott mehr glaubt, mehr...
53	Frau A	unterbricht: Wenn er aber seinen Glauben verleugnet..
54	Herr G:	Ja aber warum verleugnet?!
55	Frau A	unterbricht: Ich weiß nicht.
56	Herr G:	Moment, wer weiß es? Tausend Leute, die sich Christen nennen, reden davon, sagen: Es gibt Gott, aber 998 leben nicht Gottes Liebe demgegenüber. Er hört nur immer und kann von daher nicht an Gott glauben, weil er nichts von Gottes Geist in seiner Umwelt erlebt. Ja, das wissen wir, aber der Mensch draußen, wenn er nun alles leugnet, sieht die, die von Gott reden, aber nicht Gottes Liebe leben.

57	S:	Ich glaub, man kann sogar, Sie sagten eben, man kann das gar nicht sehen, wenn da kein Wort über seinen Glauben dasteht; bei anderen Kranken hören wir, daß sie nach Jesus schreien, die riefen, hab Erbarmen mit mir, oder Sohn Davids oder so was. Gar nichts davon hier. Aber ich find, über den Glauben von dem Mann steht 'ne ganze Menge drin, und das ist ja doch auch den vielen Kranken gemeinsam, daß der einerseits - ob er wirklich leidet unter seiner Krankheit, das kann man nur annehmen. Wir wissens auch wieder nicht, aber er nimmt was auf sich hier, und das kann man hier aus der Geschichte sehen, daß er nämlich was erleidet. Der könnt ja sagen, das reicht mir gerade mit dem was ich habe. Ich bin doch nicht so blöd, wo ich schon nicht mehr laufen kann, und fall' vielleicht nochmal von der Bahre runter. Und stellen Sie sich doch mal vor, Sie liegen auf der Bahre, auch wenn die umfällt, auch in der Situation, auch wenn da unten die Leute auseinanderlaufen, weil die Brocken fielen.
58	Herr G:	Das ist tatsächlich ein ganz merkwürdiges Gefühl. Ich kenn's, ich lag im Lazarett im Grabenkrieg, und da war'ne Theateraufführung. Das Lazarett war installiert in einer, in einem ehemaligen Gymnasium. Ja, und da wurde ich so drei Treppen hoch runtergetragen. Und 'rauf zum Theatersaal, und das ist ein ganz ekliges Gefühl, wenn man die Treppe da runtergetragen wird, und ich weiß, die halten mich fest, aber man hat ja immer Angst, man fällt von dem Ding runter. Ja, man muß das schon, und auch sonst, man muß schon viel an sich überwinden, ja, und von dem was einen hindert, im Leben auf die Menschen zuzugehen. Das ist für mich deutlich drin in der Story, daß man da eben sich selbst akzeptiert, so wie man ist, und an sich, daß man sich die Mühe macht, in sich hineinzuschauen und draufzuzugehen.
59	Frau A:	Das ist doch auch irgendwie wie bei der Bergwacht. Die sind ja auch vielleicht anders ausgebildet, und ich überleg mir, was bleibt mir dann auch halt anderes übrig als drauf zu vertrauen, irgendwie kann ich noch gerettet werden.
60	S:	Wie ist da für Sie, der Vergleich mit der Bergwacht? Ist das wie ein Mensch, der sich auf den Berg verlaufen hat?
61	Frau A:	Ja wenns z.B. steil ab geht oder
62	S:	Also von dem Steilen her glaub ich das schon. Aber von der Situation her ist das doch eigentlich anders! Denn als der die vielen Leute gesehen hat, hätte er eigentlich sagen können: Ich glaub', jetzt kehren wir besser um, heut geht's halt nicht. Aber er tut es nicht. Er wollte unbedingt einmal zu Jesus hin. Und er hätte es ja auch nicht mitmachen müssen. Er hätt ja auch sagen können: Halt, eben hab ich Angst, eben wird's zu gefährlich. Aber daß er dahin kam, das

		war so wichtig für ihn, daß alles andere nichts zählt, und daß er dafür auch das Dach kaputtmacht. Würden Sie das Dach dafür kaputtmachen, daß sie gesund werden, ja?
63	Frau K:	(Gepflegte ältere Frau, die zu Anfang gesagt hat, sie bekomme morgen einen Elektroschock) Ich würd mir mein Dach nicht kaputtmachen lassen.
64	Frau A:	Aber wenn jemand gesund werden kann, da ist doch die Gesundheit mehr!
65	Frau K:	Ich würd nicht auf's Dach steigen, ich nehm lieber Medikamente.
66	S:	Also doch lieber Medikamente, statt auf's Dach zu steigen? Und das ist jetzt wieder die Frage: darf man nun auf's Dach steigen, oder darf man nur mit Medikamenten?
67	Herr F:	Also für mich ist die Frage: Wenn ich auch wüßte, daß ich gesund werde, dann würde ich aufs Dach steigen, also wenn das ganz 100%ig feststünde, daß ich gesund werde.
68	S:	Aha, hat der das gewußt, ja?
69	Frau A:	Er hat's aber fest angenommen. Er hat's geglaubt.
70	S:	Jetzt kommen wir zu einer neuen Definition von Glauben, nicht.
71	Frau E:	Vielleicht hat er in dem Sinn doch geglaubt.
72	S:	Jetzt kommen wir doch zu einer ganzen Menge Glauben, nicht?
73	Frau E:	Ja das ist 'ne ganz andere Art, 'Ne ganz andere Art von Glauben.
74	S:	Von Glauben: Erst dachten wir vorhin: wie ein Kind und schwach. Jetzt könnte er vielleicht doch geglaubt haben.
75	Frau E:	Nicht wie sonst bei den anderen Heilungen. Aber er hat es, glaub ich, schon gewollt, den festen Willen gehabt, gesund zu werden.
76	S:	Also handfest ist er schon, der Glaube.
77	Frau A:	Da muß er aber schon praktisch was erkannt haben, vielleicht. Wir sollen doch praktisch Gott erkennen.
78	Herr L:	Was erkennt man, wenn man krank ist? Der wollte gesund werden.
79	S:	Er wollte unbedingt gesund werden!
80	Frau A:	Er hat geglaubt, daß er ihm helfen kann. Jesus hat ja gelebt und gewirkt. Und er hat ja auf Erden gelebt und ist einen menschlichen Tod gestorben, ist nicht mehr da.
81	S:	Heut brauchen wir nicht mehr aufs Dach zu steigen.
82	Herr M:	(Organist) Aber das bringt Jesus doch eigentlich immer. Er fordert enorme Anstrengungen, anders in dem Gleichnis,

		wie die Frau zu dem Richter kommt. Sie muß hundertmal kommen, bis sie ihr Recht hat. Sie kommt einen Monat und zwei Monate, und es klappt immer noch nicht. Und nach'nem halben Jahr sagt der Richter: Jetzt reicht mir's. Jetzt mach ich's halt so. Da muß man ja auch enorme Anstrengungen machen, bis man bekommt, was man will.
83	S:	Wie ist das, hören jetzt die Anstrengungen auf, in der Zeit nach Jesus, oder wie ist das?
84	Frau A:	Wie ist das mit dem leichten Joch?
85	S:	Also brauchen wir nicht mehr aufs Dach zu steigen, mit anderen Worten. Um's mal so mit der Geschichte zu sagen: Kommen wir mit unserem Glauben drum herum, oder müssen wir, wenn wir gesund werden wollen, auf's Dach steigen in irgendeiner Weise? Man muß ja nicht immer gleich Balken abdecken. Das Bild ist doch sehr stark.
86	Frau A:	Nur immer sagen, ich will oder wir sollen.
87	S:	Wem möchte ich auf's Dach steigen?
88	Herr M:	Da kommt mir jetzt 'ne politische Frage. Ich muß an die Hausbesetzer denken.
89	S:	Genau, was war mit dem Hausbesitzer? Der hätt ihn ja auch rausschmeißen können.
90	Frau A:	Dem wo das Haus gehört und das Dach? Der wird ja dann froh gewesen sein, daß der hat laufen können. Der hat's ihm ja dann bezahlen können.
91	S:	Frau A denkt jetzt an Schadenersatz, wenn's um die Dachziegel geht. Und da muß man ja immer bei Jesus und seiner Firma dran denken, daß die nicht selbst zahlen. - Das ist jetzt ne ganz ernsthafte Frage.
92	Frau A:	Warum nicht, wenn ich glaub', hab' ich ganz viel Vertrauen, dann kann ich hingehn und sagen, wenn's schief geht, geht's schief, und wenn nicht, bin ich gesund, und dann kann ich mich bereit erklären, das Dach wieder zu decken oder so. Oder ich kann arbeiten.
93	Herr F:	Also immer nach dem Motto, wer wagt, gewinnt, oder?
94	Frau A:	Ja, ich geh' ja von mir aus. Ich geh' jetzt einmal von mir aus, wenn ich mich auf irgendwas einlass', es geht ja schließlich um was, gell?
95	S:	Das ist die saubere Lösung, wie bei der Krankenkasse.
96	Frau A:	Ich tät nicht grad sagen, Krankenkasse. Da ist auch nicht alles Gold was glänzt.
97	S:	Nein, für mich geht's aber auch drum, im Moment spüren wir doch an der Glaubensgeschichte hier, daß hier einer etwas riskiert, ohne daß alles geklärt ist. Und das will auch sicher der Evangelist sagen, das ist eben nicht sicher, daß es gut geht, und ob's nicht Krach gibt da oben, und ob nicht Jesus sagt, was fällt dir ein, uns

		hier zu stören, und komm nachher, das ist ja alles drin. Das ist ja nun wirklich mit der Krankheit auch so. Wofür lohnt sich's wirklich?
98	Frau A:	Bei Jesus gibt's das ja öfters, ist das wichtig am Sabbat zu heilen oder so. Und Gutestun geht bei Jesus immer vor.
99	Herr M:	Wenn ich von jemandem wirklich etwas will, dann kann ich einige Anstrengungen unternehmen, bis ich das wirklich habe.
100	Frau A:	Es heißt doch, bittet, und ihr werdet empfangen.
101	S:	Hier heißt es in dem Fall, steig auf's Dach, und es wird dir gegeben... Vielleicht machen wir hier wirklich mal ne Pause, und nehmen Sie auch Ihre Gedanken mit in den 2. Teil des Gottesdienstes.

7.4. Analyse des Protokolls

Der Gesamteindruck dieses Gesprächs könnte sein, daß hier etwas Wichtiges geschieht, ohne daß das zunächst faßbar ist. Es könnte auch der Eindruck entstehen, das alles ist ein großes Durcheinander, durch das kein Durchkommen ist; außer einigen interessanten Details könnte man den roten Faden vermissen, zu viele 'Störfeuer' lenken ab.

Bei näherem Hinsehen unter dem Aspekt der Bedeutung der Äußerungen für Lebens- und Glaubensgeschichte der Teilnehmer geht es zunächst um den Prozeß vom Kindsein zum Erwachsen-Werden: In den Äußerungen 4-8 bringt Frau A das Thema ein. Die Äußerungen 14 bis 18 verfolgen den Wunsch danach, Kind zu sein.
Das Kindsein muß im Gespräch gewissermaßen akzeptiert werden.
In der Äußerung 19 'kippt' das 'Kind' dann zum 'Baby', zu dem die eigene Hilflosigkeit des Kranken assoziiert wird. In den nächsten Äußerungen setzen sich die Gottesdienstteilnehmer mit der eigenen Hilflosigkeit auseinander, es geht in Analogie zur Heilungsgeschichte um die Annahme der Horizontalen, das Akzeptieren der eigenen Hilflosigkeit. Äußerung 27 bringt einen Umschlag: das 'Erwachsenen-Ich'[11] wehrt sich, stellt Forderungen auf, das Gespräch schwenkt auf eine andere Ebene hinüber. Äußerung 39 enthält

---

11 Vgl. Transaktionsanalyse

zum letzten Mal expressis verbis das Kind als Thema, aber schon mit der Blickrichtung hin auf den Erwachsenen; diese Äußerung leitet über zum Thema 'Verantwortung übernehmen'. Das Gespräch bewegt sich weiter um das Thema eigener Verantwortung, des eigenen Glaubens, das Erwachsenen-Ich übernimmt das Steuer. Nur gegen Ende meldet sich nochmals das Kinder-Ich mit dem Wunsch 'ich will ganz sicher gehen!' Hier zeigt sich die Auseinandersetzung zwischen Kindheits-Ich und Erwachsenen-Ich, zwischen dem Wunsch nach Getragen-Werden, Geheilt-Werden, Passiv-Bleiben-Dürfen und der Erkenntnis, etwas selbst dazu tun zu müssen, da nichts von selbst in den Schoß fällt.

Eine andere Spur verfolgt das Thema der Entwicklung des Glaubens: zunächst geht es um den stellvertretenden Glauben der andern in der Heilungsgeschichte. Der Kranke wird geheilt, obwohl in der Geschichte nichts gesagt wird von seinem eigenen Glauben. Das Thema seines eigenen Glaubens wird vom Seelsorger eingeführt (31), der ältere Herr greift es auf, lenkt den Blick auf den Gelähmten selbst und die Möglichkeit, daß er selbst geglaubt haben kann. Die Situation der Kranken und die Glaubensforderung an sie selbst gerät in den Mittelpunkt. Der Seelsorger versucht die Kranken zu einer Auseinandersetzung mit der eigenen Lage, dem eigenen Glauben zu bewegen. Zum Schluß geht es vor allem um das Thema, 'hier riskiert jemand etwas'.

Der Seelsorger versucht das Gespräch am Thema der Heilungsgeschichte zu orientieren und die Eigeninteressen der Teilnehmer, die sie jeder für sich stringent verfolgen, im Gesprächsverlauf miteinander zu verbinden durch Rückbezüge, Querverweise und den Versuch die Teilnehmer miteinander in Kontakt zu bringen, aufeinander zu verweisen.

Das Thema der Heilungsgeschichte kristallisiert sich im Gesprächsverlauf im Nacherleben durch die Teilnehmer folgendermaßen heraus: Bevor der Gelähmte aufgerichtet wird, muß er, der sich an sein Getragen-Werden vielleicht schon gewöhnt hat, noch einmal tiefer nach unten; wer auf der Bahre liegt, wird an Seilen nach unten gelassen. Heilung ist erst möglich, wenn der Gelähmte

nochmals wehrloser wird, den Glaubensakt vollbringt, sich noch
einmal mehr in die Horizontale zu begeben.

Dieses Thema vollzieht sich in den Äußerungen des älteren Herrn
nach (der bezeichnenderweise in Äußerung 48 'Das gibt einem Kraft,
nun nicht zu erlahmen' die Identifikation mit dem Gelähmten leistet), der als einer, der selbst schon auf der Bahre getragen
wurde und die Angst kennt, die damit verbunden ist, auch seine
sonstige Lebenssituation ganz stark mit dem Gelähmten identifiziert und den Gottesdienstteilnehmern das Heilungsgeschehen erlebnismäßig nahebringt in seiner ganzen Vielschichtigkeit (34,48,5

In 59 erfolgt eine Bewegung von ichnah zu ichfern - weg vom
Risiko durch phantastisches Bild. Der Ruf nach Polizei, Hubschrauber, Bahre, Leuten, die gut ausgebildet sind, erinnert an
die Kliniksituation; Frau A geht von unten, von der Gefährdung
zu einem Gefühl von 'über den Bergen', eine ich-fernere Assoziation, weil sie es näher nicht aushalten kann.

Es folgt das Thema Risikobereitschaft, eingeführt vom Seelsorger
(Q: "Würden Sie das Dach dafür kaputtmachen, daß sie gesund
werden, ja?"), das die Patientin, die am nächsten Tag eine Elektroschockbehandlung bekommen soll, zu der Äußerung bringt:
"Ich würd' mir mein Dach nicht kaputtmachen lassen". (Im übertragenen Sinne (für Dach = Kopf) drückt sie ihm sehr deutlich ihre
Angst vor der erwarteten Behandlung aus.) Im weiteren Verlauf
dreht sich das Gespräch um Anstrengungen und Risiken, die der
Glaube beinhaltet. Der Seelsorger insistiert mit der sehr persönlich provokativen Frage "Wem möchte ich auf's Dach steigen?"
auf der riskanten Seite des Glaubens. Zunächst weicht ein Teilnehmer aus auf die politische Ebene. Aus Hausbesetzern wird
für den Seelsorger Hausbesitzer (unbewußter Hörfehler oder Rückkehr zur Geschichte?), was den Ruf nach Schadenersatz nach
sich zieht. Der Seelsorger muß massiv sein ursprüngliches Thema
der Glaubensgeschichte und des Risikos aufgreifen.

Wenn man die Äußerungen des Seelsorgers und ihren Stellenwert
im Gesprächsverlauf zusammen sieht, ergibt sich ein das Gespräch

strukturierendes, von seinen Zielvorstellungen geleitetes Interesse. Als 'Predigtziel' könnte man formulieren: nimm deine Hilflosigkeit an. Unter Einbeziehung der Schlußpassage ab 81 gehört notwendig dazu: riskiere etwas, und es wird dir geholfen, bzw. mit 101: Steig auf's Dach, und es wird dir geholfen.

Die eigene Einstellung beschreibt der Gottesdienstleiter im Nachhinein als Absicht, herauszufinden, 'wo kann ich mit dir glauben, hoffen, lieben?' mit der ihre Negativform verbunden ist: 'wo kann ich nicht mehr glauben, hoffen, lieben?' Im Gesprächsverlauf setzt er diese Einstellung sehr spürbar in seinen Interventionen immer wieder um.

Sein Geschick, die Bedeutung des Themas für den Einzelnen und seine Lebenssituation aus den Äußerungen der Teilnehmer herauszuspüren, trug wesentlich dazu bei, daß in allen von ihm gestalteten Predigtgesprächen das Thema des Schrifttextes sich im Verlauf des Gespräches zwischen den Teilnehmern abbildete.

Neben der (humanwissenschaftlich in der 'themenzentrierten Interaktion' geschulten) Kompetenz des Seelsorgers ist eine weitere Vorbedingung dieser Möglichkeit die 'Durchlässigkeit' der Teilnehmer, die Ansprechbarkeit, die Leichtigkeit, mit der sie das Thema auf ihr Leben übertragen (was ja auch umgekehrt wieder bedeutet, daß sie dem, womit sie konfrontiert werden, wenig Widerstand entgegensetzen können).

Generell erscheint, wie im Protokoll für einen Einzelfall verdeutlicht, als Charakteristikum für den Psychiatrie-Gottesdienst mehr Unmittelbarkeit in den Äußerungen der Teilnehmer als bei Gesprächsgottesdiensten in der Pfarrei. Die Situation der Teilnehmer ist weniger verstellt, sie sind in stärkerem Ausmaß auf die eigene Angst und Unzulänglichkeit zurückgeworfen.

Dieser Gesprächsgottesdienst steht paradigmatisch für eine allgemeine Erfahrung der 'Menschwerdung': je mehr der einzelne von sich selbst zuläßt, desto mehr kommt er zu sich selbst. Sich selbst zulassen, andere sein lassen - auch darin kann die Gemeinde, kann der Seelsorger viel von psychisch Kranken profitieren.

7.5. Schlußbemerkung

Am Ende steht die legitime Frage, was man als Psychiatrie-Seelsorger denn von dieser gleichermaßen anspruchsvollen und anstrengenden Arbeit profitiert, ob unter Berücksichtigung der persönlichen Belastung denn die Mühe lohnt.

Im Gesprächsgottesdienst-Protokoll, dem einzigen Dokument direkten seelsorglichen Umgangs mit psychisch Kranken klang es vielleicht schon etwas an: Krankheit kann als Disposition wirken für das Hören Gottes, im Kontakt zum psychisch Kranken leuchtet etwas auf von dem,'was uns unbedingt angeht', daß man die Menschen als living human documents eines nicht nur in historischen Dokumenten aufleuchtenden Glaubens ansehen kann.

Wer mit psychisch kranken Menschen umgeht, bekommt mehr Gespür für das Elementare, für kleinste Regungen des Lebendigen, für minimale Veränderungen.

Wo die Zeit stehen zu bleiben scheint, relativiert sich das Verhältnis zur Zeit, kann man den Alltag gelassener erleben.

Die Erfahrung, daß Gesundes und Krankes koexistieren, schärft die Wahrnehmung für Gesundes und Krankes in der eigenen Person und in der eigenen Lebenssituation.

Die Sensibilität für das Menschenmögliche, für die Dimensionen des Menschen erhöht sich. Pöhler (1979) formuliert: 'Wir verstumpfen, er wird verschärft. Uns graust es, er muß das Grauen leben. Wir ängstigen uns, er ist die Angst, das Irreale im Realen, zwei Weisen des Lebens in eins'.

Die Erfahrung des Menschenmöglichen relativiert die eigene 'Wirklichkeit' zu einer Facette einer viel umfassenderen Wirklichkeit, und die Grenze des Menschlichen wird herausgeschoben. Der Kontakt zu psychisch kranken Menschen lehrt, daß es im Menschen mehr zu bewundern als zu verachten gibt.

Literaturverzeichnis

Adam, Ingrid: Alltägliches aus der Klinik-Seelsorge in der Psychiatrie, in: Wege zum Menschen 33 (1981) 347-356

Aktion Psychisch Kranke e.V.: Gestörte Einheit. Informationen über seelische Störungen. Bonn 1983

Aldrich C.Knight, Pastoralpsychiatrie in der Praxis.
Nighswonger, Carl A.: Gütersloh 1973

Annett, Marian: Die Vererbung der Händigkeit, in: Nervenheilkunde 1(1982) 3-11

Arbeitskreis für Seelsorge an Psychiatrischen Kliniken im Konvent der Krankenhausseelsorger der Evangelischen Kirche in Hessen und Nassau, Seelsorge in psychiatrischen Krankenhäusern, in: Wege zum Menschen 25 (1973) 385-391

Arnold, Gerhard: Dokumentation zum "Exorzismus-Prozeß" in Aschaffenburg (30.3.1978-21.4.1978), Aschaffenburg 1979

Asanger, Roland, Handwörterbuch der Psychologie, Weinheim,
Gerd Wenninger (Hg.): Basel ³1983

Auchter, Thomas: Eine Teufelsneurose im 20. Jahrhundert. Der Fall Anneliese M., in: Wege zum Menschen 29 (1977) 223-235

Bakan, Paul: The Right Brain is the Dreamer, in: Psychology Today, 1976, 66-68

Balducci, Conrado: Priester, Magier, Psychopathen, Aschaffenburg 1976

Barz, Helmut: Religiosität, in: Prakt. Wörterbuch der Pastoral-Anthropologie, Göttingen, Wien 1975, 910-914

Basaglia, Franco: Die negierte Institution oder die Gemeinschaft der Ausgeschlossenen. Ein Experiment der psychiatrischen Klinik in Görz (Italien), Frankfurt 1971

Bateson, Gregory, Schizophrenie und Familie, dt. Frankfurt/
Don D.Jackson, Main 1969.
Ronald D.Laing,
Theodore Lidz,
Lyman C.
Wynne et al.:

Baudler, Georg: Einführung in die symbolisch-erzählende Theologie, Paderborn 1982

Becker, Werner: Seelsorgeausbildung, Göttingen 1976

Beers, Clifford W.: A Mind that found itself, New York, London, Bombay, Calcutta 1908

Benedetti, Gaetano: Blumhardts Seelsorge in der Sicht heutiger psychotherapeutischer Kenntnis, in: Reformatio 9 (1960) 474-539

- Der psychisch Leidende und seine Welt, Stuttgart 1964

- Die Positivierung des schizophrenen Erlebens im therapeutischen Symbol, in: Nervenarzt 54 (1983) 150-157

Benedetti, Gaetano, H.Kind, V.Wenger: Forschungen zur Schizophrenielehre 1961-1965, in: Fortsch.Neurol.Psychiatr. 35 (1967) 1-34; 41-121

Besier, Gerhard: Seelsorge und klinische Psychologie, Göttingen 1980

Binswanger, Ludwig: Ausgewählte Vorträge und Aufsätze Bd. II, Bern 1955

Birri, R., E.Perret und H.G.Wieser: Der Einfluß verschiedener Temporallappenoperationen auf das Gedächtnis bei Epileptikern, in: Nervenarzt 53 (1982) 144-149

Blakeslee, Thomas R.: Das rechte Gehirn. Freiburg 1982

Blanck Gertrude und Rubin Blanck: Angewandte Ich-Psychologie, New York und London 1974 dt., 1981 Stuttgart

Blasius, Dirk: Der verwaltete Wahnsinn. Eine Sozialgeschichte des Irrenhauses, Frankfurt/Main 1980

Bleuler, Eugen: Lehrbuch der Psychiatrie (Hg. Manfred Bleuler), Berlin, Heidelberg, New York, 14. Aufl. 1979

Boisen, Anton J.: The Exploration of the Inner World, Chicago 1936

- Out of the Depths, New York 1960

Bopp, Jörg: Antipsychiatrie, Frankfurt/Main 1980

Brandstätter, Jochen, Psychoanalytische Prävention, Bern 1982
Alexander von Eye:

Braun, Ute, Antipsychiatrie und Gemeindepsychiatrie.
Evelin Hergrüter: Erfahrungen mit therapeutischen Alternativen, Frankfurt, New York 1980

Brickenkamp, Rolf: Handbuch psychologischer und pädagogischer Tests, Göttingen 1975

Brickwedde, Ullrich: Erste Erfahrungen mit der Behandlung psychiatrischer Patienten in der tagesklinischen Abteilung der Universitäts-Nervenklinik Würzburg, in: Tagesklinische Abteilung der Universitäts-Nervenklinik 1982, Würzburg 1982

Brill, Karl-Ernst: Alternativen zum Irrenhaus. AG-SPAK Materialien 45, Göttingen 1981

Buchholz, Michael B.: Psychoanalytische Aspekte der Kommunikation. Überlegungen zu einem oft gebrauchten familientherapeutischen Konzept, in: Psyche 40 (1983) 624-641

Buchinger, Kurt: Religiöse Probleme in psychoanalytischen Therapien, in: Fallstudien zur Psychotherapie, Hg. Hans Strotzka, München, Wien, Baltimore 1979

Bürger-Prinz, Hans, Psychiatrie und Neurologie der Schwangerschaft, Stuttgart 1968
P.-A. Fischer (Hg.):

Bürger-Prinz, H.: Über Bewußtsein und Unbewußtsein, in: Studium Generale 4 (1951) 429-435

Bundeszentrale für gesundheitliche Aufklärung: im Auftrage des Bundesministeriums für Jugend, Familie und Gesundheit, Laienhilfe in der Psychiatrie, Köln 1978

Carnap, Rudolph: Introduction to Semantics, Cambridge 1942

Chio, Vito di: Didaktik des Glaubens, Zürich, Einsiedeln, Köln 1975

Ciompi, L.: Wie können wir die Schizophrenen besser behandeln? - Eine Synthese neuer Krankheits- und Therapiekonzepte, in: Der Nervenarzt 52 (1981) 506-515

Clinebell, Howard J.: Modelle beratender Seelsorge, 1971

Cooper, David: Psychiatrie und Antipsychiatrie, Frankfurt/Main 1971

Crick, F.M.C.: Gedanken über das Gehirn, in: Spektrum der Wissenschaft 1979, Heft 11, 147-150

Degen, J.: Distanzierte Integration. Materialien zur Seelsorge in den Strukturen des Krankenhauses, in: Wege zum Menschen 32 (1980) 2-14

Degkwitz, R., S.O.Hoffmann, H.Kindt: Psychisch krank. München, Wien, Baltimore 1982

Der Spiegel: Psychiatrie: "Schande ohne Ende", 44, 1983, 271-275

\- Psycho-Drogen: "Ins Nichts gerissen", 12, 1980, 98-124

Deutsche Gesellschaft für Pastoralpsychologie e.V.: DGfP-Informationsblatt 1978-1980

Deutscher Bundestag: Drucksache 7/4200, Bericht über die Lage der Psychiatrie in der BRD, Bonn 1975

\- Drucksache 8/2565, Stellungnahme der Bundesregierung zur Psychiatrie-Enquete 1977

Deutscher Caritasverband: Generalsekretariat - Referat Behindertenhilfe, Unser Standpunkt: Hilfe für psychisch kranke und psychisch behinderte Menschen, Freiburg 1982

Diakonisches Werk: der Evangelischen Kirche in Deutschland, Psychisch krank, Stuttgart 1976

Dörner, Klaus: Bürger und Irre - Zur Sozialgeschichte und Wissenschaftssoziologie der Psychiatrie, Frankfurt/Main 1975

Dörner, Klaus, Ursula Plog: Irren ist menschlich. Oder Lehrbuch der Psychiatrie/Psychotherapie, Wunstorf 1978

\- Sozialpsychiatrie. Psychische Leiden zwischen Integration und Emanzipation, Neuwied und Berlin 1972

Doppelstein, H.: Psychiatrie und Seelsorge, 1952

Drewermann, Eugen: Strukturen des Bösen II. Die jahwistische Urgeschichte in psychoanalytischer Sicht, Paderborn ^{3}1981

Ecclesia catholica: Der Exorzismus der katholischen Kirche, Stein am Rhein 1971

Edel, Edelhaide, Evamaria Cordes: Bericht über die Rehabilitationsarbeit im Philipp-Neri-Institut in den Jahren 1971-1978, Frankfurt 1978

Ehrhardt, H., D.Ploog, H.Stutte (Hg.): Psychiatrie und Gesellschaft, Bern, Stuttgart 1958

Eisele, Günther: Gespräche mit psychisch Kranken, in: Aktionsgemeinschaft Missionarische Dienste (Hg.), Reihe: Studienbriefe zur Seelsorge 55, Stuttgart 1973

Erickson, Milton,H.: Deep hypnosis and its induction, in: Experimental Hypnosis, hrsg. v. Leslie M. LeCron, New York 1952, 70-114

- Further techniques of hyphosis-Utilization techniques, in: American Journal of Clinical Hypnosis 2: 3-21 1959, 4

Ernst, Cécile: Teufelsaustreibungen. Praxis der katholischen Kirche im 16. und 17. Jahrhundert, Bern 1972

Ernst, Heiko: Grenzfall. Das Borderline - Syndrom - eine neue Zeitkrankheit? in: Psychologie heute 10 (1983) Nr. 5, 20

Faber, Heije: Der Pfarrer im modernen Krankenhaus, Gütersloh 1970

Federn, Paul: Ichpsychologie und die Psychosen, Bern, Stuttgart 1956

Feer, Hans: Kybernetik in der Psychiatrie, Basel 1970

Finzen, Asmus: Antipsychiatrie, Sozialpsychiatrie, soziale Psychiatrie, in: Wege zum Menschen 25 (1973) 257-266

Fischer, Klaus P., Hartmut Schiedermair: Die Sache mit dem Teufel, Frankfurt/Main 1980

Frankfurter Werkgemeinschaft: Jahresbericht offene Arbeit 1982

Freud, Sigmund: Das Ich und das Es, (1923) Gesammelte Werke (GW) Bd. XIII, London. Imago Publishing Co. Ltd. 1940

Freud, Sigmund:	Das Unbekannte in der Kultur (1930), GW Bd. XIV, London 1948
-	Der Realitätsverlust bei Neurose und Psychose, GW Bd. XIII, London 1940
-	Die Abwehr-Neuropsychosen (1894) GW Bd. I, London 1952
-	Die Verdrängung (1915), in: GW Bd. X, London 1946
-	Die Zukunft einer Illusion (1927), GW Bd. XIV, London 1948
-	Drei Abhandlungen zur Sexualtheorie, (1905) GW Bd. V, Londen 1942
-	Neurose und Psychose, GW Bd. XIII, London 1940
-	Trauer und Melancholie, GW Bd. X, London 1946
-	Weitere Bemerkungen über die Abwehr-Neuropsychosen, GW Bd. I, London 1952
Frör, P.:	Seelsorge und Institution. Zu einem vernachlässigten Aspekt der Krankenhausseelsorge, in: Wege zum Menschen 32 (1980) 14-21
Galin, David:	Implications for psychiatry of left and light cerebral specialization: A neurophysiological context for unconscious processes, in: Archives of General Psychiatry 31 (1974) 572-583
Gastgeber, K.:	Psychisches Erleben und Krankheit, in: Lebendige Seelsorge 30 (1979) 12-16
Gebsattel, Viktor Emil Freiherr von:	Die Störungen des Werdens und des Zeiterlebens im Rahmen psychiatrischer Erkrankungen, in: Prolegomena einer medizinischen Anthropologie, Berlin, Göttingen, Heidelberg 1954
-	Imago Hominis, Schweinfurt 1964
-	Zeitbezogenes Zwangsdenken in der Melancholie, in: Nervenarzt 1 (1928) 275-287
-	Die Welt des Zwangskranken, in: Prolegomena einer medizinischen Anthropologie, Berlin, Göttingen, Heidelberg 1954

Gebsattel, Viktor Emil Freiherr von: Zur Frage der Depersonalisation, in: Nervenarzt 10 (1937) 169-178

Geschwind, Norman: Die Großhirnrinde, in: Spektrum der Wissenschaft 1979, Heft 11, 126-135

Glasersfeld, Ernst von: Einführung in den radikalen Konstruktivismus, in: Paul Watzlawick, Die erfundene Wirklichkeit, München 1981

Glatzel, Johann: Die Antipsychiatrie: Psychiatrie in der Kritik, Stuttgart 1975

Goffman, Erving: Asyle. Über die soziale Situation psychiatrischer Patienten und anderer Insassen, Frankfurt 1973

- Interaktionsrituale über Verhalten in direkter Kommunikation, Frankfurt/Main 1971

- Stigma. Über Techniken der Bewältigung beschädigter Identität, Frankfurt/Main 1975

Gombrich, Richard: The consecration of a Buddhist image, in: Journal of Asian Studies 26: 23-6, 1966, 24

Goodman, Felicitas D.: Annelise Michel und ihre Dämonen, Stein am Rhein 1980

Griesinger, Wilhelm: Pathologie und Therapie der psychischen Krankheiten, Stuttgart ^{2}1867

Haag, Herbert: Teufelsglaube, Tübingen 1974

Haas, Roland: Dictionary of Psychology and Psychiatry, Toronto 1980

Habermas, Jürgen: Erkenntnis und Interesse, Frankfurt 1968

Häfner, Heinz: Dringliche Reformen in der psychiatrischen Krankenversorgung der Bundesrepublik, in: Helfen und Heilen 4 (1965) 118

Haendler, Otto: Tiefenpsychologie, Theologie und Seelsorge, Göttingen 1971

Hagenmaier, Martin: Sterben in der Psychiatrie, in: Wege zum Menschen 35 (1983) 202-220

Haley, Jay: Advanced Techniques of Hypnosis and Therapy. Selected Papers of Milton H. Erickson, New York, London, 1967

Haley, Jay: Uncommon Therapy. The Psychiatric Techniques of Milton H.Erickson, New York 1973

Hamilton, Charles R., Betty Vermeire: Hemispheric differences in split-brain monkeys learning sequential comparisons, in: Neuropsychologia 20 (1982) 691-698

Hark, Helmut: Religiöse Neurosen. Ursachen und Heilung. Zürich 1984

Harsch, Helmut: Hilfen für Alkoholiker und andere Drogenabhängige, 1976

- Seelsorge als Lebenshilfe, 1966

Hartje, W., W.Dahmen, H.Zeumer: Spezielle Schreib- u. Rechenstörungen bei drei Patienten nach Läsion im linken parieto-okzipitalen Übergangsbereich, in: Nervenarzt 53 (1982) 159-163

Hartmann, Heinz: Ich-Psychologie und Anpassungsproblem, in: Psyche 14 (1960) 81-164

- Essays in Ego Psychology, New York, 1964 dt: Ich-Psychologie, Stuttgart 1972

Hautzinger, M., N.Hoffmann (Hg.): Depression und Umwelt, Salzburg 1979

Hehlmann, Wilhelm: Wörterbuch der Psychologie, Stuttgart 11_1974

Heimann, Hans: Religion und Psychiatrie, in: Psychiatrie der Gegenwart Bd. II, Berlin 1971, 471-493

Heinroth, Johann Ch.A.: Lehrbuch der Störungen des Seelenlebens oder der Seelenstörungen und ihrer Behandlung, Leipzig 1818

Herms, E.: Pastorale Beratung als Vollzug theologischer Anthropologie, in: Wege zum Menschen 29 (1977) 202-223

Hess, Josef Hermann (Hg.): Religion und Medizin, Basel 1945

Heyne, B.: Über Besessenheitswahn bei geistigen Erregungszuständen, Paderborn 1904

Hiltner, Seward: Religion and Health, New York 1943

- The Bible Speaks to the Health of Man. in: Dialogue in Medicine and Theology, Nashville 1967

- Tiefendimensionen der Theologie, Göttingen 1977

Hirschberger, Johannes: Geschichte der Philosophie 2., Neuzeit und Gegenwart, Freiburg, Basel, Wien 8 1969

Hoffmann, Lynn: Grundlagen der Familientherapie, Hamburg 1982

Hole, Günter: Der Glaube bei Depressiven, Stuttgart 1977

- Melancholie als Morbus, Typus und Psychodynamik, in: Das ärztl. Gespräch. Symposion zum Gedenken an Hans Jörg Weitbrecht. Hg. Gerd Huber. Frankfurt 1980, 49-55

- Über das Gewißheitselement im Glauben und im Wahn, in: Confinia psychiat 14 (1971) 65-90, 145-173

Hollweg, A.: Theologie und Empirie, ^{2}1972

Hoppe, Adolf: Wahn und Glaube, eine psychiatrische und religionspsychologische Studie, in: Z.Neur. 51, 124, (1919) 124-207

Huber, Gerd: H.J.Weitbrechts Beiträge zur Religionspsychopathologie, in: Das ärztliche Gespräch. Symposion zum Gedenken an Hans Jörg Weitbrecht, Frankfurt 1980

- Zum wissenschaftlichen Werk von H.J. Weitbrecht, in: Das ärztliche Gespräch. Symposion zum Gedenken an Hans Jörg Weitbrecht Frankfurt/Main 1980

Humphrey, M.E., O.L. Zangwill: Cessation of Dreaming After Brain Injury, in: J.Neurol. Neurosurg. Psychiat. 14, 322-325

Hunt, J.C., R.A.Hill: Gemeinsam überwinden. Seelsorgliche Hilfen für den gläubigen Partner eines Alkoholikers (1982)

Huth, A. und W.: Sprechstunde: Depressionen, München 1982

Ideler, Karl Wilhelm: Der religiöse Wahnsinn, Halle 1847

Jacobson, Edith: Depresiion, Frankfurt 1977

- The Self and the Object World, New York 1964, /dt: Das Ich und die Welt der Objekte, Frankfurt/Main 1974)

Jaeckel, Martin, Stefan Wieser: Das Bild des Geisteskranken in der Öffentlichkeit, Stuttgart 1970

James, William: Die Vielfalt religiöser Erfahrung, (1902) dt. Olten, Freiburg 1979

Janzarik, Werner: Die zyklothyme Schuldthematik und das individuelle Wertgefüge, in: Schweizer Archiv für Neurologie und Psychiatrie 80 (1957) 173-208

– (Hg): Psychopathologie als Grundlagenwissenschaft, Stuttgart 1979

– Psychopathologische Konzepte der Gegenwart, Stuttgart 1982

– Themen und Tendenzen der deutschsprachigen Psychiatrie, Berlin, Heidelberg, New York 1974

Jaspers, Karl: Die Schuldfrage. Für Völkermord gibt es keine Verjährung, München 1979

Josuttis, M., H. Leuner (Hg.): Religion und die Droge, 1972

Kasper, Walter, Karl Lehmann (Hg.): Teufel, Dämonen, Besessenheit, Mainz 1978

Kayser, H. et al.: Gruppenarbeit in der Psychiatrie, Stuttgart 2/1980

Keckeisen, Wolfgang: Die gesellschaftliche Definition abweichenden Verhaltens-Perspektiven und Grenzen des labeling approach, München 1974

Keilbach, W. (Hg.): Religiöses Erleben, 1974

Kernberg, O.F.: Borderline Personality Organisation, in: Journal of the American Psychoanalytic Association 15 (1967) 641-85

– Early Ego Integration and Object Relations, in: Annals of the New York Academy of Sciences 193 (1972) 233-247

– Factors in the Psychoanalytic Treatment of Narcissistic Peronalities, in: Journal of the American Psychoanalytic Association 18 (1970) 51-85

Kety, Seymour S.: Funktionsstörungen im menschlichen Gehirn, in: Spektrum der Wissenschaft 1979, Heft 11, 137-143

Keupp, H.,
M. Zaumseil (Hg.): Die gesellschaftliche Organisierung psychischen Leidens, Frankfurt/Main 1978

Keupp, H.: Normalität und Abweichung, München 1979

Kleist, Karl: Über zykloide, paranoide und epileptoide Psychosen und über die Frage der Degenerationspsychosen, in: Schweiz.Arch. NeurolPsychiat. 23 (1928), 1

Kleucker, Ernst: Probleme der Krankenseelsorge. Beispiel Psychiatrie, Berliner Hefte für Evangelische Krankenseelsorge 38, Berlin 1975

Klostermann, Ferdinand, Rolf Zerfaß (Hg.): Praktische Theologie, München, Mainz 1974

Kner, A.: Seelsorgliche Bemühungen um psychisch Kranke, in: Lebendige Seelsorge 30 (1979) 49-60

Kohut, Heinz: The Analysis of the Self, New York 1971 (dt.: Narzißmus. Eine Theorie der psychoanalytischen Behandlung narzißtischer Persönlichkeitsstörungen, Frankfurt/Main 1975)

Kopp, Sheldon B.: Guru. Metaphors from a Psychotherapist, Palo Alto 1971

- Triffst du Buddha unterwegs..., Köln Düsseldorf 1976

Kovács, Elisabeth, Gottfried Roth: Anselm Ricker und seine Pastoralpsychiatrie 1824-1902/03, Wien 1973

Kraepelin, Emil: Psychiatrie. Ein Lehrbuch für Studierende und Ärzte, Leipzig 1899, 6. Aufl.

Kriegstein Matthias von: Predigt als Gespräch, Stuttgart 1979

Kulenkampff, Carl: Die Versorgung des psychisch Kranken, in: H.Lauter, J.-E. Meyer (Hg.), Der psychisch Kranke und die Gesellschaft, Stuttgart 1971

Kurz, Wolfram: Die Wechselseitigkeit von Sinnfrage und Schuldfrage im Kontext des funktionalen und intentionalen Beichtgesprächs, in: Wege zum Menschen 35 (1983) 226-244

Laing, Ronald D.: Phänomenologie der Erfahrung, (1959) Frankfurt/Main 1967

Läpple, Volker, Scharfenberg Joachim: Psychotherapie und Seelsorge. Darmstadt 1977

Lange - Eichbaum, Wilhelm, Wolfram Kurth: Genie, Irrsinn und Ruhm, München [6]1967

Laplanche, J., J.-B.Pontalis: Das Vokabular der Psychoanalyse, Bd. I und II, Frankfurt/Main [3]1977

Leibbrand, Werner, Annemarie Wettley: Der Wahnsinn. Geschichte der abendländischen Psychopathologie, Freiburg, München 1961

Lenz, H.: Glaube und Wahn, in: Fortschr. Neurol. Psychiat. 41 (1973) 341-359

Leonhard, Karl: Aufteilung der endogenen Psychosen, Berlin [5]1980

Leuba, James H.: Die Psychologie der religiösen Mystik, München 1927

Loch, Walter: Die Krankheitslehre der Psychoanalyse, Stuttgart 1967

- Über Begriffe und Methoden der Psychoanalyse, Bern 1975

- Zur Theorie, Technik und Therapie der Psychoanalyse, Frankfurt/Main 1972

Lorenzer, Alfred: Das Konzil der Buchhalter. Die Zerstörung der Sinnlichkeit. Eine Religionskritik, Frankfurt/Main 1981

- Das Konzil der Buchhalter. Vortragsmanuskript Ludwigshafen, 2.6.1983

- Kritik des psychoanalytischen Symbolbegriffs, Frankfurt/Main [2]1972

- Über den Gegenstand der Psychoanalyse, Frankfurt 1973

Lücht-Steinberg, Margot: Seelsorge in der Psychiatrie, in: Wege zum Menschen 35 (1983) 178-194

Marcuse, Herbert: Der eindimensionale Mensch, Neuwied 1970

Mahler, Margaret S.: Autism and Symbiosis: Two Extreme Disturbances of Identity, in: Internat.Journal of Psycho-Analysis 39 (1958) 77-83

Mahler, S. Margaret:	On Child Psychosis and Schiziphrenia: Autistic and Symbiotic Infantile Psychosis, in: The Psychoanalytic Study of the Child 7 (1951) 286-305
-	On Human Symbiosis and the Vicissitudes of Individuation, New York 1968
-	On the First Three Subphases of the Separation - Individuation Process, in: Internat. Journal of Psycho-Analysis 53 (1972) 333-338
Mais, Willi, Wilhelm Pöhler:	Hilfe bei der beruflichen Rehabilitation psychisch kranker Menschen, in: Caritas 80 (1974) 216-220
Mauz, Gerhard:	Bewährung um jeden Preis, in: Der Spiegel 17/ 1978, 131-136
Mayer-Scheu, Josef:	Lebendiges Lernen mit der themenzentrierten Interaktion (TZI) nach Ruth C. Cohu, in: Joachim Scharfenberg (Hg.), Glaube und Gruppe, Göttingen, Wien 1980
-	Seelsorge im Krankenhaus, Mainz 1977
-	Seelsorge und Therapie mit psychisch Kranken - Orientierung am Handeln Jesu, in: Arzt und Christ 28 (1982) 82-95
Mayer-Scheu, Josef, Rudolf Kautzky (Hg.):	Vom Behandeln zum Heilen, Göttingen 1980
Mayer-Scheu, Josef:	Vom "Behandeln" zum "Heilen". Die Aufgabe von Theologie und Seelsorge im Krankenhaus, in: Josef Mayer-Scheu, Rudolf Kautzky (Hg.), Vom Behandeln zum Heilen, Göttingen, Wien 1980
Maymann, Ursula:	Besonderheiten tagesklinischer Behandlung, in: Tagesklinische Abteilung der Universitäts-Nervenklinik 1982, Würzburg 1982
Maymann, Ursula, Rolf Zerfaß:	Kranke Kinder begleiten, Freiburg 1981
Mester, H.:	Besessenheit - psychodynamisch betrachtet, in: Psychother.med.Psychol. 31 (1981) 101-112
Mette, Norbert, Hermann Steinkamp:	Sozialwissenschaften und Praktische Theologie, Düsseldorf 1983

Minuchin, S.: Familie und Familientherapie, Freiburg 1977

Mischo, J., U.J.Niemann: Die Besessenheit der Anneliese Michel (Klingenberg) im interdisziplinärer Sicht, in: Zeitschr.f. Parapsychologie und Grenzgebiete der Psychologie 25 (1983) 129-194

Morris, Charles W.: Foundation of the Theory of Signs, in: Otto Neurath, Rudolph Carnap und Charles W.Morris (Hg.), International Encyclopedia of Unified Science, Bd.1, Nr. 2, Chicago 1938, 77-137

Müller, Christian: Lexikon der Psychiatrie, Berlin, Heidelberg, New York 1973

Müller-Pozzi, H.: Psychologie des Glaubens, München 1975

Müller-Schwefe, Hans-Rudolf: Glaube, in: Prakt. Wörterbuch der Pastoralanthropologie, Göttingen, Wien 1975

Müller-Suur, Hemmo: Das Sinnproblem in der Psychose, Göttingen 1980

Nase, Eckart, Joachim Scharfenberg (Hg.): Psychoanalyse und Religion, Darmstadt 1977

Nauta, Walle J.H., Michael Feirtag: Die Architektur des Gehirns, in: Spektrum der Wissenschaft 1979, Heft 11, 69-80

Neidhart, W.: Seelsorge, in: G.Otto (Hg.), Praktisch-theologisches Handbuch, 1970

Nikol, Andreas: Darstellung der beiden Hauptwerke von Anton T.Boisen und Herausarbeitung deren Theologie in Auseinandersetzung mit dem Fächerkanon der modernen katholischen Theologie, Würzburg 1982

Nohl, Paul-Gerhard: Lebenshilfe für Gemütskranke und ihre Angehörigen. Calwer Hefte Nr. 103, Stuttgart ^{2}1973

- Mit seelischer Krankheit leben, Göttingen 1981

Nolte, Jost: Besessen sind sie alle, in: Die Zeit Nr. 17, 21.4.1978, 67-70

Noyes, Russel und Roy Kletti: Depersonalization in the face of life-threatening danger: A description, in: Psychiatry 39 (1976) 19-27

Nunberg, H.: The Synthetic Function of the Ego, in: Internat.Journal of Psycho-Analysis 12 (1931) 123-140

Nunberg, H.: Practice and Theory of Psychoanalysis, New York Bd.1, 1948, Bd.2, 1965

Oates, Wayne E.: Religiöse Faktoren der Geisteskrankheiten, in: Wege zum Menschen 25 (1973) 391-402

- Seelsorge und Psychiatrie: neue Wege der Zusammenarbeit, Graz 1980

- The Christian Pastor, Philadelphia ^{2}1964

- When Religion Gets Sick, Philadelphia, 1970

Otto, Rudolf: Das Heilige, Breslau 1920

Peters, Uwe Henrik: Wörterbuch der Psychiatrie und medizinischen Psychologie, München, Berlin, Wien 1971

Petzold, Leander: Magie und Religion, Darmstadt 1978

Pfeiffer, Wolfgang M.: Transkulturelle Psychiatrie, Stuttgart 1971

Piaget, Jean: Die Konstruktion der Wirklichkeit beim Kind, Frankfurt/Main 1974

- Einführung in die genetische Erkenntnistheorie, Frankfurt/Main 1973

- Erkenntnistheorie der Wissenschaften vom Menschen, Frankfurt/Main 1972

Pöhler, Wilhelm: Die Situation des psychisch kranken Menschen, in: Caritas 80 (1979) 186-193

Pöldinger, Walter, Ottokar G. Graf zu Wittgenstein: Psychologie und Psychopathologie der Hoffnungen und des Glaubens, Bern 1981

Poensgen, Herbert: Alternative Verkündigung mit Psychiatrie-Patienten, in: Wege zum Menschen 35 (1983) 194-202

Pompey, Heinrich: Die Bedeutung der Medizin für die kirchliche Seelsorge, Freiburg, Basel, Wien 1968

- Fortschritte der Medizin und christliche Humanität, Würzburg 1974

Pompey, Heinrich: Lebensgeschichtliche Faktoren des religiös-sittlichen Verhaltens, Vorlesungsskriptum Wintersemester 1977/78, Würzburg 1978

Pongratz, Ludwig J.: Ausgewählte Kapitel der klinischen Psychologie, Vorlesung WS 78/79, SS 1979, Würzburg 1979

- Frühkindliche Entwicklung und Charakterprägung, in: Ruperto-Carola 1960

- Hauptströmungen der Tiefenpsychologie, Stuttgart 1983

- Lehrbuch der klinischen Psychologie, Göttingen, Toronto, Zürich ^{2}1975

Preuss, Hans G.: Religion und Psychoanalyse, München 1978

Prill, H.J.: Schwangerschaft - psychophysische Wechsel-Wirkungen, in: H.Burger-Prinz, P.A. Fischer (Hg.), Psychiatrie und Neurologie der Schwangerschaft, Stuttgart 1968, 1-11

Pruyser, Paul W.: Die Erhebung von religiösen Einstellungen des Patienten in der psychiatrischen Fallstudie, in: Wege zum Menschen 25 (1973) 403-414

Psychiatrie et vie chretienne, Kongreßberichte der Arbeitsgemeinschaft katholischer Seelsorger in psychiatrischen Anstalten, hg. vom Caritasverband Freiburg

Raiser, Konrad: Identität und Sozialität, München, Mainz 1971

Rapaport, David: Die Struktur der psychoanalytischen Theorie, Beiheft zur Psyche, Stuttgart, Orig. New York 1959

Rasmussen, K.: The Intellectual Culture of the Iqulic Eskimos, Kopenhagen 1929

Reil, Johann Ch.: Rhapsodien über die Anwendung der psychischen Curmethoden auf Geisteszerrüttungen, Halle 1803

Reiner, Artur: Ich sehe keinen Ausweg mehr, München ^{2}1982

Renggli, Franz: Angst und Geborgenheit, Leck/Schleswig 1974

Rieger, Konrad: Die Julius-Universität und das Julius-Spital, Würzburg 1916

Rieger, Konrad: Die Psychiatrie in Würzburg seit dreihundert Jahren, Würzburg 1898

Riess, Richard: Perspektiven der Pastoralpsychologie, Göttingen 1974

- Seelsorge, Göttingen 1973

- Seelsorgliche Beratung, in: Ferdinand Klostermann, Rolf Zerfaß, Praktische Theologie heute, München, Mainz 1974

- Zur theologischen Begründung der seelsorglichen Beratung, in: Wege zum Menschen 28 (1976) 136-139

Ringel, Erwin: Selbstmordverhütung, Bern 1969

- Selbstmord-Appell an die anderen, München, Mainz 1974

Ringel, Erwin, Alfred Kirchmayer: Thesen zum Gespräch Psychiatrie – Pastoraltheologie und ihre Konsequenzen für Ausbildung und Pastoral, in: Diakonia 7 (1976) 222ff.

Rodewyk, Adolf S.J.: Dämonische Besessenheit heute, Pattloch ^{4}1976

Rohde-Dachser, Christa: Das Borderline-Syndrom, Bern 1979

Rümke, H.C.: Zur Phänomenologie und Klinik des Glücksgefühls, Berlin 1924

Samland, Gerlinde: Zur Langzeitbehandlung psychiatrischer Erkrankungen, in: Tagesklinische Abteilung der Universitäts-Nervenklinik 1982, Würzburg 1982

Savramis, Demosthenes: Die Religionssoziologie als Rettungsanker der Religion? in: Günter Albrecht, Hans-Jürgen Daheim, Fritz Sack, Soziologie, Opladen 1973

Scabia, Giuliano: Das große Theater des Marco Cavallo, Frankfurt 1979

Scharfenberg, Joachim (Hg.): Glaube und Gruppe, Göttingen 1980

Scharfenberg, Joachim, Mit Symbolen leben, Olten 1980
Horst Kämpfer:

Scharfenberg, Joachim: Narzißmus, Identität und Religion, in: Psyche 27 (1973) 949-966

- Psychologie und Psychotherapie, in: Ferdinand Klostermann, Rolf Zerfaß, Praktische Theologie heute, München, Mainz 1974

- Religion, Seelsorge und Beratung, in: Wege zum Menschen 34 (1982) 171-177

- Religion zwischen Wahn und Wirklichkeit, Hamburg 1972

- Sigmund Freud und seine Religionskritik als Herausforderung für den christlichen Glauben, Göttingen 1968

Scharfetter, Christian: Allgemeine Psychopathologie, Stuttgart 1976

- Ein verzweifelter Versuch sich selbst zu retten, in: Psychologie heute 8 (1981) Nr. 1, 54-61

- Ich-Psychopathologie des schizophrenen Syndroms, in: Werner Janzarik (Hg.) Psychopathologische Konzepte der Gegenwart, Stuttgart 1982

- Schizophrene Menschen. Psychopathologie - Verlauf - Forschungszugänge - Therapiegrundsätze, München, Wien, Baltimore 1983

Scheff, T.J.: Das Etikett Geisteskrankheit. Soziale Interaktion und psychische Störung, Tübingen 1973

Scheid, Weitbrecht, Wieck (Hg.): Das Bild des Geisteskranken in der Öffentlichkeit, Stuttgart 1970

Schmeil, Otto: Der Mensch. Eine Biologie des Menschen, Heidelberg 111. Aufl. 1968

Schmidt, Ernst: Zum Schutze der Irren. Eine Darlegung ihrer Verhältnisse mit Vorschlägen zur Verbesserung. Begründet und begleitet von einer sechsjährigen Statistik der Abtheilung für heilbare Irre im Juliushospital zu Würzburg, nebst Krankengeschichten, Würzburg 1856

Schmid, Sil: Freiheit heilt, Berlin ^{2}1977

Schneider, Kurt: Zur Einführung in die Religionspsycho-
                        pathologie, Tübingen 1928

Schrappe, Otto: Der Weg von Epilepsie zur "Besessenheit".
                        Über A.M. und ihre Anfallskrankheit, in:
                        Nervenheilkunde 1 (1382) 1-16

-           et al.:   Festschrift zum 90. Jahrestag der Eröff-
                        nung der "Psychiatrischen Klinik der
                        Königl. Universität" am 1. Juni 1983,
                        Würzburg 1983

-           et al.:   Universitäts-Nerven-Klinik Würzburg,
                        Würzburg 1982

Schulte, Walter: Glaube und Unglaube des Depressiven, in:
                        Evang. Theologie 11 (1951) 172-183

Schulte, Walter,   Psychiatrie, Berlin, Heidelberg, New York
R. Tölle: 41977

Schwarz, F.:   Psychoanalytische Familientherapie bei
                        schizophrenen Psychosen, in: Praxis der
                        Psychotherapie und Psychosomatik 28 (1983)
                        73-79

Schwarz, Jutta-Ute: Gegenseitigkeit. Zehn Tagebuchbeschichten.
                        Erfahrungen einer Seelsorgerin an einem
                        Psychiatrischen Landeskrankenhaus, Neu-
                        kirchen-Vluyn 1982

Seiler, Dieter: Pastorale Aspekte: Gottesdienst und Grup-
                        penarbeit, in: Joachim Scharfenberg (Hg.)
                        Glaube und Gruppe, Göttingen, Wien 1980

Selvini Palazzoli, Mara: Self - Starvation. From the Inter-
                        psychic to the Transpersonal Approach
                        to Anorexia Vervosa, London 1974

Seywald, Aiga: Körperliche Behinderung. Grundfragen einer
                        Soziologie der Benachteiligten, Frankfurt/
                        Main 1977

Shah, Idries: The Way of the Sufi, New York 1951

Shepherd: Day Care and the Chronic Patient. Paper
                        presented at a conference on Day Care
                        organized by Mind, London 1980

Spengler, Oswald: Der Untergang des Abendlandes, Umrisse
                        einer Morphologie der Weltgeschichte, I.
                        Gestalt und Wirklichkeit, München 1927

Sperling, Martin:	Die Entwicklung der medizinischen Fächer an der Universität Würzburg, in: Vierhundert Jahre Universität Würzburg. Eine Festschrift, hg. von Peter Baumgart, Neustadt/Aisch 1982
Spiegel, Yorick:	Sozialwissenschaftliche Forschungsmethoden in der Praktischen Theologie, in: Ferdinand Klostermann, Rolf Zerfaß (Hg.), Praktische Theologie, München, Mainz 1974
Spitz, René A.:	Die Entstehung der ersten Objektbeziehungen, Stuttgart ²1962
-	Hospitalism: An inquiry into the genesis of psychiatric conditions in early childhood, in: Psychoan. Stud. of the Child 1 (1945) 53-74
-	Vom Säugling zum Kleinkind. Naturgeschichte der Mutter-Kind-Beziehungen im 1. Lebensjahr, Stuttgart ³1972
Spitz, René A. und K. Wolf:	Anaclitic depression, in: Psychoan. Stud. of the Child 2 (1946) 313-342
Staehelin, B.:	Depression und Religion, in: Deutsches Pfarrerblatt 76 (1976) 39-40
Stallmach, Josef:	Erkenntnislehre, Vorlesung Universität Mainz, SS 1973
Starobinski, Jean:	Besessenheit und Exorzismus, Frankfurt, Berlin, Wien 1978
Stollberg, Dietrich:	Therapeutische Seelsorge, München 1969
-	Wahrnehmen und Annehmen, Gütersloh 1978
Strohmayer, Wilhelm:	Das manisch-depressive Irresein, Wiesbaden 1914
Strotzka, Hans (Hg.):	Psychotherapie: Grundlagen, Verfahren, Indikationen, München, Wien, Baltimore 1978
Szasz, Thomas S.:	Geisteskrankheit, Freiburg 1972
-	Psychiatrie - die verschleierte Macht, Olten 1975
-	Schizophrenie. Das heilige Symbol der Psychiatrie, Wien 1979

Tellenbach, H.:	Die Dekomposition religiöser Grundakte im Wahn und Melancholie, in: Jahrbuch Psychol.Psychother.med. Anthropol. 14 (1966) 278-287
Thebrath, Jürgen:	Zur Entwicklung der Psychiatrie, in: Laienhilfe in der Psychiatrie, Köln 1978
Thomann, J.N.:	Historia et descriptio nosocomii Julii, in: Annales Instituti Medico - Clinici Wirceburgensis. Vol I Würzburg 1799

Tod und Teufel in Klingenberg. Eine Dokumentation, Aschaffenburg 1977

Tschirch, Reinmar:	Thesen zur theologischen Begründung von Beratung, in: Wege zum Menschen 28 (1976) 139-142
Uphoff, Berthold:	Gruppenorientierte Seelsorge in der Jugendpsychiatrie, Würzburg 1982
Vogt, Helmut:	Das Bild des Kranken, München 1969
Vogel, Gustav L.:	Seelenleiden und Seelsorge, Freiburg 1971
-	Seltsame Menschen. Kleine Pastoralpsychopathologie, ^{2}1967
Vogt, Werner (Hg.):	Regenbogen der Hoffnung. Freiburg, München 1983
Walter, Georg:	Seelsorge an Neurose-Kranken, Stuttgart 1967
Watzlawick, Paul (Hg.):	Die erfundene Wirklichkeit, München 1981
-	Die Möglichkeit des Andersseins, Bern, Stuttgart, Wien ^{2}1982, Zit. als W. 1977
Watzlawick, Paul, John H.Weakland, Richard Fisch:	Lösungen, ^{2}1979
Watzlawick, Paul, Janet H.Beavin, Don D. Jackson:	Menschl. Kommunikation. Formen, Störungen, Paradoxien, Bern 1969
Watzlawick, Paul:	Wie wirklich ist die Wirklichkeit? München 1976

Weber-Gast, Ingrid: Weil du nicht geflohen bist vor meiner Angst, Mainz 1978

Weitbrecht, Hans Jörg: Beiträge zur Religionspsychopathologie, Heidelberg 1948

Weitbrecht, Hans Jörg, J. Glatzel: Psychiatrie ein Grundriß, Berlin, Heidelberg, New York ^{4}1979

Wernicke, Carl: Grundriß der Psychiatrie, Leipzig 1900

Whitehead, Alfred North, Bertrand Russell: Principia Mathematica, Cambridge 2. Aufl. 1910-1913

Wiesenhütter, Eckart: Religion und Tiefenpsychologie, Gütersloh 1977

Wintzer, Friedrich: Praktische Theologie, Neukirchen-Vluyn 1982

– (Hg.): Seelsorge. Texte zum gewandelten Verständnis und zur Praxis der Seelsorge in der Neuzeit, 1978

Wirsching, Michael: Familientherapie - Aktueller Stand und Ausblick, in: Nervenarzt 53 (1982) 1-6

Wirsching, Michael, Helm Stierlin: Krankheit und Familie. Konzepte, Forschungsergebnisse, Therapie, Stuttgart 1982

Wittgenstein, Ludwig: Logisch-philosophische Abhandlungen, New York 1951

Wolff, Dorothea: Ein bemerkenwerter Fall von Teufelsbesessenheit, Saarbrücken 1956

Wrage, Karl-Horst, Peter Petersen: Seelsorger und Therapie. Einführung in Neurosenlehre und Psychiatrie, Gütersloh 1971

Wyss, Dieter: Die tiefenpsychologischen Schulen von den Anfängen bis zur Gegenwart, Göttingen ^{3}1970

Zerfaß, Rolf: Die psychisch Kranken als Herausforderung an Kirche und Caritas, Freiburg 1982

– Die Verantwortung der Kirche für den Einzelnen, Vorlesungsskriptum WS 1982/83, Würzburg 1983

Zijlstra, Wybe: Seelsorge-Training, München, Mainz 1971

Zimmer, Katharina: Die Gesellschaft der harten Herzen. In den Schlangengruben der deutschen Psychiatrie, in: Zeitmagazin Nr. 17, 20.April 1979

Ursula Maymann/Rolf Zerfaß

Kranke Kinder begleiten

Wie Eltern, Schwestern, Ärzte und Seelsorger helfen können

„Die Verfasser versuchen, jenen Menschen Hilfestellung zu geben, die mit Kindern im Krankenhaus zu tun haben. Anhand vieler konkreter Beispiele beschreiben sie eindrucksvoll das Erleben des Kindes in seiner Krankheit und erläutern, welche Hilfe sinnvoll und möglich ist" (Bayerisches Ärzteblatt).

„Es ist ein Buch, das dazu ermutigt, an der Seite des kranken Kindes zu bleiben und mit ihm die Krankheit als Bestandteil des Lebens zu bewältigen. Es zeugt von großem Engagement für die kindlichen Klinikpatienten" (Schweizerische Rundschau für Medizin und Praxis).

„Das Buch kann Laien und Priestern zum Anstoß werden, sich stärker mit der Situation des kranken Kindes zu befassen. Es ist zu hoffen, daß vor allem betroffene Eltern darin Ermutigung und Hilfe finden, zusammen mit ihrem Kind die Krankheit durchzutragen – als eine Chance, daran zu wachsen" (Ehe und Familie).

128 Seiten, Paperback. ISBN 3-451-18965-8

Verlag Herder   Freiburg · Basel · Wien